HEIDEGGER ET L'IDÉE DE LA PHÉNOMÉNOLOGIE

PHAENOMENOLOGICA

COLLECTION FONDÉE PAR H.L. VAN BREDA ET PUBLIÉE
SOUS LE PATRONAGE DES CENTRES D'ARCHIVES-HUSSERL

108

HEIDEGGER ET L'IDÉE
DE LA PHÉNOMÉNOLOGIE

Heidegger et l'idée de la phénoménologie

par

F. VOLPI, J.-F. MATTÉI, TH. SHEEHAN,
J.-F. COURTINE, J. TAMINIAUX, J. SALLIS,
D. JANICAUD, A.L. KELKEL, R. BERNET,
R. BRISART, K. HELD, M. HAAR et S. IJSSELING

Kluwer Academic Publishers

DORDRECHT / BOSTON / LONDON

Library of Congress Cataloging in Publication Data

Heidegger et l'idée de la phénoménologie.

(Phaenomenologica ; 108)
1. Heidegger, Martin, 1889-1976. 2. Phenomenology.
I. Volpi, Franco. II. Series.
B3279.H49H3522 1987   193   87-21967

ß
3279
.H49
H3522
1988

ISBN 90-247-3586-6

Published by Kluwer Academic Publishers,
P.O. Box 17, 3300 AA Dordrecht, The Netherlands

Kluwer Academic Publishers incorporates
the publishing programmes of
D. Reidel, Martinus Nijhoff, Dr W. Junk and MTP Press

Sold and distributed in the U.S.A. and Canada
by Kluwer Academic Publishers,
101 Philip Drive, Norwell, MA 02061, U.S.A.

In all other countries sold and distributed
by Kluwer Academic Publishers Group,
P.O. Box 322, 3300 AH Dordrecht, The Netherlands

Table des matières

Avant-propos par Jacques Taminiaux   vii

Franco Volpi (Padoue)
Dasein comme *praxis*: L'assimilation et la radicalisation heideggerienne de la philosophie pratique d'Aristote   1

Jean-François Mattéi (Nice)
L'étoile et le sillon: L'interprétation heideggerienne de l'être et
de la nature chez Platon et Aristote   43

Thomas Sheehan (Chicago)
Hermeneia and *Apophansis*: The early Heidegger on Aristotle   67

Jean-François Courtine (Paris)
Le préconcept de la phénoménologie et la problématique de la
vérité dans *Sein und Zeit*   81

Jacques Taminiaux (Louvain-la-Neuve)
Poiesis et *Praxis* dans l'articulation de l'ontologie fondamentale   107

John Sallis (Chicago)
Imagination and the meaning of Being   127

Dominique Janicaud (Nice)
Heidegger — Hegel: un "dialogue" impossible?   145

Arion L. Kelkel (Grenoble)
Immanence de la conscience intentionnelle et transcendance
du *Dasein*   165

Rudolf Bernet (Louvain)
Transcendance et intentionnalité: Heidegger et Husserl sur les
prolégomènes d'une ontologie phénoménologique   195

v

Robert Brisart (Louvain-la-Neuve)
La métaphysique de Heidegger 217

Klaus Held (Wuppertal)
Heidegger et le principe de la phénoménologie 239

Michel Haar (Paris)
Stimmung et pensée 265

Samuel IJsseling (Louvain)
Das Ende der Philosophie als Anfang des Denkens 285

Avant-propos

Ce volume réunit les communications figurant au programme d'un colloque tenu à Louvain-la-Neuve du 11 au 14 septembre 1986. L'initiative de ces entretiens était dûe au Centre d'études phénoménologiques de Louvain-la-Neuve, en accord étroit avec le Husserl-Archief te Leuven. Le Comité organisateur de la rencontre regroupait, outre le signataire de ces lignes: Samuel IJsseling, directeur du Husserl-Archief te Leuven, Rudolf Bernet, membre du Conseil d'administration du Husserl-Archief, Heinz Leonardy, chef de travaux au Centre d'études phénoménologiques de Louvain-la-Neuve, Robert Brisart, collaborateur au Centre d'études phénoménologiques. La rencontre bénéficiait de l'appui du Ministère de l'Education Nationale et de la Culture Française et du Ministère de la Communauté Française de Belgique ainsi que du Fonds National belge de la Recherche Scientifique. L'organisation en a été favorisée par l'Institut Supérieur de Philosophie de l'U.C.L. à Louvain-la-Neuve et par le Husserl-Archief te Leuven. La publication de ce volume a été rendue possible grâce à l'appui du Ministère de l'Education Nationale de Belgique et du Goethe Institut de Bruxelles.

L'initiative de ces entretiens, dont le présent volume est le reflet fidèle, s'inspirait d'une tradition inaugurée il y a quelques décennies par le Révérend Père H.L. van Breda, fondateur des Archives-Husserl à Louvain, tradition marquée par les colloques internationaux de phénoménologie dont il prit l'initiative à Bruxelles en 1951, à Krefeld en 1956, à Royaumont en 1957, à Schwäbisch-Hall en 1969. Mais l'héritage n'était pas moins décisif dans le choix du thème propre des entretiens: *Heidegger et l'Idée de la phénoménologie*. Qu'on nous permette d'évoquer à ce propos la mémoire d'Alphonse De Waelhens, pionnier des études heideggeriennes dans le monde francophone, dont la thèse sur Heidegger fut défendue à Louvain en 1942. D'évoquer aussi le nom de Walter Biemel, à qui les Archives-Husserl doivent beaucoup, tant pour ses contributions à l'édition critique de Husserl que pour le rayonnement de ses travaux sur Heidegger, entamés à Louvain dans l'immédiat après-guerre.

Outre l'héritage qui l'inspirait, l'initiative du Colloque se soutenait d'une double justification. D'abord 1986 marquait le dixième anniversaire de la mort de Heidegger: c'était l'occasion de lui rendre hommage. De plus, depuis 1976, la *Gesamtausgabe* des écrits du philosophe, entamée de son vivant, s'est enrichie de la publication de plusieurs cours et séminaires qui auparavant n'étaient guère connus que de leurs seuls auditeurs. C'est le cas en particulier des ouvrages qui restituent l'enseignement de Heidegger à Marbourg et dans les premières années de son professorat à Fribourg. On sait que cet enseignement se réclamait du projet d'une ontologie fondamentale dont l'ambition était d'accomplir la phénoménologie dans la possibilité la plus radicale de sa méthode — la réduction au premier chef — et de son objet: la "chose-même". Comme la publication de cet enseignement précise, éclaire, enrichit — mais complexifie aussi peut-être — ce qu'on savait des premières étapes du chemin de pensée de Heidegger, il a semblé à ceux qui prirent l'initiative du colloque ici restitué que le moment était venu d'en débattre avec quelques-uns de ceux dont les travaux récents en Allemagne, aux Etats-Unis, en France, en Italie et en Belgique, ont été requis par la découverte de cet enseignement naguère inédit.

Nous leur exprimons notre vive reconnaissance. Notre gratitude s'adresse aussi aux collaborateurs du Centre d'études phénoménologiques: Heinz Leonardy, Robert Brisart, Danielle Lories, Hervé Pourtois, Bernard Stevens, Pol Vandevelde, Anne-Marie Wauters, pour avoir assumé avec diligence les mille et une tâches qu'entraînait l'organisation du colloque et la mise au point de ce volume.

Jacques Taminiaux

FRANCO VOLPI

Dasein comme *praxis*:
L'assimilation et la radicalisation heideggerienne
de la philosophie pratique d'Aristote[1]

1. CONSIDÉRATIONS INTRODUCTIVES:
LA PRÉSENCE D'ARISTOTE DANS L'ŒUVRE DE HEIDEGGER

Il n'y a jamais eu de doutes quant à l'importance qu'eut Aristote pour la pensée de Heidegger. Même aux moments les moins favorables à une compréhension du sens de la constante présence d'Aristote dans l'œuvre heideggerienne, on aurait difficilement pu ignorer la considération que Heidegger accorde à certains thèmes centraux propres à la pensée aristotélicienne, tels le problème de l'être ou le problème de la *physis*, qui deviennent dans la spéculation heideggerienne également des points thématiques denses que l'on retrouve continuellement en suivant son déroulement. Heidegger lui-même a d'ailleurs souligné en plusieurs occasions l'importance qu'Aristote eut dans la formation et le développement de sa perspective philosophique.[2] Et si on considère, en outre, combien d'études importantes sur Aristote ont été motivées ou inspirées par Heidegger,[3] on dispose alors d'arguments pour supposer que la lecture heideggerienne d'Aristote est allée bien plus en profondeur que ce que les textes publiés permettaient jusqu'il y a quelques années d'établir. De toute façon, même en s'en tenant à ceux-ci, on repère le cadre d'une présence d'Aristote chez Heidegger qui s'étend presque tout au long de l'arc de sa pensée, et qui va de la lecture juvénile de la dissertation de Franz Brentano *Von der mannigfachen Bedeutung des Seienden nach Aristoteles* jusqu'à l'interprétation de l'être et du concept de la *physis* dans l'essai écrit en 1939 et publié en 1958[4].

Pourtant, il n'avait pas été possible jusqu'à présent de reconstruire la ligne continue de la présence d'Aristote à travers la totalité de l'œuvre heideggerienne. C'est aujourd'hui seulement, grâce à la publication des cours universitaires, qu'on peut se faire une idée plus précise de l'intensité de la confrontation de Heidegger avec Aristote et tâcher de la reconstruire dans ses grandes lignes directrices; on peut d'ailleurs en dire autant

F. Volpi et al., Heidegger et l'idée de la phénoménologie. ISBN 90-247-3586-6.
© 1988, Kluwer Academic Publishers.

1

pour la confrontation de Heidegger avec d'autres grands moments fondateurs de la pensée métaphysique, comme les œuvres de Descartes, Leibniz, Kant, Hegel et Husserl.

En particulier, la publication du cours du semestre d'hiver 1925/26 *Logik. Die Frage nach der Wahrheit*[5] et de celui du semestre d'été 1927 *Die Grundprobleme der Phänomenologie*[6] a apporté des documents textuels très importants pour la reconstruction de la confrontation avec Aristote. Il en va de même, peut-on-dire, du cours du semestre d'été 1931 *Aristoteles, Metaphysik IX, 1-3. Vom Wesen und Wirklichkeit der Kraft*[7] et de certaines parties du cours du semestre d'hiver 1929/30 *Die Grundbegriffe der Metaphysik. Welt — Endlichkeit — Einsamkeit*[8]. De nombreux éclaircissements viendront aussi de la publication du cours du semestre d'été 1924 sur la *Rhétorique*[9], de celui du semestre suivant 1924/25 sur le *Sophiste* de Platon[10] (qui comporte dans sa première partie une interprétation détaillée du livre VI de l'*Ethique à Nicomaque*) et enfin du cours du semestre d'été 1926 *Grundbegriffe der antiken Philosophie*[11], dans lequel Heidegger traite de l'histoire de la philosophie grecque de Thalès à Aristote, et dont toute la partie finale est consacrée à une interprétation d'ensemble de la philosophie aristotélicienne. Nous trouverons également des indications fondamentales, à propos du commencement et du premier développement décisif de l'interprétation heideggerienne d'Aristote, dans les cours du premier enseignement de Fribourg. On peut aujourd'hui le constater dans le premier de ces cours, qui vient d'être publié, celui du semestre d'hiver 1921/22 *Phänomenologische Interpretation zu Aristoteles. Einführung in die phänomenologische Forschung*[12]; de sorte qu'il reste à espérer que les autres cours du premier enseignement fribourgeois non encore insérés dans le programme de publication prévu (avec cette justification qu'on ne disposerait pas du manuscrit original) puissent un jour être publiés. De même il faut espérer que soit publiée la célèbre interprétation d'Aristote que Heidegger, au début des années vingt, avait envoyée à Natorp et dont il pensait publier un résumé dans le "Jahrbuch für Philosophie und phänomenologische Forschung" de Husserl[13].

2. LA CONFRONTATION AVEC ARISTOTE À L'ÉPOQUE DU SILENCE DÉCENNAL QUI PRÉCÈDE *SEIN UND ZEIT*

Dans les considérations que je développerai, je tâcherai de mettre en évidence un nœud spéculatif dont la portée est à mon avis considérable dans la confrontation de Heidegger avec Aristote à un moment particulier, à savoir à l'époque du silence décennal qui précède la publication de

Sein und Zeit et qui coïncide avec les années du premier enseignement fribourgeois (à partir de 1919) et avec celles de l'enseignement de Marbourg. La raison principale de cette limitation est que, tant du point de vue thématique, qu'en ce qui concerne l'intensité de la confrontation, cette période est sans doute la plus intéressante et en même temps la moins explorée de la longue fréquentation heideggerienne d'Aristote. Je pense, en effet, — ce qui jusqu'il y a quelques années aurait paru étrange —, que cette phase de la pensée heideggerienne se caractérise de façon déterminante par une appropriation radicale et une assimilation vorace de l'ontologie et surtout de la philosophie pratique d'Aristote, et ce, plus précisément, non seulement là où Heidegger mentionne ou interprète explicitement Aristote, mais là aussi, et surtout là, où il n'en parle pas et semble se concentrer plutôt sur l'élaboration spéculative des problèmes qui confluent ensuite dans *Sein und Zeit*. C'est pour cette raison qu'afin de saisir le sens substantiel de la confrontation de Heidegger avec Aristote, il faut être attentif à n'être dépisté ni par le zèle à vérifier l'exactitude et l'étendue philologique de la lecture heideggerienne, ni par la concentration exclusive sur ce que Heidegger dit explicitement d'Aristote. Il faut plutôt se mettre dans une optique apte à saisir et comprendre comment Heidegger reprend, assimile, transforme et actualise certains problèmes et certaines déterminations d'Aristote, en les repensant en relation avec les questions fondamentales qu'il affronte dans son horizon spéculatif.

Quelques remarques préalables sont nécessaires pour esquisser, au moins dans ses grandes lignes, l'horizon général dans lequel je vois s'insérer la confrontation de Heidegger avec Aristote à cette période. A mon avis, cette confrontation est caractérisée (1) par le fait qu'elle se place dans le cadre d'une reprise radicalisante des thèmes fondamentaux que les Grecs ont pensés pour la première fois de façon décisive pour toute l'histoire de l'Occident, thèmes qu'après Hegel et Nietzsche, personne n'a su reprendre avec autant de radicalité que Heidegger. (2) Elle est aussi caractérisée par une disposition méthodologique spécifique, qui peut être désignée, fort généralement, comme une mise en question de la tradition métaphysique occidentale, et qui devient de plus en plus radicale, au point d'aboutir à l'exigence du dépassement (*Überwindung, Verwindung*) de cette tradition. Dans la période que je considère, cette mise en question est définie par Heidegger lui-même comme 'destruction', et plus précisément comme destruction phénoménologique (laquelle, jointe à la réduction et à la construction, constitue la méthode phénoménologique dans sa triple articulation)[14]. (3) Enfin, du point de vue thématique, la confrontation avec Aristote jusqu'à *Sein und Zeit* se caractérise par le fait qu'elle porte fondamentalement sur trois problèmes capitaux qui sont aussi les problèmes centraux de *Sein und Zeit*, à savoir: le problème de la vérité, le problème de la constitution ontologique de la vie humaine et le problème du temps; l'horizon général dans lequel Heidegger affronte tous ces problèmes est sans doute celui qui est marqué par la question de l'être.

De ces trois problèmes capitaux je considérerai surtout celui qui est central pour la comparaison que je me propose entre le *Dasein* et la *praxis*, à savoir le problème de la constitution ontologique, de la modalité d'être fondamentale et unitaire, propre à la vie humaine. Il faut tout d'abord se demander comment Heidegger en vient à individuer et à traiter ce problème dans l'horizon de la question de l'être qu'il commence à se poser, comme il le déclare lui-même, déjà à la lecture de la dissertation de Brentano.

3. LE PROBLÈME DE L'UNITÉ DE L'ÉTANT EN TANT QUE *POLLACHOS LEGOMENON* COMME LIGNE DIRECTRICE DE LA RECHERCHE DE HEIDEGGER

Beaucoup d'éléments et de suggestions spéculatives qui ont certainement joué un rôle dans la formation de la problématique heideggerienne, qu'il vaudrait la peine d'examiner en détail. Permettez-moi de limiter ici ma tâche, dans le cadre d'une analyse du rapport avec Aristote, à l'éclaircissement de la seule fonction que joue, dans la genèse des trois problèmes indiqués, la question de l'étant en tant que *pollachos legomenon*, question dont Heidegger prend notamment connaissance à travers la dissertation de Brentano. Mon hypothèse est que Heidegger en arrive à poser et à affronter les trois problèmes de la vérité, de la vie humaine et du temps dans l'horizon d'un approfondissement radical de la problématique ontologique de la plurivocité de l'étant, approfondissement qui lui permet de saisir la connexion systématique entre les trois problèmes et donc leur unité profonde.

D'après le témoignage autobiographique que lui-même donne dans *Mein Weg in die Phänomenologie*, dès le début son attention fut fondamentalement prise par le problème de la plurivocité de l'étant et, par conséquent, par la question de comprendre et de déterminer, s'il y en a un, le sens fondamental et unitaire qui soutient la pluralité des autres. Autrement dit, si l'étant se dit de modalités et significations multiples et diverses, quel est son sens fondamental unitaire, que signifie l'être même?[15] Comme on le sait, dans sa dissertation Brentano avait examiné les quatre significations fondamentales de l'étant (le *pollachos* peut donc être considéré comme un *tetrachos*) qu'Aristote catalogue et examine surtout dans la *Métaphysique*, à savoir: (1) la signification de l'étant selon les figures catégoriales (*to on kata ta schemata ton kategorion*), (2) la signification de l'étant en tant que vrai (*to on hos alethes*), (3) la signification de l'étant selon la puissance et l'acte (*to on dynamei kai energeiai*), (4) la signification de l'étant en soi ou par accident (*to on kath'hauto kai kata symbebekos*). Fidèle à la tradition aristotélico-thomiste, Brentano ne se limitait pourtant pas seulement à décrire la doctrine des quatre significations fondamentales, mais tâchait aussi de saisir leur connexion unitaire en termes d'unité analogique de l'étant. Plus précisément, dans sa tentative de solution, il privilégiait comme fondamentale la signification catégoriale de l'étant et considérait comme terme unitaire, auquel toutes les significations se rapportent, la substance (en tant que première catégorie). Brentano, donc, concevait l'ontologie comme ousiologie, en interprétant au fond l'étant dans un horizon catégorial (au point qu'il en arrivait à tenter une sorte de déduction des catégories à partir du concept général de l'étant)[16].

Or, quand dans *Mein Weg in die Phänomenologie* Heidegger déclare que dès la lecture de Brentano le problème de l'être et de son sens unitaire ne cesse de l'inquiéter[17], je pense qu'il faut prendre au sérieux ce témoignage, non pas comme s'il était une stylisation idéalisante de sa formation philosophique, visant à montrer une attention constante, même au commencement, pour la question de l'être, mais au contraire comme un document crédible de la genèse effective, dans ses réflexions juvéniles, du problème qui restera central dans toute sa pensée. Si l'on prend au sérieux le témoignage autobiographique heideggerien, on peut même aller plus loin que ce qu'il a explicitement dit à ce propos et retrouver les traces d'une réflexion intensive sur les quatre significations de l'étant non seulement dans les premiers écrits — surtout dans la thèse d'habilitation sur Duns Scot[18] qui traite en effet de la signification catégoriale de l'étant —, mais aussi dans la spéculation ultérieure des années vingt jusqu'à *Sein und Zeit*, qui apparemment n'a plus rien à voir avec le problème de l'étant comme *pollachos legomenon*.

L'hypothèse que j'avance est que la ligne fondamentale de la recherche philosophique heideggerienne au cours des années vingt consiste dans la recherche du sens unitaire fondamental qui soutient la plurivocité de l'étant; et je suppose notamment que, dans ce but, Heidegger sonde à cette époque, l'une après l'autre, les quatre significations, pour vérifier laquelle d'entre elles peut être considérée comme sens unitaire fondamental. Bientôt insatisfait de la solution ousiologique et analogique, soutenue par Brentano[19], Heidegger examine à fond dans les années vingt surtout la signification de l'étant en tant que vrai, et derrière cet examen transparaît clairement l'intention d'éprouver si cette signification peut assumer le rôle de sens fondamental: parmi les textes jusqu'à présent publiés, le cours du semestre d'hiver 1925/26 (*Logik. Die Frage nach der Wahrheit*), mais aussi la partie conclusive de celui du semestre d'hiver 1929/30 (*Die Grundbegriffe der Metaphysik. Welt — Endlichkeit — Einsamkeit*) et la première partie de celui du semestre suivant (*Vom Wesen der menschlichen Freiheit. Einleitung in die Philosophie*) témoignent du caractère central, pour la compréhension heideggerienne de l'être, de l'équation d'être et vérité, gain à mettre au bénéfice de la lecture phénoménologique d'Aristote. Et il faut admettre, à mon avis, qu'ensuite Heidegger sonde aussi, dans la même direction, la signification de l'étant selon l'acte et la puissance, comme en atteste le cours du semestre d'été 1931 (*Aristoteles, Metaphysik* Θ, *1-3. Vom Wesen und Wirklichkeit der Kraft*), également pour éprouver si elle peut subsister comme signification fondamentale.

Dans ce contexte je voudrais suggérer aussi l'hypothèse que, plus tard, Heidegger voit dans les quatre significations de l'étant recueillies par Aristote un point d'appui fondamental, à l'intérieur du domaine de la métaphysique, pour remonter, en fouillant au-dessous d'elles, à une détermination plus originaire et initiale, prémétaphysique, de l'être. C'est en questionnant les quatre significations fondamentales de l'étant selon Aristote, je suppose, que Heidegger en arrive à mettre au point les caractères que, de plus en plus, il attribuera à l'être même pensé selon une expérience originaire: en tâchant de remonter au delà de la détermination de l'*on hos alethes,* Heidegger en vient à attribuer à l'être le caractère de l'*Aletheia*, et de même, en questionnant la détermination de l'*on dynamei kai energeiai*, il arrive à attribuer à l'être, pensé d'une façon originaire, le caractère de *Physis*.

Je voudrais maintenant montrer comment, à partir de son intérêt dominant pour la problématique de la plurivocité de l'étant et du sens unitaire qui la soutient, lorsqu'il se concentre, au cours des années vingt, sur la signification de l'étant comme vrai, Heidegger parvient à une reprise de la philosophie pratique aristotélicienne et, notamment, de la thématique du livre VI de l'*Ethique à Nicomaque*.

4. LE CARACTÈRE CENTRAL DE LA SIGNIFICATION DE L'ÉTANT EN TANT QUE VRAI ET LA TOPOLOGIE DES LIEUX DE LA VÉRITÉ

Dans ce but une remarque préalable est nécessaire concernant le caractère phénoménologique de la disposition dans laquelle Heidegger s'apprête à la confrontation avec Aristote et la réalise. Ce caractère concerne tantôt l'attitude méthodologique, tantôt l'horizon thématique de la confrontation. Et où non plus il ne faut pas croire qu'en déclarant lui-même l'inspiration phénoménologique de sa lecture d'Aristote, Heidegger ait voulu simplement payer un tribut de gratitude à son maître Husserl ou, pire encore, couvrir et lui cacher, par un titre seulement nominal, son détachement à l'égard de l'orthodoxie phénoménologique. En effet, en ce qui concerne la disposition méthodologique qui dans *Sein und Zeit* est caractérisée comme 'destruction' et qui, disons jusqu'à la *Kehre*, incarne l'esprit dans lequel Heidegger est confronté à la tradition, elle a sans doute son origine dans une variation et une intégration de la méthode phénoménologique théorisée par Husserl. Comme pour Husserl l'attitude philosophique de la réduction, opposée à l'attitude naturelle et naïve du sens commun, met entre parenthèses les évidences de celui-ci, ainsi selon Heidegger une attitude méthodologique et critique analogue doit être exercée même face aux évidences de l'histoire de la pensée, c'est-à-dire face aux philosophèmes assumés et acceptés par tradition. Et comme chez Husserl la réduction était connexe à la constitution phénoménologique, ainsi chez Heidegger la destruction est fonction de la fondation et de la construction ontologiques. Comme Heidegger lui-même le déclare, réduction, destruction et construction constituent les trois éléments essentiels et cooriginaires de la méthode phénoménologique : "L'interprétation conceptuelle de l'être et de ses structures, c'est-à-dire la construction réductrice de l'être, implique donc nécessairement une *destruction*, autrement dit une déconstruction (*Abbau*) critique des concepts reçus, qui sont d'abord nécessairement en usage, afin de remonter aux sources où ils ont été puisés. [...] Les trois éléments fondamentaux de la méthode phénoménologique : réduction, construction, destruction sont intrinsèquement dépendants les uns des autres et doivent être fondés en leur coappartenance. La construction philosophique est nécessairement destruction, c'est-à-dire dé-construction, accomplie à travers un retour historique à la tradition, de ce qui est transmis ; cela ne signifie aucunement négation de la tradition ni condamnation frappant celle-ci de nullité, mais au contraire appropriation positive de cette tradition" [20].

Mais en ce qui concerne la configuration phénoménologique de l'horizon thématique dans lequel Heidegger approche Aristote, et en particulier sa philosophie pratique, il faut considérer que cette approche s'effectua dans le contexte d'une concentration sur la problématique de l'étant en tant que vrai, et que la circonstance qui fut sûrement déterminante dans cette analyse est que Heidegger y vint à partir d'une étude approfondie des *Recherches logiques* de Husserl (dont on peut maintenant voir les traces dans la première partie du cours du semestre d'été 1925 publié sous le titre *Prolegomena zur Geschichte des Zeitbegriffs* [21]). En s'interrogeant sur la compréhension de la vérité proposée par Husserl, Heidegger développe systématiquement une conviction qui avait déjà pris pied dans l'œuvre husserlienne, à savoir la conviction que le jugement, l'assertion, en tant que synthèse ou dihairèse de représentations, ne constitue pas le lieu originaire de la manifestation de la vérité, mais une dimension seulement restreinte par rapport à la profondeur ontologique et à l'étendue originaire du phénomène. Développant systématiquement cette conviction, Heidegger aboutit à la mise en question de trois thèses traditionnelles sur la vérité, à savoir: (1) la thèse que la vérité consiste dans une *adaequatio intellectus et rei*, (2) la thèse que le lieu originaire de sa manifestation est le jugement en tant qu'il est connexion ou division de représentations et de concepts, (3) la thèse que la paternité de ces deux théorèmes doit être attribuée à Aristote [22].

En effet, Husserl — par sa thèse selon laquelle non seulement les actes de synthèse, mais aussi les actes monothétiques de saisissement simple peuvent avoir un caractère de vérité — avait déjà mis en question la théorie traditionnelle de la vérité comme *adaequatio*, et il avait aussi dans ce but introduit une distinction déterminante, à savoir la distinction entre la vérité de la proposition ou du jugement (*Satzwahrheit*) et la vérité de l'intuition (*Anschauungswahrheit*); celle-ci est considérée comme originaire et représente donc le fondement de celle-là. De plus, Husserl avait introduit une innovation fondamentale, reconnue par Heidegger, qui consiste en la distinction et la théorisation de l'intuition catégoriale: conçue par analogie avec l'intuition sensible, elle servait chez Husserl à expliquer la modalité d'appréhension des éléments du jugement dont l'identification (*Ausweisung*) excède l'intuition sensible, éléments qui dans la théorie traditionnelle de la vérité avait été compris comme appartenant au domaine du catégorial [23].

Approfondissant la direction dans laquelle allaient ces thèses husserliennes, Heidegger théorise une distinction fondamentale entre le sens simplement logico-gnoséologique de l'être-vrai (*Wahrsein*), qui est propre à la proposition, et le sens ontologique de la vérité (*Wahrheit*), qui appartient au phénomène de la vérité dans son étendue originaire. Or, aux yeux de Heidegger, c'est justement la profondeur ontologique originaire du phénomène de la vérité qu'Aristote a présente à l'esprit comme dimension déterminante, même si, évidemment, il connaît aussi la signification restreinte de l'être-vrai référée à la proposition. Par conséquent, Heidegger essaie de restituer aux textes aristotéliciens qui portent sur la vérité leur ampleur originaire, en les délivrant des préjugés figés d'une certaine tradition interprétative qui subsistaient jusqu'alors et que l'on retrouve même d'après Heidegger dans une lecture d'Aristote, par d'autres aspects innovatrice, comme celle de Jaeger. C'est ainsi que la mise en question heideggerienne de la théorie traditionnelle de la vérité, amorcée par l'approche phénoménologique husserlienne, va de pair avec une lecture fort ontologisante de certains textes capitaux d'Aristote comme *De int.*, 1, *Met.* IX, 10, *Eth. Nic.* VI.

Heidegger en vient à découvrir le sens ontologique plus profond du phénomène de la vérité à travers une sorte de triple progression argumentative :

(1) Tout d'abord il distingue l'aspect sémantique du *logos*, c'est-à-dire la propriété d'avoir une signification, qui appartient à chaque forme de *logos*, et le caractère apophantique, lequel n'est pas présent dans chaque forme de *logos*, mais seulement dans la forme par excellence du *logos*, qui est l'*apophansis*, la prédication ou assertion. La spécificité de cette forme particulière de *logos* consiste dans le fait qu'elle est une synthèse ou une dihairèse de concepts, et dans le fait que, comme telle, elle possède le caractère d'être-vraie ou d'être-fausse, plus précisément de pouvoir-être-vraie ou de pouvoir-être-fausse.

(2) Ensuite Heidegger s'interroge sur le fondement ontologique du discours prédicatif, du *logos apophantikos*, pour indireuer la condition ontologique de la possibilité de son être-vrai ou être-faux. Et il la trouve dans la constitution d'être de la vie humaine même, du *Dasein*, qui a en soi la possibilité intrinsèque d'assumer, bien plus, d'être lui-même, une attitude découvrante, c'est-à-dire d'ouvrir et de s'ouvrir par rapport à l'étant.

(3) Enfin, approfondissant sa mise en question, Heidegger s'interroge sur le fondement ontologique ultérieur du phénomène du découvrement de l'étant par le *Dasein*. Et il aboutit à la conclusion que ce fondement est à chercher dans le fait que l'étant lui-même a la constitution ontologique de quelque chose qui se donne, qui est accessible à et peut être saisi par cet étant particulier qui a en soi l'attitude découvrante, c'est-à-dire le *Dasein*. Par rapport à celui-ci l'étant est potentiellement *manifestativum sui*, il est é-vident, manifeste, décélé, *un-verborgen, a-lethes*. La vérité conçue comme *a-letheia*, comme *Un-verborgenheit*, est donc un caractère ontologique constitutif de l'étant lui-même, elle est une détermination antéprédicative, par rapport à laquelle l'être-vrai ou être-faux de la prédication est une propriété dérivée et restreinte [24].

Suivant cette progression argumentative, Heidegger parvient à une sorte de topologie ou de hiérarchie des lieux de la vérité, qu'il développe en assimilant, dans une élaboration radicalisante, certaines thèses aristotéliciennes. D'une manière assez expéditive, mais suffisamment synoptique, on peut résumer l'ossature de cette topologie de la vérité comme suit :

(1) Vrai est avant tout l'étant même en ce qu'il possède constitutivement le caractère d'être manifeste, décélé. Par cette thèse Heidegger réactualise la puissance ontologique de la compréhension aristotélicienne de la vérité qui s'exprime dans l'équation : *on hos alethes*.

(2) Vrai est deuxièmement le *Dasein* même, la vie humaine, en ce sens qu'il est découvrant et qu'il développe ce caractère dans ses attitudes découvrantes fondamentales. Derrière cette thèse non plus, il n'est pas difficile de voir la reprise d'une idée aristotélicienne, à savoir l'idée de la détermination aristotélicienne de l'âme humaine (*psyche*) en tant qu'être-dans-la-vérité (*aletheuein*). Chez Aristote, en effet, surtout dans le livre VI de l'*Ethique à Nicomaque*, Heidegger voit une analyse, non encore obnubilée par les préjugés théorétiques modernes, des différentes manières qu'a l'âme de découvrir l'étant, d'être dans la vérité et il y voit donc la première phénoménologie complète des attitudes découvrantes fondamentales de la vie humaine, du *Dasein*: (2.1) il y a d'abord la modalité spécifique de découvrir propre à l'âme humaine, qui la distingue soit des dieux soit des autres animaux: elle est réalisée à travers la connexion du *logos*, qui institue des liens, et précisément sous les cinq modes qu'a l'âme d'être-dans-la-vérité: *episteme, techne, praxis, nous, sophia*[25]; (2.2) mais cette modalité de découvrir, déterminée par le *logos*, est fondée dans une façon directe, immédiate d'accéder à l'étant et de le découvrir, laquelle a lieu soit dans l'*aisthesis*, dont Aristote dit qu'elle est toujours vraie (*aei alethes*)[26], soit dans la *noesis*, qui saisit son objet dans un contact direct, pour ainsi dire en le touchant, et qui, ainsi, comme elle n'opère ni synthèse ni dihairèse, ne peut pas être fausse, mais peut seulement ne pas avoir lieu (dans l'*agnoein*)[27].

(3) Vraie est enfin la forme par excellence du *logos*, à savoir le *logos apophantikos* ou *apophansis*, c'est-à-dire la prédication ou assertion, dans sa forme affirmative (*kataphasis*) ou dans sa forme négative (*apophasis*). Et cela vaut soit en ce sens que le *logos* est un *aletheuein* en tant que *legein*, soit en ce sens que le *logos* est *alethes* en tant que *legomenon*.[28]

Il faudrait ici un examen plus approfondi de la manière dont Heidegger, ayant détaché la compréhension du phénomène de la vérité de cette dernière dimension, c'est-à-dire de la structure dérivée et restrictive de la prédication, en vient à radicaliser ultérieurement son interrogation de la conception métaphysique traditionnelle de la vérité. Si, en effet, grâce à son appropriation d'Aristote, Heidegger gagne une perspective ontologique qui lui permet de reprendre radicalement le problème, demeure encore ouverte à ses yeux la question des présuppositions non explicitées sur lesquelles est fondée même la conception aristotélicienne du phénomène de la vérité comme caractère de l'étant en tant que manifeste. La question que Heidegger pose est la suivante: "Que doit signifier l'être même, pour que l'être-découvert devienne compréhensible comme un caractère d'être et même comme le plus authentique de tous? Pour que, par conséquent, l'étant doive être finalement interprété relativement à son être à partir de l'être-découvert?"[29]. Déjà à cette époque, vers le milieu des années vingt, se forme très clairement la vision du problème qui caractérise et caractérisera de plus en plus la pensée heideggerienne. Ici déjà, en effet, Heidegger croit pouvoir affirmer que le fondement non questionné de l'équation aristotélicienne d'être et de vérité consiste dans la présupposition d'un rapport bien déterminé entre l'être et le temps et donc dans la présupposition d'une certaine compréhension de l'être et du temps eux-mêmes. Pourquoi? Parce qu'afin que la vérité, au sens de l'être-découvert, de l'être-décelé (*a-letheia*), puisse être qualifiée de caractère ontologique de l'étant, l'être de l'étant doit auparavant être implicitement compris comme présence (*Anwesen*); car seulement ce qui est préalablement compris comme présent peut ensuite être déterminé comme découvert, comme décelé, c'est-à-dire comme vrai (*a-lethes*) dans le sens suggéré par l'étymologie heideggerienne du mot grec. Mais l'interprétation de l'être comme présence a son fondement implicite dans la présupposition d'une connexion non questionnée de l'être et du temps, dans laquelle la dimension du présent vaut comme dimension déterminante du temps. Autrement dit, à une compréhension du temps qui privilégie la dimension du présent correspond une interprétation de l'être dans laquelle la primauté est conférée, par conséquent, à la présence.

De cette façon Heidegger défriche et prépare en même temps le terrain pour son interprétation de l'histoire de la métaphysique. Il parvient en effet à la conviction — un peu plus tard confirmée par la célèbre interprétation du mythe platonicien de la caverne — que la pensée métaphysique se structure et prend forme comme pensée de la présence, c'est-à-dire comme une pensée qui ne se pose pas, d'une manière suffisamment radicale, la question du rapport entre l'être et le temps dans toute son articulation. A cette conclusion, Heidegger parvient par son interprétation du problème de la vérité chez Aristote, dès le cours du semestre d'hiver 1925/26. Dans un passage de ce cours, très significatif à ce propos, il dit: "Le pur être-découvert de l'étant, comme Aristote le conçoit par rapport au simple, ce pur être-découvert ne signifie rien d'autre que le présent pur, non déplacé et inamovible, de ce qui est présent. L'être-découvert (*Entdecktheit*), c'est-à-dire ici le présent pur, est, en tant que présent (*Gegenwart*), le mode suprême de la présence (*Anwesenheit*). Mais la présence est la détermination fondamentale de l'être. Donc, l'être-découvert, en tant que mode suprême de la présence, à savoir en tant que présent, est un mode d'être, et précisément le mode d'être le plus authentique de tous, la présence elle-même qui est présente. [...] C'est-à-dire: puisque l'être est compris comme présence et l'être-découvert comme présent, et puisque la présence (*Anwesenheit*) et le présent (*Gegenwart*) sont présence (*Präsenz*), l'être comme présence peut, et même il doit, être déterminé par la vérité comme présent, de telle sorte que le présent est la manière suprême de la présence. Déjà Platon désignait l'être comme présent. Et le terme *ousia*, que dans l'histoire de la philosophie on colporte, d'une manière complètement insensée, comme substance, ne veut rien dire d'autre que présence dans un sens bien déterminé. Mais il faut nécessairement souligner que les Grecs, Platon et Aristote, ont en effet déterminé l'être comme *ousia*, mais qu'ils étaient bien loin de comprendre ce que cela signifie proprement quand ils déterminent l'être comme présence et comme présent. Le présent est *un caractère du temps.* Comprendre l'être comme présence à partir du présent signifie comprendre l'être à partir du temps. [...] Une fois que l'on a compris cette problématique de la connexion intime de la compréhension de l'être à partir du temps, on a certes alors, d'une certaine façon, une lumière pour retourner à l'éclaircissement de l'histoire du problème de l'être et de l'histoire de la philosophie en général, de telle sorte qu'elle reçoit maintenant un sens " [30]. En suite de quoi, à partir de ce moment, Heidegger s'efforce de plus en plus de régresser soit en deçà des présuppositions ultimes sur lesquelles se base la compréhension ontologique du phénomène de la vérité comme décèlement, soit en deçà des présuppositions non questionnées de la pensée occidentale qui, de Platon à Husserl, prend pour lui la forme d'une métaphysique de la présence.

Or, si la radicalisation progressive de la mise en question de la compréhension de la vérité indique certes déjà la direction déterminante dans laquelle Heidegger approfondira sa confrontation avec la métaphysique, et si elle exhibe plusieurs aspects qui la rendent intéressante et qui fournissent des motivations à des examens ultérieurs, il me semble néanmoins qu'elle n'est pas encore exécutée dans l'esprit et avec les intentions qui caractériseront plus tard le propos du dépassement de la métaphysique. Ou mieux : si Heidegger envisage déjà ici la possibilité et la nécessité de mettre en question les philosophèmes figés de la tradition, cette mise en question n'aspire pas encore à dépasser et à quitter la pensée métaphysique en direction de l'autre commencement. Il s'agit plutôt d'une mise en question qui relève de la conviction que la métaphysique n'est pas bâtie sur une fondement suffisamment radical, et qui n'envisage donc pas encore un dépassement de la métaphysique dans le sens de la *Überwindung* ou de la *Verwindung*, mais plutôt une fondation qui est vraiment origine. Et, en effet, à cette époque Heidegger pense encore qu'on peut, à travers l'analyse du *Dasein*, atteindre une fondation radicale de l'ontologie et, par conséquent, jusqu'au livre sur Kant de 1929, il appelle son programme 'ontologie fondamentale' ou 'métaphysique du *Dasein*', en attribuant en ce cas aux termes 'ontologie' et 'métaphysique' un sens tout à fait positif. C'est justement dans le but d'une construction radicalement fondée que Heidegger assume la disposition méthodologique de la 'destruction', qui lui permet de déblayer son chemin.

En ce qui concerne la disposition fondatrice de ce programme, je pense que ce n'est pas un hasard si jusqu'à la *Kehre* Heidegger privilégie la confrontation avec de grands moments fondateurs de la pensée occiden- tale, avec Aristote, Descartes, Leibniz, Kant, Husserl; et si, après la *Kehre*, au contraire, avec la radicalisation progressive de la critique et du détournement de la métaphysique, il laisse tomber toute intention fonda- trice. Et il est significatif aussi que cette radicalisation progressive mûrit dans un horizon qui est marqué par la confrontation avec Nietzsche, c'est-à-dire avec le point le plus dense et le plus avancé de l'autocorrosion et de l'autocritique de la philosophie occidentale, marqué en même temps par la fréquentation assidue de la pensée présocratique, c'est-à-dire d'une pensée qui précède la décision métaphysique de l'Occident, et mar- qué enfin par une affinité et une proximité intenses avec la théophanie crépusculaire de Hölderlin, qui représente, par rapport au destin méta- physique, l'alternative et la possibilité du dieu nouveau à venir.

5. LA STRUCTURE DÉCOUVRANTE DU *DASEIN* ET LA FOCALISATION DE L'HORIZON DE LA *PRAXIS*

Mais, en revenant à la question du rôle de la problématique de la pluri- vocité de l'étant et, en particulier, de la signification de l'étant comme vrai, on peut dire que c'est en analysant cette dernière signification dans l'horizon des intentions fondatrices mentionnées que Heidegger, au cours des années vingt, en vient à poser au centre de ses efforts spéculatifs le problème de la saisie et de la détermination de la structure ontologique fondamentale de la vie humaine, de la *psyche*, du *Dasein*, et plus préci- sément dans son caractère spécifique d'être-découvrant, dans son être un *aletheuein*. C'est donc dans l'horizon typiquement phénoménologique du problème de la structure constitutive du 'sujet', que Heidegger interprète la détermination aristotélicienne de la *psyche* comme *aletheuein*, et c'est à travers cette union d'une approche phénoménologique et d'éléments aris- totéliciens qu'il pose les jalons de son analyse de l'existence.

Mais pourquoi la *praxis* est-elle centrale, d'où lui vient ce caractère et d'où vient, ainsi, l'importance de l'*Ethique à Nicomaque*, annoncée par mon titre? Il y a beaucoup d'indices qui, à mon avis, parlent en faveur de l'hypothèse selon laquelle Heidegger en serait venu à la détermination aristotélicienne de la *praxis* en tâchant de sortir des problèmes que la phénoménologie husserlienne avait soulevés, mais qu'à ses yeux la com- préhension husserlienne de la subjectivité, loin de les résoudre, laissait plutôt ouverts.

Aux yeux de Heidegger, en effet, la phénoménologie husserlienne s'enrayait dans une aporie fondamentale, à savoir l'aporie de l'appartenance du sujet au monde et de la contemporaine constitution du monde par le sujet. Heidegger ne trouvait pas satisfaisante la solution proposée par Husserl, qui distinguait le sujet psychologique qui fait partie du monde et le sujet transcendental qui constitue le monde, qui distinguait la réalité de celui-là et l'idéalité de celui-ci. Certes, Heidegger partage avec Husserl la conviction que la constitution de l'expérience du monde ne peut pas être expliquée en remontant à un étant qui ait la même modalité d'être, la même constitution ontologique, que le monde. Heidegger, cependant, s'écarte de Husserl parce que la détermination husserlienne de la subjectivité transcendentale lui semble gagnée, d'une manière prépondérante et unilatérale, à partir d'une considération théorétique des actes de la vie de la conscience.[31]

Pourquoi cette impression? Parce que, à travers son analyse du phénomène de la vérité et à travers la topologie des lieux de sa manifestation, Heidegger mûrit la conviction que la *theoria* n'est qu'une des différentes possibilités et modalités de l'attitude découvrante par laquelle l'homme accède à l'étant. A côté de la *theoria* et avant la *theoria* il y a par exemple l'attitude découvrante de la *poiesis* ou celle de la *praxis*, dans lesquelles l'homme se rapporte aussi à l'étant et le saisit. Heidegger s'oriente alors vers Aristote justement parce qu'Aristote retient encore la pluralité des attitudes découvrantes de la vie humaine et en donne, dans le livre VI de l'*Ethique à Nicomaque*, la première analyse systématique, individuant les trois dispositions découvrantes fondamentales de l'âme, à savoir la *theoria*, la *poiesis* et la *praxis*, ainsi que les formes de savoir spécifiques qui les accompagnent, à savoir la *sophia*, la *techne* et la *phronesis*.

Par conséquent, je pense que l'on a bien des chances de saisir le sens du travail spéculatif de Heidegger durant les années vingt, si l'on relit l'analyse du *Dasein*, développée dans l'ontologie fondamentale, à la lumière de la lecture phénoménologique d'Aristote, en particulier de l'*Ethique à Nicomaque*, et si l'on prête attention au fait que les résultats de l'assimilation vorace d'Aristote se sédimentent souvent dans des passages et des nœuds argumentatifs dans lesquels Heidegger ne parle pas explicitement d'Aristote

6. LA PHILOSOPHIE PRATIQUE ARISTOTÉLICIENNE COMME ARRIÈRE-PLAN DE L'ANALYSE DE L'EXISTENCE: CORRESPONDANCES, TRANSFORMATIONS, DIFFÉRENCES

C'est justement l'horizon aristotélicien de certaines déterminations fondamentales que Heidegger développe dans son analyse de l'existence que je voudrais mettre en évidence, en indiquant des correspondances par lesquelles on peut voir comment Heidegger reprend et reformule, dans quelques termes fondamentaux de son analyse, le sens substantiel d'autant de concepts de la philosophie pratique aristotélicienne.

La première correspondance, si évidente qu'elle n'a pas besoin d'une preuve particulière, est la correspondance entre les trois modalités d'être fondamentales du *Dasein*, de la *Zuhandenheit* et de la *Vorhandenheit*, distinguées et déterminées dans les cours des années vingt et dans *Sein und Zeit*, et les trois déterminations aristotéliciennes de la *praxis*, de la *poiesis* et de la *theoria*. (1) La *theoria* est la disposition découvrante qui a un caractère, descriptif et véritatif, car elle a en vue la constatation pure et simple de la manière dont les choses se comportent, l'appréhension de la vérité de l'étant; le savoir qui lui est propre est la *sophia*. Selon Heidegger, quand la vie humaine assume cette disposition découvrante, l'étant se présente à elle dans une modalité d'être qu'il appelle *Vorhandenheit*[32]. (2) La *poiesis* est la disposition découvrante productive, manipulante, dans laquelle on est quand on manie l'étant, et cette disposition se donne comme but la production d'œuvres; la *techne* est l'espèce de savoir qui la guide vers la réussite. Quand on assume cette disposition, l'étant se présente à nous dans la modalité d'être que Heidegger appelle *Zuhandenheit*. (3) La *praxis* est la disposition découvrante qui se réalise dans cette forme d'agir qui a son but en soi-même (*hou heneka*), c'est-à-dire dans sa réussite en tant qu'action et non dans quelque chose d'extérieur à elle (*heneka tinos*); la *phronesis*, la prudence, est le type de savoir qui lui est propre et qui l'oriente. Mon hypothèse est que la disposition découvrante de la *praxis* est la disposition sur laquelle Heidegger se base pour atteindre les déterminations thématiques fondamentales avec lesquelles il désigne la structure ontologique de l'existence humaine, du *Dasein*.

Cette dernière correspondance, qui apparaît assurément comme la plus problématique et la plus discutable, mais qui, à mon sens, est cependant la plus significative et la plus centrale, doit être développée plus en détail. Mais, préalablement, il convient de faire une brève remarque générale sur le caractère de la reprise heideggerienne du sens fondamental des trois déterminations de la *praxis*, de la *poiesis* et de la *theoria*. Il est évident, en effet, que Heidegger ne s'engage pas dans une simple reprise de ces déterminations, mais qu'en les reprenant, il en modifie profondément la structure, le caractère et la connexion. La transformation la plus voyante me semble être l'accentuation, mieux, l'absolutisation du caractère ontologique que dans une certaine mesure elles possèdent également chez Aristote, mais qui, chez celui-ci, n'est pas le seul caractère, ni même toujours le caractère déterminant. Je m'explique : Heidegger interprète les déterminations aristotéliciennes de la *praxis*, de la *poiesis* et de la *theoria* comme si elles n'étaient que des modalités d'être, en excluant rigoureusement, donc, de leur compréhension, toute signification ontique. Évidemment ce qui intéresse Heidegger, en vue de la détermination de la structure ontologique fondamentale du *Dasein*, ce ne sont pas les *praxeis, poieseis* et *theoriai* particulières, mais uniquement la puissance ontologique de ces concepts. Certes, il trouve dans le texte d'Aristote des indices qui peuvent soutenir sa lecture fort ontologisante : si par exemple on considère la distinction entre la *praxis* et la *poiesis* exposée dans *Eth. Nic.* VI en connexion avec *Met.* IX, 6, on peut voir assez clairement que même chez Aristote il ne s'agit pas d'une distinction seulement ontique, c'est-à-dire qu'elle ne se réfère pas exclusivement à des actions particulières, dont les unes seraient *praxeis* et les autres *poieseis* ; c'est une distinction qui a aussi un sens philosophique et ontologique dans la mesure où elle indique une modalité d'être. De sorte qu'elle peut se référer au même genre ontique d'actions, mais y introduire une distinction ontologique : faire un discours, par exemple, peut être soit une *poiesis*, une production de *logoi*, soit une *praxis*, l'exercice d'une activité qui est son propre but ; le caractère différent de ce faire, sa modalité différente d'être, qui relève de l'intention et du but dans lesquels il est exécuté, ne se manifeste pas au niveau ontique, mais seulement au plan ontologique. C'est la quintessence ontologique des concepts aristotéliciens de *praxis*, de *poiesis* et de *theoria*, que souligne Heidegger dans son interprétation et qu'il extrait et absolutise par la reprise qu'il en fait dans les déterminations du *Dasein*, de la *Zuhandenheit* et de la *Vorhandenheit*.

Une autre transformation déterminante est le changement d'ordre dans la hiérarchie des trois dispositions. Ce n'est plus la *theoria* qui est considérée comme la disposition d'excellence, comme l'activité la plus haute et préférable pour l'homme. Dans le cadre de l'ontologisation effectuée par Heidegger, c'est plutôt la disposition de la *praxis*, jointe à toute une série d'autres déterminations qu'elle implique, qui devient la connotation centrale et portante, dans la mesure où elle est conçue comme la modalité d'être fondamentale et comme la structure ontologique du *Dasein*. Va de pair avec ce renversement un changement dans la relation avec les autres déterminations : la *Zuhandenheit* (dans laquelle est reprise la détermination de la *poiesis*) et la *Vorhandenheit* (qui correspond à la détermination de la *theoria*) sont mises en rapport et liées au *Dasein* (dont la *praxis*, ontologiquement conçue, est la modalité d'être) ; elles indiquent en effet respectivement les manières d'être dans lesquelles l'étant respectivement se trouve, selon que le *Dasein*, la '*praxis* originaire', s'explique avec l'étant dans la disposition observative et constative ou dans la disposition manipulante et productive. *Poiesis* et *theoria*, à la fois, sont toutes les deux des modalités de la disposition unitaire du *Dasein* que Heidegger nomme *Besorgen*. De cette façon, en reconduisant la *poiesis* et la *theoria* à une dimension commune plus profonde, Heidegger obtient encore deux résultats: il montre la connexion entre la *Zuhandeheit* et la *Vorhandenheit*, entre la *poiesis* et la *theoria*, et entre celles-ci et le *Dasein*, la *praxis* originaire; en outre, contre la conception traditionnelle, il arrive à montrer que la *theoria* n'est pas une disposition originaire, mais qu'elle dérive d'une modification de la disposition poïétique (en conséquence, comme on le sait, des phénomènes de la *Auffälligkeit*, de la *Aufdringlichkeit* et de la *Aufsässigkeit* [33]).

Ontologisation, déplacement hiérarchique et structuration unitaire sont donc les transformations déterminantes auxquelles Heidegger soumet, dans la reprise de leur sens substantiel, les concepts aristotéliciens de *praxis*, de *poiesis* et de *theoria*. Mais quelles sont les raisons de ces transformations? Dans l'impossibilité d'en donner une analyse détaillée, je me limite ici à indiquer ce qui me semble être la raison de fond. Celle-ci consiste, à mon avis, dans le fait que Heidegger mûrit progressivement la conviction que les déterminations aristotéliciennes en question, telles qu'elles sont présentées dans l'*Ethique à Nicomaque*, indiquent bien en effet les trois attitudes découvrantes fondamentales de la vie humaine, les trois formes dans lesquelles l'âme est dans la vérité, et qu'elles constituent ainsi la première analyse phénoménologique complète du *Dasein*, mais qu'Aristote n'arrive pas à poser explicitement, d'une manière suffisamment radicale, le problème de l'unité qui est au fond de ces trois déterminations et qui les soutient. Autrement dit, Aristote n'arriverait pas à saisir la constitution ontologique fondamentale de la vie humaine. Cette omission, comme on le sait, est due, d'après Heidegger, au fait qu'Aristote, en demeurant dans l'horizon d'une métaphysique de la présence, reste lié à une compréhension naturaliste du temps qui l'empêche de voir que la structure unitaire de la vie humaine est la temporalité originaire.

7. LE *DASEIN* COMME ONTOLOGISATION DE LA *PRAXIS*:
LA PROVENANCE PRATIQUE DES DÉTERMINATIONS DE L'EXISTENCE
(*ZU-SEIN, SORGE, JEMEINIGKEIT, WORUMWILLEN, BEFINDLICHKEIT*
ET *VERSTEHEN, GEWISSEN, ENTSCHLOSSENHEIT*)
ET LES CONSÉQUENCES

Mais pourquoi alors, malgré cette critique, faudrait-il insister sur le fait que la compréhension de la modalité d'être de la *praxis* est tirée d'un concept ontologisé de *praxis*? Parce qu'il me semble que beaucoup d'indices parlent en faveur de cette thèse qui nous disent de manière indé-

niable que la caractérisation du *Dasein* et la détermination de ses structures fondamentales sont effectuées dans un horizon éminemment 'pratique' (dans le sens aristotélicien de *praxis*). En interprétant les structures
du *Dasein* à travers le filigrane de la compréhension aristotélicienne de la
praxis et de ses catégories portantes, j'essayerai donc de mettre en évidence les correspondances structurelles, conceptuelles et parfois même
terminologiques entre les visions heideggerienne et aristotélicienne du
problème, sans par là vouloir ignorer ou dénier les différences. Préparée
par les considérations faites jusqu'ici, la légitimité de ce rapprochement
de déterminations en apparence tellement divergentes viendra d'abord de
son évidence elle-même et du convaincant aperçu, que ce rapprochement
rend possible, du cadre des concepts et des termes en question; il peut
compter, en outre, sur la confirmation qui lui vient du fait que Heidegger
lui-même, dans ses interprétations d'Aristote, et notamment de l'*Éthique
à Nicomaque*, dans les années vingt, comprend explicitement l'*episteme
praktike* comme ontologie de la vie humaine, du *Dasein*, et suggère aussi
l'équation de *Dasein* et *praxis*[34].

7.1. *L'avoir-à-être* (Zu-sein) *comme détermination pratique*

Pour commencer, c'est dans un sens éminemment pratique qu'il faut lire,
à mon avis, la caractérisation du *Dasein* comme un avoir-à-être (*Zu-
sein*), qui est introduite par Heidegger aux paragraphes 4 et 9 de *Sein und
Zeit*. Par cette caractérisation, qui indique la modalité selon laquelle le
Dasein est et se rapporte à son être, Heidegger veut mettre l'accent sur le
fait que ce rapport du *Dasein* à son être ne s'effectue pas dans une attitude d'observation et de constatation, dans une sorte de repliement sur
soi-même, dans une introspection théorique et réflexive, mais plutôt dans
une attitude typiquement pratico-morale, dans laquelle l'enjeu est l'être
même du *Dasein*, et dans laquelle il faut décider de cet être et supporter,
qu'on le veuille ou non, le poids de cette décision. Autrement dit, Heidegger veut indiquer que le *Dasein* ne se réfère pas d'abord à son être
pour en constater et décrire les connotations et l'essence, pour dire, par
exemple, qu'il est *animal rationale*, mais pour décider quoi faire de cet
être, pour choisir, entre différentes possibilités, celle qu'il assume comme
propre et la réaliser.[35]

Certes, on ne peut pas négliger le fait que Heidegger ne garde la connotation pratique de la structure ontologique du *Dasein* comme avoir-à-être
que tant qu'il poursuit le projet de saisir et de déterminer dans sa spécificité la structure du *Dasein* à partir du *Dasein* lui-même dans sa pureté.
On sait que, par la suite, quand le *Dasein* sera compris non plus en lui-

même, mais à partir de l'horizon dans lequel il est toujours déjà constitué, Heidegger effacera systématiquement toute trace de cette connotation pratique et déterminera le caractère 'ouvert' de l'existence non plus comme avoir-à-être, mais comme ek-sistence dans l'ouverture de l'être[36]. Mais justement l'insistance avec laquelle Heidegger rétracte la caractérisation pratique du *Dasein* laisse supposer qu'elle est la juste direction dans laquelle on peut repérer la première compréhension heideggerienne de la modalité d'être de l'existence.

7.2. *Le souci* (Sorge) *comme racine de la structure pratique du* Dasein

C'est seulement sur le fondement de la compréhension pratique de la structure autoréférentielle du *Dasein* qu'il est possible de saisir, dans leur unité structurale, les autres connotations existentiales que propose Heidegger. On comprend, par exemple, pourquoi Heidegger désigne la modalité fondamentale de l'*Erschlossenheit*, le caractère ouvert du *Dasein*, et l'unité des déterminations existentiales par un concept qui vient, du point de vue thématique, de la philosophie pratique, à savoir le concept de souci (*Sorge*). La détermination de la *Sorge*, par laquelle Heidegger indique et reprend le phénomène que Husserl désignait comme intentionnalité, est à mon avis tirée d'une ontologisation du caractère de la vie humaine qu'Aristote désigne par le terme d'*orexis*. La preuve? Il suffit de collationner les passages du texte aristotélicien où apparaît le terme *orexis*, ou bien le verbe correspondant *oregomai*, et de voir comment Heidegger les traduit. On découvrira qu'il se sert toujours de son terme *Sorge*. Le passage le plus marquant est le début de la *Métaphysique*, dont la proposition initiale "*pantes anthropoi tou eidenai oregontai physei*" est traduite chez Heidegger par "Im Sein des Menschen liegt wesenhaft die Sorge des Sehens", où il faut souligner non seulement la correspondance entre *oregontai* et *Sorge*, mais aussi l'ontologisation de *pantes anthropoi* par *Im Sein des Menschen*.[37]

Dans le même horizon pratique on comprend mieux aussi pourquoi Heidegger désigne comme *Besorgen* (dans lequel s'enracinent tant la disposition productive-manipulante de la *poiesis* que la disposition constative-descriptive de la *theoria*) la modalité dans laquelle le *Dasein* s'ouvre et se rapporte aux choses, et comme *Fürsorge* la modalité d'être dans laquelle le *Dasein* est en rapport avec les autres. On le comprend mieux, parce que ces déterminations ont leur racine unitaire commune précisément dans le caractère pratique de la *Sorge*; et cela indique, à nouveau, que la structure entière du *Dasein* est de nature pratique.

Il n'est pas nécessaire, ici, de rappeler comment Heidegger dirige son analyse à la recherche du fondement unitaire qui soutient la structure autoréférentielle pratique du *Dasein*, indiquée par le *Zu-sein*. Comme on le sait, Heidegger trouve ce fondement dans l'idée, qu'il thématise et élève au concept, selon laquelle l'être du *Dasein* n'est pas quelque chose qui se réalise et s'accomplit dans l'actualité ponctuelle d'une activité pure, mais il est structurellement un pouvoir-être (*Seinkönnen*) qui déborde et tombe au-delà des confins de la présence, pour s'exposer aux extases temporelles du futur, dans lequel se développe la projection de ses possibilités, et du passé, qui est toujours horizon et contexte inévitable de son projeter. Ainsi, le pouvoir-être est selon Heidegger une modalité d'être caractérisée par une suspension ontologique et temporelle fondamentale, propre au *Dasein* en tant que celui-ci est originairement ouvert et libre-pour; et comme cette liberté n'est pas quelque chose que le *Dasein* choisit, mais fait partie de sa constitution ontologique même, il s'ensuit que le *Dasein* la perçoit comme quelque chose dont il ne peut pas se débarrasser, comme un poids, le poids de l'insoutenable légèreté de son être qui s'annonce à lui dans la *Grundstimmung* de l'angoisse.

De son ontologisation de la structure pratique du *Dasein*, Heidegger tire des conséquences fondamentales. (1) Contre la priorité métaphysique du présent et de la présence, il soutient la primauté du futur. Précisément parce que le *Dasein* se rapporte à son être dans une relation de type pratique, en décidant de cet être, l'être qui représente l'enjeu de cette décision est toujours un être futur, car — comme Aristote le souligne plusieurs fois — c'est sur le futur que portent délibération (*bouleusis*) et décision (*prohairesis*) [38] (2) L'être auquel le *Dasein* se rapporte dans l'autoréférence pratique est toujours l'être propre du *Dasein* même, et c'est pour cela que Heidegger lui attribue le caractère de la *Jemeinigkeit*, l'être à chaque fois mien. Je suppose que par cette détermination Heidegger repense et ontologise le sens d'un caractère propre du savoir de la *phronesis* qu'Aristote formule en disant que la *phronesis* est un *hautoi eidenai* [39]. (3) En considération de tous ces éléments, Heidegger soutient une distinction radicale entre la constitution ontologique du *Dasein* et celle de l'étant différent du *Dasein*, en la fondant sur la considération que le *Dasein* est le seul étant ontologiquement constitué comme un *Zu-sein*. Sur cette distinction Heidegger fonde aussi la priorité ontique et ontologique du *Dasein*, et il critique l'insuffisante radicalité des démarcations métaphysiques entre homme et nature, sujet et objet, conscience et monde, précisément parce qu'elles ne s'enracinent pas dans un vrai saisissement de la structure fondamentale unitaire de la vie humaine. (4) La détermination pratique de l'être du *Dasein* implique enfin l'abandon de la théorie traditionnelle de l'autoconscience, conçue comme un savoir de soi-même de type réflexif et constatatif, et obtenue par une *inspectio sui*, par une sorte de repliement de l'âme ou du sujet sur soi-même. L'identité du *Dasein* se constitue plutôt pratiquement, dans la mesure où celui-ci se réfère, selon sa nature propre, à son *Zu-sein*, en l'assumant lui-même ou non; cette autoréférence, en outre, ne se développe pas exclusivement à travers les actes transparents de l'entendement, mais s'appuie aussi sur les 'actes inférieurs', sur les *Stimmungen*, sur les composantes sensibles et passives de la vie humaine. De cette manière Heidegger prend doublement ses distances par rapport à la tradition métaphysique, dans laquelle la spécificité de l'être de la vie humaine est re(con)duite et restreinte dans les catégories objectivantes de la pure observation, et dans l'horizon d'une considération théorétique, présencialiste et consciencialiste.

La structure pratique qui désigne et détermine la constitution ontologique du *Dasein* est issue — c'est là encore ma thèse — d'une sorte de sédimentation spéculative, dans la pensée et même dans la terminologie heideggerienne de cette période, du sens substantiel des déterminations de l'être et de la vie morale de l'homme qu'Aristote présente dans l'*Ethique à Nicomaque*. Il s'agit d'une sédimentation qui se produit dans la forme d'une ontologisation et dont l'intention est, évidemment, de valoriser et d'actualiser les idées qu'elle reprend. Certes, en enchaînant si étroitement l'analyse heideggerienne de l'existence à Aristote, on va sans doute susciter des perplexités, qui peuvent d'ailleurs se baser, au moins apparemment, sur le texte heideggerien lui-même. En effet, dans la présentation du programme de l'analytique existentiale, Heidegger prend explicitement ses distances par rapport à Aristote: il critique, par exemple, la thèse aristotélicienne selon laquelle la primauté de l'homme se fonde sur le fait que l'âme est, en tant qu'elle connaît, une sorte de reflet de tout l'étant, ou cette autre thèse selon laquelle l'essence de l'homme consiste dans l'*anima rationalis*. Néanmoins, on peut remarquer que Heidegger n'a pas manqué de proclamer, en plusieurs occasions, sa dette envers Aristote. Cela arrive même au cours de l'analyse existentiale, où ordinairement Heidegger dépiste et efface les traces de son assimilation productrice[40]. Examinons donc quelles sont les déterminations de la philosophie pratique d'Aristote qui sont reprises dans l'analyse existentiale heideggerienne. Pour ce faire, et pour vérifier ainsi notre thèse, il faut relire les passages déterminants de l'analyse existentiale dans un esprit que je dirais plutôt de déchiffrement que d'interprétation, mais qui est maintenant bien supporté par les textes de Marbourg et qui trouve d'ailleurs maints points d'appui même dans *Sein und Zeit*.

C'est tout d'abord le cadre général du problème que perçoit Aristote qui est repris. En effet, on peut dire que dans l'horizon de la considération effectuée par l'*episteme praktike* — terme, je voudrais le souligner, que Heidegger traduit par *Ontologie des menschlichen Lebens* — Aristote considère la vie humaine dans son ensemble comme une *praxis*, et non comme une *poiesis*[41] ; et la *praxis* est considérée comme la *kinesis* spécifique de la vie humaine, qui n'est pas simplement orientée vers la conservation de la vie même, vers le vivre pur et simple (*zen*), mais qui est *bios*, projet de vie, lequel, une fois que la conservation vitale est garantie, s'explique dans l'espace qui s'ouvre sur le problème du *comment vivre*, c'est-à-dire du choix de la forme de vie préférable pour l'homme, sur le problème du bien vivre (*eu zen*) et des moyens aptes à le réaliser. Cela signifie que l'homme, en tant qu'animal politique doué de *logos*, a sur lui-même le poids de la tâche de délibérer (*bouleusis*), de choisir et de décider (*prohairesis*) des modalités et des formes de son vivre, en s'orientant sur celle qu'il tient pour la meilleure. Comme on le sait, c'est l'homme sage, prudent (*phronimos*), qui réussit dans la bonne délibération, le bon choix de la bonne décision, et qui réalise le bien agir (*eu prattein*), le bien vivre (*eu zen*) et donc la félicité (*eudaimonia*).

Cette intuition fondamentale d'Aristote est reprise à mon sens par Heidegger et reproposée à travers une transformation qui en ontologise, en radicalise et en exaspère le sens substantiel. En effet, pour Heidegger, aussi le *Dasein* est l'étant particulier pour lequel son être est toujours en jeu, et ce, plus précisément, au sens éminemment pratique où le *Dasein* doit décider des formes et des modalités de sa réalisation, même dans le cas limite où cette décision serait un ne pas décider, un se soustraire au devoir décider. Le *Dasein* est l'étant qui doit décider, pour le dire avec Aristote, autour de *ta hautoi agatha kai sympheronta*.[42] Et de même que selon Aristote on réussit dans cet agir qui est la vie en suivant la *phronesis*, selon Heidegger aussi c'est seulement là où le *Dasein*, se disposant à écouter l'appel de la conscience, reconnaît ce devoir-décider comme sa tâche et son être, c'est-à-dire là où il se reconnaît dans son caractère pratique en l'assumant dans la projection de ses possibilités, dans la réalisation de sa *praxis*, c'est seulement là où le *Dasein* se charge de son être, qu'il se réalise comme authentique (*phronimos*).

On peut soutenir aussi que, dans les années vingt, il s'agit pour Heidegger d'individuer et de déterminer la *Grundbewegtheit*, le caractère fondamental de motilité, propre à l'être de la vie humaine dans l'autoréférence pratique qui le détermine. Or, dans la thèse aristotélicienne selon laquelle la *praxis* est la *kinesis tou biou*, le mouvement spécifique de la vie humaine[43], Heidegger voit un appui décisif et une confirmation substantielle pour la direction de sa recherche, qui le conduisait à prendre ses distances vis-à-vis de Husserl pour se rapprocher d'Aristote et, en même temps, à lire Aristote à travers le filtre des problèmes qu'il héritait de Husserl. De cette façon, a lieu une interaction très productive entre l'exigence d'un approfondissement spéculatif, qui se sert d'Aristote, et une lecture d'Aristote fertilisée par une orientation spéculative préalable parmi les problèmes à aborder.

Il n'est pas possible ici de donner une analyse de la compréhension aristotélicienne de la *praxis*, et il n'est pas encore possible de suivre en détail l'interprétation que propose Heidegger du livre VI de l'*Ethique à Nicomaque*, à défaut de certains textes comme celui du cours d'hiver 1924/25 sur le *Sophiste* de Platon, dont la partie introductive contient une lecture détaillée de *Eth. Nic.* VI, ou celui du semestre d'été 1926, dont la dernière partie est complètement consacrée à une interprétation générale de l'ontologie aristotélicienne, y compris celle que Heidegger appelle l'ontologie de la vie humaine, c'est-à-dire l'*episteme praktike*. Mais les indices que l'on possède quand même suffisent à mon sens déjà à indiquer au moins la tendance de fond que développe Heidegger.

En ce qui concerne le concept selon moi central de *praxis*, Heidegger croit pouvoir saisir chez Aristote, comme on l'a vu, un double emploi du concept : un emploi ontique, dans lequel le terme indique les *praxeis* particulières et d'après lequel les *praxeis* se trouvent certes distinguées, mais au même niveau que les *poieseis* et les *theoriai* particulières : c'est l'emploi, par exemple, du début de l'*Ethique à Nicomaque*; et un emploi philosophique, ontologique, dans lequel *praxis* n'indique pas d'actions particulières, mais une modalité d'être. Or, dans cette dernière signification, *praxis* est le concept employé pour déterminer la modalité d'être propre à la vie humaine, sa *kinesis* spécifique; c'est l'emploi qu'on trouve, par exemple, dans *Eth. Nic.* VI, 5, ou dans *Met.* IX, 6. La structure fondamentale de cette *kinesis* est l'*orexis*, dans ses deux moments constitutifs de la *dioxis* et de la *phyge*, et, ce qui caractérise plus précisément la vie humaine, c'est une *orexis* étroitement liée au *nous praktikos* et susceptible d'être orientée par le *dianoeisthai* du *logos*, dans le cas du *phronimos* par un *orthos logos*. La *praxis* sort de la conjugaison de ces deux moments, l'*orexis* et le *nous*, à travers le processus de la délibération (*bouleusis*) qui aboutit au choix et à la décision d'agir (*prohairesis*). Si l'*orexis* est droite et le *logos* vrai, on a comme résultat la bonne délibération (*euboulia*) et la réussite de la *praxis*, l'*eupraxia*.

Réfléchissant à fond sur la structure aristotélicienne de la *praxis* et sur les déterminations qu'elle contient, Heidegger en tire, je pense, autant de déterminations fondamentales, qu'il ne considère toutefois plus comme moments particuliers de l'action, mais, en ayant ontologisé le concept de *praxis*, comme des caractères ontologiques de la vie humaine. Il s'ensuit que dans l'analyse existentiale on trouve, cachée et déguisée dans l'enveloppe ontologique, toute une série de correspondances conceptuelles et terminologiques avec la conception aristotélicienne de la *praxis*. Mais avant de les examiner, il faut encore insister sur le caractère de la trans-

formation qu'effectue Heidegger en reprenant la compréhension aristotélicienne de la *praxis*.

On a déjà indiqué comment Heidegger s'approprie, avec Husserl et
contre Husserl, la caractérisation aristotélicienne des trois attitudes découvrantes fondamentales de la vie humaine (*praxis, poiesis, theoria*), et
on a déjà souligné que dans cette appropriation il critique le manque
d'une position explicite du problème de la détermination unitaire fondamentale qui soutient toutes les autres, et qu'il reconduit ce manque à
l'horizon métaphysique de la présence et à la compréhension naturaliste
du temps qui empêchent Aristote de saisir que la structure unitaire de la
vie humaine est la temporalité originaire. Pour reprendre les indications
fondamentales d'Aristote, mais pour les délivrer en même temps de l'hypothèse métaphysique qui les conditionne, Heidegger pense qu'il faut
reprendre et reformuler les déterminations pratiques comme des désigna-
tions ontologiques, comme des modalités d'être : voilà, si l'on évite toute
méprise ontique, l'origine de leur interprétation ontologisante. Autrement
dit : contre l'unilatéralité théorétique et objectivante de la métaphysique
moderne en particulier, il convient pour Heidegger de reprendre les intuitions fondamentales de la philosophie pratique aristotélicienne qui
échappent à une telle unilatéralité, mais il faut les purifier des scories
métaphysico-anthropologiques qui les grèvent cependant. La compréhension aristotélicienne de la *praxis*, du point de vue ontologique insuffisam-
ment pure, se situe, en effet, dans le cadre général d'une conception préalable de l'homme comme *animal rationale* et demeure liée à celle-ci : elle
subsiste et tombe avec elle. Selon Heidegger, au contraire, la validité de
tout cadre métaphysique et anthropologique ayant disparu, il n'y a plus
de références possibles sur lesquelles la compréhension pratique de la vie
humaine puisse s'appuyer : chaque support substantiel, en vigueur dans la
tradition, est considéré comme dérivé et en défaut par rapport à l'agir
originaire, à la *praxis*, qui constitue l'être du *Dasein* et qui doit être
comprise en elle-même, en dehors de toute prédétermination et précons-
titution. En l'absence d'un champ où se constituer, la *praxis* doit se
constituer par elle-même et sur elle-même ; ainsi devient-elle la détermination ontologique originaire, autarchique, qui est à elle-même son but :
elle est *ou heneka, Worumwillen*.

Ici s'annonce une différence fondamentale : chez Aristote, la considération pratique représente une considération particulière de la vie humaine,
précisément en tant que celle-ci est capable d'actions et en tant qu'elle est
elle-même action ; il s'agit donc d'une considération particulière parmi
d'autres possibles, à côté, par exemple, de la considération physique, bio-
logique ou psychologique ; d'ailleurs elle n'est pas la considération privilégiée, mais, en raison de la moins grande précision (*akribeia*) qu'elle

permet, elle a été considérée comme une sorte de *philosophia minor*. De toute façon, elle n'épuise pas la compréhension de la vie humaine. Chez Heidegger, au contraire, les déterminations pratiques ne sont pas des déterminations qui existent à côté d'autres possibles, mais elles représentent la constitution ontologique même du *Dasein*. Cela implique que leur contenu, en tant que constitutif, n'est pas quelque chose que le *Dasein* peut librement choisir d'avoir ou non, mais il est un quelque chose auquel il ne peut pas se soustraire. La décision, par exemple, ou la *praxis* même, ne sont plus conçues comme des possibilités que le *Dasein* peut réaliser ou non, mais elles deviennent des prédicats ontologiques de son être qui le caractérisent avant, et donc indépendamment de, sa volonté, son choix, sa décision.

Ceci comporte un autre déplacement dans la caractérisation de la *praxis*: là où elle est conçue comme possibilité qu'on a la faculté de saisir ou non, la *praxis* prend une connotation, pour ainsi dire, positive, elle est une manière possible de réaliser l'être de l'homme, mais pas forcément l'unique manière. Mais si elle devient la structure ontologique même du *Dasein*, c'est alors son caractère inévitable, l'impossibilité de la tourner, qui est souligné et accentué. De cette façon la *praxis* n'est pas seulement en jeu dans l'exécution d'actions déterminées ou dans la poursuite de finalités particulières, elle précède chaque exécution et chaque poursuivre. Et c'est précisément ce caractère inévitable, relevant de l'ontologisation de la *praxis* comme structure du *Dasein*, qui confère à l'être du *Dasein* le caractère d'un poids, qui donne l'impression que la légèreté de cet être est insoutenable.

L'ontologisation de la *praxis* provoque, enfin, une dernière transfiguration: elle produit, pour ainsi dire, l'évaporation de son poids spécifique en tant qu'agir et la perte de certains caractères qui, chez Aristote, lui appartiennent constitutivement; avant tout, son interpersonnalité et son enracinement dans une *koinonia*. Chez Heidegger l'ontologisation provoque l'embouteillage de la *praxis* dans une espèce de solipsisme héroïque qui en déforme la configuration.

Il paraît donc indéniable que l'ontologisation heideggerienne du concept aristotélicien de *praxis* provoque des transformations et des déplacements fondamentaux. Mais, en dépit de toute transformation et de tout déplacement, il faut examiner de plus près la correspondance qui existe cependant, en considérant comment la détermination heideggerienne de la structure 'ouverte' du *Dasein* reprend des moments décisifs de la compréhension aristotélicienne de l'être moral de l'homme.

7.3. *L'articulation de la* Sorge *dans les déterminations complémentaires de la* Befindlichkeit *et du* Verstehen

On sait que Heidegger détermine le caractère d'ouverture de l'être du *Dasein*, son *Erschlossenheit*, en affirmant l'unité originaire du *Dasein* et du monde. Le sens unitaire de l'*Erschlossenheit*, et de ses *Existenzialien*, est le souci (*Sorge*); ses trois moments structuraux sont la *Befindlichkeit*, le *Verstehen* et la *Rede*[44]. Or, la simple traduction de ces termes, d'ailleurs presque impossible, n'aide guère à saisir le sens dont Heidegger les charge; elle risque plutôt de le cacher. Il peut être éclairant de considérer que, par ces concepts, Heidegger reprend, repense et élève à la puissance ontologique autant de déterminations traditionnelles de l'être de l'homme comme 'sujet' de l'agir, en les transformant et les insérant dans l'approfondissement et la radicalisation ontologiques effectués par sa 'métaphysique' du *Dasein*. Dans la *Befindlichkeit* il élève à la puissance ontologique, et reconduit à une racine unitaire, les déterminations du sujet agissant que la tradition avait pensé dans la doctrine des passions, c'est-à-dire les moments de la passivité, de la réceptivité, de la finitude et peut-être même de la corporéité[45]. Pareillement, dans le *Verstehen* je pense que Heidegger ontologise le moment actif de la projectivité et de la spontanéité. Les deux moments sont, en outre, cooriginaires par rapport au troisième moment, la *Rede*, que nous laissons ici entre parenthèses, mais dont on peut dire qu'elle désigne le fondement ontologique du caractère raisonnable et discursif du *Dasein*. Ce qu'il faut souligner c'est que ces moments correspondent à deux déterminations centrales de la théorie aristotélicienne de l'action. Voyons en quoi.

En ce qui concerne la *Befindlichkeit*[46], elle représente l'ontologisation des *Stimmungen* ontiques, elle est le fondement ontologique de leur possibilité; dans la *Befindlichkeit*, qui est enracinée dans la *Sorge*, le *Dasein* s'ouvre sur son avoir-à-être, il est mis en face de la nudité de son "daß es ist und zu sein hat", et plus précisément de manière telle que son "d'où" (*Woher*) et son "vers où" (*Wohin*) lui sont cachés; et c'est là sa *Geworfenheit*. Ce que Heidegger veut indiquer par cette détermination, c'est qu'à la constitution du *Dasein* n'appartiennent pas seulement des éléments purs, transparents, propres à la spontanéité et à la rationalité, mais aussi des moments troubles et opaques, qui dans la tradition ont été compris comme affections et passions, et dont il tâche de déterminer la condition de possibilité précisément par le concept de la *Befindlichkeit*. Pour Heidegger, autrement dit, la vie humaine se constitue comme telle et dans son identité, en se reconnaissant non seulement dans sa transparence, dans son autodétermination et sa spontanéité, mais aussi en assumant comme propre l'opacité de ses *Stimmungen*, ce qui se produit précisément en tant qu'elle est, dans sa structure fondamentale, *Sorge*. La fonction constitutive des *Stimmungen* vaut même pour la disposition la plus pure de la vie humaine, c'est-à-dire pour la *theoria*, dont Aristote dit, comme Heidegger nous le rappelle, qu'elle peut avoir lieu seulement dans le *calme* de la *rhastone* et de la *diagoge*[47].

Afin de mettre en évidence le rapport à Aristote, ce qui importe ici est que Heidegger, dans le paragraphe même où il traite de la *Befindlichkeit* (§ 29), cite explicitement Aristote, et plus précisément la doctrine des passions (*pathe*), exposée notamment dans le livre II de la *Rhétorique*. En dégageant cette doctrine du contexte dans lequel Aristote la situe, Heidegger soutient qu'il faut l'interpréter comme "la première herméneutique systématique de la quotidienneté de l'être-l'un-avec-l'autre" (*die erste systematische Hermeneutik der Alltäglichkeit des Miteinanderseins*), et il remarque aussi que depuis Aristote il n'y a eu aucun progrès dans la compréhension des passions, au moins jusqu'à la phénoménologie. En outre, nous savons aussi que Heidegger consacre le cours du semestre d'été 1924 à cette lecture ontologisante de la doctrine aristotélicienne des passions. Même s'il faut, pour pouvoir donner une évaluation plus précise, attendre la publication de ce texte, on peut déjà affirmer sans hésitation que le repêchage de la doctrine aristotélicienne des passions joue un rôle important dans le projet heideggerien d'une compréhension complète et radicale de la structure de la vie humaine, compréhension telle qu'elle ne se réduise pas exclusivement à l'analyse des actes du connaître et, moins encore, du connaître scientifique.

En ce qui concerne la détermination complémentaire par rapport à la *Befindlichkeit*, c'est-à-dire le *Verstehen*[48], on peut dire dans une perspective très générale qu'elle représente la condition ontologique de la possibilité des déterminations actives et spontanées, de l'autotransparence du *Dasein*. C'est la détermination qui reflète la productivité du pouvoir-être (*Seinkönnen*). En dépit du sens gnoséologique que le terme allemand lui-même et davantage encore les traductions latines suggèrent, le *Verstehen* indique le statut ontologique du *Dasein* en tant qu'il est activité, en tant qu'il a le caractère d'*Entwurf*, en tant qu'il projette son être, en se rapportant à lui-même dans la disposition pratique qu'on a indiquée. Sans entrer dans les détails de l'analyse de cette détermination, il suffit de reprendre la définition synthétique qu'en donne Heidegger : le *Verstehen* est "l'être existential du pouvoir-être propre du *Dasein* lui-même, de telle sorte que cet être découvre 'où' il en est avec lui-même"[49].

Le fait que Heidegger considère le *Verstehen* comme modalité ontologique du *Seinkönnen*, qu'il lui attribue la structure du projet, et qu'il associe sa signification à la signification ontique de 's'entendre à quelque chose', de 'savoir faire quelque chose', place sans doute cette détermination dans l'horizon d'une compréhension pratique. Certes, en tant qu'on-tologique, elle précède à la rigueur toute distinction entre théorie et praxis. Mais cela n'empêche pas que sa connotation thématique provient du champ de la *praxis* et qu'à travers le filtre ontologique, passent les traits fondamentaux du phénomène de l'agir, dont elle est issue; et ce précisément dans la mesure où, pour déterminer le *Verstehen*, Heidegger se base sur un cadre de référence qui n'est sûrement pas celui de la *theoria*, mais justement celui de la *praxis*. Si l'on prend par exemple la reprise du traitement du *Verstehen* mené dans le cours du semestre d'été 1927 *Die Grundprobleme der Phänomenologie*, où le filtre du refoulement hei-deggerien de toute détermination ontique est moins étroit que dans *Sein und Zeit*, on trouve l'affirmation, très significative pour ma thèse, que le *Verstehen* est "le sens véritable de l'agir" (*der eigentliche Sinn des Handelns*)[50]. À la sauvegarde de la détermination pratique du *Verstehen* visent évidemment, par ailleurs, toutes les préoccupations heideggerien-nes concernant le refus soigneux de toute méprise gnoséologique du *Verstehen* au sens d'une opération de connaissance opposée à l'*Erklären*.

Mais l'horizon pratique de la compréhension heideggerienne du *Verstehen* transparaît aussi dans la fonction que celui-ci remplit dans la constitution de l'identité du *Dasein*. La structure du projet propre au *Verstehen*, en effet, implique aussi un savoir, un voir (*Sicht*), qui l'ac-compagne et qui oriente son projeter. C'est le savoir de soi-même, dans lequel le *Dasein* atteint sa transparence, sa *Durchsichtigkeit*. Ce dernier terme est celui qu'emploie Heidegger, comme il l'indique, pour éviter que l'identité du *Dasein* soit conçue dans l'horizon du *Wahrnehmen*, du *Vernehmen*, du *Beschauen* et de l'*Anschauen*, c'est-à-dire dans l'horizon d'actes de saisie de type théorétique, sur lesquels s'appuyait la compré-hension traditionnelle de l'autoconscience. Dans la détermination du *Verstehen* et de la *Durchsichtigkeit*, donc, se sédimente encore une fois l'effort heideggerien pour se délivrer de l'horizon présencialiste et théoré-tique; dans le même temps s'y sédimente l'effort pour atteindre, au contraire, une compréhension plus originaire de l'être du *Dasein*. Or, comme les termes que choisit Heidegger et les explications qu'il donne le montrent, il me semble évident que cette originarité plus radicale est atteinte à travers l'exploitation ontologique du champ thématique de la *praxis*, même si l'élimination ontologique de tout élément ontique vise à placer la compréhension originaire de l'être du *Dasein* à un niveau plus profond que celui de la *praxis* ontiquement conçue.

L'hypothèse que je hasarde est que par le *Verstehen*, malgré toutes les transformations qui se produisent, et que je ne veux pas nier, Heidegger repense et repropose le sens substantiel de la fonction qui dans la théorie aristotélicienne de l'agir est remplie par le *nous praktikos*. Comme celui-ci est complémentaire à l'*orexis*, de même le *Verstehen* représente la détermination correspondant à la *Befindlichkeit*. Certes, le *Verstehen* n'est pas confiné à l'intérieur d'une théorie de l'action, mais concerne la totalité du *Dasein*: en tant que tel, il s'explique par rapport aux choses comme *Besorgen* (impliquant des attitudes poiétiques et théorétiques), par rapport aux autres comme *Fürsorge*, et par rapport à lui-même comme *Worumwillen*, et il a ses racines, tout comme la *Befindlichkeit*, dans la structure unitaire de la *Sorge*. De cette façon il se place évidemment ailleurs que, dans la compréhension aristotélicienne de l'action, le *nous praktikos*. Mais en dépit de tout déplacement, en concevant l'être du *Dasein* comme *Sorge*, comme complémentarité et cooriginarité de *Befindlichkeit* et de *Verstehen*, de *Geworfenheit* et d'*Entwurf*, de *Reluzenz* et de *Praestruktion*, c'est-à-dire comme unité de passivité et d'activité, de réceptivité et de spontanéité, d'horizon et de constitution, on peut dire que Heidegger reprend et reformule, dans un cadre ontologique radicalisé, le même problème qu'Aristote saisit et affronte dans le livre VI de l'*Ethique à Nicomaque*, là où il dit que l'homme est l'*arche* qui est en même temps *orexis dianoetike* et *nous orektikos* [51]. Et comme chez Aristote la connexion d'*orexis* et de *nous* a toujours lieu à travers le *logos*, de façon analogue Heidegger théorise la cooriginarité de la *Befindlichkeit* et du *Verstehen* avec la *Rede*.

Certes, Heidegger insiste sur les différences: il dit que "le souci, en tant que totalité originaire, 'précède' de manière apriorico-existentiale toute 'conduite' et 'situation' du *Dasein*, ce qui veut dire qu'il *s'y trouve* aussi bien toujours déjà. Par suite, ce phénomène n'exprime nullement une primauté de l'attitude 'pratique' sur l'attitude théorique. La détermination purement intuitive de quelque chose de présent n'a pas moins le caractère du souci qu'une 'action politique' ou la calme résignation. 'Théorie' et 'praxis' sont des possibilités d'être d'un étant dont l'être doit être déterminé comme souci" [52]. Ce passage, qui paraît s'opposer à ma thèse, en vérité la confirme. Car, d'une part, Heidegger peut évidemment, avec juste raison, proclamer les différences, dans la mesure où il n'interprète pas la *Sorge* comme un comportement déterminé du *Dasein*, de type théorétique, pratique ou poiétique, mais comme le fondement ontologique unitaire qui rend possible tous ces différents comportements. Mais, d'autre part, pour préciser les caractéristiques essentielles de ce fondement unitaire il recourt à des déterminations et des concepts qu'il emprunte à la philosophie pratique aristotélicienne. Justement le fait qu'il éprouve maintes fois le besoin de nous dépister d'une interprétation de la *Sorge* en ce sens, au lieu d'arrêter, éveille et confirme le soupçon que c'est précisément dans cette direction qu'il faut chercher les sources de sa détermination.

De même, quand, tout de suite après, Heidegger dit qu' "est également vouée à l'échec la tentative de ramener le souci, en sa totalité essentiellement indéchirable, à des actes particuliers ou à des pulsions comme le vouloir, le souhait, l'impulsion (*Drang*), le penchant (*Hang*), ou de la reconstruire à partir de tels éléments"; et quand il ajoute: "Vouloir et souhait sont enracinés par une nécessité ontologique dans le *Dasein* comme souci, ils ne se réduisent pas à des vécus ontologiquement indifférents, survenant dans un 'flux' totalement indéterminé en son sens d'être. Et cela ne vaut pas moins du penchant et de l'impulsion, qui, eux aussi, sont fondés, pour autant qu'ils puissent en général être purement mis en lumière dans le *Dasein*, dans le souci"; en affirmant tout cela, Heidegger veut évidemment souligner la plus profonde radicalité de sa compréhension de l'être du *Dasein* comme *Sorge* et confirmer l'antériorité ontologique de la *Sorge* par rapport aux déterminations pratiques traditionnelles qu'il mentionne. Mais la nécessité de cette démarcation entre le niveau ontologique de la *Sorge* et celui des autres déterminations dépend précisément du fait qu'en dehors de cela la *Sorge* est homogène, du point de vue thématique, avec elles. D'ailleurs, c'est justement cette homogénéité qui permet à la *Sorge* d'être leur fondement ontologique unitaire, car c'est seulement entre éléments homogènes que peut s'établir un rapport de fondation.

Cette homogénéité entre le souci et les autres déterminations pratiques traditionnelles de l'*orexis*, de l'*appetitus*, de la tendance et du penchant se manifeste avec une évidence encore plus indéniable dans le traitement du phénomène que donne Heidegger dans le cours du semestre d'été 1925. Dans ce cours, en effet, Heidegger présente le phénomène de la *Sorge* dans un rapport plus étroit avec les moments de l'impulsion (*Drang*) et du penchant (*Hang*), qu'il semble considérer comme explication de la structure de la *Sorge* elle-même. En dépit du fait que Heidegger ne cesse jamais de souligner la différence de profondeur ontologique entre les déterminations traditionnelles et la sienne, la manifestation de la *Sorge* dans les deux moments du *Drang* et du *Hang* confirme sa correspondance avec l'*orexis* et ses deux moments de la *dioxis* et de la *phyge*[53].

7.4. *Le* Gewissen *comme ontologisation de la* phronesis

À la lumière de ces considérations on comprend aussi pourquoi, comme Gadamer l'a rappelé, face à la difficulté de traduire le terme *phronesis*, Heidegger pouvait exclamer: "Das ist das Gewissen!"[54]. Évidemment il pensait à sa détermination de la conscience (*Gewissen*) comme le lieu où l'avoir-à-être, la détermination pratique fondamentale du *Dasein*, se manifeste à elle-même. Dans *Sein und Zeit* (§§ 54-60), en effet, la conscience est caractérisée comme le lieu de l'"attestation par le *Dasein* de son pouvoir-être authentique" (*daseinsmäßige Bezeugung eines eigentlichen Seinkönnens*); là où le *Dasein* est disponible pour écouter l'appel de la conscience dans la disposition du vouloir-avoir-conscience (*Gewissen-haben-wollen*) et de la résolution (*Entschlossenheit*), il peut atteindre la réalisation authentique de l'existence [55]. De façon analogue, chez Aristote, la *phronesis* est le savoir qui constitue l'horizon dans lequel la *praxis* peut réussir comme *eupraxia* et le vivre humain, qui est, dans son ensemble, une *praxis*, peut se réaliser en tant que bien vivre (*eu zen*). Et tout comme chez Aristote la *phronesis* implique toujours la connaissance du *kairos* [56] de même le *Gewissen*, chez Heidegger, est toujours rapporté à l'*Augenblick* [57].

Heidegger avait donc bien des raisons pour traduire *phronesis* par *Gewissen*; et, pour ma part, je pense avoir des raisons pour dire que le *Gewissen* est l'ontologisation de la *phronesis*. Le passage de l'*Ethique à Nicomaque* qui suscite l'exclamation heideggerienne disant que la *phronesis* serait le *Gewissen* fournit, à mon avis, l'occasion et la motivation explicites à une opération d'ontologisation. Il s'agit de la fin du chapitre 5 du livre VI, où Aristote, après avoir donné une définition de la *phronesis* comme *hexis alethes meta logou praktika peri ta anthropoi agatha kai kaka*, déclare que même cette définition ne suffit pas à saisir complètement son essence, car elle est quelque chose de plus qu'une *hexis*. Aristote n'arrive pas, curieusement, à dire ce qu'elle est, mais se limite à exhiber une preuve qui confirmerait son affirmation: toute *hexis* peut être oubliée, mais on ne peut pas oublier la conscience, la *phronesis* [58]. Je suppose qu'en réfléchissant sur cette question: en quoi la *phronesis* est-elle 'plus', Heidegger doit être arrivé à la conclusion que, si elle est plus qu'une *hexis* et si, donc, elle ne peut pas être oubliée, elle doit être un caractère de l'âme même: il faut alors l'ontologiser. Mais l'ontologisation de la *phronesis* donne comme résultat le *Gewissen*.

7.5. L'Entschlossenheit *comme ontologisation de la* prohairesis *et les autres correspondances possibles*

On pourrait continuer ce catalogue de correspondances et indiquer comment la même ontologisation est effectuée par Heidegger dans le cas d'autres déterminations de la philosophie pratique aristotélicienne. Je me limite ici à les recenser: dans le terme *Jemeinigkeit* [59], comme je l'ai déjà indiqué, Heidegger ontologise la détermination par laquelle Aristote désigne un caractère propre au savoir de la *phronesis*, le fait qu'elle est une

'savoir autour de soi-même' (*to hautoi eidenai*). Et encore: la désignation du *Dasein* comme *Worumwillen* [60] est l'ontologisation de la détermination de la *praxis* comme *hou heneka*: en effet, puisque le trait distinctif
de la *praxis* est le fait qu'elle n'est pas en vue de quelque chose d'autre
(*heneka tinos*) comme la *poiesis*, mais qu'elle a en elle-même son propre
but (*hou heneka*), et puisque le *Dasein* est éminemment une *praxis* onto-
logisée, celui-ci doit alors avoir par excellence le caractère de *hou heneka*.
C'est le caractère que Heidegger lui attribue par la désignation de *Worumwillen*.

Et enfin: la détermination de l'*Entschlossenheit* [61] est, à mon avis, l'ontologisation de la *prohairesis*, avec cette différence que celle-ci se situe,
comme un moment particulier, à l'intérieur de la théorie aristotélicienne
de l'agir, tandis que l'*Entschlossenheit* est un caractère de l'être du
Dasein. Une confirmation indéniable de cette dernière correspondance
vient du fait qu'en traduisant Aristote. Heidegger rend *prohairesis* précisément par *Entschlossenheit*. Je ne rappelerai, parmi les passages qui l'at-
testent, que celui qui me paraît le plus significatif: dans le cours d'été
1926 sur les *Grundbegriffe der antiken Philosophie*, Heidegger interprète
le passage du livre IV, 2 de la *Métaphysique*, où Aristote distingue le
philosophe tant des dialecticiens que des sophistes, et il traduit: "Dialektik und Sophistik haben gewissermaßen dasselbe Gewand angezogen
wie die Philosophie, aber sie sind es im Grunde nicht; die Sophistik sieht
nur so aus. Die Dialektiker zwar nehmen ihre Aufgabe ernst und positiv,
sie handeln vom *koinon*, aber es fehlt ihnen die Orientierung an der Idee
des Seins. Beide bewegten sich um dasselbe Gebiet wie die Philosophie.
Die Dialektik unterscheidet sich durch die Art der Möglichkeiten: sie hat
nur begrenzte Möglichkeiten, sie kann nur versuchen; die Philosophie
dagegen gibt zu verstehen. Die Sophisten unterscheiden sich durch die
Art der Entschlossenheit zur wissenschaftlichen Forschung: sie sind
unernst". Ce qu'il faut souligner, c'est que Heidegger traduit ici par *Entschlossenheit zur wissenschaftlichen Forschung* ce qui est dans l'original
grec: *prohairesis tou biou*.

8. CONSIDÉRATIONS CONCLUSIVES: DE HEIDEGGER À ARISTOTE ET D'ARISTOTE À NOUS

J'espère que les correspondances indiquées peuvent, sinon prouver, du
moins donner plausibilité à la thèse générale d'une reprise par Heidegger
du cadre des problèmes posés par la philosophie pratique d'Aristote, et
d'une correspondance générale entre la compréhension pratico-morale de
la vie humaine chez Aristote et l'analyse existentiale heideggerienne. À ce

propos, je voudrais, pour finir, citer un passage qui montre très clairement, encore une fois, comment Heidegger s'efforce de s'approcher
d'Aristote ou, si vous préférez, d'approcher Aristote de lui-même. Vers la
fin du cours sur les *Grundbegriffe der antiken Philosophie*, ayant traité des
cinq modalités de l'*aletheuein* de la *psyche* et des mouvements qui leur
correspondent, Heidegger se pose le problème de la structure unitaire de
la *psyche*, de l'être de la vie humaine, et il répond en donnant, avec
Aristote, la définition suivante de l'homme : "*anthropos* ist *zoion*, dem
die *praxis* zukommt, ferner *logos*. Diese drei Bestimmungen zusammen-
gezogen : *zoe praktike tou logon echontos* ist das Wesen des Menschen.
Der Mensch ist das Lebewesen, das gemäß seiner Seinsart die Möglichkeit hat, zu handeln "[62].

Certes, il faut dire aussi qu'en reprenant les déterminations aristoté-
ciennes de la *praxis*, Heidegger les ontologise, et que cette ontologisation
équivaut pour lui à une radicalisation, car elle lui permettrait de saisir la
connexion unitaire fondamentale qui soutient ces déterminations et qui
est, notoirement, la temporalité originairement conçue (*Zeitlichkeit*).
C'est à la suite de cela que, une fois accomplie l'ontologisation, Heidegger
prend ses distances par rapport à Aristote : Aristote n'aurait pas réussi à
voir la temporalité originaire comme le fondement ontologique unitaire
des déterminations de la vie humaine, que cependant il saisit et décrit,
parce qu'il demeurerait dans l'horizon d'une compréhension naturaliste,
chronologique et non chairologique, du temps. Même la célèbre aporie du
rapport entre la *psyche* et le *chronos*, qu'Aristote soulève explicitement
(*Phys.* IV, 14, 223 a 21-29) et dont Heidegger donne dans son commentaire du traitement aristotélicien du temps une interprétation magistra-
le [63], semble être insuffisante, aux yeux de Heidegger, pour soustraire
Aristote à l'horizon de la compréhension naturaliste du temps.

Et pourtant : Aristote anticipe justement, bien que seulement au niveau
ontique, l'intuition que Heidegger élève à la puissance ontologique par
l'équation de *Dasein* et *Zeitlichkeit*. C'est la conjecture qu'on peut faire
sur la base d'un passage du *De anima* III, 10, où il semble qu'Aristote
attribue à l'homme, comme caractère spécifique qui le distingue des
autres animaux, la perception du temps (*chronou aisthesis*) [64]. L'attribu-
tion est à vrai dire controversée ; mais le fait que Heidegger, qui montre
très bien connaître ce passage, l'interprète néanmoins sans hésitation
dans cette direction et qu'en outre il lie la perception du temps à la
capacité d'action pour définir le caractère spécifique de la vie humaine,
ce fait est un appui indéniable à cette conjecture. Pour expliquer la différence entre l'*orexis* des animaux et l'agir raisonnable propre à la vie
humaine, il se réfère au passage mentionné de *De an.* III, 10, et il traduit :
"Der Gegensatz von Trieb und eigentlich entschlossener, vernünftiger

Handlung ist eine Möglichkeit nur bei lebendigen Wesen, die die Möglichkeit haben, Zeit zu verstehen. Sofern das Lebendige dem Trieb überlassen ist, ist es bezogen auf das, was gerade da ist und reizt, *to ede hedy*; darauf strebt der Trieb hemmungslos, auf das Gegenwärtige, Verfügbare. Aber dadurch, daß im Menschen die *aisthesis chronou* liegt, hat der Mensch die Möglichkeit, sich *to mellon* zu vergegenwärtigen als das Mögliche, um des willen er handelt".

Peut-on encore avoir des doutes quant au profond sillon que l'interprétation et l'assimilation vorace d'Aristote ont tracé dans le chemin spéculatif de Heidegger? Je pense, évidemment, que non; mais je crois, en outre, qu'on ne peut pas douter non plus que la pensée heideggerienne a su réactiver et reproposer, avec une radicalité dont personne d'autre ne semble aujourd'hui capable, le sens substantiel de certains problèmes fondamentaux posés par Aristote. En ce sens, surtout dans la phase sur laquelle j'ai concentré mon analyse, cette pensée représente un des moments les plus denses et les plus significatifs de la présence d'Aristote en notre siècle. Par elle nous sommes renvoyés à Aristote et d'Aristote à nous: dans la conscience des problèmes du monde contemporain, du nihilisme et de la technique, Heidegger nous a appris que — avant tout utopisme spéculatif, avant chaque forme de rebellion et de dadaïsme de la pensée, où sont d'ailleurs tombés la plupart de ceux qui ont voulu relever son défi et tâcher de penser les problèmes qu'il nous a laissés en héritage — il faut se tremper dans le bain d'Aristote.

Je sais que les heideggeriens me diront: de cette façon vous avez complètement aplati Heidegger sur Aristote, au point de trouver chez Aristote une correspondance, et même une anticipation, y compris de la découverte fondamentale de Heidegger à Marbourg: l'individuation de la structure ontologique unitaire du *Dasein* dans la temporalité originaire. Les non-heideggeriens, au contraire, protesteront ainsi: ce que vous voulez faire passer pour aristotélicien, n'a pas grand-chose à voir avec Aristote et ressemble plutôt à un bricolage philosophique produit par l'attirail aristotélicien.

Je répondrai: je savais que ce péril était aux aguets, mais il fallait le courir. Si j'ai donné l'impression d'aplatir Heidegger sur Aristote, excusez-moi, il ne s'agit que d'une distorsion optique inévitable: je voulais simplement montrer — contre la vieille interprétation existentialiste, et contre les plus récentes interprétations qui ne voient dans la pensée heideggerienne, trop expéditivement et trop rapidement, que le dépassement de la tradition — comment Heidegger a traversé cette tradition et est entré à fond en confrontation avec ses moments fondateurs saillants, en restituant au siècle le sens substantiel de la confrontation avec la grécité. Je me rends compte que je n'ai parcouru qu'une des routes possibles, que je n'ai éclairé qu'une des nombreuses facettes de l'œuvre heideggerienne. Je sais aussi que ce que j'ai fait n'est qu'un premier pas pour comprendre le sens du chemin spéculatif de Heidegger, un pas qui doit forcément laisser à l'écart d'autres lectures possibles, sans d'ailleurs vouloir entrer en concurrence avec elles. Je me rends surtout compte, enfin, que l'interprétation que j'ai proposée doit encore être confrontée avec les rétractations explicites du deuxième et du dernier Heidegger. Mais si l'on m'objectait, que ma lecture fait son chemin en négligeant l'interprétation que Heidegger lui-même a donnée de sa pensée, je répondrais alors: si c'est là un péché, c'est un péché que j'ai commis volontiers et dont je n'ai pas l'intention de me repentir.

NOTES

1. Pour les citations des écrits de Heidegger publiés dans la *Gesamtausgabe* (Klostermann, Francfort 1975 ss.) nous employons le sigle *GA* suivi de chiffres arabes pour indiquer le volume.

2. Surtout dans les considérations autobiographiques contenues dans la lettre à W. J. Richardson du début du mois d'avril 1962 et publiée comme préface à la monographie de celui-ci *Heidegger. Through Phenomenology to Thought* (Phaenomenologica 13), Nijhoff, La Haye 1963, pp. VIII-XXIII, et dans *Mein Weg in die Phänomenologie* (1963), repris dans M. Heidegger, *Zur Sache des Denkens*, Niemeyer, Tübingen 1969, pp. 81-90; *cf.* aussi la préface à la première édition (1972) des *Frühe Schriften*, repris dans *GA* 1, 55-57.

3. Je pense ici, en premier lieu, à l'interprétation et à la reprise de la philosophie pratique aristotélicienne proposées par Hans-Georg Gadamer à partir du célèbre chapitre sur l'actualité herméneutique de l'éthique d'Aristote dans *Wahrheit und Methode* (Mohr, Tübingen 1960), à certaines interprétations de Eugen Fink (*Metaphysik der Erziehung im Weltverständnis von Platon und Aristoteles*, Klostermann, Francfort 1970), mais aussi à de nombreuses monographies telles que: Walter Bröcker, *Aristoteles*, Klostermann, Francfort 1935; Helene Weiß, *Kausalität und Zufall in der Philosophie des Aristoteles*, Haus zum Falken, Bâle 1942, reprint: Wissenschaftliche Buchgesellschaft, Darmstadt 1967; Wilhelm Szilasi, *Macht und Ohnmacht des Geistes*, Francke, Berne 1946 (en particulier la deuxième partie qui contient des interprétations de *Eth. Nic.* VI, *Met.* IX et XII et de *De an.* II); Karl Ulmer, *Wahrheit, Kunst und Natur bei Aristoteles. Ein Beitrag zur Aufklärung der metaphysischen Herkunft der modernen Technik*, Niemeyer, Tübingen 1953; Alfredo Guzzoni, *Die Einheit des on pallachos legomenon bei Aristoteles*, thèse de doctorat, Fribourg 1957; Ernst Tugendhat, *Ti kata tinos. Eine Untersuchung zu Struktur und Ursprung aristotelischer Grundbegriffe*, Alber, Freiburg-München 1958; R. Boehm, *Das Grundlegende und das Wesentliche. Zu Aristoteles' Abhandlung "Über das Sein und das Seiende" (Metaphysik Z)*, Nijhoff, La Haye 1965; Ernst Vollrath, *Studien zur Kategorienlehre des Aristoteles*, Henn, Ratingen 1969, et *Die These der Metaphysik. Zur Gestalt der Metaphysik bei Aristoteles, Kant und Hegel*, Henn, Ratingen 1969, pp. 15-92; Fridolin Wiplinger, *Physis und Logos. Zum Körperphänomen in seiner Bedeutung für den Ursprung der Metaphysik bei Aristoteles*, Alber, Freiburg-Mün-

chen 1971; Ute Guzzoni, *Grund und Allgemeinheit. Untersuchung zum aristotelischen Verständnis der ontologischen Gründe*, Hain, Meisenheim a.G. 1975; Karl-Heinz Volkmann-Schluck, *Die Metaphysik des Aristoteles*, Klostermann, Francfort 1979; Ingeborg Schüßler, *Aristoteles. Philosophie und Wissenschaft. Das Problem der Verselbständigung der Wissenschaften,* Klostermann, Francfort 1982.

4. M. Heidegger, *Vom Wesen und Begriff der Physis, Aristoteles, Physik B, 1,* repris dans MHGA IX, pp. 239-301.

5. En 1976 dans *GA* 21 (texte établi par Walter Biemel).

6. En 1975 dans *GA* 24 (texte établi par Friedrich-Wilhelm von Herrmann).

7. En 1981 dans *GA* 33 (texte établi par Heinrich Hüni).

8. En 1983 dans *GA* 29/30 (texte établi par Friedrich-Wilhelm von Herrmann).

9. Prévue dans *GA* 18.

10. Prévue dans *GA* 19.

11 Prévue dans *GA* 22.

12. Paru en 1985 dans *GA* 61 (texte établi par Walter Bröcker et Käte Bröcker-Oltmanns).

13. *Cf.* E. Husserl, *Briefe an Roman Ingarden.* Mit Erläuterungen und Erinnerungen an Husserl, (Phaenomenologica 25), Nijhoff, La Haye 1968, pp. 25-27. Dans une lettre adressée à Gadamer (de l'année 1922) Heidegger indique en détail le contenu de cette interprétation: "Der erste Teil (*ca.* 15 Bogen) betrifft *Eth. Nic.* Z, *Met.* A, 1-2, *Phys.* A, 8; der zweite (in gleichem Umfang) *Met.* ZHΘ, *De motu an., De anima.* Der dritte erscheint später. Da das Jahrbuch erst später ausgegeben wird, kann ich Ihnen wohl mit einem Separatabzug dienen". La lettre est citée dans H.-G. Gadamer, *Heideggers Wege*, Mohr, Tübingen 1983, p. 118. (Gadamer perdit la copie du manuscrit, que Heidegger lui avait envoyée, pendant le bombardement de Leipzig, mais il semble qu'aux Archives de Marbach on en ait maintenant retrouvé au moins des parties.)

14. Notoirement, Heidegger élucide le sens de la 'destruction phénoménologique' de l'histoire de l'ontologie dans *Sein und Zeit,* § 6. D'autres renseignements précieux se trouvent dans le cours d'été 1927 *Die Grundprobleme der Phänomenologie*, où l'on voit comment Heidegger fait sortir l'idée de la destruction d'une extension de la méthode husserlienne de la réduction, et comment, en suite de cela, il conçoit la triple articulation de la méthode phénoménologique en réduction, destruction et construction (*cf. GA* 24, § 5).

15. *Cf.* M. Heidegger, *Zur Sache des Denkens*, p. 81.

16. *Cf.* F. Brentano, *Von der mannigfachen Bedeutung des Seienden nach Aristoteles*, Herder, Fribourg 1862 (reprint: Olms, Hildesheim 1960).

17. Outre la dissertation de Brentano, Heidegger mentionne aussi le traité de Carl Braig, *Vom Sein. Abriß der Ontologie* (Herder, Fribourg 1896); pour l'analyse du contenu de ce dernier ouvrage, en relation avec la genèse du problème de l'être chez le jeune Heidegger je renvoie à ma monographie *Heidegger e Aristotele*, Daphne, Padoue 1984, pp. 52-64.

18. M. Heidegger, *Die Kategorien- und Bedeutungslehre des Duns Scotus* (1915), repris dans *GA* 1, 189-411.

19. Dans une affirmation plus tardive, mais néanmoins très intéressante, qui se trouve dans le cours du semestre d'été 1931, Heidegger dit: "De la proposition initiale de *Met.* IX, 1, dès le Moyen Age on avait tiré la conclusion que la première signification fondamentale de l'être en général — même pour les quatre significations toutes ensemble, non seulement pour une seule [la signification catégoriale] et sa multiplicité — serait l'*ousia*, qu'on a l'habitude de traduire par 'substance'. Comme si même l'être-possible et l'être-réel et l'être-vrai devaient être reconduits à l'être dans le sens de la substance. Au dix-neuvième siècle, on (surtout Brentano) a eu d'autant plus cette tendance que, entre-

temps, être, être-possible et être-réel avaient été reconnus comme catégories. C'est par là que c'est une opinion courante que la doctrine aristotélicienne de l'être serait une 'doctrine de la substance'. C'est là une erreur, issue en partie de l'insuffisante interprétation du *pollachos*; plus précisément, on n'a pas vu qu'ici est préparée d'abord seulement une question. (Sur cette erreur fondamentale est basée même la construction qu'a faite W. Jaeger sur Aristote)" (*GA* 33, 45-46).

20. *GA* 24, 31; je cite ici la traduction de Jean-François Courtine, *Les problèmes fondamentaux de la phénoménologie*, Gallimard, Paris 1985, p. 41. — Dans le même contexte du développement heideggerien de la méthode phénoménologique on trouve des indications éclairantes sur le glissement ontologique que Heidegger provoque dans l'auto-compréhension de la phénoménologie: celle-ci n'est plus un détournement de l'attitude naturelle vers une disposition philosophique qui ouvre une trouée donnant sur les opérations constituantes de la subjectivité, mais elle est la transition de la considération ontique de l'étant à la considération ontologique, c'est-à-dire la considération qui porte sur les modalités d'être et, donc, sur l'être même de l'étant. Mais écoutons Heidegger lui-même: "L'être doit être saisi et thématisé. [...] L'appréhension de l'être, c'est-à-dire la recherche phénoménologique, vise bien d'abord et nécessairement à chaque fois l'étant, mais pour être aussitôt *dé-tournée décidément* de cet étant *et reconduite à son être*. L'élément fondamental de la méthode phénoménologique, au sens de la reconduction du regard inquisiteur de l'étant naïvement saisi à l'être, nous le désignons par l'expression de *réduction phénoménologique*. Nous nous rattachons par là, quant à sa littéralité, à un terme central de la phénoménologie husserlienne, mais non quant à l'affaire elle-même. *Pour Husserl*, la réduction phénoménologique, telle qu'il l'a élaborée pour la première fois explicitement dans les *Ideen* de 1913, est la méthode destinée à reconduire le regard phénoménologique de l'attitude naturelle de l'homme vivant dans le monde des choses et des personnes à la vie transcendantale de la conscience et à ses vécus noético-noématiques, dans lesquels les objets se constituent en tant que corrélats de la conscience. *Pour nous*, la réduction phénoménologique désigne la reconduction du regard phénoménologique de l'appréhension de l'étant — quelle que soit sa détermination — à la compréhension de l'être de cet étant" (*GA* 24, 28-29; dans la traduction de Courtine, pp. 39-40). Ici, comme aussi dans les objections avancées à l'occasion de la rédaction de l'article pour l'*Encyclopaedia Britannica*, la critique heideggerienne de la phénoménologie husserlienne ne me semble pas être une critique immanente qui remonte, de l'intérieur de la position husserlienne, à ses présuppositions spécifiques; elle se configure plutôt, à mon avis, comme une sorte de torsion ontologique, qui écarte d'un coup, dès le début, la position husserlienne du problème et qui l'attaque, pour ainsi dire, dans le dos. Et il faut encore ajouter que non seulement dans la compréhension de la disposition philosophique dans un sens ontologique et non transcendental, mais aussi dans la compréhension de la motivation qui provoque le détournement de l'attitude naturelle vers la disposition philosophique, Heidegger introduit, par rapport à Husserl, un changement décisif: le détournement ne consiste pas dans une opération fictive qui se passe dans la tête du philosophe de profession, mais elle s'enracine dans une *Stimmung* fondamentale, c'est-à-dire dans l'angoisse, dans laquelle peut être amorcée la conversion de l'inauthenticité à l'authenticité et, par conséquent, peut avoir lieu l'assomption de la disposition par excellence de l'existence qui est la disposition philosophique.

21. *GA* 20, 13-182. Le sous-titre original du cours *Prolegomena zu einer Phänomenologie von Geschichte und Natur* signale très clairement l'intention de Heidegger de se rattacher, au moins pour ce qui concerne la terminologie, à la phénoménologie husserlienne.

22. *Cf.* M. Heidegger, *Sein und Zeit*, § 44, et *GA* 21, 129 ss.

23. Ces thèses sont exposées en particulier dans la sixième *Recherche logique* (section II, chapitre VI: "Sinnlichkeit und Verstand"), qui est le texte husserlien auquel Heidegger se réfère de préférence. À propos de la confrontation de Heidegger avec Husserl je me permets de renvoyer à ce que j'ai écrit dans *Heidegger in Marburg: Die Auseinandersetzung mit Husserl*, "Philosophischer Literaturanzeiger", 37, 1984, pp. 48-69, et dans *La trasformazione della fenomenologia da Husserl a Heidegger*, "Teoria", 4, 1984, n. 1, pp. 125-162.

24. On peut retrouver cette progression argumentative dans le cours du semestre d'hiver 1925/26 (*cf. GA* 21, 1. Hauptstück). On la retrouve aussi dans celui du semestre d'hiver 1929/30 (*GA* 29/30, § 72-73), où la quête du fondement ontologique du phénomène de la vérité prend un virage significatif: l'accent n'est plus mis sur l'attitude découvrante du *Dasein*, mais plutôt sur son être-libre (*Freisein*), c'est-à-dire non plus sur la spontanéité et la productivité du *Dasein*, mais sur le caractère ontologique (l'être-libre) de l'horizon constitutif de sa condition. On la retrouve enfin dans le cours du semestre d'été 1930 (*GA* 31, § 9), où, en interprétant *Met.* IX, 10, Heidegger concentre son attention sur le *on hos alethes*.

25. *Cf.* Aristote, *Eth. Nic.* VI, 3, 11139 b 15-17.

26. *Cf.* Aristote, *De an.* III, 3, 427 b 12; 428 a 11, 428 b 18.

27. *Cf.* Aristote, *Met.* IX, 10. Sur l'interprétation de ce chapitre capital de la *Métaphysique*, Heidegger s'arrête assez longuement au moins deux fois: dans le cours de 1925/26 (*GA* 21, 170-182) et dans celui de 1930 (*GA* 31, 73-109).

28. Heidegger insiste sur cette différenciation dans l'introduction au cours du semestre d'hiver 1924/25, en disant que: (1) *to pragma esti alethes,* (2) *he phyche aletheuei,* (3) *ho logos hos legein aletheuei,* (4) *ho logos hos legomenon esti alethes.* — Des traces évidentes de cette topologie des lieux de la vérité se trouvent dans *Sein und Zeit*, §§ 7 B et 44.

29. *GA* 21, 190.

30. *GA* 21, 193-194.

31. Comme on le sait, la critique heideggerienne de la compréhension husserlienne de la conscience se manifeste à l'occasion de la collaboration, vouée à l'échec, à la rédaction de l'article sur la phénoménologie pour l'*Encyclopaedia Britannica*. Les différentes rédactions de cet article et les remarques critiques de Heidegger ont été publiées dans E. Husserl, *Phänomenologische Psychologie. Vorlesungen Sommersemester 1925*, ed. par W. Biemel, (Husserliana IX), Nijhoff, La Haye 1962. *Cf.* en outre l'article de W. Biemel, *Husserls Encyclopaedia-Britannica-Artikel und Heideggers Anmerkungen dazu*, "Tijdschrift voor Filosofie", 12, 1950, pp. 246-280. Mais il faut aujourd'hui considérer l'articulation détaillée de la critique heideggerienne dans les cours universitaires: *cf. GA* 20, §§ 4-13; 21, §§ 6-10; 24, §§ 4-5. Une confrontation avec Husserl, précisément avec l'article *Philosophie als strenge Wissenschaft*, est contenue aussi dans le premier cours de Marbourg (*Der Beginn der neuzeitlichen Philosophie*, 1923/24).

32. Une confirmation de cette correspondance vient de la suggestive conjecture avancée par Jacques Taminiaux: par *Vorhandenheit* Heidegger traduit (et, j'ajoute, ontologise) l'idée aristotélicienne de l'émerveillement (*thaumazein*), dans lequel s'enracine le désir de savoir, commence devant *ta procheira: "dia gar to thaumazein hoi anthropoi kai nun kai to proton erxanto philosophein, ex arches men ta procheira ton atopon thaumasantes..."* (Aristote, *Met.* I, 2, 982 b 12-13).

33. *Cf.* M. Heidegger, *Sein und Zeit*, § 16 et aussi 69 b.

34. Des traces de cette compréhension et de cette suggestion sont trouvables d'abord dans les textes de cette période publiés par Heidegger lui-même: dès les *Anmerkungen zu*

Karl bsspers' "Psychologie der Weltanschauungen" (1919/21) jusqu'au livre sur *Kant und das Problem der Metaphysik* (1929). Par exemple, dans la conférence *Phänomenologie und Theologie* (1927), on trouve exactement l'affirmation: "Existieren [ist] Handeln, praxis" (*GA* 9, 58). Mais on les trouve explicitement surtout dans les cours universitaires, notamment dans la partie introductive du cours du semestre d'hiver 1924/25 sur le *Sophiste* et dans la partie conclusive de celui du semestre d'été 1926 sur les *Grundbegriffe der antiken Philosophie*. En attendant la publication de ces textes, on peut tirer de précieuses indications du livre de H. Weiß, *Kausalität und Zufall in der Philosophie des Aristoteles;* H. Weiß, qui avait été auditrice directe des cours donnés par Heidegger, fait dans le chapitre 3 de son livre un résumé assez circonstancié de l'interprétation heideggerienne de la philosophie pratique d'Aristote, en l'intitulant significativement: "Menschliches Dasein — *praxis*" (pp. 99-153).

35. La structure pratique de la référence du *Dasein* à son être a été bien analysée par E. Tugendhat, *Selbstbewußtsein und Selbstbestimmung. Sprachanalytische Interpretationen*, Suhrkamp, Francfort 1979, pp. 164-244.

36. La rétractation de l'accentuation de la connotation pratique du *Dasein* en tant qu'avoir-à-être et sa substitution par la thématisation de son horizon ontologique en tant qu'eksistence se trouve dans de nombreux écrits, par exemple dans la dernière partie de *Was ist Metaphysik?* (1929), dans *Vom Wesen der Wahrheit* (1930, 1943), surtout dans le § 4, dans la *Einführung in die Metaphysik* (1935), dans le *Brief über den Humanismus* (1946), dans la *Einleitung* à la cinquième édition (1949) de *Was ist Metaphysik?*, et en outre dans les notes marginales au 'Hüttenexemplar' de *Sein und Zeit* publiées dans *GA* 2. Je trouve très significatif, quand il s'agit de souligner l'importance d'Aristote, que la conversion d'une perspective à l'autre soit annoncée clairement dans la reprise de l'interprétation du phénomène de la vérité chez Aristote, précédemment traité dans le cours de 1925/26, dans le cours de 1929/30 dans une direction interprétative que Heidegger lui-même déclare changée (*cf. GA* 29/30, §§ 72-73).

37. *Cf. GA* 20, 380. Précédemment, au lieu de *Sorge* Heidegger avait employé le terme *Selbstbekümmerung* (correspondant au grec *epimeleia*), emploi qu'on trouve, par exemple, dans les notes sur la *Psychologie der Weltanschauungen* de Jaspers (*cf. GA* 9, 1-44, en particulier pp. 30-35), et dans le cours du semestre d'hiver 1920/21 *Einleitung in die Phänomenologie der Religion*.

38. *Cf.* par exemple Aristote, *Eth. Nic.* VI, 2, 1139 b 7-11, et III, 5.

39. Aristote, *Eth. Nic.* VI, 1141 b 34.0.

40. Dans une note significative de *Sein und Zeit*, § 42, par exemple, Heidegger dit que s'il "en est venu à adopter la perspective prédominante sur le 'souci' qui gouverne l'analytique précédente du *Dasein*, c'est dans le cadre de ses tentatives pour interpréter l'anthropologie augustinienne — c'est-à-dire gréco-chrétienne — par rapport aux fondements posés dans l'ontologie d'Aristote". Le fait qu'ici Heidegger parle seulement de l'ontologie d'Aristote et ne mentionne pas la philosophie pratique, ne doit pas tromper, car d'après lui celle-ci est également une ontologie, et plus précisément une ontologie de la vie humaine.

41. "*ho de bios praxis, ou poiesis estin*" (Aristot. *Pol.* I, 4, 125 a 7).

42. Aristote, *Eth. Nic.* VI, 5, 1040 a 26.

43. *Cf.* Aristote, *Eth. Eud.* II, 3, 1220 b 27 et 6, 1222 b 19.

44. *Cf.* M. Heidegger, *Sein und Zeit*, §§ 39-45.

45. Le fait que Heidegger traduit par *Befindlichkeit* le terme augustinien *affectio* apporte une contre-preuve significative de cette association. Elle se trouve dans la conférence *Der Begriff der Zeit* (1924), où Heidegger cite August. *Conf.* XIII, 27: "in te anime meus, tempora metior, noli mihi obstrepere, quod est. Noli tibi obstrepere turba affectionum

tuarum. In te, inquam, tempora metior. Affectionem, quam res praetereuntes in te faciunt, et, cum illae praeterierint, manet, ipsam metior praesentem. Non eas, quae praeterierunt, ut fieret: ipsam metior cum tempora metior". Heidegger paraphrase: "In Dir, mein Geist, messe ich die Zeiten. Dich messe ich, so ich die Zeit messe. Komm mir nicht mit der Frage in die Quere: Wie denn das? Verleite mich nicht dazu, von dir wegzusehen durch eine falsche Frage. Komm dir selbst nicht in den Weg durch die Verwirrung dessen, was dich selbst angehen mag. In dir, sage ich immer wieder, messe ich die Zeit, die vorübergehend begegneneden Dinge bringen dich in eine Befindlichkeit: sie bleibt, während jene verschwinden. Die Befindlichkeit messe ich in dem gegenwärtigen Dasein, nicht die Dinge, welche vorübergehen, daß sie erst entstünde. Mein Mich-Befinden selbst, ich wiederhole es, messe ich, wenn ich die Zeit messe".

46. *Cf.* M. Heidegger, *Sein und Zeit*, § 29.

47. *Cf.* Aristote, *Met.* I, 2, 982 b 22 ss., cité par Heidegger, *Sein und Zeit*, § 29.

48. *Cf.* M. Heidegger, *Sein und Zeit*, § 31.

49. "das existenziale Sein des eigenen Seinkönnens das Daseins selbst, so zwar, daß dieses Sein an ihm selbst das Woran des mit ihm selbst Seins erschließt" (M. Heidegger, *Sein und Zeit*, § 31).

50. *GA* 29, 393. Je suis la traduction de Jean-François Courtine (p. 334), qui avec juste raison rend en ce cas *eigentlich* par 'véritable', car ici le mot n'est pas employé comme terme technique.

51. Aristote, *Eth. Nic.* VI, 2, 1139 b 4-5. *Cf.* le traitement de l'*orexis* dans M. Heidegger, *Nietzsche*, Neske, Pfullingen 1961, vol. I, pp. 66-68.

52. M. Heidegger, *Sein und Zeit*, § 41.

53. *Cf.* Aristote, *Eth. Nic.* VI, 2, 1139 a 21-23. La correspondance entre *Sorge* et *orexis* est d'autant plus intéressante que Heidegger se donne de la peine pour trouver une détermination correspondante à la *Sorge* non seulement chez Aristote, mais aussi chez Kant. Il veut croire de la pouvoir trouver dans le *Gefühl der Achtung*, qui est au fond de la *personalitas moralis* (*cf.* *GA* 24, 185-199). Heidegger souligne explicitement que le concept kantien de *Gefühl der Achtung*, conçu en analogie avec les déterminations entre elles opposées de *Neigung* (qui survient dans l'autoélévation de la raison pratique à elle-même) et de *Furcht* (qui survient dans la soumission à la loi), correspondrait au concept aristotélicien d'*orexis* avec ses deux moments de la *dioxis* et de la *phyge* (*cf.* *GA* 24, 192-193).

54. *Cf.* H.-G. Gadamer, *Martin Heidegger und die Marburger Theologie* (1964), repris dans le recueil déjà cité du même auteur, *Heideggers Wege*, pp. 29-40, en particulier pp. 31-32. Mais *cf.* aussi la version un peu différente du même épisode dans H.-G. Gadamer, *Erinnerung an Heideggers Anfänge*, "Itinerari", 25, 1986, n. 1-2 (cahier spécial dédié à Heidegger), pp. 5-16, spécialement p. 10.

55. L'importance de la conscience pour Heidegger se mesure au fait que déjà dans les *Anmerkungen zu Karl Jaspers' "Psychologie der Weltanschauungen"*, est déclarée l'exigence d'analyser ce concept et son histoire en connexion avec la problématique de l'existence, et non seulement comme s'il s'agissait d'une tâche d'érudit (*cf.* *GA* 9, 33).

56. *Cf.*, par exemple, Aristote, *Eth. Nic.* I, 4, 1096 a 26,32 (où le *kairos* est défini comme *to agathon en chronoi*) ou III, 1, 1110 a 14 (où Aristote dit que le *telos tes praxeos* est *kata ton kairon*).

57. *Cf.* M. Heidegger, *Sein und Zeit*, § 68.

58. "*lethe tes men toiautes hexeos estin, phroneseos de ouk estin*" (Aristote, *Eth. Nic.* VI, 5, 1140 b 29).

59. *Cf.* M. Heidegger, *Sein und Zeit*, § 9.

60. *Cf.* M. Heidegger, *Sein und Zeit*, §§ 18, 26, 41, 69 c.
61. *Cf.* M. Heidegger, *Sein und Zeit*, §§ 60, 62.
62. Est aussi significative la suite de ce passage : "Derselbe Mensch taucht dann wieder bei Kant auf: der Mensch, der reden, d.h. begründend handeln kann". Il n'y est pas besoin de remarquer qu'il s'agit du même homme qu'on retrouve chez Heidegger lui-même.
63. *Cf. GA* 24, § 19 a.
64. *Cf.* Aristote, *De an.* III, 10, 453 b 5-8.

JEAN-FRANÇOIS MATTÉI

L'étoile et le sillon:
L'interprétation heideggerienne de l'être et de la nature chez Platon et Aristote

> "Ainsi un questionner originaire et poussé jusqu'au bout à travers les quatre scissions conduit à comprendre ceci: l'être qu'elles encerclent doit lui-même être transformé en un cercle entourant tout l'étant et le fondant. *La* scission originaire qui, par sa connexion intime et sa discession originaire, porte l'histoire, est la distinction de l'être et de l'étant."
>
> Heidegger, *Introduction à la métaphysique*,
>
> p. 219.

L'énigmatique dualité de l'être et de l'étant, qui traverse de part en part l'histoire de la métaphysique, est laissée dans l'oubli par la tradition dès lors qu'elle s'attache uniquement, selon l'interprétation de Heidegger, à représenter l'étant dans sa totalité et à en chercher le fondement ou la raison (*Grund*). Aussi le rapport critique de Heidegger à l'ontologie qui le conduira, au 6ᵉ paragraphe de *Sein und Zeit*, à préparer la tâche équivoque d'une "destruction de l'histoire de l'ontologie" menée *"au fil conducteur de la question de l'être"*, pour ramener enfin la tradition dans ses "limites", se situe essentiellement sur le terrain de la rationalité. Dans l'introduction de *Qu'est-ce que la métaphysique?*, intitulée "Le retour au fondement de la métaphysique" et rédigée en 1938, neuf ans après la conférence de 1929, Heidegger fait remarquer que la métaphysique, en suivant un tout autre fil, "le fil directeur du: pourquoi?", demeure de façon essentielle exclue de l'épreuve de l'être.

Si la causalité, pour reprendre le mot de Kant appliqué à Hume, est bien la croix des métaphysiciens, il faut reconnaître qu'elle ne crucifie à

F. Volpi et al., Heidegger et l'idée de la phénoménologie. ISBN 90-247-3586-6.
© 1988, Kluwer Academic Publishers.

aucun moment l'auteur du *Principe de raison* qui, au contraire, se détourne résolument de la *question finale*: "Pourquoi y a-t-il quelque chose et non pas rien?" au profit de la *question initiale*, celle de la vérité de l'être (*die Wahrheit des Seins*). L'introduction tardive de *Qu'est-ce que la métaphysique?* demande ainsi à la pensée, non de "s'élever à un plus haut degré de tension", en quoi consiste le mouvement même de la métaphysique, mais de renvoyer à "une autre origine". Il reste cependant que nul ne peut faire retour à cette origine sans suivre préalablement ce qui constitue, dans tous les sens du terme, la *fin* de la philosophie, à savoir le fil directeur de la causalité. Je me propose donc de le suivre à mon tour, et d'examiner les divisions qu'il commande, chez Heidegger tout d'abord, puis chez Aristote et Platon vers lequel il remonte, avant de le nouer au fil initial de la question de l'être qui justifie la mise en *cause* de la tradition et le retour à la *chose* même de la pensée.

I. LES DIVISIONS MÉTAPHYSIQUES DE L'ÊTRE ET DE LA NATURE

Je commencerai par un assez vaste survol des textes heideggeriens, ou plutôt par un *état des lieux*, qui me permettra de situer la retation problématique de Heidegger avec la tradition à partir des deux notions centrales d'"être" et de "nature" autour desquelles on peut ramener le jeu complet des oppositions métaphysiques. On s'apercevra que l'auteur de *Sein und Zeit quadrille* véritablement le champ de la philosophie selon un réseau permanent de divisions quadripartites dont j'envisagerai ultérieurement la provenance.

1. *La doctrine de Platon sur la vérité*: ce texte de 1940 a été rédigé à partir de deux conférences antérieures, l'une de 1930-1931, l'autre de 1933-1934. Il articule l'ensemble de l'interprétation du mythe de la caverne en fonction d'une division de "quatre séjours différents formant une gradation montante et descendante bien caractéristique"[1]. Au premier degré, les hommes vivent enchaînés dans la caverne et prennent les ombres pour le "non voilé" (τὸ ἀληθές). Le second degré parle de l'enlèvement des chaînes du prisonnier et de sa relative liberté dans la caverne. Au troisième degré, le prisonnier se retrouve à l'air libre et fait l'expérience de ce qui est "le plus dévoilé", dans la lumière du soleil. Le quatrième degré traite du retour vers les ombres et de la lutte qui oppose le libérateur à ses anciens compagnons.

2. *Introduction à la métaphysique*, cours du semestre d'été 1935, est distribué en quatre parties dont la dernière, qui expose la "limitation de l'être" sous quatre chefs distincts, comprend à son tour quatre chapitres:

(1) Etre et devenir.
(2) Etre et apparence.
(3) Etre et penser.
(4) Etre et devoir.

Ces quatre scissions, mentionnées par ailleurs dans l'introduction de 1938 à *Qu'est-ce que la métaphysique?*[2], soit trois ans plus tard, se révèlent à ce point dominantes pour la philosophie occidentale qu'"elles pénètrent tout savoir, tout faire et tout dire, même lorsqu'elles ne sont pas présentées comme telles ni dans ces termes"[3]. Cette remarque laisse supposer que toutes les autres oppositions de la métaphysique, que nous aurons à envisager plus loin, peuvent se réduire aux quatre scissions de l'être. Le schéma en croix de ces limitations est tracé en deux temps dans le chapitre 3 de la quatrième partie de l'ouvrage[4] : l'être entendu comme *ousia* se trouve placé au cœur de la croix et dirige ses quatre flèches vers le haut (Devoir) et le bas (Penser), la droite (Apparence) et la gauche (Devenir). Une double flèche relie enfin Etre et Penser, pour souligner le fait que cette scission "est encore aujourd'hui le fondement sur lequel repose essentiellement la détermination de l'être"[5].

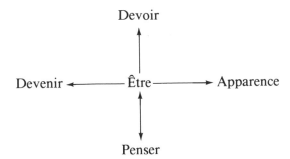

3. *L'époque des conceptions du monde*, conférence du 9 juin 1938 reprise en 1950 dans les *Holzwege*, indique dans son huitième complément que toute position métaphysique fondamentale comprend nécessairement "quatre moments":

(1). Le mode d'être de l'homme.
(2). L'interprétation de l'essence de l'étant.
(3). Le projet essentiel de la vérité.
(4). Le sens de la mesure de l'homme.[6]

Il est dit de ces moments essentiels qu'"aucun ne peut se comprendre séparément des autres", et surtout que leur seul *énoncé* est déjà "un effet du dépassement de la métaphysique" et, à ce titre, un indice du retour vers l'"autre pensée".

4. *Concepts fondamentaux*, cours du semestre d'été 1941, publié de façon posthume en 1981 (*GA* 51), présente dans les paragraphes 8 à 16 de la deuxième section une série de paroles directrices pour la méditation de l'être qui en constitue le "fil" (§ 16). Elles se trouvent disposées selon une double série de quatre antinomies que la récapitulation finale met en évidence, en reprenant à huit reprises le refrain "l'être est":

"*L'être est ce qu'il y a de plus vide et de plus commun.*"
"*L'être est ce qu'il y a de plus évident et de plus galvaudé.*"
"*L'être est ce qu'il y a de plus fiable et de plus ressassé.*"
"*L'être est ce qu'il y a de plus oublié et de plus contraignant.*"

Mais en même temps:

"*L'être est profusion et unicité.*"
"*L'être est retrait et origine.*"
"*L'être est a-bîme et réticence.*"
"*L'être est mémoire et libération.*"

On remarque que ces huit vers divisent l'être horizontalement et verticalement, selon une double opposition qui développe en dernier ressort seize déterminations. La première division dont l'auteur est parti, au § 7, "la disjonction de l'être et de l'étant, qui contient l'immensité du grand large (*Weitung und Weite*)", s'est redoublée en une division quaternaire, elle-même redoublée en huit antinomies qui laissent finalement apparaître seize nervures de l'être. Une première version de cette curieuse distribution se trouve dans le cours de 1940 "Le nihilisme européen" (*Nietzsche II*, 1961), selon un enchaînement dialectique de sept antinomies seulement; la huitième antinomie — "L'être est contrainte et libération" — manque dans le tableau de ce que Heidegger nomme le "double visage de l'"Etre""[7].

5. *Ce qu'est et comment se détermine la* Φύσις: ce séminaire de 1940 consacré à l'analyse du livre B, 1, de la *Physique* d'Aristote, et publié à Milan en 1958 (*Il pensiero*), énonce au premier paragraphe les quatre oppositions canoniques de la métaphysique rapportées à la nature:

(1). Nature et Surnature.
(2). Nature et Art.
(3). Nature et Histoire.
(4). Nature et Esprit.[8]

Sans insister outre mesure sur cette quadripartition, Heidegger mentionne dans un ajout postérieur: "/Mais la perspective même dans laquelle est faite la distinction: 'l'être'/"[9].

6. *Ce qui fait l'être essentiel d'un fondement ou "raison"*: paru dans les Mélanges offerts à Husserl, ce texte de 1929 est le premier, semble-t-il, à s'intéresser au "fractionnement de la cause (αἴτιον) en quatre espèces" chez Aristote: cause matérielle, cause formelle, cause efficiente et cause finale. Heidegger souligne que "la cohésion interne" de ces quatre fondements, ainsi que leur "principe", demeurent aujourd'hui encore dissimulés, et insiste sur le fait qu'Aristote ne s'est pas contenté d'une énumération empirique des causes: "sa préoccupation a été de comprendre, avec leur cohésion systématique, le fondement qui motive leur nombre de quatre"[10]. Une brève allusion est faite au passage à la monographie de Schopenhauer *Sur la quadruple racine du principe de raison suffisante*.

Le principe de raison (cours du semestre d'hiver 1955-1956), et la conférence du même titre au Club de Brême, le 25 mai 1956, se montrent aussi discrets sur la causalité proprement dite à laquelle Leibniz assimile le *principium rationis*, et centrent l'analyse sur le rapport "fond-raison" (*Grund*) et "abîme" (*Abgrund*). Heidegger affirme sans autre explication: "Il existe un jeu mystérieux de correspondances entre l'appel à fournir la raison et le retrait du sol natal"[11].

7. *La question de la technique* (1949). Il s'agit là d'une reprise augmentée en 1955 de la conférence *Das Gestell*, deuxième d'une série de quatre conférences prononcées le même jour, le 1er décembre 1949, au Club de Brême: *Einblick in das, was ist* (*Regard dans ce qui est*). L'ensemble des conférences reste encore inédit, puisque la troisième, *Die Gefahr*, n'a pas été publiée. Les deux autres conférences étaient, comme on sait, *Das Ding* (*La Chose*), et *Die Kehre* (*Le Tournant*).

Le texte étudie de près l'ensemble des quatre causes à partir du rapport moyen-fin qui permet à tout un chacun de se représenter la technique. Mais Heidegger montre que le caractère causal, qui rend les causes solidaires les unes des autres, renvoie à l'"acte dont on répond" (*Verschulden*), c'est-à-dire à une unité préalable fondée dans le dévoilement: ἀλήθεια. Les quatre causes sont des modes de la production issus de l'ouverture même de l'être. Si nous ne maîtrisons pas par la pensée leur essence commune, nous sommes voués au danger du *Gestell*, cet "arraisonnement" de la technique qui interdit de "revenir à un dévoilement plus originel et d'entendre ainsi l'appel d'une vérité plus initiale"[12].

8. La *Lettre à Richardson*, datée d'avril 1962, fait référence dès le début, à propos du livre de Brentano, *De la signification multiple de l'étant chez Aristote* (1862), aux quatre modes aristotéliciens de l'être (*Métaphysique*, Δ, 7; E, 2, 4; Θ, 10):

(1). L'être par essence ou comme figure des catégories (Δ, 7, 1017 a 22-30; E, 2, 1026 a 36).

(2). L'être par accident (Δ, 7, 1017 a 7-22; E, 2, 1026 a 34).

(3). L'être comme vérité (Δ, 7, 1017 a 31-35; E, 4; Θ, 10).

(4). L'être comme possibilité et actualité (Δ, 7, 1017 a 35-b 9).

Comme plus tard dans le texte *Mon chemin de pensée et la phénoménologie* (avril 1963), Heidegger révèle que la phrase d'Aristote: "Τὸ ὄν πολλαχῶς λέγεται" — "l'être se dit de multiples manières" — a décidé de son "chemin de pensée". Comment ces quatre modes peuvent-ils en effet entrer dans une "harmonie compréhensible"?[13] Ces quatre visages de l'être sont à nouveau relevés par Jean Beaufret lors du séminaire du Thor (31 août 1968): "Quelle est l'unité de cette contrée pourtant une qu'est l'être? Aristote ne le dit pas."[14]. Ce même jour, Heidegger se consacre à la relation être par soi/être par accident.

   9. *Qu'appelle-t-on penser?* (cours du semestre d'été 1952). Cette question, en apparence simple, doit s'entendre pour l'auteur selon quatre modes qui indiquent tous une "unité de sens":

(1). Que signifie "penser"?

(2). Comment la tradition définit-elle le penser?

(3). Quelles conditions déterminent-elles le penser?

(4). Qu'est-ce qui nous appelle à penser?

Heidegger va récuser aussitôt l'hypothèse d'une unité venant "s'ajouter en cinquième à la multiplicité des quatre modes, à la façon d'un toit"[15], et donnera la préférence à la dernière question: l'appel à fournir la pensée.

   10. *Hegel et les Grecs.* Dans cette conférence tenue à Aix-en-Provence le 20 mars 1958, Heidegger mentionne les "quatre mots fondamentaux de la philosophie grecque" qui parlent tous "la langue du mot-clef 'être'".

(1). Ἕν, le Tout.

(2). Λόγος, la Raison.

(3). Ἰδέα, le Concept.

(4). Ἐνέργεια, l'Effectivité.[16]

Soient les termes propres à Parménide, Héraclite, Platon et Aristote.

Ce même classement quaternaire se trouvait déjà dans la conférence du 24 février 1957 à Todtnauberg, "La constitution onto-théo-logique de la métaphysique" (*Identité et Différence*, 1957). Mais cette fois, le terme recteur de φύσις se substitue au mot "être" pour commander la tétrade de termes.

11. Je terminerai cette énumération, qui n'est sans doute pas exhaustive, en revenant à deux textes anciens sur Kant, tous deux datés de 1927. *Kant et le problème de la métaphysique* est entièrement distribué en quatre sections qui permettent, selon l'auteur, "de mettre au jour l'authenticité de l'origine de la métaphysique"[17]. Ces quatre sections sont accouplées par paires:

(1). Le point de départ de l'instauration du fondement de la métaphysique.

(2). Le développement de l'instauration du fondement de la métaphysique.

(3). L'instauration du fondement de la métaphysique en son authenticité.

(4). Répétition de l'instauration du fondement de la métaphysique.

12. La même année, le cours du semestre d'hiver 1927-1928, *Interprétation phénoménologique de la "Critique de la Raison pure" de Kant*, publié à titre posthume en 1977 (*GA 25*), étudie longuement dans sa deuxième section "le lieu d'origine des catégories". En rapprochant Kant d'Aristote, Heidegger met particulièrement en évidence la dérivation de la table des catégories et des principes à partir des quatre groupes de la table des jugements — quantité, qualité, relation, modalité — et insiste sur son origine obscure. La fonction architectonique décisive de cette véritable "table d'orientation" (*Orientierungstafel*) se trouve liée à sa distribution duelle en catégories mathématiques de l'"essence' (quantité/qualité) et en catégories dynamiques de l'"existence'. Cependant Kant n'aurait pas réussi, selon son interprète, à justifier la raison pour laquelle la fonction du jugement doit nécessairement s'exposer "selon quatre points de vue, et plus précisément selon les quatre qu'il retient ici."[18]

Pour des raisons de commodité, je ramènerai l'ensemble de ces divisions à quatre partitions essentielles:

1. Les quatre limitations de l'être.
2. Les quatre oppositions de la nature.
3. Les quatre causes du système aristotélicien.
4. Les quatre moments de la métaphysique.

Si l'on rapproche les deux premiers classements heideggeriens, qui sont les plus tranchés, on reconnaît sans grandes difficultés le même schéma à l'œuvre, d'autant que le texte de 1940 sur la *Physique* d'Aristote identifie les deux termes directeurs, au centre de la distribution croisée des quatre déterminations:

"'Nature' devient le nom pour l'"être'"[19].

En reprenant la figure en croix tracée par Heidegger dans l'*Introduction à la métaphysique*, on peut assimiler les deux classements quaternaires en articulant deux à deux les oppositions autour du centre dont elles sont issues :

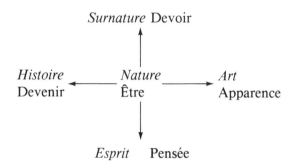

Surnature Devoir

Histoire   *Nature*   *Art*
Devenir   Être   Apparence

Esprit Pensée

Il s'agit moins ici d'une simple analogie formelle entre deux domaines distincts, celui de la physique et celui de l'ontologie, que de l'identité essentielle des quatre couples mentionnés. A la scission Etre/Apparence correspond manifestement, dans un autre registre, l'opposition Nature/Art ; à la scission Etre/Devenir, sur le même axe, correspond l'opposition Nature/Histoire. A la scission Etre/Devoir, en haut de l'axe vertical, répond maintenant l'opposition Nature/Surnature ; et bien entendu, à la scission fondamentale Etre/Pensée, en bas du même axe, répond l'opposition Nature/Esprit.

La réduction du schéma tétradique de la nature à celui de l'être permet de limiter l'ensemble des partitions heideggeriennes aux deux suivantes qui paraissent bien irréductibles, l'une étant due au penseur allemand lui-même, l'autre au philosophe grec :

1. Les quatre scissions de l'être, selon Heidegger, qui définissent le système ontologique de la tradition.
2. Les quatre causes d'Aristote, qui définissent le système étiologique de la tradition.

J'en resterai là pour les tétralogies que Heidegger impute à l'histoire de la philosophie ou découvre en elle ; pour ce qui est de la tétralogie propre de la pensée heideggerienne, où nous devinons déjà la figure du *Geviert*, j'aurai à y revenir ultérieurement.

II. LA CAUSALITÉ ARISTOTÉLICIENNE

Nous sommes naturellement conduits à nous demander si ces doubles dichotomies, dont Heidegger fait un usage constant, se trouvent seulement dans son œuvre ou chez les auteurs qu'il interprète. Dans ce dernier cas, se trouvent-elles chez ces auteurs par un simple hasard, ou bien se trouvent-elles de toute nécessité dans *la chose même*? Il est en tout cas certain qu'elles ne paraissaient pas arbitraires ni hétéroclites à Heidegger, puisqu'il reconnaît avoir reçu l'impulsion initiale de sa pensée de la constatation de la multiplicité des significations de l'être chez Aristote; or la multiplicité du πολλαχῶς, nous l'avons vu, se ramène aux quatre modes de l'être dont Heidegger écrit à Richardson qu'il en cherche l'"harmonie".

Remontons donc aux sources de la tradition dont on peut supposer, avec quelque vraisemblance, qu'elles ne sont pas étrangères à ces quatre fleuves de l'être qui, aux yeux de Heidegger, parcourent et irriguent la terre métaphysique en son ensemble.

Il est hors de question d'envisager ici, ne serait-ce que brièvement, les divers classements que l'on trouve dans le *corpus* aristotélicien, ce qui reviendrait à étudier, de proche en proche, la totalité de l'œuvre du Stagirite. Je m'en tiendrai donc au rappel des divisions quaternaires les plus importantes d'Aristote que je distribuerai, pour des raisons de symétrie, en quatre groupes. Elles nous révèleront que si, par son origine dans la duplicité étant/être, la philosophie est bien "dimorphe", comme l'écrit Heidegger dans le prologue de *Qu'est-ce que la métaphysique?*[20] — le terme est répété à trois reprises — sa manifestation est quant à elle *tétramorphe*, la provenance de ce schéma échappant à la métaphysique comme à Aristote lui-même; elle n'a toutefois pas échappé à Heidegger, même si celui-ci l'a tue.

1. *Les tétrades d'ordre physique*

(1). les quatre qualités élémentaires: chaud/froid — sec/humide (*De generatione*, II, 2, 330 a-b; *Météorologiques*, IV, 1, 378 b; 5, 382 b).

(2). les quatre éléments: feu/eau — air/terre (*De gener.*, II, 2; *Météor.*, IV, 1; *De coelo*, II, 5-7).

(3). les quatre mouvements: génération et corruption, translation, accroissement et décroissement, altération, selon les quatre catégories de la substance, du lieu, de la quantité, de la qualité (*Métaphysique*, Z, 7, 1032 a; *Physique*, III, 1, 200 b-201 a; *De anima*, 1, 3, 406 a; etc.)

2. *Les tétrades d'ordre logique*

(1). les quatre facultés de connaissance: sensation/imagination — discursion/jugement (*De anima*, III, 427 b).

(2). les quatre instruments dialectiques: prémisses/significations — ressemblances/différences (*Topiques*, I, 13-18).

(3). les quatre arguments: didactiques/dialectiques — critiques/éristiques (*Réfutations sophistiques*, I, 2, 164 a-b).

(4). les quatre prédicables: propre/définition — genre/accident (*Topiques*, I, 4).

3. *Les tétrades d'ordre épistémologique*

(1). les quatre causes: formelle/matérielle — motrice/finale (*Méta.*, A, 3, 7, 10; H 4; Λ, 4, 5; *Seconds Analytiques*, II, 11; *Des parties des animaux*, I, 1, 639 a-642 b; etc.)

(2). les quatre principes parallèles aux quatre causes: forme/matière — cause efficiente/privation (*Méta.*, Λ, 4, 1070 b).

(3). les quatre questions sur la chose: le "quoi" (ὅτι)/le "pourquoi" (διότι) — le "s'il est" (εἰ ἔστι)/ le "ce qu'il est" (τί ἐστι), ou encore le fait/la raison — l'essence/l'existence (*Seconds Analytiques*, II, 1, 89b).

4. *Les tétrades d'ordre ontologique*

(1). les quatre modes de l'être: par accident/par essence — l'être comme vrai/l'être comme puissance et acte (*Méta.*, Δ, 7, 1017a-b; E, 2, 1026a-b; 4, 1027b-1028a; Θ, 10, 1051a).

(2). les quatre genres d'être: substances premières/substances secondes — propriétés individuelles/propriétés générales (*Catégories*, I, 2, 1a-b).

(3). les quatre acceptions de l'Un: continu/tout — individu/universel (*Méta.*, I, 1, 1052a).

(4). les quatre acceptations de la substance (*ousia*): quiddité/universel — genre/sujet (*hupokeimenon*) (*Méta.*, Z, 3, et 4-17).

(5). les quatre modes de la quantité: discrète/continue — selon la position réciproque des parties/ou non (*Catég.*, 6, 4b-5a).

(6). les quatre modes de la qualité: disposition/aptitude — affections/figures (*Catég.*, 8, 8b-10a).

(7). les quatre modes de l'opposition: relatifs/contraires — privation et possession/affirmation et négation (*Catég.*, 10, 11b-13b).

(8). enfin les quatre premières catégories elles-mêmes: substance — quantité — qualité — relation, auxquelles on a pu ramener les six autres pour établir la cohérence générale de la liste entière[21].

Pour le reste, si Aristote utilise un certain nombre de partitions binaires et ternaires, ou d'énumérations diverses, il faut bien convenir que les divisions quaternaires sont les plus courantes et les plus essentielles. A peu d'exceptions près, elles mettent en présence deux couples de contraires que l'on peut disposer sur les branches d'un schéma en croix. Pour le dire autrement, elles procèdent d'une double division de l'être et du langage, ou encore d'une *double dichotomie onto-logique*. A première vue, ce principe de dualité ne saurait étonner puisqu'il est bien connu que le Stagirite appréhende le réel à l'aide de couples aussi canoniques que forme/matière, puissance/acte, substance première/substance seconde, individu/général, propre/accident etc. Ce qui me paraît cependant décisif tient à la reprise systématique du double jeu des oppositions, au point qu'Aristote ne brise parfois un classement tétradique reçu de la tradition que pour le reconstituer plus rigoureusement.

Il en est ainsi de la célèbre division des prédicables qui gouverne l'ensemble des *Topiques*. Au chapitre I, 4, Aristote commence par affirmer que toute proposition exhibe "soit un genre, soit un propre, soit un accident" (101b 17) et, écartant aussitôt la différence qui est de nature "générique" (γενικὴν), réduit ainsi la division quadripartite à une division tripartite. Cependant la suite du texte, comme le relève avec justesse Jacques Brunschwig dans son édition critique, distingue deux parties dans le propre : l'une qui signifie la *quiddité* (le τὸ τί ἦν εἶναι), l'autre qui ne la signifie pas, et appelle la première 'définition', en réservant le terme de 'propre' à la seconde. "On aboutit ainsi", conclut Brunschwig, "à une nouvelle division quadripartite, celle sur laquelle reposent les *Topiques* : propre, définition, genre, accident." Les quatre prédicables, éléments constitutifs de tout raisonnement dialectique, forment une dichotomie croisée ou un chiasme, selon que le prédicat désigne ou non une propriété du sujet et selon qu'il a ou pas la même extension que le sujet. Brunschwig propose de combiner les deux critères et leurs négations pour aboutir à "une division quadripartite : si le prédicat est coextensif et essentiel, il est définition ; s'il est coextensif et non-essentiel, il est propre ; s'il est non-coextensif et essentiel, il est genre ; s'il est enfin non-coextensif et non-essentiel, il est accident." [22]

De tels classements, fondés sur une combinatoire élémentaire de quatre unités associées deux à deux, ne sont pas rares chez Aristote. Le plus célèbre est sans doute celui des quatre genres d'êtres définis selon l'axe d'opposition "être dit d'un sujet/ne pas être dit d'un sujet", et selon l'axe d'opposition "être dans un sujet/ne pas être dans un sujet", qui ouvre le texte des *Catégories* (I, a 20- b9). Dans sa *Théorie aristotélicienne de la science*, G.G. Granger construit la table à double entrée de ce qu'il nomme "les quatre êtres grammaticaux" en suivant leurs quatre traits fonctionnels: la substance première et la substance seconde (concrets singuliers et universels concrets), l'accident singulier et l'accident universel (abstraits singuliers et universels abstraits)[23]. Quelle que soit l'importance de cette partition aristotélicienne pour la logique et l'ontologie, je ne m'y attacherai pas cependant pour centrer mon analyse, dans la ligne de l'interprétation heideggerienne de la rationalité métaphysique, sur la seule question de la causalité.

L'organisation quadripartite des quatre causes, chez Aristote, se distribue en deux couples qui s'opposent sur les deux axes d'un schéma en croix. Un premier couple de causes — forme/matière — que je placerai sur les deux pôles horizontaux, à l'est et à l'ouest, se conjugue comme on sait à un second couple — moteur/fin — que je situerai en regard sur les deux pôles verticaux, au nord et au sud, pour composer le système étiologique complet.

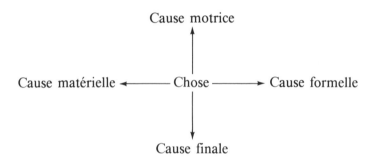

Comme l'a clairement établi le Père J.M. Le Blond, dans *Logique et méthode chez Aristote*, le couple forme/matière est construit sur la distinction sujet/attribut, c'est-à-dire en fonction d'"une perspective grammaticale et logique"[24] que l'interprète nomme "un schème du langage". C'est sur cet axe, dans *l'horizon du langage* donc, que la relation causale se développe selon un rapport analytique d'identité qui tient à l'immanence de la forme et de la matière dans la chose. Le second axe au contraire, où le P. Le Blond reconnaît "le schème du métier", met en évidence un processus synthétique qui provient de l'extériorité ou de la transcendance du moteur et de la fin par rapport à la chose: ainsi le père est extérieur à l'enfant, dont il est cause efficiente, comme la santé l'est à la promenade, dont elle est cause finale. Pour le dire autrement, l'axe horizontal de l'essence constitue une détermination statique qui exprime l'ACTE ou, comme dit le P. Le Blond, "l'être en tant qu'il se trouve réalisé"[25]: il ouvre *l'espace de la rationalité et de la connaissance*. L'axe vertical de l'existence est, pour sa part, une détermination dynamique qui exprime l'ACTION proprement dite : il ouvre le *temps de la causalité et de la production*. Alors que les prédécesseurs d'Aristote insistaient surtout sur la cause matérielle et la cause formelle, rarement sur la cause motrice ou alors "d'une manière vague et obscure" (*Méta.*, A, 4, 985a), pas du tout sur la cause finale, du moins en tant que *finale* (A, 7, 988b), donc ne mettaient en relief que la dimension spatiale de la chose — ce *de quoi* elle est faite et ce *à quoi* elle ressemble — le Stagirite fait intervenir, en plus de ce procédé analytique, le processus synthétique du temps qui donne à la chose sa mobilité. L'axe physique de la causalité, au plein sens du terme, recoupe désormais l'axe logique de la rationalité.

On se convaincra aisément de la structure croisée du système étiologique en rapprochant d'elle les quatre questions essentielles de la connaissance, dont les *Seconds Analytiques* affirment qu'elles sont " égales en nombre aux espèces du savoir" (II, 1, 89b) :

1. la question du *fait* : τὸ ὅτι.
2. la question de la *raison* : τὸ διότι.
3. la question de l'*existence* : εἰ ἔτιν.
4. la question de l'*essence* : τί ἐστιν.

Les deux couples de contraires opposés par paires se distribuent sur le schéma tétrapolaire selon le même principe qui commande la connexion des quatre causes. L'essence (*ti estin*) correspond manifestement à la cause formelle, et l'existence (*ei estin*) à la cause matérielle, sur l'axe immanent qui définit l'identité de la chose. Le fait (*to oti*) et la raison (*to dioti*), qui concernent un objet complexe, un σύνθετον, ou l'action d'un être sur un autre, correspondent respectivement à la cause motrice et à la cause finale sur l'axe transcendant qui exprime la causation des choses. Le couple forme/matière ou essence/existence renvoie à la dichotomie du langage qui se trouve liée à l'espace, alors que le couple moteur/fin ou fait/raison renvoie à la dichotomie du monde qui se trouve liée au temps. Réunis, les deux axes composent la totalité de l'être et de la connaissance, de sorte que *l'acte logique* de la définition (forme/matière) se présente dans l'HORIZON du langage, et *l'action physique* de la causation (moteur/fin) se meut dans la HAUTEUR du temps. Kant ne dira pas autre chose, comme le souligne Heidegger au § 22 de son *Interprétation phénoménologique de la "Critique de la Raison pure" de Kant*, quand il distingue les quatre groupes de sa table des catégories en deux classes : les catégories mathématiques de l'essence (quantité et qualité)/les catégories dynamiques de l'existence (relation et modalité). L'auteur des *Reflexionen* écrit à cet effet : "Relation et modalité appartiennent à la considération naturelle des êtres (*Wesen*), quantité et qualité à la doctrine de l'essence (*Wesenlehre*)[26].

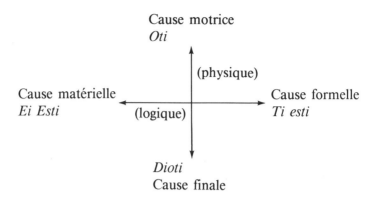

Si toute les divisions quadripartites d'Aristote ne peuvent se ramener, quant à leur contenu, au schéma de la causalité, elles s'en rapprochent néanmoins, quant à leur forme, par l'articulation d'une double dichotomie dont l'une exprime le niveau de l'essence et du langage, l'autre le niveau de l'existence et du monde. Il reste évidemment à se demander si cette structure duale, constituée de deux paires d'opposés liées entre elles, est propre au système aristotélicien ou bien si le Stagirite, avant de le léguer à la métaphysique, l'emprunte lui-même à une tradition plus ancienne.

III. L'ONTOLOGIE PLATONICIENNE

Le procédé dichotomique qu'utilise constamment Aristote, en dépit des critiques qu'il adresse à la méthode de son maître, réduite à un "syllogisme impuissant", nous oriente naturellement vers les classements de Platon. Il s'avère que les partitions tétradiques sont présentes dans les dialogues avec une fréquence qui ne le cède en rien à celle d'Aristote. J'en retiendrai trois pour le présent propos, qui permettront d'assurer la filiation du même schéma ontologique de Platon à Aristote et à Heidegger et, peut-être, de comprendre le sens de la remarque selon laquelle "cette chose tant magnifiée depuis des siècles, la raison, est la contradiction la plus acharnée de la pensée"[27].

En suivant toujours le fil conducteur de la causalité et des divisions quadripartites, nous rencontrons en premier lieu les quatre genres du *Philèbe*. Dans ce dialogue qui multiplie les dichotomies — comme celles des deux formes d'arithmétique et des deux formes de métrétique, en 57d — Socrate oppose d'un côté la Limite (πέρας) et l'Illimité (ἄπειρον), qui sont présents dans tous les êtres, de l'autre le Mélange des deux premières formes (τὸ μεικτόν, τὸ κοινὸν γένος) et la Cause même du mélange (τὸ τῆς αἰτίας γένος) (23c-27c). Sans envisager ici la possibilité du cinquième genre demandé par Protarque, qui a suscité tant d'hypothèses de Plutarque à Lachelier et Robin, je soulignerai les deux propriétés majeures de cette tétrade. Le premier couple *péras/apeiron* détermine l'axe immanent de l'*ousia* puisque les deux formes se trouvent originellement associées (σύμφυτον, 16c) à l'intérieur de toute chose. La limite est en effet la mesure qui met un terme au flux continuel de l'illimité, lequel subit ainsi la détermination de son contraire pour constituer avec lui l'*ousia* complète. L'analogie de fonction nous oriente ici vers le couple forme/matière d'Aristote sur l'axe logique et immanent de l'essence. Il ne suffit pourtant pas à constituer l'existence complète de la chose; il faut encore ajouter à ce couple les genres du *meikton* et de l'*aitia* pour que la chose soit insérée dans le temps et parvienne ainsi à la γένεσιν εἰς οὐσίαν, la "génération à l'existence" (26d). Or, de nouveau, la "cause" platonicienne joue le même rôle que la "cause motrice" d'Aristote, dont elle porte d'ailleurs le nom, en 26e7, τὸ ποιοῦν; elle est bien l'agent qui se distingue autant de la chose engendrée, le mixte, que des composants de ce dernier, la limite et l'illimité. En regard le mélange, qui constitue le terme ou la fin de la genèse, est le 'produit' de la cause (τό ποιούμενον, 27a1) et remplit ainsi la même fonction que la cause finale d'Aristote. Ce second couple définit l'axe physique et transcendant de la genèse, que l'on nommera plus tard 'causalité', alors que le premier exprime l'axe logique et immanent de l'*ousia*, que la tradition distinguera du précédent en le nommant 'rationalité'. La γένεσις εἰς οὐσίαν exige la présence commune de l'essence et de l'existence, de l'identité et de la mobilité, de l'analyse et de la synthèse, de l'immanence et de la transcendance, en un mot, de l'espace et du temps. Il n'y a donc qu'une différence nominale, pour reprendre l'expression du *Philèbe* appliquée au produit et à l'engendré (26e-27a), entre les quatre formes de Platon et les quatre causes d'Aristote. Le Stagirite ne peut critiquer le paradigmatisme de son maître et la stérilité de sa conception de la causalité, qu'il réduit abusivement aux seules thèses du *Phédon* (*Méta.*, A, 9, 991b), qu'à condition de remplacer les termes d'"idée" et de 'forme' par celui de 'cause' — αἰτία — désormais appliqué aux quatre composantes du schéma ontologique. Cependant ce glissement insensible n'aura pas un effet simplement nominal puisque la tradition substituera, dans la lignée aristotélicienne, la conception épistémologique de la *cause-aitia* à la conception ontologique de la *chose-ousia*.

Qu'on l'entende dans un sens ou dans l'autre, le schéma de la double dichotomie provient d'une source plus initiale encore que l'on fera apparaître à partir d'un nouveau classement platonicien. Il s'agit bien entendu des quatre genres de l'être du *Sophiste* qui sont, selon mon hypothèse, l'origine commune des quatre formes du *Philèbe* et des quatre causes d'Aristote. Je précise bien : les *quatre* genres du *Sophiste*, et non les cinq, puisque l'être demeure à part du jeu dialectique des genres qu'il surplombe. Sans m'attacher dans le détail aux relations mutuelles du Mouvement et du Repos, du Même et de l'Autre, que j'ai longuement envisagées en d'autres lieux [28], je me bornerai à indiquer ici le principe qui régit l'organisation de la tétrade et l'origine de celle-ci chez Platon lui-même.

Lorsque l'Etranger d'Elée propose une récapitulation sommaire des cosmogonies primitives, laquelle préfigure l'examen par Aristote des théories de ses prédécesseurs, il expose les différents systèmes à partir de couples d'opposés (chaud/froid, sec/humide, amitié/haine) où l'un des principes joue un rôle actif et l'autre un rôle passif. Retenant finalement de leurs contradictions le couple irréductible Mouvement/Repos, il montre que cette dualité exige, pour être *énoncée*, la présence d'un troisième terme, l'être, qui distingue les opposés tout en se distinguant d'eux. On est ainsi conduit à introduire un second couple tout aussi irréductible, Même/Autre, dont on établit la différence interne des éléments comme la différence externe avec le couple précédent. La dualité intervient donc ici à deux reprises, pour constituer les catégories du monde, puis les catégories du langage, avant d'articuler en une seule communauté — κοινωνία — la double dichotomie de l'être. Dans chacun des couples, l'un des termes est actif et l'autre passif, en conformité avec la définition donnée de l'être par l'Etranger :

> "Ce qui a une puissance naturelle quelconque, soit d'agir sur ce qu'on voudra d'autre, soit de subir l'action, même la plus minime, de l'agent le plus insignifiant." (247d-e).

Il paraît en conséquence justifié d'assimiler au couple cosmologique mouvement/repos, sur l'axe vertical du monde, le couple physique cause motrice/cause finale qui fait intervenir la dimension temporelle, et au couple logique même/autre, sur l'axe horizontal du langage, le couple logique forme/matière, qui fait intervenir la dimension spatiale. A l'acte logique de la définition (*horismos*), exprimé dans l'horizon analytique de l'espace, s'articule l'action physique de la mobilité, manifestée par la hauteur synthétique du temps. Pour Platon comme pour Aristote, définir un terme revient à en saisir la 'forme' et à la dé-limiter en traçant le *sillon* (*horos*) du Même dans le champ de l'Autre, ou encore à imposer l'*identité* d'une *forme* à l'*altérité* du *matériau* à définir. Cette opération du *logos* n'est à son tour rendue possible que si les choses elles-mêmes (*onta*) sont offertes à la saisie du langage. L'axe de l'horizon ne prend naturellement de sens qu'à la condition de croiser l'axe de la hauteur : la dramaturgie du *Sophiste* en porte le témoignage. En dehors du conflit interne des opposés dans chaque système, la lutte entre les cosmogonies prend toute son ampleur avec la γιγαντομαχία περὶ τῆς οὐσίας qui se tient symboliquement sur l'axe du Monde : en haut, dans le Ciel, les 'amis des Idées' ; en bas, attachés à leur mère, les 'fils de la Terre'. En réfléchissant sur l'enjeu ontologique d'un combat aussi éternel que le monde lui-même, Platon passe insensiblement du conflit mythique à l'opposition logique et fait prendre à la dialectique le relais de la cosmogonie. Dès lors, l'accent porté sur l'axe ciel-terre, à l'origine du couple mouvement/repos, se déplace sur l'axe dieux-mortels qui prend la forme du couple même/autre. La question de l'être du monde a en effet permis d'ouvrir la question de l'être du langage, lequel, dans tout l'enseignement platonicien, du *Cratyle* au *Banquet* et au *Phèdre*, relie par son *herméneutique* les hommes et les dieux. Nous retrouvons, à la source des deux dichotomies onto-logiques du *Philèbe* et du *Sophiste*, la partition cosmique du quadriparti du *Gorgias* (507e-508a). Mais que l'on considère la tétrade mythique Ciel-Terre, Dieux-Hommes, ou la tétrade onto-logique Mouvement-Repos, Même-Autre, le schéma de la double dichotomie articule toujours dans une communauté deux couples d'opposés, dont l'un joue à chaque reprise le rôle actif. C'est selon ce même modèle que la physique aristotélicienne composera les quatre éléments dans les *Météorologiques* (378b) : parallèlement aux quatre causes habituelles, il y a quatre causes proprement matérielles, ou qualités premières, dont deux sont actives (chaud, froid) et deux passives (sec, humide). En les combinant deux à deux en fonction des relations physiquement possibles (*De generatione*, II, 3, 330a-b), on obtient les deux couples de quatre éléments empédocléens.

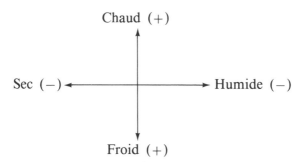

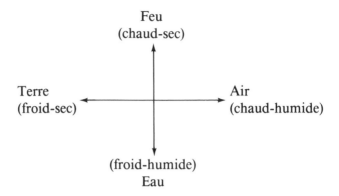

Ces quatre corps peuvent être opposés selon un second critère, cosmique et non plus physique, en fonction de "la région orientée vers la limite" — le HAUT — et de "la région située vers le centre" — le BAS (*Météor.*, I, 2, 339a): un couple d'extrêmes, Feu et Terre, s'oppose cette fois au couple d'intermédiaires, Air et Eau.

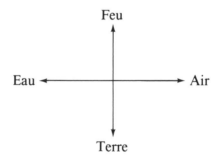

Nous retrouvons là, sous sa forme la plus élémentaire, l'axe céleste de la Hauteur et l'axe terrestre de l'Horizon, qui délimitent les quatre directions cardinales avant même toute détermination géographique. Rapportée au ciel et à la terre, de la *Théogonie* d'Hésiode au *De coelo* d'Aristote, la dichotomie initiale du Haut et du Bas, du monde supralunaire et du monde sublunaire dira le Stagirite, donne à notre terre le temps des étoiles. Aristote n'a donc pas tort de voir dans la contrariété physique du haut et du bas l'origine de la contrariété logique de tous les contraires, dont l'opposition est toujours définie par "la plus grande distance" (*Catég.*, VI, 6a). Marquée à l'est et à l'ouest par le lever et le coucher du soleil, la dichotomie de l'Horizon, quant à elle, permet aux hommes de suivre l'espace du sillon. Il se trouve plus justement exprimé par le couple droite/gauche, commun au Ciel tout entier (*De coelo*, II, 2, 5), que par les déterminations frontales du devant et du derrière; l'espace sacré des anciens comme l'espace politique des modernes en portent tous deux le témoignage. Mais que l'on soit sensible au *chôrismos* du Ciel ou à celui de la Terre, à l'abîme du Temps ou à l'éloignement de l'Espace, la double dichotomie qui oriente les partitions de Platon comme celles d'Aristote demeure l'originel point d'attache de la causalité et, à ce titre, de la métaphysique en son entier.

IV. LE *GEVIERT*

Nous avons été insensiblement ramenés à l'œuvre de Heidegger dont nous étions partis, à l'issue de ce long détour par la physique aristotélicienne et l'ontologie platonicienne qui, toutes deux, s'inscrivent dans le schéma primitif de la croix. De ses premiers à ses derniers écrits, le penseur allemand n'a pas cessé d'orienter ses pas vers la dimension initiale de la Hauteur — rapportée dans *L'expérience de la pensée* (1947) aux saisons de l'année ou à la marche des étoiles — et vers celle de l'Horizon — ouverte par le sillon du paysan ou le chemin de campagne. Dès 1927, le § 22 de *Sein und Zeit* s'engageait sur les voies de l'autre pensée lorsqu'il reconnaissait dans les quatre "contrées célestes" (*Himmelsgegenden*) de l'Orient, du Midi, de l'Occident et du Minuit, les directions cardinales qui forment *a priori* les entours et les lieux grâce auxquels le *Dasein* est 'au monde' (*in-der-Welt-sein*). L'axe vertical du zénith et du nadir constitue l'axe essentiel où la temporalité est pensée comme pure donation du monde; l'axe horizontal de l'est et de l'ouest évoque la largeur de l'espacement où les mortels viennent à naître et mourir. Avant même que Heidegger ne commence à lire Hölderlin, le *Geviert* était déjà en place dans son œuvre. Il suffit que le *Dasein*, entre Ciel et Terre, fasse l'épreuve de la parole et ainsi se tourne vers ceux qui habitent le monde, pour que la dichotomie primitive donne lieu à une nouvelle dichotomie, celle du langage, qui referme les quatre scissions dans le cercle de l'être. A la hauteur du temps, dont l'abîme surplombe toutes choses, appartient la dimension cosmique de *Erde und Himmel*, de Terre et Ciel; à l'horizon de l'espace, qui éloigne toutes choses, revient la distance éthique des Divins et des Mortels, *die Göttlichen und die Sterblichen*. La conférence *La chose*, qui appartient, je le rappelle, à un cycle de quatre conférences données le 1er décembre 1949 à Brême et répétées sans modification les 25 et 26 mars 1950 à Bühlerhöhe, fait alors advenir pour la première fois le rassemblement des Quatre, le *Geviert*, dans l'anneau du Monde (*Ring*):

- La Terre est "celle qui porte et demeure, celle qui fructifie et nourrit…"

  Si nous pensons la Terre à la manière heideggerienne, nous pensons en même temps le *Repos* du monde…

- Le Ciel est "la course du soleil, le progrès de la lune, l'éclat des astres, les saisons de l'année…"

  Si nous pensons le Ciel à la manière heideggerienne, nous pensons en même temps le *Mouvement* du monde…

- Les Divins sont "ceux qui nous font signe, les messagers de la divinité…"

  Si nous pensons les Divins à la manière heideggerienne, nous nommons en même temps la parole qui seule peut recueillir les signes du *Même*…

- Les Mortels sont "les hommes" que l'on appelle ainsi précisément parce qu'"ils peuvent mourir"…

  Si nous pensons enfin les Mortels à la manière heideggerienne, nous pensons en même temps à la mort en tant que mort, non pas à un néant vide, mais bien à cette Arche où s'abrite l'*Autre*.

Le *Geviert* de Heidegger, comme l'a reconnu lui-même l'auteur de *La chose* dans une conversation avec Jean Beaufret tenue en mai 1975[29], retrouve ainsi le quadriparti platonicien du *Gorgias* pour composer la figure du Monde. Il s'en distingue néanmoins par sa constitution systématique, son jeu d'oppositions et sa disposition croisée. Alors que Socrate évoque devant Calliclès l'égalité géométrique qui noue en une même *koinônia* le Ciel, la Terre, les Dieux et les Hommes, Heidegger ne se satisfait pas d'une "énumération" qui laisse dans l'ombre l'unité originelle du monde, le "centre" — ou *Geschick* — cette première donne du destin qui rassemble toutes choses[30]. Aussi va-t-il croiser l'un sur l'autre l'axe du monde et l'axe de la parole pour constituer le chiasme de Terre et Ciel, des Divins et des Mortels, où l'unicité de chaque région du monde répond à la multiplicité de ceux qui les habitent, et où les gestes des Mortels, pour parler avec Hölderlin, répondent aux signes des Dieux. La pensée est alors en mesure d'entrer dans "le jeu de miroir de la simplicité de la Terre et du Ciel, des Divins et des Mortels" que Heidegger nomme sobrement "le monde"[31], et dont l'unité — *die Vierung* — n'est autre que le centre invisible de l'être — *die Einfalt*.

On comprend maintenant, non pas la critique de Heidegger, mais bien son abandon de la causalité et de la rationalité au champ de la métaphysique. L'"autre pensée' qui fait retour à une 'autre origine', en établissant d'emblée son cheminement dans la vérité de l'être, poursuit une tout autre tâche que celle d'une critique, dans la mesure où celle-ci continue de se mouvoir dans l'horizon de la causalité et de la rationalité confondues. Si la fréquence des divisions quadripartites chez Heidegger est l'indice le plus sûr de l'influence des divisions aristotéliciennes sur les oppositions traditionnelles de la métaphysique, il n'est reste pas moins que le penseur allemand cherche à penser de façon plus initiale que le philosophe grec. Au cœur du *Geviert*, il laisse venir en creux ce premier commencement du *Geschick* qui donne sans cesse au monde son envoi. Heidegger redécouvre le sens originel de la dichotomie cosmique, que Nietzsche avait pressenti dans son *Zarathoustra* : au midi ou au minuit du monde, *l'Un s'est scindé en deux à deux reprises*, ou, si l'on préfère, *l'Etre s'est mis en quatre* pour faire apparaître le monde.

Que la métaphysique, dès son origine chez Parménide, ait manqué "le phénomène du monde" (*Sein und Zeit*, § 21), est dû au fait que le *logos* grec a privilégié l'analyse pour comprendre le monde dans l'horizon de l'espace, par la géo-métrie, avant que Descartes ne le ramène à la rationalité de la *res extensa*, au détriment de sa mondanéité, ou, si j'ose dire, son ourano-métrie, inscrite dans la hauteur du temps. Le milieu proprement *phénoméno-logique* du *Geviert* deviendra un champ onto-logique lorsque la chose — un simple vase par exemple — ne sera plus appréhendée au croisement des quatre contrées (*Gegenden*), mais sera conçue ou construite en fonction du seul point de vue de l'homme. L'alliance des Quatre abolie, la raison réduira la chose à l'étant pris sous le regard universel de l'objectivation, en oubliant la scission initiale de l'être et de l'étant que fait éprouver l'énigme du temps. C'est bien elle qui *élève* la méditation de Heidegger à la mesure du monde. La conférence de 1935 sur "L'origine de l'œuvre d'art" (*Holzwege,*), esquisse ainsi le premier visage du *Geviert* à partir du combat originel de "la Terre et du Monde", autour d'un temple grec, debout et silencieux dans la vallée rocheuse. L'édifice sacré ramène autour de lui les quatre éléments de la nature, par "l'éclat de sa pierre" sur laquelle vient jouer "la grâce du soleil" et par son émergence dans "l'espace invisible de l'air" qui fait ressortir, par contraste, "le déchaînement de l'eau"; en même temps il ouvre l'unité des quatre destins promis aux mortels, "naissance et mort, malheur et prospérité, victoire et défaite, endurance et ruine."[32]

La métaphysique naît quand le monde se retire, et que la parole se détourne du silence dont elle est issue. La chose de la pensée laisse désormais le champ libre à la cause de la raison, laquelle pourtant garde toujours par devers elle, d'Aristote à Schopenhauer, le souvenir de sa quadruple racine. Là où la chose reposait, au confluent du *Geviert*, la cause vient à s'établir, tendue entre la matière et la forme, le moteur et la fin.

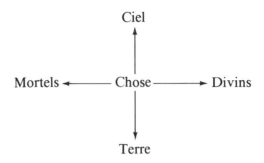

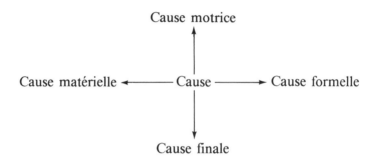

Il ne s'ensuit pas que le "dépassement de la métaphysique" ou la "destruction de l'histoire de l'ontologie" doivent être entendus comme une récusation des droits de la philosophie, fondée dans le principe de raison, ou comme l'aveu d'une misologie qui serait le prix à payer pour accéder à un dévoilement plus initial. L'auteur de *Zur Seinsfrage* (1956), 'Contribution à la question de l'être', s'est toujours efforcé au contraire de méditer l'"appropriation" (*Verwindung*) de la métaphysique à son *Lieu* d'origine qui est celui de la plus haute scission: l'oubli de l'être. L'"autre pensée' ne se confond à aucun moment avec l'exode fébrile vers le Dehors, la fuite capricieuse dans l'horizon sans fin, le déchaînement convulsif contre l'origine, qui conduisent aujourd'hui certains, à l'ombre de Heidegger, à saluer de toutes parts la mort du Même, de la Hauteur et du Principe. Elle n'est *autre* que le retour au fondement propre de la métaphysique, cet Abîme initial (*Abgrund*) où se croisent les quatre branches de la croix, mais où prennent aussi racine les quatre causes de la philosophie. Quand Heidegger, dans sa lettre à Ernst Jünger sur le nihilisme, veille à situer l'essence de celui-ci, *il ne tire pas un trait* sur la métaphysique, pour en finir une bonne fois avec elle; *il fait une croix* sur l'être, et trace en deux traits la figure des Quatre (*kreuzweise Durchstreichung*)[33]. On peut y voir la rature négative de l'être, crucifié par les partitions de la métaphysique et, au premier chef, par la conception instrumentale de la causalité qui est la 'réponse' (*aitia*) à l'appel provocant de l'Arraisonnement. Mais on doit surtout interpréter la biffure en croix, de façon affirmative, comme "les quatre régions de l'Uniquadrité" (*die vier Gegenden des Gevierts*) et "leur assemblement dans le Lieu où se croise cette croix" (*deren Versammlung im Ort der Durchkreuzung*).

Comme pour le poète de la *Théogonie*, l'Abîme de l'être est "le premier", πρώτιστα, pour Heidegger. De lui sont issues à la fois la pensée du Même et celle de la Différence, qui gravitent l'une autour de l'autre dans la Conciliation (*Austrag*), de même que s'articulent ensemble, dans l'unité d'une simple clairière (*Lichtung*), l'ouverture de la Hauteur et de l'Horizon. Le grand livre inachevé de 1927 n'avait pas réussi à nouer la figure du chiasme *Sein und Zeit/Zeit und Sein*. Il faudra attendre la conférence du 31 janvier 1962 pour que Heidegger approche la détermination réciproque de l'Etre et du Temps, du Temps et de l'Etre, et parvienne à dire la "quadridimensionnalité" du temps [34] où joue, une nouvelle fois, la dichotomie du monde.

Que reste-t-il ici à *dire* — lorsque le monde a pris la parole à la pensée? Rien peut-être, sinon ceci: *Zeit-Raum*, dans l'éclair de l'*Ereignis* où la Temporalisation et l'Espacement prennent place. *Es gibt Sein. Es gibt Zeit. Es gibt Raum* [35]. Dans la langue de la poésie, que l'auteur de *Der Feldweg* n'a pas dédaigné parfois d'emprunter, il faudrait dire que le monde initial, ignorant encore les déterminations de l''espace' et du 'temps', donne toute sa mesure à qui sait reconnaître la hauteur de l'étoile et le fil du sillon.

NOTES

1. Heidegger, *Questions II*, Paris, Gallimard, 1968, p. 138.
2. Heidegger, *Questions I*, Paris, Gallimard, 1968, p. 36.
3. Heidegger, *Introduction à la métaphysique*, Paris, P.U.F., 1958, p. 105.
4. *Ibid.*, p. 209.
5. *Ibid.*, pp. 219-220.
6. Heidegger, *Chemins qui ne mènent nulle part*, Paris, Gallimard, 1962, p. 93.
7. Heidegger, *Nietzsche II*, Paris, Gallimard, 1971, pp. 198-201.
8. *Q. II*, pp. 178-180.
9. *Ibid.*, p. 181.
10. *Q. I*, p. 88.
11. Heidegger, *Le principe de raison*, Paris, Gallimard, 1962, p. 96.
12. Heidegger, *Essais et Conférences*, Paris, Gallimard, 1958, p. 38.
13. Heidegger, *Questions IV*, Paris, Gallimard, 1976, p. 180.

14. *Ibid.*, p. 225.
15. Heidegger, *Qu'appelle-t-on penser?*, Paris, P.U.F., 1959, p. 128.
16. *Q. II*, p. 55.
17. Heidegger, *Interprétation phénoménologique de la "Critique de la Raison pure" de Kant*, Paris, Gallimard, 1982, p. 236.
18. Heidegger, *Kant et le problème de la métaphysique*, Paris, Gallimard, 1953, p. 58.
19. *Q. II*, p. 180.
20. *Q. I*, p. 41.
21. *Cf.* J. Vuillemin, "Le système des catégories" in *De la logique à la théologie. Cinq études sur Aristote*, Paris, Flammarion, 1967, p. 81.
22. Aristote, *Topiques*, texte établi et traduit par Jacques Brunschwig, Paris, Les Belles Lettres, 1967, introduction p. XLVIII.
23. G.G. Granger, *La théorie aristotélicienne de la science*, Paris, Aubier, 1976, p. 44.
24. J.M. Le Blond, *Logique et méthode chez Aristote*, Paris, Vrin, 1939; 3ᵉ éd. 1973, p. 415.
25. *Ibid.*, p. 408.
26. Kant, *Reflexionen*, II, 603, cité par Heidegger, *Interprétation phénoménologique...*, p. 269.
27. Heidegger, "Le mot de Nietzsche: 'Dieu est mort'", *Chemins...*, p. 219.
28. J.F. Mattéi, *L'Etranger et le Simulacre. Essai sur la fondation de l'ontologie platonicienne*, Paris, P.U.F., "Epiméthée", 1983, pp. 232-248, 259-275.
29. Jean Beaufret, "En chemin avec Heidegger", *in Cahiers de l'Herne*, Paris, 1983, p. 235.
30. Heidegger, "Terre et Ciel de Hölderlin" in *Approche de Hölderlin*, Paris, Gallimard, nouvelle édition augmentée, 1973, p. 223.
31. Heidegger, "La chose", *Essais et conférences*, p. 214.
32. Heidegger, "L'origine de l'œuvre d'art", *Chemins...*, p. 32.
33. Heidegger, *Q. I*, p. 232.
34. Heidegger, "Temps et Etre", *Q. IV*, p. 34.
35. *Ibid.*, p. 32, 37.

THOMAS SHEEHAN

Hermeneia and *Apophansis*:
The early Heidegger on Aristotle

I

Aristotle's treatment of *logos apophantikos* is found within the treatise that bears the title *Peri Hermeneias*, *On Hermeneia*. And it was to this treatise — or, more accurately, to the first four sections of it — that the early Heidegger turned again and again in his courses during the 1920s in an effort to retrieve from this phenomenon a hidden meaning.

On Hermeneia is a treatise about the general forms of declarative sentences, sentences that claim, rightly or wrongly, to present things in words just as those things are in reality. The first four of the fourteen sections of *On Hermeneia* are introductory. They lead into the subject matter by discussing: the relation of thought and language, and the possibility of propositional truth and falsehood (section 1); the definitions of nouns and verbs (section 2) and of sentences in general (section 3); and the definition of declarative sentences (propositions, judgments, assertions) in particular (section 4). The remaining ten sections of the treatise discuss the forms of propositions with regard to their quality (affirmative and negative judgments), their quantity (universal, indefinite, and particular judgments), and their modality (assertions about existence, necessity, and mere possibility).

On Hermeneia is the second work within the five so-called logical treatises that Byzantine scholars collected under the title *Organon* as a "tool" or "instrument" for scientific thought. As such, *On Hermeneia*, like the four other "logical" works, seems to stand outside of philosophy as a methodological antechamber. Heidegger, of course, vigorously contests this state of affairs and calls for the restoration of logic to its rightful place within ontology, the science of beingness (*GA* 24, 253f.).

Be that as it may, the five treatises of the *Organon* appear to fall into three groups, each group corresponding to one of what medieval thinkers, Thomas Aquinas in particular, called the three acts of the intellect. The

F. Volpi et al., Heidegger et l'idée de la phénoménologie. ISBN 90-247-3586-6.
© 1988, Kluwer Academic Publishers.

first act of the intellect is the simple act of apprehending the essence or *ousia* of a thing in an idea — what Aristotle calls *he ton adiaireton noesis* (*On the Soul*, G, 6, 430 a 27) — an idea which is expressible in a term, predicate, or category and concerning which there is no falsehood (*ouk esti to pseudos, ibid.*). Corresponding to this act of the intellect is Aristotle's book *The Categories*.

The second act of the intellect is the complex one of synthesizing a predicate with a subject (*synthesis noematon hosper hen onton* (430 a 27) in order to posit something about something (*ti kata tinos legein*). The resultant synthesis is expressible in a declarative sentence that may be either true or false (*kai to alethes kai to pseudos*). Corresponding to this second act of the intellect is Aristotle's treatment of the forms of declarative sentences, *On Hermeneia*.

The third act of the intellect is the act of discursive reasoning, the linking up of sentences with each other in syllogisms, whether deductive or inductive, in order to arrive at new opinions or beliefs. Deductive syllogisms are studied with regard to their form and with regard to their matter in, respectively, the *Prior Analytics* and the *Posterior Analytics*, and inductive reasoning is discussed in the *Topics* and in *Sophistical Refutations*.

II

In *On Hermeneia* Aristotle's concern with the question of truth (*aletheia*) is, at best, indirect and narrow. It is indirect insofar as the treatise is focused on the forms of sentences that make claims to truth or falsehood rather than on the nature of truth itself. And the concern with truth is narrow insofar as the treatise touches on only one kind of truth, what we may call, at some risk, scientific truth. Heidegger, on the other hand, is interested in the treatise only insofar as it can tell him something basic about "truth," both as an ontic condition (*aletheia* as *on hos alethes*) and as a human performance (*aletheuein* as a power of *psyche*). Since Heidegger's interpretation of the treatise is phenomenological in the broadest sense, his goal is to discover something about the givenness (*ousia/parousia*) of entities and about how human beings enact the givenness of entities. And to the degree that his interpretation is "deconstructive," he seeks to show that the performance of truth discussed in the treatise (namely, *apophansis*: propositional judging or asserting) is not the original performance of truth, and that the kind of truth that appears in such judgments is only one form of truth, in fact a derived one.

Heidegger finds in the Aristotelian corpus a hierarchy of enactments of *aletheia* (the givenness or disclosedness of things). The first and primary locus of the enactment of such givenness is entities themselves as selfgiving or autodisclosive (*on alethes*). That is, distinct from and even prior to human acts of co-performing the givenness of things, the very essence of entities is to appear; by nature they are phenomena. The second and derived locus of the enactment of the givenness of entities is the human essence taken as the power to co-perform that givenness (*a-letheuein*). But the primary mode of the human co-performance of givenness is not judgment but intuition, whether sensuous or noetic, because intuition presents its object immediately and without the possibility of falsehood. Sensuous intuition always aims at its proper object (*to idion*) and in that sense is always disclosive (*On the Soul*, G, 3, 427 b 11). Noetic intuition (cf. *Metaphysics* TH, 10) discloses its proper object by just "seeing" or "touching" (*thigein*) it. *Noesis* discovers and never covers over (*pseudesthai*); at worst it is not error but simply non-seeing (*agnoein*).

After intuition, both sensuous and noetic, comes *logos* as a mode of the human co-performance of the givenness of entities. But within *logos* Heidegger himself emphasizes the preverbal over the verbal functions, and within the preverbal he privileges the "practical" *logos*-virtues (*phronesis* and *techne*) over the "theoretical" (*nous, episteme, sophia*). In short, the result of Heidegger's re-reading of the enactment of givenness in the Aristotelian corpus is: (1) the location of the primary enactment of the givenness of entities within those entities themselves, in their very essence as self-givenness, and (2) the recognition of a hierarchy of modes of the secondary, human co-performance of givenness, namely, (2A) non-synthetic disclosure (noetic, sensuous), (2B) preverbal synthetic disclosure (practical, technical, intellectual), and (2C) verbal synthetic disclosure (the proposition or judgment: *logos apophantikos*).

For Heidegger, although apophantic statements certainly do co-perform the givenness of things, neither that performance nor the givenness that it achieves is original enough. Nonetheless, insofar as *some* modality of the givenness of entities is co-performed in a *logos apophantikos*, we should be able to find in the structure that underlies *apophansis* the clues to a more original — perhaps even *the* original — human co-performance of disclosedness.

For the early Heidegger the clue to any such discussion of *aletheuein* and *aletheia* remained the question of *logos*. In the opening pages of *Sein und Zeit* (hereinafter: *SZ*) he traces out the first steps of his approach to resolving the question about the essence of *ousia*, the meaning of the givenness of things:

> The problematic of Greek ontology (like any other ontology) must take its clues from existence [*Dasein*]. Both in ordinary and in phi-

losophical usage, [the Greeks] defined existence, the essence of man, as *zoion logon echon*, the living entity whose essence is essentially defined by the ability to speak. *Legein* is the clue to arriving at the essential structures of the entities we encounter in speech and discussion. (*GA* 2, 34 = *SZ* 25)

But Heidegger goes on to say that the *logos* which governs phenomenology in general and the phenomenology of human existence in particular "has the character of *hermeneuein*" (*SZ* 37) in the primordial sense of *Kundgebung* and *Auslegung*: communicating, spelling out, making manifest, i.e., *aletheuein* and (in a broad sense) *apophainesthai* (*SZ* 33). Hence the general direction of the early Heidegger's approach is set out: through *logos* as *hermeneia* to the co-performance of *ousia/aletheia*. Therefore, in our own efforts to penetrate to the core of Heidegger's analysis of *apophansis* in Aristotle, we shall take *hermeneia* as our clue.

III

The word *hermeneia* is widely used throughout Aristotle's works, and it has several meanings. Strangely enough, however, in the treatise *On Hermeneia*, where we might most expect it to be clarified, the word itself, apart from its appearance in the title, does not show up at all. Neither does the verb *hermeneuo*, the noun *hermeneutes*, or the adjective *hermeneutikos*. What, then, does *hermeneia* mean?

One might be tempted to think that *hermeneia* in Aristotle means "hermeneutics," that is, a second-order exegesis, explanation, or "translation" of such first-order activities as actions, declarations, or texts. Or, further, one might think *hermeneia* means the third-order activity of working out methodologies for such second-order explanations. In fact, at *SZ* 37-8 Heidegger does list these as two possible meanings of *Hermeneutik*. Concerning hermeneutics as a second-order activity he mentions "the analytic of the existentiality of existence," that is, for example, *SZ* itself. And concerning hermeneutics as a third-order activity, he mentions "working out the conditions on which the possibility of any ontological investigation depends," as well as "the methodology of the science of history."

But neither of these is the meaning of *hermeneia* in the treatise *On Hermeneia* or, for that matter, in any other treatise of Aristotle's. For one thing, there is not a word about exegesis, translation, interpretation, or methodology in the treatise *On Hermeneia*. For another, if these matters had been the subject of this treatise, its title most likely would have come down to us not as *Peri Hermeneias* but as *Peri hermeneutikes* (as an abbreviation of *Peri tes technes hermeneutikes*) and, in Latin, not as *De interpretatione* but as *De interpretativa* (= *De* [*arte*] *interpretativa*) or even as *De exegetica* (= *De* [*arte*] *exegetica*, from *Peri* [*tes technes*] *exegetikes*). Let us say, then, quite simply, that *On Hermeneia* is not about "hermeneutics" in the usual sense that term has today.

What, then, can we say positively about the meaning of *hermeneia* in the title and, implicitly, in the text of "*On Hermeneia*"? The noun *hermeneia* (or the verb *hermeneuo*) in Aristotle has a generic meaning and two specifications. Generically it means expression, manifestation, or communication (*semainein*). In increasingly determinate specification it can then mean: verbal *semainein*, called *lexis* or *dialectos*; and declarative verbal *semainein*, called *apophansis* or *logos apophantikos*. That is:

*hermeneia-*1 [*semainein*]:   self-expression or communication in any form;

*hermeneia-*2 [*legein*]:   self-expression or communication in discourse;

*hermeneia-*3 [*apophainesthai*]: self-expression or communication in declarative sentences.

This threefold meaning structures the introductory four sections of the treatise *On Hermeneia*. There Aristotle moves systematically from *semainein* in general, to *legein* as a particular form of *semainein*, to *logos apophantikos* as yet a further specification. The remainder of the treatise (sections 5-14) parses out the various forms of *apophansis*, but Heidegger almost never deals with those sections. Rather, he prefers to remain with the introduction, and his commentary generally retraces Aristotle's steps. But Heidegger's intention, of course, is to find out what judgment conceals. Therefore his interpretation, as a deconstruction and a retrieve, moves in the opposite direction: from judgment (*hermeneia-*3), to language in general (*hermeneia-*2), to the question of "sign" (*hermeneia-*1) — or better: from propositional truth, to the as-factor, to transcendence — in order then to step back to what we may term *hermeneia-*0, not as a higher genus than self-expression but rather as that which makes any and all forms of self-expression possible. *Hermeneia-*0 is what Heidegger in 1925 called "[*das*] *schon verstehende Sichbewegen*" of human existence, the movement of authentic temporality, which is the meaning of transcendence: "*eine eigentümliche Bewegung...*, *die das Dasein selbst ständig macht*" (*GA* 21, 146f.). Heidegger's overarching purpose is, as he says at *SZ* 166, to show that the theory of meaning (*Bedeutungslehre*) is rooted in the ontology of human existence.

We now take up the three meanings of *hermeneia* in Aristotle, and we link them up at each stage with Heidegger's interpretation.

IV

Hermeneia-1, the broadest and most general sense of the term in Aristotle, means to make manifest and therefore understandable, hence to communicate. In this broadest sense *hermeneia* need not be communication in sound (it could be by a gesture of the hand or the raising of an eyebrow); and if it is in sound, it need not be in the articulate sounds of human language (it could be the roar of a lion or the chirping of a cricket). *Hermeneia*-1 means the same as *semainein* in the basic sense of indicating something to another (*ti deloun, On Hermeneia*, 17 a 18), with the overtones of both intelligibility and sociality. This basic meaning perdures (granted, with a very different root) in the Latin word *interpretari*. The verb root *pretari* (which does not exist independently in Latin but only with the prefix *inter*, "among") goes back to the Sanskrit *prath*: to spread out and thus to make flat or plain. *Prath* underlies such Greek words as *platus* (broad), *platos* (extension), and *plateia* (open space, plaza, piazza). The connotation of *interpretari* is: to lay out in the clear (*cf.* the etymology of the English word "ex-plain": to flatten out, make plain, make clear).

For Aristotle *hermeneia*-1, the power of *semainein*, extends even to animals. In *The Parts of Animals* he says that birds, when they sing, use their tongues *pros hermeneian allelois*: for the purpose of communicating to one another (B, 17, 66 a 35). And in the *Politics* he notes that the sounds animals make are a sign (*semeion*) of their sorrow and pleasure and that animals use their voices to communicate these feelings to each other (*tauta semainein allelois*; A, 1, 1253 a 8 ff.).

The condition for the possibility of *hermeneia* in this most basic sense of communication is only that an entity be *empsychon* at least at the animal level and therefore have the possibility of revelatory openness to other entities in *pathos* and *phantasia*, that is, that it have, to some extent, world. And that which is communicated in *hermeneia*-1 is *what* an entity has of world and *how* it has world at all. *Hermeneia*-1 communicates *pathemata* (Latin, *affectus*), not, however, as "mental representations" of the world. Rather, it communicates the content and form of its having of world. If we may invent a phrase, *hermeneia*-1 communicates *to on echomenon* in the double sense of the entity that is had and the mode of the having of the entity. This usage is consonant with Heidegger's interpretation of *ousia* as the "had-ness" of the entities one has, and

I introduce it in order to undercut the notion that *pathemata* are "interior states" that one discovers by supposedly looking "inside" in some kind of introspection. If there is any "interiority" here at all, it lies entirely in the opposite direction. The supposed interiority of *psyche* is its exteriority or openness to the other. The nature of *pathos* is such openness, such having-of-world, and if there is a difference between the ways animals and human beings have world, that difference is interior to *pathos* itself. Human beings have a unique way of living otherness, not because they can supposedly withdraw into some form of interiority where impressions are processed. Rather, human *psyche*, for all its asymptotic self-presence, is even more exteriorized, more *pathetike*, than is the animal's, for the human being, in knowing the other as this or that, knows it *as other* and, even more, knows itself as the locus of the as-factor that registers such otherness.

To anticipate for a moment: We have used the general term *to on echomenon* to characterize the content of any *pathos*, whether animal or human; but the specific and proper content of human *psyche* is *to on legomenon*. This is a difficult phrase in Aristotle; and the difficulty is enhanced by the fact that the Latins sometimes translated it as *ens rationis*, with overtones of a "mental entity" as a representation or image of an *ens naturae*. Heidegger, however, interprets *on legomenon* as an entity considered insofar as it is within *logos* — in the most formal terms, a phenomenologically reduced entity, an "innerworldly entity" already bound up with human projects, questions, doubts, illuminations. *On legomenon* points outside, to the human eye that sees, to the hand that grasps, to the social world of human intercourse, to the future where we live in our possibilities.

But Aristotle seems to give a contrary impression when, in speaking of *hermeneia*-2 (human speech) at the beginning of *On Hermeneia*, he says that words are *semeia* of *pathemata* in the *psyche*, just as *pathemata* are *homoiomata* of *pragmata* in the world. But for Heidegger, this is not a theory of mental representations. Rather, *psyche* always comports having-world in some way or another, even in the animal way. For human beings the specific form of *psyche*, namely, *Faktizität* and *Befindlichkeit*, comports being-in-the-world. Therefore, the *pathemata* that are communicated in words are the moments of the human being's affects in the world (both that which affects and the being-affected itself) but never "ideas" as mental images.

Moreover, according to Heidegger, the *homoiosis* of *pathemata* and *pragmata* has to do with the incorporation of entities into the world of human purposes and projects, such that the *Woraufhin* of entities is the same as the *Worin* of human existence (*SZ* 86). This is Heidegger's interpretation of the Aristotelian dictum that in knowledge the knower and the known are identical in act (*to auto kat' energeian*: *On the Soul*, G, 5, 430 a 20 and 7, 431 a 1). In other words, the import of Heidegger's interpretation of *semainein*, especially at the human level, lies in its re-reading of the semantic character of signs. "Signs," Heidegger writes, "always indicate primarily 'wherein' one lives, where one's concern dwells, what sort of involvement there is with something" (*SZ* 80). Thus words are signs not of mental images but of being-in-the-world.

V

The second and narrower sense of *hermeneia* is in fact the one that Aristotle privileges throughout his work: articulated *linguistic* self-expression and communication. In *On Sophistical Refutations* 4, 166 b 11, 15, Aristotle describes *hermeneia*-2 as *ti tei lexei semainein*: to indicate or express something in speech, *lexis* (the Latin *locutio*), for which Aristotle uses equally the word *dialektos* (Latin, *articulatio*). If the first meaning of *hermeneia* focused our attention on the key term *semainein*, this second meaning calls our attention to the word *logos*. That is to say, whereas *hermeneia*-1 was a possibility of any entity that had an animal *psyche* with *pathos* and *phantasia, hermeneia*-2 belongs only to *to zoion to ton logon echon.* Or to reverse the proposition, human nature may be defined as a specific form of *hermeneia*: The genus of man is *pathos*, and his specific difference is the power of *logos*. This means, finally, that man is the *pathos* that can speak, indeed that can speak itself *as pathos*: beyond itself, othered, decentered. Which is another way of saying that *Dasein* can have a conscience.

Before it indicates speech or word or the faculty of discursive thinking, *logos* means a relation or bond between two things. The basic meaning of *legein* is to collect or gather (*cf. karpologos*, a fruitpicker, or in Aristophanes, *andres korpologoi*, dung-collectors ["Peace," 9]). But *legein* means not only to collect or synthesize into a unity but also to bring forth the synthesized, in its unity, for understanding (*GA* 9, 279). In Fragment 93 Heraclitus says that the Lord Apollo, whose oracle is at Delphi, *oute legei, oute kryptei....* The parallelism of *legein* and *kryptein* shows that *legein* means the *disclosure* (un-hiding) of what has been gathered together. *Logos*: synthetic disclosure, and for that reason disclosure that can take the form of speech, where nouns and verbs are synthesized for the purpose of expressing one's *pathos*, one's disclosive submission to the world.

Aristotle holds, as we have seen, that animals are capable of some degree of *semainein*: they too can give something forth to be "understood" by another. That is, even the inarticulate noises of animals (*agrammatoi psophoi*, *On Hermeneia*, 16 a 28; *cf. The History of Animals*, 400 a 33) can be *phonai semantikai*. But what is it that separates such "indicative voicings" from meaningful nouns, verbs, and sentences? What is the difference between a *pathos* that can merely express itself and a *pathos* that can actually speak?

What differentiates human beings from animals lies the changed character of the *semainein* and, deeper still, of the *pathos*. *Pathos* in the undifferentiated sense is world-openness. It is the first condition of animal *psyche*: the ability to have the world appear to one (*cf. meta phantasias*: *On the Soul* B 8, 420 b 33) or, as Heidegger puts it, to be captured by the world (*GA* 29-30, 344 ff.). But in discussing the kind of *semainein* that distinguishes human being, Aristotle in the second section of *On Hermeneia* uses two words that Heidegger takes as clues to the condition of the possibility of language:

(1) *Syntheke*: Aristotle says that, whereas some animals are capable of indicating their *pathe* in sound, those *phonai* are *semantikai* by nature (*physei*, 16 a 27) and as an instrument (*organon*, 17 a 1) of nature. However, a human sound such as a noun or verb signifies by convention or consensus (*semantike kata syntheken*, 16 a 19 and 27).

(2) *Symbolon*: Just after the second usage of *kata syntheken*, and as if in apposition to it and in contrast to signification by nature, Aristotle states the condition of the possibility of such convention or coming-together: Sounds become words *hotan genetai symbolon* (16 a 28). Here is the key phrase that Heidegger takes as delineating the specific nature of human *pathos* and the birth of human *semainein*. Human nature is born only when *symbolon* emerges.

In ordinary fifth-century usage *a symbolon* referred to each of the two halves of an object — originally a knucklebone or vertebratum, later other objects such as rings — that two parties to an agreement (= *symbole*) had broken between them, each party keeping one piece as proof of identification. In that case, *symbalein* meant to put the two pieces together to consummate the contract; and in general it meant to unite or synthesize, even to collect, like *legein*. Here in Aristotle's text Heidegger translates *symbolon* — taken as the ground of *syntheke* — to mean: the state of being held together (*Zusammengehaltenwerden*) such that meaning (*Meinen*) and agreement (*Übereinkommen*) come about.

> Man, by his very nature, holds himself together with something else insofar as he relates to another entity and, on the basis of this relation to the other, can intend this other as such. (*GA* 29-30, 446)

and:

> What Aristotle saw under the rubric of *symbolon* — what he saw
> darkly and approximately and without giving any explanation, but
> with the insight of a genius — is nothing other than what today we
> call *transcendence*. Speech happens only in an entity that, by its very
> nature, *transcends*. That is the meaning of the Aristotelian thesis: A
> *logos* is *kata syntheken* [17 a 1f.]. (*Ibid.*, 447)

According to Heidegger, it is to the complex happening of *symbolon* as
transcendence that the conventional words of a language accrue (rather
than physical sounds getting "invested" with intelligible meaning); and it
is this transcendence, one's being-in-the-world, that the words express.
Moreover, the specific words are not only established by agreement but
also are ordered to effect agreement. Thus at 16 b 20f. Aristotle adds,
almost in passing, a phrase that illumines the teleology of language: *His-
tesi gar ho legon ten dianoian, kai ho akousas eremesen*: The speaker
brings his discursive powers to rest (in the word with its power of signification), and the listener agrees. *Symbolon* as transcendence not only
underlies the whole realm of *syntheke* — social agreement and convention — but in fact exists to effect it.

This particular dimension of sociality is borne out as well by Aristotle's
insistence that *hermeneia*-2 is not a matter of natural necessity but of
well-being, the good-for-man (*he d'hermeneia heneka tou eu: On the
Soul*, B 8, 420 b 20). The range of *logos*, and therefore of *hermeneia*-2,
is vast, and Aristotle implies that the field of its purposefulness extends,
like sensation, as wide as does *to eu* (*On Sense*, 437 a 1). The multiplicity of living forms of *logos* (for example, the various forms of persuasion)
and not just of *logos* as assertion, was dealt with in Aristotle's *Rhetoric*
(*cf.* 17 a 5f.), which Heidegger reads as a treatise on the sociality of
Dasein qua transcendence:

> Aristotle investigates the *pathe* in the second book of his *Rhetoric*.
> Contrary to the traditional approach to rhetoric, which conceives of
> it as an academic discipline, Aristotle's *Rhetoric* must be understood
> as the first systematic hermeneutic of everyday social existence. (*SZ*
> 138)

VI

There is in *On Hermeneia* a decisive narrowing of *logos* and *hermeneia*
in the direction of one privileged form of expression and disclosure:
apophansis. This is the meaning of *hermeneia*-3, and it takes the form of
asserting an opinion about a state of affairs with the possibility that the

claim may or may not be correct. Aristotle calls that kind of sentence a *logos apophantikos*, a declarative sentence (17 a 1-3). This is the exact meaning of the title of Aristotle's treatise: *Peri Hermeneias* means *Peri Logou Apophantikou*: Concerning (the forms of) declarative sentences.

What kind of showing or *apophansis* is operative in a *logos apophantikos*? In a rough kind of literalism *apo-phansis* means "showing-from," like the Latin "*de-monstratio*," and in fact *apophanesthai* can have the broad and neutral meaning of "to show."

But the specificity of *apophansis* as it is used on *On Hermeneia* lies in the *apo-*. Any *logos* (sentence), insofar as it is meaningful, puts forth a synthesis of *pathemata* for consideration and, in that sense, shows (expresses, communicates) something in speech. In considering *hermeneia-2* we saw this kind of showing to be the general characteristic of any *lexis* at all, and it is operative even in, for example, the prayer "Please save me" or the wish "Would that I were king." But a *logos apophantikos* does more. The very structure of a declarative sentence expresses the claim that it is showing that which is being alleged *just as* it is in reality. Of course the claim is, in a Husserlian sense, an "empty" one that has the possibility of being fulfilled or not, supposedly by a check of reality. But in *On Hermeneia* Aristotle does not consider how one might check it out. Which is to say that *On Hermeneia* considers only the form or forms of declarative sentences along with their empty claims to truth and the very real possibility that they will be shown to be false.

Insofar as we are dealing only with the *form* of the declarative sentence, we are being directed into the knotty issue of the relationship of the subject and the verb of the sentence and specifically into the grammatological question of the mode or mood (*egklisis*, "inclination"; Latin, *modus*) of the verb, expressed in its conjugated form. We cannot go into that here except to note that the main focus of *On Hermeneia* is on the one particular verb-mode of the indicative, what the later Greeks called *he horistike egklisis*, the form of the verb that expreses the intention to determine (*horizein*) things, i.e., to present them as they are, within their *horos*. (The Latins called this mode by a number of names: *indicativus, pronuntiativus, definitivus, finitivus*). Heidegger himself implicitly expresses the formal intention of *apophansis* taken in this sense when, in "What is Metaphysics?", he defines the attitude of scientific research:

> ...[I]t gives the subject-matter itself — explicitly and solely — the first and last word. This dedication to the subject-matter in questioning, defining, and grounding entails a peculiarly delimited submission to entities themselves, in order that these entities might reveal themselves. (*GA* 9, 104)

In *On Hermeneia* Aristotle is interested only in statements directed to *pragmata*, sentences that appeal to the listener to give consent to the asserted content because of the nature of *to pragma auto* as it evidences itself, and not because one's feelings have been swayed by the eloquence of an orator or the beauty of a poem or the exigencies of religious convictions. That is why Aristotle in *On Hermeneia* focuses his attention on declarative sentences in the indicative mood.

How, then, does a *logos apophantikos* show a *pragma*? What structure allows the showing to take place? The peculiarity of apophantic sentences (and for this reason they cannot be the primary co-performance of disclosure) is not that they can be true, but that they can be either false or true. The falsifiability of the truth-claim of apophantic sentences is the crucial point. An apophantic sentence has a specific claim-character. Not only does the sentence catch the listener's attention, as Aristotle says (16 b 20 f.) and call upon him to assent. Rather, it also makes the claim that *what* it is giving the listener to think about is in reality as it is presented in speech. Apophantic sentences are those that present a state of affairs as being true or false, whether or not the state of affairs is in fact the way the sentence presents it.

Aquinas puts this succinctly in the Prooemium to his commentary on the *Peri Hermeneias. Interpretatio* in the real and full sense, he says, is not a matter simply of verbally proposing something for consideration (Boethius' *vox...quae per se aliquid significat*) but rather entails proposing something as true or false ([*exponere*] *aliquid esse verum vel falsum*). The real interpreter is one who makes a claim for what he shows. The claim could be correct or incorrect (in which case the interpreter, as interpreter, would be right or wrong). But in either case, what constitutes the possibility of correct *hermeneia* is the same as what constitutes the possibility of incorrect *hermeneia*: the structure of composing and dividing (*synthesis, diairesis*). Aristotle says that falsehood (and therefore truth in the narrow sense of correctness) is possible only where there is *synthesis*, and he adds that *synthesis* in itself is also a *diairesis* (*On the Soul*, G 5, 430 b 1 ff.). It is not the case that affirmative judgments compose the subject and the predicate, whereas negative judgments divide them. Rather, composition and division both occur in every judgment, whether affirmative or negative, whether true or false. Hence, *synthesis* and *diairesis* are two names for a single bivalent phenomenon. The unity of *synthesis* and *diairesis*, whatever that might be, is the condition for the possibility of both correct and incorrect *hermeneia*.

That is, in *apophansis* I assert something about something (*ti kata tinos legein*). I perform an explicit act of synthesis in that I predicate a quality of the subject matter or simply the existence or non-existence of it. Of course, in the very act of predicative synthesis I also perform the distinction between the predicate and the subject. In the most obvious example, "Socrates is human," I certainly synthesize "Socrates" and "humanness," but in the very act of synthesizing ("Socrates is *one* human being") I recognize that humanness is not exhausted in Socrates but is repeatable in a potential infinity of other subjects, and thus, without separating them, I keep the subject and predicate distinct. The unity of the bivalence of showing-[S and P]-as-belonging-together and showing-them-as-distinct (*synthesis* and *diairesis*) is what Heidegger designates the unified as-structure.

Once Heidegger had moved back from *apophansis* to its root in the bivalent apophantic as, the door was open for him to shift the discourse one step deeper to the hermeneutical as. The strategy that comes to the fore in *SZ* is clear, and I need not belabor it here. Briefly: To know an entity in the practical mode of comportment entails knowing that entity as for such and such a purpose. Indeed, the "as-for" dimension (*Wozu*) is what is priorly known when one knows an entity. That is, one can get involved with an entity only by being already beyond it, only by having already understood it as being for something. This primordial, unthematic, prepredicative understanding of an entity's practical essence (its "what-it-is-for-ness") is what Heidegger called the "hermeneutical as." It is evidenced in the fore-having of a usable entity; it can be explicated in praxis, without assertions. But it is also the underlying structure that ultimately makes possible assertoric composition of a subject with its logically distinguishable predicate: *synthesis* and *diairesis*. To synthesize is to distinguish, and the assertoric synthesis-distinction (the "apophantic as" operative in *hermeneia*-3) rests on the prepredicative synthesis-distinction of entities and their practical essence; and for Heidegger that composition and division is performed on the basis of the original (i.e., the hermeneutical) as.

This unified as-structure, rooted in praxis, that Heidegger retrieved from Aristotle's discussion of *hermeneia* led to the issues of transcendence and ultimately temporality. Heidegger interpreted man, insofar as he already knows the beingness-dimension of entities, as transcendence, i.e., as being already beyond entities and disclosive of the possibilities in terms of which entities can be understood. This kinetic exceeding of entities he called man's *Immer-schon-vorweg-sein*, his condition of being "always already ahead" of entities. This movement is the co-performance of disclosure in humanly primordial sense, and it corresponds to the *diairesis*-moment of the hermeneutical as. In the oral version of his course *Die Grundbegriffe der Metaphysik* (February 27, 1930) Heidegger said that *diairesis*, seen as man's transcendence, "pulls him asunder, as it were, and grants him a stretching-ahead, takes him away into the possible...." But at the same time man returns *from* that transcendence *to* entities so as to know them in terms of possibility, i.e., "so as to allow the possible — as what empowers the actual — to speak back to the actual in a binding way..., binding or bonding it: *synthesis.*" Clearly the unity of *diairesis* as transcendence to the essence of beings and *synthesis* as the return to beings in their essence points to the kinetic structure that grounds the hermeneutical as, just as the hermeneutical as in turn makes possible the truth and falsehood of Aristotle's *hermeneia*-3.

JEAN-FRANÇOIS COURTINE

Le préconcept de la phénoménologie et de la problématique de la vérité dans *Sein und Zeit*

Pour Heidegger, l'ouverture de la dimension phénoménologique du penser implique, dès les années de Marbourg, une appropriation, mais aussi une critique radicale de l'idée husserlienne de phénoménologie telle qu'elle se déploie comme idéalisme transcendantal avec les *Ideen*. C'est cette critique, dont nous pouvons lire maintenant les attendus dans le tome 20 de la *Gesamtausgabe*[1], qui, en reconduisant la phénoménologie à sa possibilité, cesse d'en faire une tendance pour la déterminer comme "la changeante et par là demeurante possibilité de penser, c'est-à-dire de répondre en son temps à ce qui est à penser"[2]. Sans revenir ici sur le détail de cette critique *et* de cette radicalisation, nous étudierons plus précisément comment dans *Sein und Zeit* s'élabore le concept "heideggerien" de phénoménologie.

Dans l'introduction rédigée en 1949 pour accompagner la 7e édition de sa leçon inaugurale *Was ist Metaphysik?*, Heidegger demandait: "Vers quoi et à partir d'où et dans quelle libre dimension l'intentionnalité de la conscience trouverait-elle à se déployer, si l'homme ne se tenait déjà ekstatiquement ouvert à l'Ouvert de l'être?"[3] Une telle question, où se rassemble la critique formulée bien plus tôt par Heidegger à l'encontre de la thématisation husserlienne de l'intentionnalité[4], était déjà sous-jacente à toute l'entreprise de *Sein und Zeit*, même s'il convient de préciser aussitôt qu'une telle formulation — rétrospective — de la question initiale masque aussi le chemin effectivement parcouru en près de vingt-cinq ans. Ce qui a changé en effet, de 1927 à 1949, ce n'est pas tant l'interprétation de l'ekstase ou de l'ekstatique que celle de l'ouvert lui-même, de l'apérité de l'être. Dans ce cheminement, comme le disait Jean Beaufret, tout tourne autour de l'ἀλήθεια. Telle serait la proposition que nous voudrions ici mettre à l'épreuve.

Peut-on soutenir légitimement, en parlant précisément de *Sein und Zeit*, que tout y tourne déjà autour de l'entente de plus en plus déliée de ce terme devenu directeur? Soit encore, formulée en d'autres termes la

F. Volpi et al., Heidegger et l'idée de la phénoménologie. ISBN 90-247-3586-6.
© 1988, Kluwer Academic Publishers.

même interrogation : Comment comprendre cette remarque de Heidegger, dans le *Parmenides* (*GA* 54, p. 42) : "*Sein und Zeit* représente la première tentative pour penser l'être à partir de l'expérience fondamentale que l'être demeure dans l'oubli..."? Chacun a naturellement présent à l'esprit la première ligne du *paragraphe* un de *Sein und Zeit* : "La question [*sc.* la *Seinsfrage*] est aujourd'hui tombée dans l'oubli." Gérard Granel soulignera justement — dans une remarque qui porte précisément sur la traduction, c'est-à-dire qui explicite à fond ce qui se dit — que, dans l'oubli, la question l'est d'une certaine façon dès toujours, depuis toujours, puisque, si c'est "à partir de Platon et d'Aristote" que la question entre dans l'oubli, c'est aussi "en eux et à travers eux"[5].

Mais qu'en est-il au juste, dans la perspective de *Sein und Zeit*, de l'oubli dans lequel a sombré la question de l'être? Pourquoi cette question a-t-elle été jusqu'ici — y compris dans la phénoménologie husserlienne — "chômée", "manquée" ou "négligée"[6]? Le principe d'une première réponse, déjà formulée dans le cours de 1925, et qui constitue un motif directeur de *Sein und Zeit*, est fournie par le concept (problématique) de *Verfallen*, "déchéance" ou mieux "chéance"[7]. Dans les *Prolegomena*, c'est en effet le *Verfallen* qui est chargé d'expliquer, en dernière instance, la faillite de l'entreprise husserlienne, imputable à deux "omissions" majeures : l'omission de la question de l'être comme tel et l'omission de la question en direction de l'être de l'intentionnel. Ce ne sont pas là, note Heidegger, "des négligences fortuites à mettre au compte des philosophes, mais c'est bien plutôt l'histoire (*Geschichte*) de notre être-là lui-même qui se révèle à travers de telles omissions. L'histoire non pas interprétée comme l'ensemble des événements officiels, mais l'histoire en tant que mode d'avenir (*Geschehensart*) de l'*être-là* lui-même. Ce qui signifie que l'être-là, dans le mode d'être de la chéance (*Verfallen*) — mode d'être auquel il ne saurait échapper — n'accède précisément à son être que s'il s'insurge contre celle-ci" (*GA* 20, pp. 179-180).

Laissons pour le moment en suspens la question de savoir si ce concept de *Verfallen*, si décisif soit-il quant à la détermination du mode d'être du *Dasein*, suffit à nous ouvrir un accès à la problématique de l'oubli de l'être, pour marquer d'abord plus nettement le trait phénoménologique de la question qui s'enquiert du sens de l'être. Dans le débat mené par Heidegger avec et contre Husserl, le point crucial concerne d'emblée la détermination de ce qui constitue proprement l'affaire (*Sache*) de la phénoménologie, ou encore l'interprétation rigoureuse et conséquente de sa maxime directrice (*zu den Sachen selbst*)[8]. Si la critique que Heidegger dirige contre Husserl dans les années où s'élabore le projet même de *Sein und Zeit*, peut être radicale, c'est parce que et dans la mesure où elle est menée *au nom de la phénoménologie*, compte tenu de la tâche qui lui

revient en propre, et avec le souci de la stricte fidélité à cette maxime
énoncée pour la première fois dans les *Recherches Logiques*[9]. C'est d'ailleurs pourquoi Heidegger, parvenu à la limite extrême de chacune de ses
démarches de démantèlement critique, pourra (devra) toujours reconnaître à la fin (c'est là une loi qui régit encore l'économie complexe du
paragraphe 7 de *Sein und Zeit*, y compris sa note finale): "Tout ceci
n'empêche évidemment pas que nous soyons les élèves de Husserl et
devions le rester"[10].

Si la phénoménologie husserlienne n'est pas assez radicale, c'est parce
qu'elle n'est pas assez phénoménologique, oublieuse de sa propre maxime
directrice à laquelle Husserl substituera dès 1913 un tout autre principe,
le "principe de tous les principes" (*Ideen*, § 24), "principe de l'évidence". La phénoménologie, avec Husserl, a établi comme son champ d'investigation privilégié l'intentionnel, mais sans jamais pourtant s'interroger à neuf sur la question de l'être de l'intentionnel. En effet, non seulement la détermination husserlienne de la conscience comme être-absolu,
au sens de l'*absolute Gegebenheit* (*Ideen*, §§ 44-46), fait l'impasse sur la
question de savoir "ce que signifie ici être", ce que signifie "être absolu"
(*GA* 20, p. 140), mais encore elle oblitère complètement la question qui,
à la vérité, ne peut plus se poser dès lors que Husserl a d'emblée réglé sa
démarche et son investigation phénoménologiques sur une idée préalable : l'idée philosophique moderne (cartésienne) de science absolue, pour
laquelle la conscience doit précisément constituer l'objet privilégié: "La
question primordiale pour Husserl n'est pas du tout celle du caractère
d'être de la conscience; ce qui le guide plutôt, c'est cette réflexion, cette
interrogation : comment la conscience peut-elle en général devenir l'objet
d'une science absolue? Ce qui est primordial et directeur, c'est l'idée de
science absolue. Cette idée que la conscience doit être région d'une science absolue n'est pas inventée de toutes pièces, mais c'est l'idée dont se
préoccupe la philosophie moderne depuis Descartes". Heidegger en tire
cette conclusion décisive que l'élaboration et la mise en évidence de la
conscience pure comme champ thématique de la phénoménologie, loin
d'être conquis phénoménologiquement par un retour aux choses elles-
mêmes, demeurent "fonction d'une idée traditionnelle de la philosophie"
(*GA* 20, p. 147).

C'est d'abord parce qu'il remet en cause cette subordination de la phénoménologie à l'idée cartésienne de science absolue — et donc de science
de la conscience dans son irrécusable présence à soi — que Heidegger
repousse l'interprétation husserlienne de la réduction (*GA* 20, p. 151)[11].
La critique est ici fondée précisément sur le fait qu'aux yeux de Heidegger, l'*épochè* husserlienne "se défait [se prive méthodiquement] du sol sur
lequel seulement la question de l'être de l'intentionnel pourrait être éla-

borée. "L'analytique du *Dasein* — on le sait — est destinée justement à fournir un tel sol : c'est elle en effet qui, en définissant l'être-là comme être-au-monde, permet de correspondre à la question de l'être de l'intentionnel. "Si l'intentionnel doit être interrogé quant à son mode d'être, il faut alors que l'étant qui est intentionnel soit originairement donné, c'est-à-dire expérimenté quant à sa manière d'être (*in seiner Weise zu sein*). Le rapport ontologique originaire (*Seinsverhältnis*) à l'étant qui est intentionnel doit d'abord être conquis" (*GA*, 20, p. 152). C'est donc à partir de la détermination husserlienne de la phénoménologie, mais en tenant compte de l'omission fondamentale dont elle souffre en n'élucidant pas plus avant "le comportement intentionnel et tout ce qu'il implique", que la question de l'être s'impose phénoménologiquement comme question de l'être de l'intentionnel et question du sens de l'être en général. "La question de l'être n'est pas fortuite, ce n'est pas simplement une question susceptible d'être envisagée parmi d'autres, mais c'est la question la plus urgente, et cela au sens le plus propre de la phénoménologie elle-même" (*GA*, 20, p. 158). Au fond, le seul reproche véritablement décisif formulé par Heidegger contre Husserl, c'est de n'être pas assez phénoménologue et de déterminer à l'encontre du principe même de la phénoménologie le thème qui lui appartient légitimement en propre comme son authentique point de départ : l'intentionnalité. "La phénoménologie — enseignait alors Heidegger — est donc, pour ce qui est de la tâche fondamentale de déterminer son champ le plus propre, non-phénoménologique, autrement dit prétendument phénoménologique!" (*GA*, 20, p. 158).

*
* *

L'arrière-plan que constitue le débat soutenu avec Husserl durant les années de Marbourg, nous permet aujourd'hui de situer beaucoup plus précisément le "coup d'envoi" phénoménologique de *Sein und Zeit* : si la question phénoménologique fondamentale — celle qui tire toutes les conséquences de l'entreprise husserlienne ou mieux de la "percée" des *Recherches Logiques* — est celle de savoir "ce que signifie être", s'il importe d'abord "d'élaborer ce phénomène "être" qui précède à titre d'élément déterminant toute enquête ontologique"[12], alors s'ouvre à nous la possibilité de relire l'*Hauptwerk* de 27 selon son versant phénoménologique. Qu'en est-il du "phénomène 'être'" ("*dieses Phänomen 'Sein'*")? demandait Heidegger en 1925. Quelle est la phénoménalité propre de l'être, comment l'être se phénoménalise-t-il? Est-ce là, demandera-t-on, une simple façon de parler, une formule approximative qui sacrifierait surtout au jargon propre à l'école phénoménologique? Dans *Sein und Zeit*, il est bien question aussi du phénomène du monde, du phénomène de l'angoisse, du souci, etc.! Mais suffit-il de souligner ainsi l'ambiguïté, le caractère équivoque de l'expression ou faut-il au contraire reconnaître un droit entier et privilégié à l'être d'être dit *phénomène*? Mais alors en quel sens apparemment singulier faut-il entendre emphatiquement le mot *Phänomen*?

A vrai dire, pour tenter de répondre assez précisément à ces questions formulées trop abruptement, il conviendrait de réexaminer la manière dont s'amorce concrètement la *Seinsfrage* dans le chapitre introductif de *Sein und Zeit* et de suivre pas à pas le mouvement de la *Fragestellung* en s'attachant au *dispositif* formel de la question et de sa *position*[13]; nous nous bornerons ici à examiner les déclarations expresses de Heidegger, plutôt que sa démarche effective, en nous limitant à l'élaboration du concept strictement phénoménologique de phénomène.

Comment se définit le concept heideggérien de phénomène par opposition au concept husserlien? — Le paragraphe 7 de *Sein und Zeit* est certes bien connu, et il a été surcommenté. Il faut cependant y revenir un moment parce que c'est lui, avec le paragraphe 9 des *Prolegomena* ("*Die Klärung des Namens 'Phänomenologie'*"), qui met en lumière, surtout si on le replace dans l'économie de l'Introduction, la nouveauté et la portée de l'interprétation heideggérienne de la phénoménalité. Même si, ou mieux parce que Heidegger, dans ce paragraphe, détermine d'abord la phénoménologie comme *Methodenbegriff*, il faut se garder de voir dans ce texte un développement essentiellement méthodologique, susceptible d'être séparé sans grand dommage du mouvement d'ensemble de l'ouvrage[14]. Certes le mot "phénoménologie" ne doit pas s'entendre au sens de ces expressions composées qui, telles la théologie, l'ontologie, la sociologie, etc., caractérisent d'emblée l'objet d'une recherche particulière et prédéterminent le contenu ou la réalité (*Sachhaltigkeit*) d'une région, d'un domaine d'objets. Prise en effet à ce niveau de généralité, comme science des phénomènes, la phénoménologie pourrait désigner toute recherche scientifique, s'il est vrai que, en se réglant sur la signification vulgaire du concept de phénomène, on peut légitimement qualifier de phénoménologique "toute recherche qui met en lumière l'étant tel qu'il se montre de lui-même" (*SZ*, p. 35). Ce qui spécifie donc, contre l'acception vulgaire, la phénoménologie comme "concept de méthode" — et en vue précisément de mettre en œuvre une "méthode directe de monstration et de légitimation" —, c'est bien d'abord la thématisation expresse de la recherche, de sa modalité, de sa "procédure", mais si l'attention privilégie ainsi la problématique "formelle" de la démarche, du cheminement, de l'accès (*Ausgang, Durchgang, Zugang*), c'est en réalité toujours parce que la question directrice est celle — non méthodologique — de la phénoménalité en général.

Certes, dans *Sein und Zeit*, l'élucidation se présente d'abord comme purement terminologique (*cf.* aussi *GA*, 20, § 9), dans la mesure où Heidegger interroge le mot même de phénoménologie dont il analyse les éléments constitutifs. Mais ce n'est là qu'un premier plan qui risque de masquer le caractère singulier du mouvement de penser de ce paragraphe qui ne ressort que si l'on s'avise que le mot à expliquer parle grec et qu'il s'agit d'abord et avant tout — cercle phénoménologique, si l'on veut — d'apprendre à entendre ce qu'il dit d'une oreille grecque. Un témoignage tardif de Heidegger est particulièrement clair sur ce point: "L'expérience directe de la phénoménologie acquise au cours d'entretiens avec Husserl permit au concept de phénoménologie de se forger, tel qu'il est présenté dans l'introduction de *Sein und Zeit* (§ 7). Ici la référence aux paroles fondamentales de la langue grecque interprétées dans ce contexte (λόγος = rendre manifeste, φαίνεσθαι = se montrer) joua un rôle déterminant" (*Qu IV*, p. 181). En effet, se mettre à l'écoute du grec, c'est déjà pour Heidegger s'engager *phénoménologiquement* dans l'affaire de la phénoménologie. C'est ici que nous entrons dans le cercle: l'attitude fondamentale qu'est la phénoménologie permet de reconquérir une interprétation plus originaire des mots grecs directeurs pour toute la philosophie, tandis qu'en retour l'écoute toujours plus insistante de ce que dit le grec permet de radicaliser la démarche et le concept de la phénoménologie. En 1955, à Cerisy, Heidegger éclairait en ces termes ce qui avait d'abord pu passer pour une analyse linguistique assez scolaire: "Le mot grec, c'est en tant que mot grec qu'il est un chemin... Dans le cas de la langue grecque, ce qui est dit en elle est en même temps, d'une manière privilégiée, ce que le dit appelle par son nom... De par le mot entendu d'une oreille grecque, nous sommes déjà directement en présence de la chose même, là devant nous" (*Qu II*, p. 20).

Quels sont les mots grecs directement interrogés, sollicités par Heidegger pour élucider "phénoménologiquement" le terme même de phénoménologie? Quelle est, à l'arrière-plan, la fonction du concept d'ἀλήθεια?

Le phénomène de la phénoménologie se laisse d'abord élucider à partir du grec φαινόμενον, pris lui-même comme synonyme de τὸ ὄν: ce qui se montre de soi-même, en soi-même, à même soi-même. Ce qui montre: soi. Voilà une détermination encore formelle certes, mais cependant décisive, puique c'est à partir de ce sens premier de l'auto-monstration que les autres concepts, en réalité dérivés, de la manifestation se laissent interpréter ou réinterpréter. Le retour au grec, à la faveur de l'opposition entre le φαινόμενον et le φαινόμενον ἀγαθόν, par exemple, permet ou impose en outre une première distinction, celle du phénomène et de l'apparence (*Phänomen — Schein*). Si le phénomène est en effet défini d'emblée comme "ce qui se montre de soi-même", il faut pourtant toujours garder présente à l'esprit "cette posssibilité remarquable que l'étant se montre comme ce qu'il n'est justement pas" (*GA 20*, § 9). Ce qui en vérité est ici tout à fait digne de remarque, c'est précisément que l'apparence n'est elle-même ce qu'elle est que pour autant qu'elle demeure sous-tendue par la phénoménalité, entendue au sens strict et primitif de l'auto-monstration. "Autant d'apparence, autant d'être", note Heidegger [15]. C'est uniquement parce que le φαίνεσθαι signifie d'abord *Sichzeigen* (se montrer), qu'il peut aussi et secondairement caractériser quelque chose comme un passer pour, avoir l'air de, apparaître comme... La contraposition du *phénomène* et de l'*apparence* est donc destinée en premier lieu à faire ressortir le sens originel et fondamental du phénomène : *das an ihm selbst offenbare Seiende selbst* — "l'étant même tel qu'il est manifeste en soi-même".

Cette première distinction est assurément décisive, mais elle demeure insuffisante et formelle dans la mesure où elle laisse encore entièrement ouverte la question de la phénoménalité propre du phénomène comme tel. Cette opposition élémentaire a cependant un second mérite immédiat : elle permet, semble-t-il, d'évacuer comme secondaires les concepts kantiens d'*Erscheinung* et de *blosse Erscheinung*. L'*Erscheinung* — phénomène-indice, apparition — pour autant qu'elle annonce, qu'elle trahit quelque chose qui précisément n'apparaît pas relève plutôt du symptôme, de l'indice. L'*Erscheinung*, à titre d'apparition de —, a la structure du renvoi : *Anzeigen von etwas durch etwas anderes* — indication de ce qui s'annonce toujours médiatement à travers autre chose, présentation différée et destinée à demeurer indirecte. Mais là encore l'*Erscheinung*, au sens du phénomène-indice, est fondée, à titre de possibilité — si du moins le phénomène-indice doit lui-même apparaître en tant que tel, c'est-à-dire remplir sa mission, accomplir sa fonction indicative —, sur le phénomène au sens premier et propre.

Il importe donc de démonter, de défaire cette structure indicative de l'*Erscheinung* (renvoi, mais aussi substitution, suppléance, représentation), si l'on veut isoler dans sa pureté et sa spécificité le φαινόμενον (= τὸ ὄν).

Dans le cours de l'été 1927 (*Problèmes fondamentaux de la phénoménologie*), comme dans *Sein und Zeit*, l'*Erscheinung* se laisse toujours interpréter en fonction de la distinction kantienne du "phénomène" et de la "chose en soi". Selon cette perspective, que Heidegger entend précisément rejeter définitivement, les phénomènes masqueraient autant qu'ils le révèleraient quelque chose qui, se tenant à l'arrière-plan, serait plus "consistant", comporterait davantage d'être, sans que pour autant les phénomènes pris en eux-mêmes ne soient rien. Derrière les phénomènes il y aurait toujours quelque chose dont ils seraient précisément les phénomènes au sens d'apparitions ou d'ap-parences.

Nous pouvons négliger ici les distinctions supplémentaires introduites par Heidegger en vue de tirer au clair l'équivocité de l'allemand *Erscheinung*, en particulier la distinction, métaphysique par excellence, de l'*Erscheinung* (phénomène-indice) et de la *blosse Erscheinung* (simple apparition), pour ne retenir que l'opposition primordiale entre le phénomène (φαινόμενον, *Phänomen*) et l'apparition (*Erscheinung*): le phénomène caractérise un mode insigne de présentation ou d'encontre de quelque chose, pour autant précisément que, à titre de phénomène, la chose se montre en elle-même, se manifeste *en vérité, comme elle est*. Quand il s'agit de l'*Erscheinung* en revanche — de l'apparition ou du phénomène-indice —, nous sommes toujours renvoyés à quelque chose d'autre, à une réalité seconde qui sans doute s'annonce, transparaît ou ad-paraît, mais qui précisément ne se montre jamais en soi-même.

Une telle analyse — Heidegger le souligne expressément — se déploie d'abord de manière purement formelle (formelle beaucoup plus que terminologique). Elle tend à dégager le concept pur du phénomène en laissant encore totalement indéterminée la question de savoir ce qui est visé à titre de phénomène. Un étant ou un caractère d'être? demande Heidegger. Mais avant d'aborder cette question, il est nécessaire d'envisager différentes applications possibles du concept qui vient d'être formellement déterminé, à savoir le concept "vulgaire" de phénomène et le concept "provisoire" ou "préconcept" (*Vorbegriff*) de la phénoménologie, tel qu'il se livre à nous dans le cadre, obligé, mais trompeur, d'une illustration kantienne. C'est dire aussi qu'une telle illustration est nécessairement paradoxale (on croyait en effet pouvoir se passer de la thématique de l'*Erscheinung*, préalablement reconnue comme secondaire), et qu'elle pourrait bien finalement nous égarer.

"Ce qui, note Heidegger, se montre déjà, d'emblée et conjointement, quoique non thématiquement dans les *Erscheinungen* — les phénomènes au sens vulgaire, c'est-à-dire dans la perspective kantienne ce qui se montre dans et à travers l'intuition sensible — peut être thématiquement porté au se-montrer, et ce qui ainsi se montre en soi-même (les "formes de l'intuition" par exemple), voilà les phénomènes de la phénoménologie"[16]. On ne confrondra pas cette première prédétermination avec la seconde et véritable explicitation, elle-même sans doute encore équivoque, du phénomène de la phénoménologie: ce qui *ne* se montre précisément *pas*, ce qui demeure *caché*, *recouvert*, sans pour autant jamais entrer en aucune façon dans la structure transitive du renvoi, de la traduction ou de la transposition. L'être-celé du phénomène de la phénoménologie — ce qui de prime abord et le plus souvent ne se montre pas, ce qui, par rapport à ce qui se montre de prime abord et le plus souvent demeure en retrait, ce qui se retire —, ce phénomène inapparent donc, même s'il se laisse d'abord appréhender dans un cadre kantien comme "ce qui appartient essentiellement en même temps à ce qui se montre de prime abord, puisqu'il en constitue le sens et le fondement" (*SZ*, 35 B), ne saurait être interprété à partir de la chose en soi kantienne, puisque celle-ci est "essentiellement incapable de se manifester jamais". La non-manifestation de la chose en soi a donc une structure radicalement différente aussi bien de celle du phénomène au sens du non thématique, que de celle du phénomène proprement phénoménologique, en retrait ou recouvert. "Le phénomène — note Heidegger — comme phénomène-indice de quelque chose ne signifie donc pas simplement : ce qui se manifeste soi-même, mais l'annonce de quelque chose qui ne se manifeste pas par quelque chose qui se manifeste. Etre indiqué par un phénomène-indice, c'est ne pas se manifester" (*SZ*, 36 A). Si la monstration du phénomène de la phénoménologie n'est pas celle de l'*Erscheinung* kantienne, le demeurer-celé ou recouvert propre au phénomène appréhendé dans son concept phénoménologique (l'être ou l'être de l'étant)[17], ne peut pas non plus être identifié à la non-manifestation de la chose en soi. — Qu'est-ce donc qui caractérise en propre la non-manifestation au sens de la phénoménologie? Quelle est la raison de son "être-caché"? Avant de revenir sur ce point capital, il nous faut suivre Heidegger dans sa seconde approche de la phénoménologie au fil conducteur du concept de λόγος.

*
* *

Ici encore — il faut le souligner —, le λόγος est lui-même d'emblée interprété "phénoménologiquement", dans sa dimension "véritative", avérante ou monstrative, comme ce qui fait voir ou donne à voir, comme ἀπόφανσις. Il appartient essentiellement au λόγος, comme Platon l'avait établi, de rendre manifeste (δηλοῦν)[18]. La fonction primordiale du λόγος est monstrative ou dé-clarative, non pas en ce qu'il est effectivement proféré, mais parce qu'il lui appartient constitutivement de mettre en lumière. Il est *Aufweisung*. Le λόγος montre ou mieux *se* montre ce qui, à partir de soi-même et en soi-même, se montre. Pourquoi faut-il toujours *se* montrer (et montrer, nous le verrons, toujours de nouveau, à neuf et originairement) ce qui précisément se montre? Répondre à cette question, ce serait sans doute pouvoir délimiter (c'est-à-dire tracer le contour, mais aussi marquer les limites) l'interprétation heideggérienne de la phénoménalité à l'époque de *Sein und Zeit*. Disons, encore très grossièrement et provisoirement, que ce qui se montre (le phénomène) a en réalité essentiellement besoin du se montrer qui est l'œuvre du λόγος pour devenir entièrement manifeste, pour être manifesté. L'ἀπόφανσις est justement ce qui rend manifeste: elle fait voir en tant qu'elle met en lumière (*aufweisendes Sehenlassen*). L'œuvre propre du λόγος, c'est: ἀληθεύειν. *Se* montrer, *se* dire constituent l'une des figures privilégiées de l'ἀληθεύειν[19], au sens de découvrir, soustraire à son retrait, faire voir comme ἀληθές (désabrité, désocculté) l'étant dont il est question, dont on parle. Tel est, pour Heidegger, le trait apophantique foncier du λόγος, celui qui rend possible la διαίρεσις tout comme la σύνθεσις: "C'est parce que la fonction du λόγος comme ἀπόφανσις réside dans le faire voir qui met en lumière quelque chose que le λόγος peut avoir la forme structurelle de la σύνθεσις... Le σύν a ici une signification purement apophantique et veut dire: faire voir, dans son être-ensemble, quelque chose comme quelque chose"[20]. La vérité du λόγος comme parole, discours, jugement, renvoie toujours à un être-vrai ou avérant qui appartient primordialement au λόγος pour autant que celui-ci relève à son tour de l'ἀληθεύειν, qu'il est par conséquent faire/laisser voir, découvrir comme dévoilé (ἀληθές) l'étant en question en (se) le montrant à partir de lui-même. C'est dans la mesure où il découvre, met en lumière, qu'il peut arriver au λόγος de tromper ou d'égarer (ψεύδεσθαι), au sens de recouvrir: "Placer devant quelque chose quelque autre chose que l'on fait voir, et ainsi faire passer la chose recouverte pour ce qu'elle n'est pas (*Schein*)"[21]. C'est le jeu du couple *Phänomen — Schein* qui rend possible le discours comme vrai ou faux, étant entendu que le *Schein*, s'il s'oppose bien ici au phénomène, n'en constitue pourtant qu'une forme dégradée[22].

Le λόγος ainsi reconduit à l'ἀληθεύειν, appréhendé dans toute son amplitude et selon ses guises multiples, cesse d'apparaître comme le lieu privilégié et primordial de la vérité, mais il présuppose même, à titre de λόγος précisément, une forme plus originelle du découvrir, celle du pur et simple toucher/voir et nommer: θίγειν καὶ φάναι[23]; l'αἴσθησις en tant que saisie directe des ἴδια, la νόησις à titre d'appréhension immédiate des ἁπλᾶ sont toujours découvrantes, toujours vraies[24]. C'est la συμπλοκή, le σύν du λόγος comme λέγειν τι κατά τινος, faire voir quelque chose comme ceci ou comme cela, qui ouvre l'espace du *Schein*, celui du donner pour —, (se) présenter comme —.

L'élucidation "terminologique" de la phénoménologie, qu'elle prenne comme fil conducteur le φαινόμενον, ou le λόγος, si elle aboutit à chaque fois à élaborer de manière absolument convergente un seul et même concept formel de phénomène, et donc à fournir une première détermination, également formelle, de la phénoménologie (λέγειν τὰ φαινόμενα = ἀποφαίνεσθαι τὰ φαινόμενα), indique dans tous les cas que l'ἀλήθεια constitue l'arrière-plan décisif de toute phénoménalité. Afin de mettre en lumière ce troisième point, examinons plus précisément ce qu'il en est de la découverte ou du dé-voilement phénoménal.

*
* *

Comme nous l'avons vu à l'occasion de la contredistinction du phénomène et de l'*Erscheinung*, il n'y a rien derrière les phénomènes. Les phénomènes n'ont pas d'arrière-plan, ils ne dérobent ni ne dissimulent rien. On ne saurait donc jamais passer derrière les phénomènes, pour y trouver quoi? Il appartient en effet à l'essence du phénomène de montrer et de se montrer, de donner et de se donner lui-même en lui-même [25]. Le premier geste destiné à reconquérir l'acception phénoménologique du phénomène consiste en une mise à plat: le phénomène est toujours plan ou plein.

Mais si le phénomène se donne et donne par là même, et par définition, la chose même — ce qu'il est, tel quel —, il peut se faire pourtant que le phénomène ne se donne si ne se montre. Il peut se faire que ce qui, de soi, devrait être en lumière demeure celé: "Ce qui est en soi-même visible et qui devrait être en lumière, peut fort bien rester caché (*verdeckt*). Ce qui en soi même est visible et n'est accessible à titre de phénomène que conformément à son sens, n'a pas besoin nécessairement d'être déjà accessible en fait. Ce qui, d'après sa possibilité, est phénomène, n'est précisément pas donné en tant que phénomène, mais il doit bien plutôt d'abord être donné" [26]. Ce qui, en soi et de droit, est *donné*, il faut pourtant *se le donner*; il faut se donner les phénomènes, c'est-à-dire ce qui donne et se donne! Pourquoi et comment se donner ce qui (se) donne? Précisément parce que ce qui donne ne *se* donne de prime abord et le plus souvent pas. Cela — le don ou le présent — demeure en retrait, à l'arrière-plan, occulté.

Qu'est-ce qui — demandera-t-on —, au plan de la phénoménalité, fonde pareille réticence, retenue ou réserve? Il faut bien reconnaître, nous semble-t-il, que sur ce point *Sein und Zeit* ne fait pas la lumière. La tendance au recouvrement, dont il est assurément question, relève entièrement du *Dasein* auquel elle est imputable sans plus. Cette tendance répond à son tour à la constitution ontologique de l'être-là dont la chéance (*Verfallen*) est un trait essentiel. C'est le mode d'être du *Dasein* qui explique que ce qui se donne est en réalité toujours déjà recouvert, de telle sorte que le laisser/faire voir, s'il doit être "méthodiquement conduit", sera toujous destruction ou mieux déconstruction au sens strict (*Abbauen der Verdeckungen*).

Il faut donc compléter la première détermination formelle du phénomène et de sa phénoménalité (le phénomène, c'est ce qui de soi-même se manifeste soi-même en soi-même), par cette autre thèse non moins décisive : l'être-recouvert, la dissimulation, voilà le *Gegenbegriff zu Phänomen*[27] — non pas simplement le contraire du phénomène, sa contradictoire, mais plutôt le contre-concept du phénomène, et en ce sens son concept complémentaire, celui qui, en vis-à-vis, lui correspond exactement. Mais si ce qui *peut* être phénomène est de prime abord et le plus souvent caché et recouvert, ce recouvrement (*Verdeckung*) est lui-même susceptible de prendre des figures multiples : de la dissimulation ou du déguisement (*Verstellung*) à l'oblitération complète et à l'oubli, en passant par l'enfouissement, l'ensevelissement (*Verschüttung*).

Si la possibilité, la menace du recouvrement appartiennent essentiellement à la structure même de la phénoménalité, c'est parce que "les phénomènes originairement aperçus sont ensuite déracinés, arrachés à ce qui constitue leur sol", et qu'ainsi détachés, expropriés, ils "demeurent inintelligibles en leur véritable provenance"[28]. Le phénomène est naturellement exposé à la déperdition, à l'occultation qu'entraîne toujours la transmission, la tradition. La menace pèse toujours sur tout phénomène en tant que tel : "Le recouvrement lui-même, qu'il soit saisi au sens du retrait, de l'obstruction ou de la dissimulation, comporte encore une double possibilité. Il y a des recouvrements fortuits et il y en a de nécessaires, c'est-à-dire fondés dans le mode de subsistance de ce qui est découvert. Tout concept ou proposition phénoménologiques, fussent-ils puisés à la source, sont soumis, en tant qu'énoncé communiqué, à la possibilité de la dénaturation (*Entartung*). La proposition est simplement propagée dans une compréhension vide, elle perd sa solidité et devient une thèse flottant en l'air…"[28]. Mais s'il est possible et légitime de distinguer entre recouvrements fortuits et recouvrements nécessaires, il faut cependant soutenir que le recouvrement qui menace en permanence le phénomène dans l'originarité de sa monstration est nécessaire : aucun phénomène ne peut se montrer une fois pour toutes. Il importe par conséquent de se montrer à neuf (à partir de la source donnante, de la *Sache selbst*) ce qui se montre. Le recouvrement est ici à ce point inéluctable qu'il est "donné avec le mode d'être du découvrement et de sa possibilité"[29]. Essentielle fragilité du phénomène donc, liée à son effacement, son occultation inévitables. Pour nous, l'originarité du phénomène est ainsi perpétuellement à reconquérir contre sa dégradation ou sa dégénérescence quasi nécessaire puisqu'elle n'est que l'ombre portée du *Verfallen*, comme trait constitutif de notre mode d'être.

Tout ceci implique naturellement que "l'encontre spécifique sur le mode du phénomène doit être obtenue en premier lieu pour les objets de la recherche phénoménologique"[30]. Puisque le phénomène n'est jamais donné ni assuré dans sa phénoménalité, celle-ci doit toujours à nouveau être arrachée de haute lutte, soustraite au recouvrement multiforme. Là encore, c'est la structure singulière de la phénoménalité qui explique le caractère nécessairement *méthodique* de la phénoménologie : les choses elles-mêmes ne sont pas données, ni moins encore données immédiatement à une intuition, offertes à un "pur et simple" voir. Les phénomènes doivent être libérés, ils ne se dégagent qu'au terme d'une démarche qui vise précisément à défaire les dissimulations et les déguisements.

Zu den Sachen selbst. — En chemin vers les phénomènes et le phénomène κατ 'ἐξοχὴν, le phénomène "être"!

* *

A supposé admis le principe de cette réponse générale à la question de la détermination heideggérienne du phénomène, on doit pourtant se demander pourquoi, dans *Sein und Zeit*, Heidegger expose-t-il un "préconcept" ou un concept "provisoire" de la phénoménologie, elle-même déterminée comme "ontologie universelle". Heidegger s'en tient-il à ce préconcept? Que serait un concept "définitif" de phénoménologie?

Notons d'abord que ni dans les *Prolegomena*, dont la partie introductive constitue pourtant le débat le plus soutenu avec la phénoménologie husserlienne, ni non plus dans le cours du semestre d'été 27 (*Problèmes fondamentaux de la phénoménologie*), même si le cours annonce, sans d'ailleurs tenir sa promesse, l'exposition de l'idée de la phénoménologie, on ne retrouve la distinction du préconcept et de l'idée. Pourquoi cette distinction dans *Sein und Zeit*? Une première réponse s'offre à nous, celle-là même que présente Heidegger au paragraphe 69: l'exposition complète de l'idée ne pourra avoir lieu qu'après qu'on aura tiré au clair "La problématique centrale" de l'être et de la vérité, c'est-à-dire expliqué l'étroite connexion entre l'être et la vérité, et enfin élaboré le concept existential de science. La phénoménologie a en effet été définie d'abord comme méthode de l'ontologie, c'est-à-dire de la *philosophie scientifique*.

Ouvrons ici une brève parenthèse pour préciser que cette idée de "philosophie scientifique" — la phénoménologie est philosophie scientifique, science par excellence — ne doit naturellement pas masquer l'opposition principielle, encore accentuée par là, entre la phénoménologie d'une part et l'ensemble des sciences "positives" de l'autre, c'est-à-dire de toutes les recherches qui portent à chaque fois sur un étant ou une région de l'être déjà déterminés, mis au jour. Dans sa Conférence de Tübingen (1929), *Phänomenologie und Theologie*, Heidegger met en évidence, à l'aide d'une conceptualité précisément phénoménologique et proche de celle de Husserl, cette différence radicale entre sciences positives, ontiques, et une enquête phénoménologique (c'est-à-dire ontologique) qui doit d'abord *se* donner son thème (le phénomène, *i.e.* le phénomène "être"):

> "L'idée de science en général, dans la mesure où on la conçoit comme possibilité de l'être-là, montre qu'il y a nécessairement deux sortes de sciences possibles en principe; sciences de l'étant, sciences ontiques — et *la* science de l'être, la science ontologique, la philosophie. Les sciences ontiques ont chacune pour thème un étant donné qui est toujours dévoilé, d'une certaine manière *avant* le dévoilement par la science. Nous appelons sciences positives les sciences d'un étant donné, d'un *positum*; leur caractéristique réside dans le fait que l'objectivation de ce qu'elles prennent pour thème va droit à l'étant, en tant qu'elle prolonge l'attitude préscientifique déjà existante envers cet étant. La science de l'être, par contre, l'ontologie, nécessite fondamentalement une inversion du regard dirigé vers l'étant; le regard se tournant de l'étant vers l'être, mais l'étant, assurément selon une attitude différente, reste néanmoins l'objet du regard"[31].

Ce point ayant été rappelé, revenons au paragraphe 69. On comprend pourquoi la détermination achevée de la phénoménologie ne peut être exposée qu'à la fin, sous la forme d'une Idée, quand le sens de l'être et la vérité auront été explicités, quand la vérité de l'être aura été exhibée. S'il est vrai que la phénoménologie est la méthode qui répond aux exigences de l'affaire (la question du sens de l'être, la question de la vérité de l'être), on comprend que le concept provisoire ne peut et ne doit céder la place à l'idée qu'à mesure que se trouve dégagé son phénomène le plus propre. On peut également expliquer, de manière très (trop?) générale l'annonce de la nécessité de la reprise du concept provisoire par l'idée, en soulignant tout ce qui dans le mouvement de *Sein und Zeit* (c'est-à-dire aussi bien dans la logique interne de l'entreprise qui s'y déploie) est propédeutique, préparatoire ou précurseur. Au paragraphe 5 ("L'analyse ontologique de l'être-là comme libération de l'horizon pour une interprétation du sens de l'être en général"), Heidegger indique par exemple que si "une analytique de l'être-là demeure le premier réquisit dans la question de l'être", et si donc l'analytique ainsi conçue est "entièrement orientée sur la tâche directrice de l'élaboration de la question de l'être", cette analytique à son tour est non seulement "incomplète, mais encore et avant tout provisoire (*vorläufig*). Elle dégage seulement d'abord l'être de cet étant, sans interpréter son sens. C'est la libération de l'horizon pour l'interprétation la plus originelle de l'être qu'elle est bien plutôt destinée à préparer". Cette interprétation une fois maîtrisée, ou plus prudemment cet horizon une fois dégagé, alors "l'analytique préparatoire de l'être-là exigera d'être répétée sur une base ontologique plus élevée et authentique"[32].

Mais c'est là sans doute une réponse encore trop générale et qui, comme telle, demeure insuffisante. Pour le montrer, il convient de reformuler de manière plus topique la question ici discutée. S'il importe de réexposer, à titre d'idée directrice, le concept provisoire de la phénoménologie comme concept de méthode, n'est-ce pas parce que le phénoménologique caractérise d'abord et avant tout la démarche préalable, le premier geste, le biais ou le détour qui, à travers l'analytique du *Dasein* précisément (la lecture du sens de l'être sur un étant exemplaire)[33], vise à conquérir un accès à l'être en général[34].

Nous voudrions risquer ici l'hypothèse suivante : la méthode phénoménologique serait bien requise par l'affaire en question (*SZ*, 37 D, 38 C), pour autant que celle-ci consiste d'abord — faut-il ajouter, s'agissant de *Sein und Zeit*, uniquement? — à mettre en lumière la compréhension de l'être, telle qu'elle appartient constitutionnellement, fût-ce d'abord en mode préontologique à l'être-là. Ce serait donc parce que la question en quête du sens de l'être (ce que vise la question, ce auprès de quoi elle touche au but — *das Erfragte*) ne peut être concrètement posée qu'à travers l'analytique du *Dasein* — à titre d'ontologie fondamentale —, que la méthode phénoménologique s'imposerait d'emblée à l'enquête ontologique destinée à tirer de l'oubli la question de l'être.

Le point ressort clairement, nous semble-t-il, du passage suivant des *Prolegomena* où Heidegger n'hésite pas à déterminer comme "phénoménologie du *Dasein*" l'analytique qui porte sur cet étant privilégié pour toute enquête ontologique, pour toute élucidation du phénomène "être", non seulement parce qu'il est l'étant qui pose la question de l'être, qui comprend toujours déjà l'être, mais encore parce qu'il *est* lui-même cette question ou mieux ce questionner (*das Fragen*) :

"Elaborer la position de la question du sens de l'être signifie : dégager (*freilegen*) le questionner à titre d'étant, c'est-à-dire l'être-là lui-même ; car c'est seulement ainsi que ce qui est recherché devient recherché conformément à son sens le plus propre. Le questionner est ici co-affecté par ce que la question elle-même a en vue (*das Erfragte*). Il appartient au sens le plus propre de la question de l'être elle-même que l'étant qui questionne soit affecté par ce que vise la question. C'est en fonction de ce sens qu'il convient de prendre en compte le principe de la phénoménologie, si du moins la question de l'être doit être posée clairement. Le questionner est l'étant qui est expressément donné en même temps que la question, mais qui l'est du même coup de telle sorte qu'il est de prime abord et avant tout perdu de vue dans le mouvement (*Zug*) du questionner. Ce que nous devons tenter ici, c'est précisément dès le début de ne pas perdre de vue cet étant; de ne pas le perdre de vue précisément dans l'optique de (*im Hinblick auf*) la question de l'être même. Ainsi l'élaboration effective de la problématique est *phénoménologie de l'être-là*. Et celle-ci précisément n'obtient jamais de réponse ou ne l'obtient à titre de réponse hypothétique (*Forschungsantwort*) que pour autant que l'élaboration de la question concerne l'étant qui renferme en lui une *compréhension de l'être insigne*. L'être-là n'est pas simplement ici *ontiquement* l'élément décisif, mais il le devient aussi *ontologiquement pour nous en tant que phénoménologues*" [35].

Le privilège ontologique du *Dasein* se révèle au regard phénoménologique, et si la méthode phénoménologique se recommande d'abord, c'est en premier lieu parce qu'elle correspond aux exigences d'accéder à l'être de cet étant que nous sommes et parce qu'elle met en œuvre le mode de monstration requis par la manière dont cet étant vient précisément à l'encontre.

Comment cet étant — le plus proche et le plus lointain (*SZ*, pp. 15-16; *GA* 20, pp. 201-202) — vient-il à l'encontre? Comment se donne-t-il? Comment doit-il être phénoménologiquement mis en lumière en vue de la thématisation du phénomène "être"? Ce sont les difficultés tout à fait spécifiques auxquelles se heurte l'élucidation de cet étant (le questionner) en vue de son être — et en particulier sa tendance à la chéance (*Verfallen*) — qui fondent l'application d'une méthode phénoménologique (au sens formel qui a été rappelé).

On pourrait donc aller jusqu'à soutenir que l'ontologie n'est phénoménologique que pour autant qu'elle est phénoménologie et/ou "métaphysique de l'être-là" [36]. L'expression *Phänomenologie des Daseins* que l'on trouve dans les *Prolegomena* devrait donc s'entendre rigoureusement. C'est parce qu'elle vise d'abord le *Dasein* et son apérité (*Erschlossenheit*), son existence, que l'entreprise doit être phénoménologiquement engagée. Ce serait donc le "primat" ontico-ontologique du *Dasein*, la nécessité du "détour" interminable par l'analytique existentiale qui commanderait au premier chef la méthode phénoménologique.

Pareille hypothèse rencontre immédiatement une série d'objections massives que nous ne pouvons ni ne voulons méconnaître: Heidegger détermine, précisément dans le paragraphe "méthodologique" de *Sein und Zeit*, le phénomène de la phénoménologie comme phénomène de l'être (pp. 35 C, 35 D, 37 D). Heidegger définit la recherche, l'entreprise fondamental-ontologique comme "ontologie phénoménologique universelle" (p. 38 C). Il détermine expressément la phénoménologie comme science de l'être (*GA*, 24, § 23), enfin et surtout il n'introduit "formellement" la méthode phénoménologique qu'afin de mettre en lumière ce qui doit constituer de manière interne (quant à son "contenu réel" — *Sachhaltigkeit*) son affaire propre — l'interprétation du sens de l'être —. L'être serait donc bien, en un sens, la "cause", la "chose" de la phénoménologie, mais dans la mesure précisément où il est plus originellement *Sache des Denkens*, la cause de la pensée.

Avant de tenter de répondre à ces objections textuelles, auxquelles il importe sans aucun doute de reconnaître un droit entier, nous voudrions poursuivre un moment l'hypothèse, pour en souligner la valeur heuristique. Insister sur ce qui détermine ou prédétermine la phénoménologie dans *Sein und Zeit* comme phénoménologie du *Dasein*, c'est aussi mettre en évidence — le point est bien connu, mais capital — la liaison inextricable, l'entrelacs ou la coappartenance intime de la question du sens de l'être et de la question de l'être du *Dasein* comme *Da-sein* (être-le-là — *die Lichtungsein*, dira bien plus tard Heidegger)[37]; c'est arrimer solidement — et cet ancrage demeure aujourd'hui tout à fait nécessaire — être et compréhension de l'être. L'être se donne — s'il se donne — comme entente de l'être. Indépendamment de cette compréhension, il n'est rien[38].

Certes, ce qui est tombé dans l'oubli, c'est la question en quête de l'être; ce qui doit être posée. élaborée à l'aide d'un dispositif complexe, c'est la question du sens de l'être. Il n'en reste pas moins vrai que dans la perspective de *Sein und Zeit* — de son effectuation, sinon de son projet —, le découvrement phénoménologique qui s'y déploie a d'abord pour objet le *Dasein*, sa précompréhension et son mode d'être quotidien. C'est parce que le *Dasein*, d'abord et le plus souvent, n'est pas donné qu'il importe d'ouvrir un accès jusqu'à son être et au sens de cet être.

Un des traits fondamentaux de l'être-là, c'est que, "ontiquement le plus proche et bien connu", il est "ontologiquement ce qu'il y a de plus lointain et de plus inconnu" (*SZ*, 15 C, 43 D, 311 B). Autrement dit, ce dont la "prédonation" (*Vorgabe*) va si peu de soi que "sa détermination constitue une pièce essentielle de l'analytique de cet étant" (43 B). La "prédonation correcte", loin d'être immédiatement évidente, doit se conquérir méthodiquement, chemin faisant, à travers une effectuation, un traitement aussi assuré que possible de son point de départ et de son frayage. L'analytique existentiale a donc nécessairement un caractère méthodique (§ 63), eu égard à la structure formelle de la *Seinsfrage*, mais aussi au mode de présentation ou de dé-présentation de cet étant singulier. "La délivrance de l'être originaire de l'être-là doit lui être arraché de haute lutte, à contre-courant de la tendance qui est celle, ontico-ontologiquement déchue, de l'interprétation courante" (311 B)[39]. Au contraire, poursuit Heidegger, "le mode d'être du Dasein requiert d'une interprétation ontologique qui s'est assigné comme but l'originarité de la monstration phénoménale qu'elle enlève de force l'être de cet étant contre sa propre tendance au recouvrement... L'analytique existentiale a par conséquent constamment un caractère de violence" (*ibid.*).

*
* *

Quelles sont les conséquences de cette prédétermination de la phénoménologie (comme phénoménologie du *Dasein*) eu égard à la problématique de la vérité dans *Sein und Zeit*?

Si le paragraphe 7 de *Sein und Zeit* trouve son point d'aboutissement (programmatique) dans la mise en évidence du phénomène de l'être, on peut soutenir que le paragraphe 44 qui clôt la première section lui répond rigoureusement et contribue non moins décidément à l'élaboration du concept de phénoménologie. Non seulement parce que l'analyse du λόγος est reprise et développée, mais encore et surtout parce que la mise au jour du phénomène de la vérité (par où est visé la phénomène "originaire", voire "le plus originaire" de la vérité) contribue de manière décisive à définir l'affaire (*sachlich, sachhaltig*) de la phénoménologie[40]. Comme le souligne Heidegger, ce paragraphe destiné à élaborer la problématique centrale de la vérité ou mieux de la connexion essentielle être-vérité, ne se borne pas à conclure et à clôturer la première section, mais il donne à la recherche "un nouveau départ", un second coup d'envoi (214 A).

S'il est vrai que, comme le disait J. Beaufret, en 1927 et dans toute l'œuvre ultérieure de Heidegger, tout tourne autour de l'ἀλήθεια, comment le phénomène de la vérité se présente-t-il exactement dans l'économie de *Sein und Zeit* et du paragraphe 44? — Le phénomène de la vérité s'est déjà annoncé dans le cadre de l'analytique préparatoire qu'est l'analyse existentiale de l'être du *Dasein*, s'il faut reconnaître avec Heidegger (et la problématique classique des transcendantaux) que l'être va nécessairement de pair avec la vérité. On doit pourtant souligner que dans le paragraphe 44 la question de la connexion être et vérité n'est en réalité abordée que sous la figure beaucoup plus déterminée de la "liaison originaire" être-là-vérité. Ce que confirme d'ailleurs à son tour le paragraphe 69 dans lequel Heidegger annonce précisément l'élaboration à venir de la question centrale de la coappartenance de l'être et de la vérité. Jusqu'où faut-il donc suivre Heidegger quand il présente ce paragraphe 44 comme un "nouveau coup d'envoi" (214 A) dans la problématique générale de la *Seinsfrage*? — Rappelons schématiquement les principales étapes dans le mouvement du paragraphe 44: la destruction du concept traditionnel de vérité, destinée à reconquérir un concept plus originel de l'être-vrai ou avérant; l'élucidation du sens ontologique de l'expression "es gibt Wahrheit" et de la nécessaire présupposition qu'il y a de la vérité. Pour comprendre la démarche de Heidegger dans ce paragraphe et en apprécier l'enjeu véritable, il importe, nous semble-t-il, de mettre d'abord l'accent sur l'examen de la doctrine traditionnelle de la vérité. Cet examen culmine dans la discussion de la problématique husserlienne (VIᵉ *Recherche*, §§ 36-39) de la légitimation de l'énoncé. L'identification qui fonde la légitimation de l'énoncé tient à ceci que "l'étant visé lui-même se montre *tel qu*'il est en lui-même, autrement dit à ceci qu'il est découvert identiquement tel qu'il est mis au jour comme étant dans l'énoncé" [41]. La confirmation (*Bewährung*) signifie à son tour "le se montrer de l'étant en son identité" [42], où nous retrouvons la détermination formelle du phénomène comme φαινόμενον. L'énoncé (λόγος) est vrai (*i.e.* avérant) dans la mesure où il est apophantique, c'est-à-dire qu'il découvre, dé-clare l'étant en lui-même. Il fait voir l'étant découvert précisément dans son être-découvert. La vérité de l'énoncé est donc d'abord celle de l'ἀληθεύειν, selon la guise de l'ἀποφαίνεσθαι: faire voir, en le dégageant de son recouvrement, l'étant dans son hors-retrait (être-découvert, découverteté). Mais l'ἀποφαίνεσθαι du λόγος ἀποφαντικὸς ne constitue que l'une des guises de l'ἀληθεύειν. L'être-découvrant selon la parole est une manière d'être du *Dasein*, mais la possibilité de la découverte de l'étant intramondain est elle-même fondée originairement dans le commerce avec l'étant disponible (sous la main) et l'ouverture du monde corrélative de la révélation (*Erschlossenheit*) du *Dasein*. Avec cette apérité du *Dasein* est atteint le phénomène le plus originel de la vérité. L'*Erschlossenheit* (ouverture, apérité) nomme cette modalité fondamentale du *Dasein* conformément à laquelle il est son Là [43].

L'enseignement "aléthéiologique" de *Sein und Zeit*, tel qu'il se rassemble dans ce paragraphe, se laisse exposer en trois thèses. Première thèse: "Le *Dasein* est dans la vérité". Soit encore, de manière plus explicite: "Pour autant que l'être-là est essentiellement ouverture et qu'en tant qu'ouvert il ouvre et découvre, il est essentiellement 'vrai'". Mais être dans la vérité pour l'être-là, cela signifie aussi et au premier chef être "dans la vérité de l'existence". Cette dernière proposition récapitule les points suivants préalablement acquis: si le *Dasein* est son ouverture, si l'*Erschlossenheit* lui appartient constitutionnellement, celle-ci est toujours ouverture du *Dasein* dans son être-jeté (*Geworfenheit*). Ce qui revient à dire que l'ouverture est nécessairement "factice". Facticité et être-jeté sont donc à l'arrière-plan du projet par lequel le *Dasein*, ouvrant pour le pouvoir-être (les possibilités) et son pouvoir-être — s'il est vrai que le projet est toujours ouverture-en-projet —, décide et se décide. L'être dans la vérité se trouve par là exposée d'emblée à l'alternative de l'authenticité et de l'inauthenticité. Dans l'ouverture authentique, "le *Dasein* peut s'ouvrir à lui-même dans et comme son pouvoir-être le plus propre". Et c'est précisément cette ouverture authentique qui "manifeste le phénomène de la vérité le plus originaire sur le mode de l'authenticité"[44].

Une seconde thèse s'impose donc immédiatement: l'être-là est dans la non-vérité, dès lors que la chéance appartient à sa constitution ontologique. "la constitution ontologique du *Dasein* se caractérise par le *Verfallen*. De prime abord et le plus souvent, l'être-là se perd en son 'monde'". Aux prises avec l'étant intramondain, l'être-là s'y laisse, littéralement, prendre. Heidegger poursuit: "La compréhension, en tant qu'elle est un pro-jet relatif aux possibilités d'être s'est déplacée vers ce monde. La perte dans le 'On' signifie la domination de l'explication publiquement établie. Le bavardage, la curiosité, l'équivoque ont fixé ce qui est découvert sur le mode de l'être dissimulé et fermé. L'être à l'égard de l'étant n'est point éteint, mais déraciné. L'étant n'est pas complètement dissimulé, il est au contraire découvert, mais en même temps dissimulé; il se montre mais sur le mode de l'apparence"[45]. La dissimulation dont il est ici question et qui relève proprement de l'existence inauthentique, elle-même assurément découvrante, jusque dans son occultation, risque fort de venir se substituer au recouvrement (*Verdecktheit*) d'abord défini comme "contre-concept" (*Gegenbegriff*) du phénomène. On peut alors se demander si l'analyse de l'existence inauthentique ne constitue pas une impasse pour une pensée qui voudrait être plus attentive à la réalité et au statut de l'apparence[46].

Dans *Sein und Zeit* en tout cas, c'est en fonction de sa constitution ontologique, caractérisée par l'ouverture, mais aussi l'être-jeté, le projet, la chéance, que l'on peut comprendre pourquoi l'être-là, dans la mesure où il est d'emblée dans la vérité *et* la non-vérité, doit toujours s'approprier à neuf "contre l'apparence et la dissimulation" cela même qui a déjà été préalablement dévoilé.

La facticité de l'être-là, à laquelle se rattachent fermeture et recouvrement, vient ainsi au premier plan : si la vérité doit être "conquise sur l'étant", "arrachée au retrait", si la "découverte factice est à chaque fois pour ainsi dire un rapt", c'est parce que le phénomène de la vérité est d'emblée masqué. La chéance dissimule dans l'apparence le phénomène comme tel ; c'est elle aussi qui explique que le mode d'être de l'ouverture soit toujours thématisé selon une de ses modifications secondaires, qui se trouve ainsi prendre le pas sur toutes les autres, l'énoncé et son "comme" apophantique. Ainsi la vérité se trouve-t-elle déterminée à partir de et contre le recouvrement imputable au *Dasein* "déchu". Heidegger, à l'époque de *Sein und Zeit*, croit même trouver une confirmation de cette analyse jusque dans l'expression privative de la "vérité" chez les grecs : à travers le terme d'ἀλήθεια s'annoncerait "la compréhension préontologique que l'être dans la non-vérité constitue une détermination essentielle de l'être au monde"⁴⁷.

Soutenir que le *Dasein* est cooriginairement dans la vérité et la non-vérité, c'est affirmer aussi (troisième "thèse") que la vérité doit être comptée au nombre des existentiaux : elle est en effet toujours "à la mesure du Dasein" (*daseinsmässig*), pour autant qu'il est découvrant/recouvrant.

La connexion être-vérité, en direction de laquelle s'oriente toute la démarche de *Sein und Zeit*, ne peut ressortir que si l'on a d'abord établi la nécessaire référence de la vérité à l'être-là. De même que l'être renvoie à quelque chose comme une entente de l'être, de même la vérité est toujours relative à une tenue, une attitude ou une décision de l'être-là. C'est pourquoi Heidegger peut soutenir parallèlement qu'"il n'y a de vérité que dans la mesure où et aussi longtemps qu'existe l'être-là" et qu'"il n'y a d'être — non pas d'étant — qu'autant que la vérité est". Etre et vérité, s'ils sont, "sont co-originairement"⁴⁸. En réalité, et Heidegger le souligne fermement dès 1927, ni être ni vérité ne sont. Il y a être et vérité, ou encore, être et vérité ont lieu. Mais si l'on cherche à préciser, à la lumière rétrospective de la problématique de la topologie de l'être, cet avoir lieu, il faut reconnaître que son site propre, loin d'être la *Lichtung*, est bien plutôt l'être-là lui-même, confronté en permanence à l'alternative de l'authenticité et de l'inauthenticité.

* *
*

Pourquoi, demandions-nous, Heidegger s'en tient-il, dans *Sein und Zeit*, au préconcept de la phénoménologie sans parvenir à exposer son idée. A une telle question, on sera tenté de répondre, rétrospectivement certes, de la manière suivante: Si dans *Sein und Zeit* la phénoménologie n'accède pas à son idée, c'est peut-être parce qu'elle ne s'y déploie qu'à titre de phénoménologie du *Dasein*, par où elle manque d'une certaine façon son thème central, le "phénomène 'être'".

Est-ce parce que l'ouvrage demeure inachevé, essentiellement consacré à l'analytique préparatoire de l'être-là, à l'élucidation de son sens d'être, et par là seulement, à titre d'ontologie-fondamentale, à la fondation de la *Seinsfrage*? Sans doute, mais la question n'en demeure pas moins de savoir si précisément cet amorçage, ce coup d'envoi est à même, fût-il relayé par le second départ du paragraphe 44, de préparer concrètement le renversement, le virage que la troisième section de la première partie devait opérer.

Autrement dit encore, et selon un tour assurément polémique, on pourrait se demander si la remarque ultérieure de Heidegger à propos de l'analyse du monde-ambiant et de la mondialité du monde — savoir qu'elle constitue bien une "conquête essentielle", mais qu'elle demeure "de signification subordonnée", dans la mesure où elle ne représente qu'une "manière concrète d'aborder le projet... qui en tant que tel n'implique pas cette analyse autrement que comme moyen, subordonné par rapport au projet", [49] on pourrait s'interroger pour savoir si une telle remarque ne s'appliquerait pas à maintes analyses concrètes de *Sein und Zeit*, y compris à l'analyse du "phénomène de la vérité".

Assurément, Heidegger lui-même ne dit jamais rien de tel, il suggérerait même plutôt le contraire, comme en témoigne par exemple cette indication de sa Conférence de l'Unesco: "Comment la tentative de penser un état de choses peut parfois, faisant fausse route, s'écarter de ce qu'un regard décisif a déjà montré, est attesté ici par le texte suivant de *Sein und Zeit* (219): "la traduction [du mot ἀλήθεια] par le terme de 'vérité' et surtout les définitions conceptuelles et théoriques qui en sont données recouvrent le sens de ce que les Grecs plaçaient comme 'allant de soi' à la base de leur emploi terminologique d'ἀλήθεια'" (*Qu IV*, p. 134 n.). Pourtant, qu'est-ce que le regard avait déjà montré? A s'en tenir aux textes, rien d'autre que l'élucidation de la connexion essentielle entre être et vérité à partir de la *vérité de l'existence*. Si d'une certaine façon *Sein und Zeit* manque le phénomène de l'être, c'est aussi parce qu'il manque le phénomène de la vérité. C'est, nous l'avons vu, l'être-recouvert (*Verdecktheit*), lui-même interprété dans le cadre de la thématique du *Verfallen*, qui est chargé de déterminer le contreconcept du phénomène.

Si donc, prise dans son idée, la phénoménologie, au sens de Heidegger, ne se distingue en rien de l'alèthéologie, il faut aller jusqu'à soupçonner *Sein und Zeit* de n'être pas encore assez phénoménologique parce qu'il n'aborde pas de front la question de l'ἀλήθεια — entendons de celle dont la λήθη constitue précisément le "cœur". Si *Sein und Zeit* met en lumière l'ἀλήθεια en définissant l'ouverture (*Erschlossenheit*) de l'être-là, ou mieux l'être-là par cette ouverture, comme celui qui est le "Là", il fait aussi de la vérité un existential. C'est en effet l'être au monde, comme le souligne Heidegger, qui constitue "le fondement (*Fundament*) du phénomène originel de la verité".

Elaborer l'idée de la phénoménologie, ce serait donc, peut-être, approfondir le phénomène de la vérité, soit encore penser ce que l'essai *De l'essence de la vérité* nommait "la non-essence (*Unwesen*) de la vérité", penser à fond l'oubli de l'être (dont on ne saurait plus dire simplement qu'il représente l'expérience fondamentale de *Sein und Zeit*), penser l'être dans son retrait, son suspens, sa réserve, son époque, son absence.

Si, en 1927, Heidegger reste encore en deçà du "phénomène 'être'", c'est sans doute parce qu'il n'a pas encore aperçu toute la singularité de cet étrange phénomène qui précisément ne se montre pas. L'être demeure en retrait, caché, manquant. L'être manque et fait défaut. Il est tombé dans l'oubli. Si telle était bien l'expérience fondamentale de *Sein und Zeit*, il faudrait ajouter aussitôt que toute l'entreprise de Heidegger visait alors à tirer l'être de cet oubli, en l'arrachant au retrait, en défaisant tout ce qui avait pu contribuer à occulter ou à dissimuler sa phénoménalité.

En réalité, ce n'est que plus tard, au terme de ce qui se laisse bien caractériser en un sens comme un complet retournement, une *Kehre*, que Heidegger s'aventurera à penser que si l'être demeure en retrait, s'il manque, ce défaut pourrait bien être l'être même[50]. L'être se retire certes, mais un tel retrait est précisément retrait *de l'être*[51] : il appartient à la phénoménalité de l'être de se retirer.[52]. C'est la phénoménalité elle-même qui est "épochale"[53].

L'entreprise phénoménologique doit s'en trouver radicalement modifiée. En effet, si "se mettre à couvert appartient à la prédilection de l'être, c'est-à-dire à ce en quoi il a établi son essence"[54], il ne saurait plus être question de mettre au jour ce qui demeurait celé, d'arracher de haute lutte au retrait ce qui d'abord se dérobait. Dans *Sein und Zeit*, après avoir mis en évidence un trait constitutif de l'être du *Dasein* (la chéance) et montré comment en "insistant" l'homme se consacre à ce qui lui est quotidiennement et immédiatement accessible, à ce qui est "praticable", et se trouve ainsi jeté dans l'errance du fait de son agitation inquiète[55], Heidegger pouvait encore en appeler à une conversion résolue ou mieux à la résolution à et pour la résolution, à la délivrance du *Dasein* à son être le plus propre, pour que ce qui demeurait ainsi en retrait, oublié, vienne au jour de la présence. Un telle démarche orientée sur la "conversion", le passage de l'inauthenticité à l'authenticité, sur la stricte corrélation de l'*Erschlossenheit* et de l'*Entschlossenheit*[56], est désormais radicalement insuffisante s'il s'agit de penser rigoureusement le phénomène de l'être comme *Ausbleiben des Seins* — absence, défaut de l'être même, en tant que l'être même. Commentant le fragment 123 d'Héraclite, Heidegger soulignera expressément qu'"il ne convient pas de dépasser le κρυπτέσθαι de la φύσις et de le lui extirper", mais que la tâche est autre, et "bien plus lourde"; c'est celle de "laisser à la φύσις, dans toute la pureté de son être, le κρυπτέσθαι qui lui appartient"[57].

Répondre, sans l'offusquer, à la retenue de l'être, qu'est l'être, comme secret ou énigme, voilà ce qui incomberait à une "phénoménologie" pour laquelle le *Schritt zurück* constituerait le premier pas ou si l'on veut — l'ultime métamorphose de la réduction.

Il est assurément séduisant d'interpréter le chemin de pensée de Heidegger comme cette démarche qui, orientée dès le départ sur la thématisation du phénomène de l'être, conduirait d'une phénoménologie du *Dasein* à une phénoménologie résolument alèthéiologique, qui serait en réalité "aphanologie" ou, comme le dira Heidegger lui-même, "phénoménologie de l'inapparent"[58]. Cependant, pour que cette expression ne demeure pas une simple formule, il faudrait pouvoir montrer concrètement comment la méditation de la clairière, du don ou de l'*Ereignis* demeure authentiquement phénoménologique, montrer comment la caractérisation du trait phénoménologique comme trait fondamental de la pensée grecque ne présuppose pas une généralisation indue du concept ou sa pure et simple équivocité.

Alors, mais alors seulement, le mouvement de la pensée de Heidegger pourra apparaître effectivement comme *Weg in die Phänomenologie*.

NOTES

1. Martin Heidegger, *Gesamtausgabe*, GA, Bd. 20, *Prolegomena zur Geschichte des Zeitbegriffs*, Francfort 1979.
2. "Mon chemin de pensée et la phénoménologie", *Questions IV* (*Qu IV*), Paris 1976, p. 169.
3. *GA* 9, p. 375. Nous citons ici la libre transposition de Jean Beaufret. Heidegger écrivait: "…wenn der Mensch nicht schon in der Inständigkeit sein Wesen hätte." Cette "instance" a été explicitée quelques lignes plus haut comme "das offenstehende Innestehen in der Unverborgenheit des Seins".
4. *Cf.* déjà dans le semestre d'été 1925, *GA* 20, pp. 123 *sq.*
5. *Cf.* G. Granel, *Traditionis traditio*, Paris 1972, p. 116, note 1.
6. *GA* 20, §§ 12-13.
7. *GA* 20, pp. 179-180.

8. *Cf.* en particulier "La fin de la philosophie et la tâche de la pensée", in *Qu IV*, pp. 121 *sq.*

9. *Logische Untersuchungen*, II, 1, 6.

10. *GA* 32. *La Phénoménologie de l'esprit de Hegel*, p. 40; trad. fr., p. 64.

11. *Cf.* J.-F. Courtine, "L'idée de la phénoménologie et la problématique de la réduction", in *Phénoménologie et métaphysique*, éd. J.L. Marion et G. Planty-Bonjour, pp. 211-245, Paris 1984.

12. *GA* 20, p. 423. *Cf.* aussi le commentaire de J.L. Marion, "*L'étant et le phénomène*", in *Phénoménologie et métaphysique*, éd. *cit.*, pp. 159-209, en particulier pp. 166 *sq.*

13. *GA* 20, p. 197: "Das formale Gerüst der Frage".

14. *Cf.* J.-F. Courtine, "La cause de la phénoménologie", in *Exercices de la patience*, 3/4, 1982, pp. 65-83.

15. *GA* 20, p. 119: "Wieviel Schein, soviel Sein". *Cf.* aussi *SZ*, 36 C.

16. *SZ, 31* C.

17. *SZ, 31* B.

18. *GA* 21. *Logik, die Frage nach der Wahrheit*, p. 133, p. 142. *GA* 26, p. 181.

19. *Cf.* Aristote, *Ethique à Nicomaque*, VI, 3. Passage commenté par Heidegger au début de son cours de l'hiver 1924-1925, *Platon: Sophistes*.

20. *SZ*, 33 B; *cf.* aussi *GA* 21, §§ 12-13.

21. *SZ*, 33 C; *cf. GA* 21, p. 162.

22. On peut ici poser la question de savoir si ce n'est pas précisément une élaboration encore insuffisante du concept d'apparence (*Schein*) qui marque les limites de la problématique de la vérité dans *Sein und Zeit*. C'est seulement en 1935, dans l'*Introduction à la métaphysique*, à la faveur de la méditation de l'*Œdipe-Roi* que la vérité ontologique du *Schein* sera pleinement reconnue.

23. Aristote, *Métaphysique*, θ 10, 1051 b 24. *Cf.* Heidegger, *GA* 21, *Logik*, pp. 180-181, et surtout *GA* 31, *Vom Wesen der menschlichen Freiheit*, § 9.

24. *GA* 31, pp. 99-106.

25. *GA* 20, p. 118: "Es ist phänomenologisch widersinnig, vom Phänomen zu sprechen als von etwas, als von Dingen, hinter denen noch etwas wäre, wovon sie Phänomen im Sinne darstellender, ausdrückender Erscheinungen wären. Phänomen ist nichts, wohinter noch etwas wäre: genauer: bezüglich des Phänomens kann überhaupt nicht nach einem Dahinter gefragt werden, weil das, was es gibt, gerade das Etwas an ihm selbst ist."

26. *Ibid.* "...Was Phänomen der Möglichkeit nach ist, ist gerade nicht als Phänomen gegeben, sondern *erst zu geben. Die Phänomenologie ist gerade als Forschung die Arbeit des freilegenden Sehenlassens* im Sinne des methodisch geleiteten Abbauens der Verdeckungen."

27. *GA* 20, p. 119, *Cf.* aussi *SZ*, 36 C.

28. *SZ*, 36 D. *Cf. GA* 20, p. 119.

29. *Ibid. Cf.* aussi *SZ*, 334 A: "Degeneration".

30. *GA* 20, pp. 119-120.

31. *GA* 9, p. 48. Trad. fr., in *Débat sur le Kantisme et la philosophie*, Paris 1972, pp. 102-103. Sur le caractère "méthodique" du changement d'attitude, de la "conversion", *vid. GA* 24, pp. 28-29 et *GA* 20, pp. 136-137. Sur le concept existential de science, *cf.* J.F. Courtine, "Phénoménologie et science de l'être", in *Cahier de l'Herne Heidegger*, Paris 1983, pp. 211-221.

32. *SZ*, 17 B et la note de R. Boehm et A. de Waelhens.

33. *SZ*, 7 A.

34. *SZ*, 37 D et la note marginale a *GA* 2, p. 50.

35. *GA* 20, p. 200.

36. *Kant und das Problem der Metaphysik*, pp. 197, 208; *cf.* aussi *Entretiens de Davos...*, p. 39; *cf. GA* 26, p. 214.

37. *Qu IV*, p. 317.

38. Soulignons que la démarche du dernier Heidegger, orientée sur l'être même (*das Sein selbst*), déjà présenté *emphatiquement* dans la *Lettre sur l'humanisme*, axée sur la possibilité ou l'urgence de penser "l'être sans l'étant" (*Qu IV*, pp. 48, 63), de penser le *Es* du *Es gibt*, ne conduit pas à dénouer en quoi que ce soit le nœud *Sein — Seinsverständnis*, être — entente de l'être.

39. *GA* 20, pp. 179-180.

40. *SZ*, 37 D.

41. *SZ*, 218 A.

42. *Ibid. Cf.* E. Tugendhat, *Der Wahrheitsbegriff bei Husserl und Heidegger*, Berlin 1970, pp. 337-345.

43. *SZ*, 220 F; 298 E.

44. *SZ*, 221 E; 297 B.

45. *SZ*, 222 A; 298 E-299 A.

46. *Cf. Einführung in die Metaphysik*, pp. 75 *sq.*

47. *SZ*, 222 C.

48. *SZ*, 226 D, 230 B. *Cf. GA* 24, p. 25; trad. fr., pp. 36-37.

49. *Qu I,* p. 130; *Qu IV*, pp. 309-310.

50. *Nietzsche*, t. II, pp. 353-355.

51. *Ibid. Cf.* aussi *Der Satz von Grund*, p. 113; *Holzwege*, pp. 310-311.

52. *Nietzsche* II, p. 383.

53. *Ibid.*

54. *Vom Wesen und Begriff der Physis, GA* 9, pp. 300-301.

55. *SZ*, 178 D; *Cf.* aussi *Vom Wesen der Wahrheit, GA* 9, pp. 195-196.

56. *SZ*, pp. 296-298.

57. Séminaire de Zähringen, *Vier Seminare*, p. 137; *Qu IV*, p. 339.

58. *Qu IV,* p. 339.

JACQUES TAMINIAUX

Ποίησις et Πρᾶξις
dans l'articulation de l'ontologie fondamentale

Je placerai en exergue de mon propos les mots d'Aristote au début de la *Politique* : ὁ δὲ βίος πρᾶξις οὐ ποίησις 'εστιν (1254 a). Ces mots concernent la vie non pas au sens de la ζωή mais au sens du mode d'être ou d'exister des humains. Ils disent : le mode d'être des humains ne consiste pas à produire mais à agir. En grec le verbe ποιεῖν et le substantif ποίησις désignent une activité qui porte sur des choses plutôt que sur des gens, tandis que le verbe πράττειν et le substantif πρᾶξις désignent une activité qui concerne d'abord les agents eux-mêmes.

Il ne manque pas de témoignages pour attester que la distinction entre ces deux activités a joué un rôle décisif dans la manière dont les Grecs de la πόλις envisageaient l'excellence de leur mode d'exister comparé au mode de vie des barbares. A leurs yeux, les barbares se signalaient par une carence foncière en matière de πρᾶξις. Dans le pire des cas, le mode d'être des barbares, peu importe qu'ils aient vécu dans la pénurie ou dans l'abondance, ne dépassait guère l'immersion pure et simple dans l'éternel retour de la vie, et la soumission au joug de la nécessité naturelle. Dans le meilleur des cas, le mode d'être des barbares pouvait atteindre de remarquables succès dans l'ordre de la ποίησις dans la production de toute sortes d'œuvres qui n'ont pas d'équivalent naturel et dans le savoir-faire inhérent à cette production, mais jamais pourtant aux yeux des Grecs de la Cité, les barbares n'atteignaient l'excellence de la πρᾶξις : l'εὖ πράττειν. Pour les Grecs de la Cité, cette excellence, cet εὖ πράττειν résidaient dans l'activité même du citoyen, dans le πολίτευειν, activité qui ne relie pas un vivant au cycle éternel de la vie, qui ne relie pas davantage un artisan à tous les tenants et aboutissants de son ouvrage, mais qui relie des individus à d'autres individus dans le partage des paroles et des actes qui concernent leur être-ensemble, et dans l'exercice de toutes les vertus que ce partage suppose : tempérance, courage, justice, prudence (φρόνησις). Ainsi confondue avec l'exercice même de la citoyenneté, la πρᾶξις est intimement liée à la parole, à la λέξις, à la déclaration et à la discussion

F. Volpi et al., Heidegger et l'idée de la phénoménologie. ISBN 90-247-3586-6.

par des individus soucieux de ce monde commun, de ce qui leur apparaît de ce monde, des initiatives renouvelées que son maintien requiert, des perspectives diversifiées et opposées qu'il entraîne. Ainsi entendue, la πρᾶξις au sens de la Cité, ne saurait être séparée d'une pluralité d'acteurs et de locuteurs, pluralité à la vie de laquelle la parité, c'est-à-dire à la fois l'amitié et le différend, la φιλία et l'ἔρις sont également indispensables. Pour la Cité, la πρᾶξις se soutenait donc d'une étroite synonymie entre les syntagmes ζῷον πολιτικόν et ζῷον λόγον 'ἔχον. Parce qu'étroitement liée à la discussion de perspectives diverses et changeantes, cette πρᾶξις — là requérait une stricte parité entre ceux qui l'exerçaient. Pour la même raison, elle entraînait, à l'époque de l'isonomie, une méfiance permanente à l'égard de ceux qui, se prévalant d'une compétence supérieure, menaçaient de dérober à chaque citoyen le droit de juger et de dire son jugement, davantage menaçaient, en se faisant passer pour experts en matière publique, de modeler les humains selon leurs plans, et de subordonner ainsi la πρᾶξις à une forme de ποίησις, subordination qui eût ravalé le monde grec au niveau des barbares.

Méditant sur le rôle décisif que jouait cette distinction dans la Cité grecque, Hannah Arendt me paraît avoir judicieusement repéré quelques-uns des traits fondamentaux par lesquels la πρᾶξις se différencie de ποίησις. Un bref rappel de son enseignement aidera à introduire mon propos.

Alors que la ποίησις, ou activité de produire est marquée par l'*univocité* de son plan, de ses moyens, de son but, l'activité de πρᾶξις, en tant qu'elle relie des individus à d'autres individus, est radicalement *ambiguë*. En effet, l'activité de produire est définie à la fois dans son commencement: le plan établi par le producteur, dans son terme: la finition du produit, dans les moyens de sa mise en œuvre, dans les capacités qu'elle exige du producteur, et elle est régie au-delà d'elle-même par un usage défini du produit. Dans la πρᾶξις cette univocité n'a pas cours. Prise à son niveau le plus immédiat, qui est la vie même de quelqu'un face à d'autres et parmi d'autres, toute πρᾶξις, en effet, s'inscrit dans un réseau préexistant de relations et de paroles échangées dont les empiètements multiples sont facteurs d'ambiguïté. Comme ce réseau préexistant se renouvelle sans cesse au gré de l'apparition de nouveaux venus, la πρᾶξις qu'est la vie de quelqu'un est une action dont le titulaire est autant le patient que l'agent, et dont les effets sont quasiment illimités et *imprévisibles*. En revanche la *prévisibilité* règne sur l'activité de produire, en fonction de son univocité même. De plus, la ποίησις est réversible tandis que la πρᾶξις est irréversible. Enfin, et surtout peut-être, l'agent de l'activité de produire n'y est pas déterminant dans sa singularité mais en tant que titulaire de capacités générales. Il est donc à la fois quelqu'un et n'importe qui. Il est un exemplaire d'une espèce multipliable. L'anonymat, la neutralité, pèsent sur cette activité. Bref *la ποίησις empêche l'individuation*. En revanche, *l'activité de πρᾶξις est foncièrement individuée: mais elle ne l'est qu'au sein d'une pluralité qui la rend possible et qui fait que chacun diffère des autres en même temps qu'il leur ressemble*. Par tous ces traits — ambiguïté, imprévisibilité, irréversibilité, individuation dans la pluralité — la πρᾶξις témoigne d'une fragilité radicale. On peut penser avec Arendt que l'invention grecque du βίος πολιτικός et en particulier du régime de l'*isonomie* n'était pas destinée à abolir cette fragilité mais à lui rendre droit. Mais on peut se demander aussi; avec elle, si cette même fragilité n'est pas précisément ce dont souhaitèrent se débarrasser ceux qui voulurent substituer à l'excellence du βίος πολιτικός, l'excellence d'une toute autre πρᾶξις, celle du βίος θεωρητικός. Déplorant l'équivoque et les inconstances des affaires humaines, Platon recommande à peu près l'abolition de la distinction ποίησις — πρᾶξις telle que la Cité l'entendait jusque là. Dans la Cité idéale les affaires humaines devraient être organisées sur le modèle de la ποίησις. Chacun y remplirait une activité définie et contrôlable. Chacun y serait comme un bon ouvrier dans l'atelier de l'artisan, conformément à la règle "un homme, une fonction" comme disait Leo Strauss. L'univocité de la ποίησις y remplacerait donc l'ambiguïté de la πρᾶξις. Cet idéal d'univocité dans les affaires humaines était lui-même régi par un idéal d'univocité dans le type d'activité, de βίος (ou de πρᾶξις) qui, pour Platon, est le plus noble de tous, le βίος θεωρητικός. Ce βίος aspire à la vue claire d'Idées dépourvues d'équivoque, à une θεωρία dont le corrélat ne naît, ni ne change, ni ne périt. Apparenté d'une part à l'activité de l'artisan en vertu même de sa visée d'univocité, ce βίος est donc radicalement opposé d'autre part à la *doxa*, c'est-à-dire à la manière intrinsèquement ambiguë qu'ont les humains de voir, de juger et de discuter leurs affaires tant que celles-ci ne sont pas organisées comme l'est le travail dans l'atelier de l'artisan.

On sait qu'Aristote, sans nullement mettre en cause l'éminente dignité du βίος θεωρητικός, réagit contre cette manière d'envisager les actions des humains. Sur ce point comme sur bien d'autres, le souci de respecter les phénomènes le conduisit à réhabiliter la πρᾶξις telle que la Cité l'entendait. L'ambiguïté et la mouvance, pensait-il, sont des traits phénoménaux inhérents aux affaires humaines. On ne saurait vouloir se débarasser des premières sans porter préjudice aux secondes. La reconnaissance de cette ambiguïté et de cette mouvance n'est pas à la portée du savoir-faire de l'artisan, ni de l'ἐπιστήμη du sage. Elle implique une réhabilitation de la *doxa*. Seule une opinion droite peut correspondre aux traits phénoménaux des affaires humaines. La φρόνησις est l'aptitude à atteindre cette opinion droite.

Ce bref rappel des thèmes chers à Arendt n'est pas étranger à mon propos. Il se trouve en effet que cette distinction de la ποίησις et de la πρᾶξις dont Arendt apprit à méditer la portée dans Aristote et par delà son enseignement, c'est dans un cours de Heidegger sur le *Sophiste* de Platon, cours professé à Marbourg en 1924 qu'elle en entendit traiter pour la première fois. Ce cours, en effet, commençait par une longue discussion du livre VI de l'*Ethique à Nicomaque*, où la distinction en cause joue un rôle central. 1924 est sans doute l'année où le projet heideggerien d'une ontologie fondamentale conquiert son articulation. Dès 1925, le cours sur les *Prolégomènes à l'histoire du concept de temps* livre déjà l'essentiel de l'enseignement de *Sein und Zeit*.

Je voudrais esquisser comment dans sa structure même l'ontologie fondamentale implique une réappropriation spécifique de la distinction grecque entre ποίησις et πρᾶξις — et m'interroger sur cette réappropriation.

I

Quelques mots d'abord du contexte de cette réappropriation, c'est-à-dire du projet même de l'ontologie fondamentale. Celle-ci pose la question du sens de l'être, plus précisément de l'unité des divers sens de l'être. S'il y a, comme le commun langage le suggère, différents sens de l'être — vie, existence, persistance, subsistance, actualité, présence, etc. — y a-t-il une unité à partir de laquelle cette diversité de sens pourrait être rendue intelligible? S'il est vrai, plus profondément, comme le pensaient les fondateurs de la métaphysique, Aristote le plus nettement, que l'être de l'étant se dit de multiples manières — selon le mode de l'οὐσία, selon le mode de la possibilité et de l'effectivité, selon le mode de la vérité, selon les figures que présentent les catégories — alors quelle est donc la provenance commune de ces divers modes, et y-a-t-il une telle provenance? Heidegger, dès *Sein und Zeit*, a signalé qu'il devait à Husserl la conquête du sol (*Boden*) sur la base duquel cette provenance pouvait être recherchée. Il précisa dans les dernières années de sa vie qu'il avait conquis ce sol à travers une méditation de la doctrine de l'intuition catégoriale dans la sixième *Recherche logique*. A la lire de près, cette sixième Recherche enseigne que l'intentionnalité la plus élémentaire, qui pour Husserl est la perception, ne se borne nullement à subir un afflux de données sensorielles, mais qu'elle met en jeu un ensemble complexe d'a priori au nombre desquels figure l'être. La moindre de nos intentionnalités, la perception, est animée non pas seulement par la compréhension préalable, a priorique, à la faveur d'idéations et d'intuitions catégoriales, de ce qui forme la choséité ou réalité (*Realität*) de ce qu'elle perçoit, mais encore par la compréhension préalable de l'être de ce qu'elle perçoit. Husserl ainsi, reprenant Kant — l'être n'est pas un prédicat réel — et le corrigeant à la fois — car il ne saurait y avoir, pour Kant, d'intuition d'une catégorie — invitait Heidegger à penser que l'être, en tant qu'il excède l'étant, se manifeste de quelque manière à nous dans une compréhension de l'être qui anime le moindre de nos comportements. Le sol sur la base duquel la provenance commune des sens divers de l'être pourra être recherchée est l'étant que nous sommes en tant qu'il comprend l'être [1]. C'est cet étant, le *Dasein*, qui sera le fondement ontique de l'ontologie fondamentale. C'est en analysant cet étant eu égard à la structure de son être, c'est en déterminant conceptuellement dans ce qu'elle a de plus radical l'articulation de la compréhension d'être caractéristique de cet étant, que l'on se mettra en mesure de dégager l'horizon à partir duquel pourra s'éclairer la provenance commune des sens divers de l'être. Cet horizon s'avérera être la temporalité ekstatique et finie du *Dasein*.

Dans son projet, l'ontologie fondamentale engage d'abord une analyse ontologique du *Dasein* et ensuite, sur la base de ce que révèle l'analytique (la temporalité), un éclaircissement des sens divers de l'être. La première étape est ordonnée à la seconde et c'est la temporalité qui assure la transition de l'une à l'autre, puisqu'elle est à la fois la constitution originaire de l'être du *Dasein* et l'horizon d'intelligibilité des sens de l'être. Ces démarches s'accompagnent cependant d'une troisième : la déconstruction de l'histoire de l'ontologie à la lumière à la fois de l'analytique et de la problématique de la temporalité.

C'est sur la première étape que je concentrerai mon propos, sans négliger pour autant les indispensables références à la déconstruction.

Cette première étape est structurellement régie par la différence entre l'*Eigentlichkeit* et l'*Uneigentlichkeit*. Je voudrais montrer comment cette différence s'est établie à la faveur d'une réappropriation spécifique de la distinction grecque ποίησις —πρᾶξις, plus précisément de cette distinction telle qu'Aristote l'envisage dans le livre θ de la *Métaphysique* et dans le livre VI de l'*Ethique à Nicomaque*. Je ne ferai en cela qu'exploiter, à mes risques et périls, une indication discrète faite par Heidegger lui-même dans sa lettre-préface à Richardson.

Evoquant la gestation de l'ontologie fondamentale, Heidegger, dans cette lettre, après avoir souligné l'importance qu'avait eue pour lui "l'expérience immédiate de la méthode phénoménologique dans ses discussions avec Husserl" ajoute aussitôt que, nourrie de cette expérience, "une étude renouvelée des traités d'Aristote (en particulier du neuvième livre de la *Métaphysique* (Livre θ) et du sixième livre de l'*Ethique à Nicomaque*) lui permit de voir que l'ἀληθευειν consiste à dévoiler et lui permit

de caractériser la vérité comme état dévoilé dont relève toute auto-monstration de l'étant"[2]. Comme la vérité n'est expressément thématisée dans
ces textes aristotéliciens que dans le chapitre 10 du livre θ de la *Métaphysique*, on est en droit de présumer que Heidegger vise ici toute la
problématique développée dans ces livres. Or dans ces livres la différence
entre les deux types d'action que sont ποίησις et la πρᾶξις joue un rôle
central. On est donc en droit de présumer que la découverte ou redécouverte de la vérité comme dévoilement va de pair avec la découverte ou
redécouverte de la fonction alèthéique spécifique de ces deux types d'activité. Il est significatif, à cet égard, que la phrase de Heidegger que je
viens de citer évoque l'ἀληθεύειν, c'est-à-dire une activité découvrante.
Je précise qu'il ne s'agit nullement pour moi de déterminer une influence
mais bien plutôt de m'interroger sur le style d'une réappropriation.

II

La ποίησις d'abord.

On sait que l'analytique s'achemine vers ce que le *Dasein* est en propre
à partir de la quotidienneté, c'est-à-dire d'une manière d'être où il n'est
pas lui-même en propre. Dans cette manière d'être quotidienne, marquée
par la préoccupation, le *Dasein* est absorbé dans son monde, c'est-à-dire
dans un environnement qui le concerne à chaque instant. Ce que le
Dasein, ainsi absorbé, rencontre à chaque instant se présente à lui — non
thématiquement — comme intrinsèquement référé à autre chose (servant
à, faisant obstacle à, relevant de, etc.), inscrit à chaque fois dans un circuit référentiel formant une totalité close, circuit d'ores et déjà familier,
et commun à plusieurs. La première version de l'analytique existentiale,
qui se trouve dans le cours sur les *Prolégomènes à l'histoire du concept de
temps*, appelle ce monde quotidien, ce monde environnant commun qui
est le corrélat spécifique de la préoccupation, le monde du travail, plus
précisément le monde du faire-œuvre, *Werkwelt. Werken*, en grec, cela se
disait ποιεῖν. Le monde de la quotidienneté est le monde de la ποίησις.
Que dans ce monde le *Dasein* existe en mode impropre, cela veut dire
que ce qui l'y préoccupe n'est jamais lui-même mais des étants maniables
(*Zuhanden*) à telle ou telle fin et ce par quiconque, et dont la maniabilité
même présuppose qu'ils se tiennent à même eux-mêmes, avant qu'une
main ne s'en empare, bref qu'ils soient *Vorhanden*. Cela veut dire aussi
que l'absorption du *Dasein* dans ce monde est telle que le *Dasein* s'en
trouve amené à appréhender son être à lui en mode impropre, par
réflexion optique à partir du mode d'être des étants qui tombent dans le
champ de sa préoccupation, donc à s'appréhender comme du *Vorhanden*.
Cela veut dire enfin qu'à la question: "qui est le *Dasein* de la quotidien-

neté?" la réponse ne saurait être vraiment individuée : c'est n'importe qui, c'est tout le monde et personne, c'est "On". Le monde préoccupant de la quotidienneté, défini comme *Werkwelt*, ou monde de la ποίησις est tel qu'un nivellement public y oblitère la mienneté du *Dasein* et que le prestige de la *Vorhandenheit* y cache l'ouverture du *Dasein à sa propre possibilité d'être, à son Zu-Sein*, bref y cache son exister.

Non point que soit aveugle cette ποίησις quotidienne, quelle qu'en soit la teneur : "travailler sur quelque chose avec quelque chose, produire quelque chose, cultiver et prendre soin, faire usage de quelque chose, employer quelque chose en vue de quelque chose, tenir quelque chose en réserve, l'abandonner, le laisser se perdre, interroger, discuter, accomplir, explorer, considérer, déterminer quelque chose" (§ 19). Loin d'être aveugle, elle est tout entière ouverte à la signifiance des alentours qui la préoccupent, et illuminée par une voyance qui les éclaire, la *praktische Umsicht*, circonspection pratique ajustée à cet environnement avec lequel quotidiennement le *Dasein* a commerce (*Umgang*). Mais justement parce que cette voyance est adonnée à des alentours et aux possibilités poiétiques déterminées qui s'y profilent à chaque instant, elle ne porte jamais que sur les parages du *Dasein*, et n'a pas d'yeux pour le *Dasein* lui-même, pour le souci d'être qui le constitue en propre dans son temps fini et l'individue radicalement sans substitution.

Laissons encore en suspens la question du lien entre cette ipséité, cet être propre, et la πρᾶξις. Tenons-nous en, pour l'instant, à la ποίησις. Ce que l'analytique dévoile à propos de celle-ci est confirmé par la déconstruction de l'histoire de l'ontologie. Cette histoire, dit et répète Heidegger à l'époque de Marbourg, a privilégié un seul concept d'être, la *Vorhandenheit*. Le mot *Vorhandene* est usuel dans la langue allemande. Il offre un double avantage au phénoménologue. Par le radical *Hand* dont il se compose, il relie d'emblée l'être au comportement de quelqu'un. De plus, il se trouve être l'exact équivalent linguistique du mot grec προχειρόν qu'utilise Aristote au premier livre de la *Métaphysique* (A 2, 982 b 13), où il est dit que les premiers objets du θαυμάζειν philosophique ont été les πρόχειρα, ce qui est devant la main. Justement la destruction de l'histoire de l'ontologie, puisque la *Vorhandenheit* en assure le fil continu, requiert que l'on établisse la généalogie de cette notion. La méthode de l'ontologie fondamentale est phénoménologique. Cette méthode, ainsi que Heidegger l'expose dans les *Problèmes fondamentaux de la phénoménologie*, associe réduction, construction et dé-construction. La réduction reconduit le regard phénoménologique depuis l'étant jusqu'à la compréhension de l'être de l'étant, compréhension dont le *Dasein* est le titulaire. La construction consiste à mettre en vue, dans une "libre projection" assumée par celui qui pense, les structures de l'être de l'étant. La déconstruction consiste à dégager critiquement, c'est-à-dire avec discernement, les assises phénoménales sur lesquelles les concepts ontologiques, devenus traditionnels, évidents et passe-partout, ont pris appui au moment de leur naissance. Dans la déconstruction de la *Vorhandenheit*, la ποίησις joue un rôle décisif. Il y apparaît en effet que l'activité de produire (*Herstellen*) est le comportement dans l'horizon duquel les Grecs comprirent l'être de l'étant et imposèrent à la tradition, outre un certain nombre de concepts ontologiques fondamentaux, la notion d'être au sens de la *Vorhandenheit*. Les *Grundprobleme* établissent cette généalogie dans le cadre d'une discussion critique et phénoménologique de la thèse médiévale sur l'être, thèse qui dit qu'à la constitution de l'être de tout étant appartiennent à la fois essence et existence. Quelques citations suffiront à rappeler cette généalogie. Existence dans la scolastique, cela se disait aussi *actualitas*, d'où découle la moderne *Wirklichkeit*. Or *Actualitas* est la traduction latine de l'ἐνέργεια aristotélicienne. Il suffit, dit Heidegger, de se reporter au verbe dont dérive ce substantif aristotélicien, le verbe ἐνεργεῖν, pour apercevoir que le concept ontologique d'ἐνέργεια "renvoie à l'agir de quelque sujet indéterminé, ou encore, pour nous appuyer sur notre terminologie, que le *Vorhandene* est, conformément à son sens, référé d'une certaine façon, à un étant pour lequel il arrive pour ainsi dire devant la main (*vor der Hand*), pour lequel il est quelque chose de maniable." *Actualitas* et ενέργεια dénotent l'une et l'autre "une relation à notre *Dasein*, en tant qu'il agit, ou plus exactement qu'il crée, qu'il *produit*» (143, texte allemand). Il n'en va pas autrement des notions ontologiques grecques qui sont à l'origine de la caractérisation médiévale de l'essence. Ces notions — εἶδος, μορφή, τό τί ἦν εἶναι, γένος, τέλειον, φύσις etc. — Heidegger soutient qu'elles renvoient toutes au comportement producteur. L'εἶδος est le prototype dont l'aspect est pris en vue par le producteur; la μορφή est la facture donnée au produit; le τέλειον est sa finition et ainsi de suite. Ce rapport au comportement producteur, la notion grecque d'οὐσία, dont l'*essentia* médiévale est la traduction littérale, l'atteste avec autant d'éclat. Initialement ce mot désignait l'avoir, les biens, le patrimoine. Il visait ce qui est "disponible sous la main" (*vorhandenes Verfügbares*). Heidegger écrit à ce propos: "Le concept fondamentale de l'οὐσία souligne l'être-produit du produit au sens de ce qui est sous la main à titre de disponible (*des verfügbaren Vorhandenen*). Par là est visé ce qui se trouve d'abord sous-la-main, la maison et ce qui l'entoure, l'*Anwesen* comme dit l'allemand, ce qui est sous-la-main en tant que se présentant" (153). C'est à partir de cette signification de l'οὐσία, soutient Heidegger, que "le verbe εἶναι, *esse, existere* doit être interprété. Etre, être effectif, exister au sens traditionnel signifient *Vorhandenheit*" (*id*).

Ce qu'enseigne cette généalogie historique est confirmé par l'analyse phénoménologique de l'intentionnalité spécifique du comportement productif. En effet l'orientation propre à ce comportement et la manière qu'il a d'appréhender ce à quoi il se rapporte impliquent une compréhension spécifique de l'être de ce qui est intentionné comme produit ou productible, ou n'ayant pas à être produit. L'orientation propre à ce comportement ne consiste pas qu'à façonner et à utiliser pour un façonnement ou à partir de lui; elle consiste aussi à *libérer*, à *affranchir*, à *délivrer* les étants auxquels il se rapporte du lien qui les rattache au producteur. Heidegger écrit: "Ce n'est pas seulement une fois achevé que le produit cesse en fait d'être rattaché au trait de la production, mais déjà comme "à produire", il est d'emblée compris comme ce qui doit se délivrer de ce trait" (160). Dès lors, une compréhension spécifique de l'être habite ce comportement. La production comprend l'être de l'étant auquel elle se rapporte comme être-à-même-soi (*Ansichsein*), et tenant par soi (*Eigenständiges*). Certes, convient Heidegger, "l'étant que les Grecs ont surtout pris pour point de départ et pour thème de leurs recherches ontologiques, *l'étant au sens de la nature ou du cosmos*, n'est précisément pas produit par le *Dasein* producteur". Mais cette juste observation ne saurait tenir lieu d'objection. En effet, cette nature déjà présente, gîsant là préalablement au produire, cet étant qui lui-même n'a pas besoin de production, "c'est seulement à l'intérieur de la compréhension de l'être propre au produire qu'(il) peut être compris et découvert", comme ce qui précède toute production. "*En d'autres termes, seule la compréhension de l'être inhérente au comportement de production, et par conséquent la compréhension de ce qui n'a pas à être produit, peuvent donner le jour à cette compréhension de l'étant qui est en soi Vorhanden au fond de toute production et avant elle*" (163). Certes, concède Heidegger, cet étant préalablement présent, dont le mode d'être est la tenue-à-même-soi, les Grecs en ont fait le corrélat d'une appréhension apparemment détachée de toute activité productive, d'une appréhension contemplative, d'un pur θεωρειν, soit sous la forme de la νόησις, soit sous la forme de l'αίσθησις. Mais cette juste remarque, elle non plus, ne saurait tenir lieu d'objection à la primauté du comportement producteur dans l'intelligence ontologique des Grecs. Que les Grecs aient revendiqué pour leur ontologie le statut d'une pure θεωρία, cela n'autorise nullement à considérer celle-ci comme hétérogène à l'activité productive ou à la ποίησις: justement parce que l'être auquel cette θεωρία se rapporte est compris comme *Vorhandenheit*, et que la compréhension de l'être comme *Vorhandenheit* est spécifique du comportement producteur, cela invite à considérer plutôt la θεωρία, aussi purement intuitive qu'elle puisse être, comme une "simple *modification du voir au sens de la circonspection du comportement productif*" (154). A considérer donc que, dès Parménide, le νοεῖν auquel se rapportait l'εἶναι, n'était qu'une simple modification de la ποίησις.

Cette compréhension ou vue de l'être comme *Vorhandenheit*, inhérente à la ποίησις, l'ontologie fondamentale n'ambitionne nullement de la rejeter mais de la réapproprier, c'est-à-dire de la remettre à sa juste place en l'empêchant de se dilater à tout le champ de la compréhension de l'être. Cette réappropriation suppose qu'on lève la naïveté de l'ontologie grecque. Les Grecs eurent raison de penser que l'élucidation de l'être de l'étant doit s'opérer sur un terrain qui n'est autre que l'étant que nous sommes nous-mêmes, cet étant que Parménide a caractérisé par le νοεῖν, que Platon a caractérisé par l'âme (ψυχή) en dialogue avec elle-même, et Aristote par le λόγος apophantique du νοῦς. Ils eurent raison de penser l'εἶναι de l'étant que nous ne sommes pas nous-mêmes comme *Vorhandenheit*: la *Vorhandenheit*, en effet, est bel et bien pour Heidegger à Marbourg le mode d'être des choses, ou, comme il dit souvent, de la nature, de la φύσις, au sens large. Ils eurent non moins raison, nous venons de le voir, de penser ce mode d'être de l'étant que nous ne sommes pas, dans l'horizon du comportement producteur, c'est-à-dire de la ποίησις. Mais ils furent naïfs de croire — ou du moins de laisser penser — que toute vue de l'être est une simple modification de la vue inhérente à la ποίησις. Ils furent naïfs, autrement dit, de croire, ou du moins de donner à penser que le mode d'être de l'étant que nous sommes peut être déterminé par une réflexion — au sens optique du mot — qui projette sur nous-mêmes le mode d'être des étants que nous ne sommes pas: produits, outils ou matériaux. Plus précisément, leur naïveté a consisté, non pas à méconnaître la nécessité pour l'ontologie de faire retour aux comportements du *Dasein*, mais à se limiter, dans ce juste retour, "*aux comportements du Dasein tels qu'ils sont connus dans l'auto-compréhension quotidienne et naturelle de celui-ci*" (p. 156). Lever cette naïveté, c'est dépasser cette limitation. Dépasser cette limitation, c'est comprendre que la voyance inhérente à la ποίησις — qu'il s'agisse de la circonspection pratique, ou de l'appréhension intuitive (noétique ou esthétique) qui n'en est qu'une modification — que cette voyance n'épuise pas la compréhension de l'être. Plus profondément, c'est comprendre que cette voyance de la ποίησις n'est que le déclin, la chute ou la chéance d'une voyance plus haute, ajustée celle-là, en propre, au mode d'être de l'étant appelé *Dasein*. Voyance, plus précisément, inhérente à l'agir et au comportement les plus propres du *Dasein*. Voyance que, dans sa fine pointe, Heidegger caractérise comme l'*augenblickliches Sichselbstverstehen*" (cf. p. 9 des *Metaphysische Anfangsgründe der Logik*).

Le paradoxe est que, pour lever cette naïveté alléguée de l'ontologie grecque, et par conséquent de la tradition qu'elle a fondée, Heidegger s'inspire de textes philosophiques grecs. Le paradoxe est que pour lever la limitation et l'obscurcissement entraînés par la ποίησις, Heidegger prenne appui sur l'analyse grecque d'une autre activité, la πρᾶξις, telle qu'Aristote la médite dans les textes que je signalais plus haut.

III

La πρᾶξις donc.

Pour ne pas répéter ce que Volpi a fort bien montré[3], je tâcherai d'être aussi concis que possible.

Les deux textes capitaux d'Aristote sur la πρᾶξις sont le livre θ de la *Métaphysique* et le livre VI de l'*Ethique à Nicomaque*. Lorsque Heidegger traite expressément du livre θ de la *Métaphysique* à l'époque de l'ontologie fondamentale, il s'appuie tantôt sur les trois premiers chapitres, tantôt sur le chapitre 10. Dans le premier cas, il vise le thème de la ποίησις. Dans le second, il rend mérite à Aristote d'avoir conçu le vrai comme la propriété qu'ont les étants d'être à découvert et de l'avoir étroitement rapportée au comportement découvrant de l'étant que nous sommes. En revanche, les cours parus jusqu'à ce jour ne traitent pas expressément de la confrontation aristotélicienne entre πρᾶξις et ποίησις qui est pourtant un thème majeur de ce livre. Peut-être la publication du cours sur *Le Sophiste* viendra-t-elle lever cette lacune. Quoi qu'il en soit, il me paraît opportun de rappeler les traits par lesquels, dans ce livre θ, Aristote caractérise la πρᾶξις.

D'abord elle est une activité qui, au lieu de se rapporter à une fin extérieure à elle, inclut en elle-même sa propre fin. A ce titre c'est une activité qui se rapporte au temps d'une autre manière que ne s'y rapporte la ποίησις. A chaque moment dans l'activité de πρᾶξις nous sommes celui qui est présentement et celui qui a été. Par exemple à chaque instant lorsque nous exerçons cette πρᾶξις qu'est la compréhension, nous sommes celui qui comprend et qui a déjà compris auparavant. Voyant, nous avons déjà vu. Pensant, nous avons déjà pensé. Vivant, nous avons déjà vécu. Il en va autrement dans l'activité de ποίησις : nous ne sommes pas en même temps celui qui est en train de construire et celui qui a déjà construit ; ni celui qui est en train d'apprendre et celui qui a déjà appris. Par conséquent l'ενέργεια et la δυναμις, l'actualité et la possibilité ne fonctionnent pas dans le cas de la πρᾶξις comme elles fonctionnent dans celui de la ποίησις. Dans le cas de la ποίησις, c'est dans l'εργον dans le produit que s'accomplit l'ενέργεια au titre de mise-en-œuvre. Dans le cas de la πρᾶξις, l'ενέργεια a son principe en elle-même, plus précisément dans l'agent lui-même qui, comme agent, est toujours potentiel. De sorte qu'il y a dans le cas de la ποίησις une extériorité de la δύναμις par rapport à l'ενέργεια tandis que dans la πρᾶξις la première est intime à la seconde. Dans les deux cas cependant, la δύναμις est capacité faillible et périssable; elle peut échouer à s'actualiser, elle est puissance d'être et de n'être pas.

S'agissant du Livre VI de l'*Ethique à Nicomaque*, je me bornerai à rappeler ce qui concerne la φρόνησις, c'est-à-dire la disposition de l'âme (ἕξις) qui a une fonction alèthéique dans l'ordre de la ποίησις. Aristote la démarque à la fois de la τέχνη — savoir-faire ajusté à la ποίησις — et de l'ἐπιστημη, le savoir ajusté à ce qui est éternel et nécessaire. Comme les choses produites, relevant de la τέχνη, les actions proprement dites sont variables et contingentes. Mais comme agir n'est pas produire, la disposition alèthéique ajustée à l'action ne saurait être confondue avec celle qui préside à la production, à savoir la τέχνη. La τέχνη vise une fin qui est extérieure au τεχνίτης, le produit. La φρόνησις vise une fin qui concerne intimement le φρόνιμος: le bien-agir, l'εὐπραξια. Ici réapparaît le thème du temps. La φρόνησις est auto-référentielle dans la mesure même où elle se rapporte à l'avenir du φρόνιμος, son avenir qui peut advenir ou pas. Ne concernant ni les produits, comme la τέχνη, ni les étants impérissables, comme l'ἐπιστήμη, elle n'a pas affaire à l'universel mais à ce qui appartient à chacun, τα ἕκαστα, et selon le moment το καιρός. Elle concerne donc seulement les affaires humaines, τα ἀνθρωπυνα qui sont mouvantes et diversifiées, objets non d''επιστήμη mais de *doxa*. "La δόξα concerne ce qui peut varier, ainsi en va-t-il de la φρόνησις". Celle-ci est une vertu doxastique. Et comme il n'est pas de δόξα sans débat entre des vues diverses, la φρόνησις ne se limite pas à ce qui importe au seul φρόνιμος. On ne saurait être φρόνιμος en ne se souciant que de soi. Bien plutôt la φρόνησις est la même disposition que la sagesse politique.

On est en droit de penser que cette méditation aristotélicienne de ce qui est propre à la πρᾶξις et de ce qui la différencie de la ποίησις — à l'exception significative, j'y reviendrai, de la composante doxique et de la dimension plurale et politique — est réappropriée par Heidegger dans l'ontologie fondamentale, à laquelle elle confère son articulation.

L'ontologie fondamentale est régie par la distinction de base entre l'*Uneigentlichkeit* et l'*Eigentlichkeit*, la première caractérisant la préoccupation quotidienne, la seconde le souci. Cette distinction est hiérarchique en ce sens que la préoccupation est une chute du souci.

Cette distinction réapprorie la distinction aristotélicienne entre la ποίησις et la πρᾶξις. La πρᾶξις au sens aristotélicien gouverne la ποίησις. Et elle doit cette position gouvernante à son caractère auto-référentiel. Dans la ποίησις, dit Aristote, ce qui est fait (τό ποιητόν) n'est pas une fin en lui-même, il est seulement pour quelque chose et quelqu'un (πρὸς τι καὶ τινὸς). Il en va autrement de ce qui est fait dans la πρᾶξις, car l'ἐυπραξία est la fin et c'est à quoi vise le désir" (1139 a 35 - b 4). Ce contraste du πρός τι et du οὗ ἕνεκα, du *Wozu* et du *Worumwillen*, et la dominance du second sur le premier, on peut penser qu'ils sont réappropriés par Heidegger lorsqu'il oppose la préoccupation toujours livrée à l'impropre, au souci qui rapporte le *Dasein* à ce qu'il a de plus propre, de sorte que la fameuse phrase *Das Dasein existiert umwillen seiner* peut être considérée comme une transposition de la théorie aristotélicienne de la πρᾶξις.

De même la phénoménologie heideggerienne de la vérité lorsqu'elle contraste la fonction alèthéique de la circonspection pratique avec la fonction alèthéique de la résolution, peut être déchiffrée comme une radicalisation de la théorie aristotélicienne des niveaux d'excellence intellectuelle. Chez Aristote, la πρᾶξις peut comprendre la ποίησις mais celle-ci ne peut comprendre celle-là, dans la mesure même ou le caractère découvrant de la φρόνησις est d'une dignité plus haute que le caractère découvrant du savoir-faire poiétique ou τέχνη. Quatre traits au moins déterminent la notion aristotélicienne de φρόνησις : une voyance spécifique orientée vers un avenir spécifique qui est l'ἐύπραξία, un sens du moment, un choix délibéré averti d'un possible échec, une certaine disposition préalable. Tous ces traits contribuent à déterminer la notion heideggerienne de l'*Entschlossenheit*. Dans le même ordre d'idées, on est en droit de penser que la critique heideggerienne du concept traditionnel de la connaissance comme pure considération intuitive, flottante et sans enracinement dans l'être-au-monde est elle aussi une réappropriation d'Aristote. En effet voir, connaître et comprendre sont parmi les exemples de πρᾶξις donnés par Aristote.

De même enfin, on est en droit de penser que la notion heideggerienne du temps authentique, la temporalité ekstatique intrinsèquement finie du *Dasein*, telle qu'elle se révèle à la résolution (*Entschlossenheit*) radicalise une suggestion faite par Aristote lui-même. Certes il n'y a pas chez Aristote de thématisation du temps spécifique de la πρᾶξις. Sa seule théorie explicite du temps est dans sa *Physique* et l'on peut accorder à Heidegger que le temps de la *Physique* aristotélicienne n'est ajusté qu'à la *Vorhandenheit*, c'est-à-dire à l'être tel que le comprend le comportement poiétique. Toutefois il est douteux qu'Aristote ait pensé que le temps de la πρᾶξις pouvait être simplement caractérisé comme "nombre du *mouvement* selon l'avant et l'après". En effet, le livre θ de la *Métaphysique* souligne (1048 b sq) que la πρᾶξις en tant qu'activité qui inclut sa fin ne tombe pas sous la catégorie du mouvement, de la κίνησις, au sens où elle s'applique à la ποίησις. Un mouvement au sens de la ποίησις est un moyen pour une fin qui en est le terme, de telle sorte qu'on ne peut pas dire que le mobile est déjà ce en quoi c'est l'objet du mouvement de le transformer. Parce que sa fin lui est extérieure, ce mouvement-là est ἀτελής, incomplet. En revanche la πρᾶξις inclut en elle sa fin, et à ce titre elle est τελεία, complète. Ce qui veut dire qu'à chaque instant elle unifie ce qu'elle était et ce qu'elle sera, son passé et son avenir, alors que la κίνησις dont la ποίησις est une espèce, laisse son passé et son avenir séparés l'un de l'autre.

Il ne me paraît donc pas douteux qu'il y ait dans les analyses où Aristote fait apparaître la spécificité de la πρᾶξις en la confrontant à la ποίησις suffisamment d'indices pour donner à penser que Heidegger articula l'ontologie fondamentale à la faveur d'une réappropriation de cette confrontation. En revanche, on ne saurait dire que les allusions littérales à la distinction grecque ποίησις — πρᾶξις soient nombreuses dans le texte de Heidegger. Je me garderai ici de gloser sur cette discrétion. Elle peut s'expliquer dans une large mesure par le simple fait qu'en l'occurrence la réappropriation se voulait être une radicalisation. Au demeurant, réserve faite du cours non encore publié sur le *Sophiste*, il y a au moins un cours de Marbourg qui fait expressément état de la réappropriation, fût-ce de manière allusive. Il s'agit du dernier cours de Marbourg (été 1928) qui traitait des *Fondements Métaphysiques de la Logique*. Dans une section qui porte sur le phénomène du monde et sur la manière dont les Grecs le comprenaient, on trouve ceci: "Le phénomène du monde est abordé de façon ontique et est dévoyé en un domaine d'idées accessible à un simple regard, domaine conçu comme *vorhandene*. Ceci est dû, entre autres raisons, à ce que dès le début la transcendance fut saisie à titre premier au sens du θεωρεῖν, ce qui signifie que la transcendance ne fut pas cherchée dans son enracinement primordial dans l'être véritable du *Dasein*. Néanmoins, le *Dasein* était connu aussi de l'antiquité comme action authentique (*eigentliche Handlung*), comme πρᾶξις." Autant dire que la notion d'*Eigentlichkeit* doit beaucoup à la méditation du concept grec de πρᾶξις. Ou encore, autant dire qu'en dépit du privilège que leur ontologie accorda à la ποίησις et à la *Vorhandenheit*, leur pensée de la πρᾶξις prouve qu'ils connaissaient en propre le mode d'être du *Dasein*, à savoir la transcendance. Dès lors le texte du cours poursuit en ces termes: "Encore que chez Platon la transcendance ne fut pas examinée en profondeur jusqu'à ses racines propres, la pression inévitable du phénomène porta néanmoins jusqu'à la lumière la connexion entre le trancendant visé par l'idée et la racine de la transcendance, la πρᾶξις. L'idée est le corrélat de l'intuition, mais il y a un passage chez Platon aux termes duquel l'idée du Bien, l'ἰδέα τοῦ ἀγαθοῦ se trouve par-delà les étants et l'οὐσία, par-delà les idées, ἐπέκεινα τῆς οὐσίας. Ici émerge une transcendance que l'on doit considérer comme la plus primordiale (...). Ce que nous devons apprendre à voir dans l'ἰδέα τοῦ ἀγαθοῦ est la caractéristique décrite par Platon et plus particulièrement par Aristote comme le οὖ ἔνεκα, le *Worumwillen*, le à-dessein-de-quoi, ce en vertu de quoi quelque chose est ou n'est pas, est de telle ou telle façon. L'ἰδέα τοῦ ἀγαθοῦ qui est même par-delà les étants et le domaine des idées est la *Worumwillen* (...). Ici commence à émerger la connexion entre la doctrine des idées et le concept de monde: la caractéristique fondamentale du monde par laquelle la totalité atteint sa forme spécifiquement transcendantale d'organisation est le *Worumwillen*" (*GA*, 26, pp. 236-237). "Nous devons apprendre à voir", dit Heidegger; autant dire que lui-même, scrutant l'idée platonicienne du Bien à la lumière du οὖ ἔνεκα aristotélicien, c'est-à-dire à la lumière de ce à quoi tend la πρᾶξις, apprit à voir dans cette πρᾶξις la transcendance propre à l'être-au-monde.

Quelques remarques en guise de conclusion.
J'ai déjà dit qu'il était paradoxal de prétendre d'une part que les Grecs pâtirent de naïveté pour avoir fondé leurs notions ontologiques dans l'horizon d'intelligibilité de l'activité de ποίησις et d'assurer d'autre part la levée de cette naïveté en fondant l'ontologie non-naïve dans l'horizon d'intelligibilté de l'activité de πρᾶξις telle que les Grecs l'entendirent. En première approximation, on pourrait dire que le paradoxe consiste en ceci: d'une part on souligne que les Grecs étaient naïfs — ils déterminèrent le mode d'être du *Dasein* par réflexion optique à partir du mode d'être des étants que nous ne sommes pas, mais auxquels se rapporte et que comprend ontologiquement la ποίησις —; d'autre part on laisse entendre qu'ils n'étaient nullement naïfs: leur analyse de la πρᾶξις prouve qu'ils comprenaient dans ce qu'il a de propre le mode d'être du *Dasein*, et c'est cette analyse que radicalise l'analytique existentiale. Ce paradoxe, il est difficile de croire que Heidegger ne s'en serait pas très vite aperçu, et cela seul suffirait à justifier son étonnante discrétion au sujet de l'analyse grecque de la πρᾶξις. Quoi qu'il en soit de cette discrétion, on peut se demander si l'affrontement de ce paradoxe n'a pas été décisif dans la métamorphose ultérieure des notions qui, dans l'ontologie fondamentale, déterminaient le champ de l'*Uneigentlichkeit*. Si les Grecs n'étaient nullement naïfs en matière de πρᾶξις, peut-être ne l'étaient-ils pas davantage en matière de ποίησις? Peut-être alors la naïveté qu'on leur imputait d'abord tenait-elle davantage à la netteté du cadre dans lequel on les réappropriait qu'à ce qu'ils tentaient de penser? Peut-être aussi l'usage même de la notion d'*Uneigentlichkeit* pour qualifier le champ dans lequel les Grecs pensèrent la ποίησις, les choses et la nature, fait-il barrage à la juste écoute de ce qui interpellait leur pensée sur ces

points? Toujours est-il qu'à partir d'un certain moment qu'on serait bien en peine de fixer, un certain nombre de questions auxquelles l'ontologie fondamentale répondait tout de go dans la mesure même où, à ses yeux, elles relevaient de la quotidienneté et du déclin qui affecte celle-ci par rapport à ce que le *Dasein* est en propre, ces questions s'imposeront à une interrogation renouvelée comme les plus dignes d'interpeller la pensée dans ce qu'elle a de plus propre, c'est-à-dire dans son souci de l'être. Ces question s'énoncent: Qu'est-ce qu'un outil? Qu'est-ce qu'une chose? Qu'est-ce qu'habiter? Qu'est-ce que la nature? Posant ces questions à nouveaux frais, à l'aide d'une lecture renouvelée de la philosophie grecque, Heidegger allait être amené, à l'encontre de la relégation antérieure de la ποίησις dans la sphère de l'inauthenticité, à une véritable réhabilitation ontologique de la ποίησις. Au fil de cette réhabilitation il s'avèrera que la nature au sens grec, φύσις, loin de se réduire à la *Vorhandenheit* est le surgissement même de la vérité dans ce qu'elle a de plus originaire, non pas l'activité découvrante du *Dasein* mais le dévoilement ambigu et le plus initial de l'être même dans le jeu polémique de sa réserve et de sa parution, dévoilement par lequel nous sommes interpellés mais que nous n'instituons pas. Il s'avèrera que la fabrication comme l'usage des outils, loin de s'absorber dans un *Umwelt* qui n'est que la figure déchue de ce que le *monde* est en propre, à partie liée avec ce dévoilement ambigu. Le savoir propre à la ποίησις, la τέχνη, ne se limitera plus au commerce avec l'*Umwelt*, il confiera l'un à l'autre, à travers la fiabilité des outils quotidiens, le monde même et sa doublure secrète, la terre. Il ne m'appartient pas de suivre ici ces métamorphoses de la ποίησις. Il est bien connu qu'elles ont fait irruption, toutes ensemble, dans l'essai sur *L'origine de l'œuvre d'art*.

Il reste à savoir si cette métamorphose s'est accompagnée d'une métamorphose parallèle dans la pensée heideggerienne de la πρᾶξις. C'est ici que le paradoxe que j'évoquais il y a quelques instants rebondit. N'est-il pas paradoxal que l'ontologie fondamentale prétende fonder la science universelle des sens de l'être sur une activité, la πρᾶξις, dont Aristote disait, somme toute, que son lien avec la pluralité humaine la rendait hétérogène à l'universalité recherchée par la philosophie première? N'est-il pas paradoxal, pour s'en tenir à la réappropriation heideggerienne, de chercher l'horizon universel d'intelligibilité des sens de l'être dans une transcendance qui, au terme de l'analyse existentiale, s'avère être radicalement individuée, insubstituable et même solipsiste? Et si l'on reproche à la quotidienneté d'entraver l'individuation du *Dasein* en le *neutralisant* par nivellement dans le On, n'est-il pas paradoxal, une fois découverte la transcendance individuée du *Dasein*, de caractériser celui-ci non pas simplement par l'*isolement-métaphysique*, mais par la *neutralité* de cet isolement, comme le fait Heidegger dans le cours de 1928 sur Leibniz⁴? Ce second paradoxe n'est sans doute pas étranger à la métamorphose ultérieure d'une notion comme l'*Entschlossenheit* qui après avoir désigné la résolution d'être soi visera l'exposition lucide au retrait de l'être et perdra pour ainsi dire son individuation initiale. D'une manière générale il n'est sans doute pas étranger à l'abandon du projet de l'ontologie fondamentale.

Mais il y a un autre aspect de ce même paradoxe. La sélection même par Heidegger de ce qui peut être réapproprié dans la doctrine aristotélicienne de la πρᾶξις fait question. N'est-il pas surprenant que Heidegger néglige dans l'analyse aristotélicienne la dimension doxique et la dimension plurale et politique? N'est-il pas surprenant que ni l'une ni l'autre n'appartiennent à son concept de l'*Entschlossenheit*, si l'on admet que celui-ci radicalise la φρόνησις aristotélicienne? Cette sélection même ne consiste-t-elle pas à ne retenir d'Aristote que ce qui est susceptible de préciser Platon et non du tout ce qui le conteste? Ne trahit-elle pas, autrement dit, un penchant platonicien? N'équivaut-elle pas à ne retenir d'autre forme de πρᾶξις que le βίος θεωρητικός?

Les indices de ce penchant platonicien ne manquent pas dans l'ontologie fondamentale. Comme la *doxa* et le débat pluriel sont exclus de l'*Entschlossenheit*, ils se trouvent rejetés dans la sphère inauthentique de la préoccupation. De telle sorte que le privé devient synonyme d'authentique et le public d'inauthentique. De telle sorte même que la discussion, le *Besprechen*, est reléguée dans la ποίησις. En ce sens la manière dont Heidegger dans *Sein und Zeit* décrit les équivoques et le nivellement qui affectent le monde quotidien concorde avec le dédain qu'avait Platon pour les affaires humaines, la rhétorique, la *doxa*, les πολλοι. Elle ne s'accorde pas moins avec l'exaltation platonicienne du dialogue solitaire de l'âme avec elle-même. Son style en tout cas est plus platonicien qu'aristotélicien.

Certes Aristote comme Platon considérait le βίος θεωρητικός comme la forme la plus haute de la πρᾶξις. Mais il refusait d'englober la seconde dans le premier et de l'y soumettre. De ce refus Heidegger ne semble guère tenir compte. L'orientation de sa réappropriation de la πρᾶξις sur la seule compréhension de l'être en témoigne.

Dans l'ontologie fondamentale, tout se passe comme si le βίος θεωρητικός dévorait et régissait la πρᾶξις tout entière. Tout se passe comme si ce βίος, en définitive solitaire, était la seule forme pleine d'individuation. "La philosophie, écrit Heidegger dans le cours de 1928 sur Leibniz, est la concrétion centrale et totale de l'essence métaphysique de l'existence" (appendice au § 10).

Le fameux discours de *Rectorat* peut être tenu pour une confirmation de ce même parti-pris platonicien. Le thème en est la position normative de la métaphysique comme science des sciences; le cadre du discours lorsqu'il traite des affaires publiques est emprunté à la *République* de Platon; et à propos des Grecs, Heidegger y écrit ceci: "Leur intention n'était pas d'égaler la πρᾶξις à la théorie mais au contraire de comprendre la théorie elle-même comme la mise-en-œuvre la plus haute de la véritable *praxis*. Pour les Grecs la science n'est pas un "bien culturel" mais le milieu qui détermine au plus intime le *Dasein* du peuple et de l'Etat"[5]. Autant dire que les Grecs inventèrent la πόλις pour des raisons spéculatives, et que donc les philosophes en sont les meilleurs guides.

Il n'est pas sûr que ce parti-pris, avec tout l'aveuglement qu'il charrie concernant les affaires humaines, leur pluralité, leur ambiguïté, ait disparu par la suite.

Dix ans après le discours de *Rectorat*, dans un séminaire de 1942/1943 sur Parménide, on trouve ceci à propos de la *République* de Platon: "Qu'est-ce que la πόλις? Le mot lui-même nous oriente vers la réponse, pourvu que nous nous attachions à acquérir une vue essentielle de l'expérience grecque de l'essence de l'être et de la vérité — vue essentielle qui illumine tout. La πόλις est le πόλος, le pivot, le lieu autour duquel gravite, de manière spécifique, tout ce qui apparaît aux Grecs à même les étants (...). En tant que ce lieu, le pivot laisse apparaître l'étant dans son être selon la totalité de son ajointement (...). Il est le site du dévoilement de l'étant en totalité. (...) La πόλις est essentiellement référée à l'être des étants. Entre πόλις et être règne une relation originaire". (*GA* 54, pp. 132-133).

Que ce concept spéculatif de la πόλις réapproprie les vues platoniciennes, cela ne fait guère de doute. Qu'il soit à mille lieues du βίος θεωρητικός, ou de la πρᾶξις du citoyen dans la Cité isonomique, l'absence ici de toute allusion à la pluralité et à la *doxa* suffit à le prouver. Que ce concept spéculatif de la Cité, par l'identification qu'il implique entre πρᾶξις et βίος θεωρητικός, soit étranger aux vues d'Aristote en matière de πρᾶξις, c'est ce que montre en toute clarté, un autre passage du même séminaire qui traite de la φρόνησις. C'est sur ce passage que je terminerai mon propos car il condense le paradoxe dont je traite. Platon dit quelque part dans la *République*: "Ceux qui ne sont pas sauvés par la φρόνησις boivent au-delà de toute mesure". Ce que Heidegger commente comme suit: "La φρόνησις est la pénétration de cette voyance qui a une vue de ce qui est authentiquement visible et dévoilé. Le voir auquel il est fait ici allusion est le voir de la voyance essentielle, c'est-à-dire de la philosophie. φρόνησις *veut dire philosophie*, et le mot dit: avoir un œil pour l'essentiel" (178).

Ce commentaire est sans doute fidèle au concept platonicien de la φρόνησις. Il n'est pas besoin d'une longue fréquentation du sixième livre de l'*Ethique à Nicomaque* pour douter que ce commentaire puisse concorder avec l'éloge qu'y fait Aristote de la φρόνησις de Périclès, ni avec sa mise en garde contre toute confusion de la φρόνησις avec la σοφία.

Pour récapituler ces remarques et les maintenir dans le contexte de l'ontologie fondamentale, je dirai que la difficulté majeure qui condense les paradoxes que j'ai indiqués est celle-ci : "Peut-on, et comment, penser que l'activité de philosopher est le vrai principe d'individuation?"

NOTES

1. Sur tout ceci, *cf.* notre étude "Remarques sur Heidegger et les 'Recherches logiques'", in *Le regard et l'excédent*, Nijhoff, 1977, pp. 156-182.
2. William J. Richardson, *Heidegger, Through Phenomenology to Thought*, Nijhoff, 1967, pp. XI-XIII.
3. *Cf. supra.*
4. M. Heidegger, *Metaphysische Anfangsgründe der Logik, GA* 26, § 10.
5. *Die Selbstbehauptung der deutschen Universität*, Klostermann, 1983, p. 12.

JOHN SALLIS

Imagination and the meaning of Being

Imagination. Is it not indeed the meaning of Being? Or, must it not prove to be such once the idea of phenomenology is, as by Heidegger, thought through to the end?

One ought not pass too easily over the paradox that is made to appear as soon as imagination is introduced into phenomenology. Set upon returning to the things themselves, phenomenology would appear to require just the opposite direction from that which imagination is believed typically to take. Phenomenology, it appears, could have nothing to do with those flights of phantasy, those fictions, with which imagination — seemingly oblivious to the things themselves — would have to do. At most, phenomenology might engage in an analysis of imagination as a mode of comportment to be contrasted with other modes such as perception and memory; but in this case imagination would be regarded simply as another of those things themselves to which phenomenology would attend.

And yet, matters have never been that simple. First of all, because phenomenology has never been a simple turn to the things themselves, as though such things were somehow simply there, already deployed before a vision that would need only to be recalled from its distraction. Rather, the things themselves must be made accessible as they themselves show themselves, as they show themselves *from themselves*. The turn to them is thus one that must be rigorously carried out, so much so that it comes to determine the very sense of philosophic rigor. It is, then, in this connection that Husserl takes up the question of imagination in a more intrinsic way, declaring in that frequently cited passage in *Ideas I* that "fiction constitutes the life-element of phenomenology."[1] Indeed, it can be shown that both the eidetic reduction and the transcendental reduction rely significantly upon certain operations of imagination. To this extent, imagination proves essential to the very opening up of the field of the things themselves, of beings as such. This is not yet by any means to

F. Volpi et al., Heidegger et l'idée de la phénoménologie. ISBN 90-247-3586-6.
© 1988, Kluwer Academic Publishers.

establish imagination as the meaning of the Being of beings. But it is, as least, to broach a connection between imagination and the opening of a space in which beings can come to show themselves as they are, that is, in their Being.

What would be required, then, in order to establish imagination as the meaning of Being?

In this regard it is necessary to refer to one of the characteristic circlings in which the execution of the project of fundamental ontology moves: having set out to establish the meaning of Being, Heidegger comes around eventually to a more or less rigourous determination of meaning, a determination of what meaning is, of what it shows itself to be within the disclosive opening of the fundamental-ontological project. The determination is carried out in reference to another determination already established at that point in the text, namely, of understanding as projection (*Verstehen als Entwurf*). Heidegger writes: "Meaning is that in which the understandability of something maintains itself [*Sinn ist das, worin sich Verständlichkeit von etwas hält*]" (*SZ* 151). [2] To inquire about the meaning of Being is, then, Heidegger adds, to inquire about Being itself insofar as it enters into *Verständlichkeit*, that is, into the domain of *Dasein*'s understanding. One could say, then, that meaning is a medium or space (*Worin*) and that, consequently, to establish imagination as the meaning of Being would require demonstrating that imagination is the medium in which the understanding of Being is maintained, the space of ontological understanding.

But how is it that understanding needs something like a medium or space? How does understanding expand into that space and maintain itself there? What is the character of its operation within that space? And how might imagination be supposed to function as such a space, as a medium of understanding?

Heidegger proceeds, almost immediately, to offer what appears to be a more precise determination: "Meaning is the upon-which of projection, from which something becomes understandable as something [*das Woraufhin des Entwurfs, aus dem her etwas als etwas verständlich wird*]" (*SZ* 151). This says: meaning is that upon which projective understanding projects, that horizon from which, then, something comes to be understood. Thus, to inquire about the meaning of Being is to inquire about that horizon upon which Being is projected and from which it is understood. It is to inquire about the horizon of ontological understanding.

But how, then, could imagination be supposed to function as such a horizon? Is it not proposed from the very beginning of *Being and Time* — as determining its interpretive fore-structure — that the meaning of

Being is *time*? Is it not precisely the task of Heidegger's project to carry
through, explicitly and at the level of conceptual understanding, that projection of Being upon time, that understanding of Being from time, that
has always already been operative preontologically and that has secretly
governed the entire history of ontology?

How, then, could *imagination* be supposed the meaning of Being?
Only insofar as imagination proves to be essentially linked to the horizon
of ontological understanding. Only insofar as it can be shown to bear on
the very constitution, the opening, of that horizon. In short, only insofar
as imagination turns out to be in some respect identical with time.

My concern is, then, to outline a series of sites at which such identity is
at issue, sites at which imagination is — though in quite different ways
and degrees — established as the meaning of Being. I shall consider four
such sites. The first is that of ancient ontology, as interpreted by Heidegger during the Marburg period. The second site is that of the *Critique of
Pure Reason*, specifically, of the transcendental schematism, again in the
interpretation developed in the Marburg period. The third site is constituted by Heidegger's *Wiederholung* of the Kantian schematism within the
project of fundamental ontology, specifically, as the problem of horizonal
schema. The fourth site is one that Heidegger did not himself delimit,
one that I shall attempt, in a very provisional manner, to expose by
following through — perhaps a bit more radically — some of the upheav-
als that Heidegger's thought began to undergo shortly after the publication of *Being and Time*. On this site virtually all the previously operative
identities of Heidegger's thought — one could indicate them by the following series: *Dasein*, time, imagination, truth — all these identities
come to be unsettled, their terms forced apart, everything radicalized and
in a very specific sense overturned. One of the questions that I shall want
to address concerns a certain effacement to which imagination is submitted in the Heideggerian text. I shall want to ask whether the question of
the meaning of Being — perhaps even in its very overturning — does not,
over against that effacement, broach a certain reinscription of imagination.

I

The first of the sites is succinctly outlined in *The Basic Problems of
Phenomenology*. In connection with his investigation of the thesis of
medieval ontology concerning essence and existence, the thesis that
essence and existence belong to the constitution of the Being of beings,
Heidegger undertakes to show how these concepts and this thesis derive

from a certain understanding of Being in ancient ontology. Central to this understanding of Being is a certain regress to the subject. Indeed, in the text of the Marburg period Heidegger maintains that throughout the history of ontology the understanding of Being proceeds by way of a certain regress to the subject. It is precisely by radicalizing such regress, by finally carrying it through in a fully explicit ontological manner, that fundamental ontology would bring the entire history of ontology to a decisive fulfillment. In other words, it is precisely Heidegger's insight into the central role played in the history of ontology by the regress to the subject that allows him to situate his project with respect to that history: "the ontology of *Dasein* represents the latent goal and constant and more or less evident demand of the whole development of Western philosophy" (*GP* 106/75).

In the case of what Heidegger calls, without further differentiation, Greek ontology, the relevant regress is to ποίησις (*Herstellen*, production), to the productive comportment of the τεχνίτης. Heidegger focuses on the way in which a certain kind of image functions within such comportment, an image sighted in advance, the anticipated look (*das vorweggenommene Aussehen*) of the thing to be produced. In production one has always already looked ahead to such an image so as then to be able to form the product according to the look thus anticipated. Such an anticipated look, Heidegger says, is precisely what the Greeks mean by εἶδος and ἰδέα. Thus, most remarkably, Heidegger can correlate εἶδος as image, with imagination:

> The anticipated look, the pre-image [*Vor-bild*] shows the thing as what it is before the production and as it is supposed to look as a product. The anticipated look has not yet been externalized as something formed, as actual, but rather is the image of imagination [*das Bild der Ein-bildung*], of φαντασία (*GP* 150/107).

Heidegger stresses that such imaginal sighting is not ancillary to production but rather belongs positively to its structure, indeed, constitutes the very center of that structure. Imagination thoroughly governs production.

It is, then, in reference to production as thus centered in such imaginal sighting that Being comes to be understood in Greek thought. The effect of this reference is to privilege such sighting, that is, to prescribe that the meaning of Being is to be determined in reference to it, that Being is such as to show itself to precisely such sight. It is thus that in Greek ontology Being comes to be determined as εἶδος, as the look of things prior to their actualization, the look anticipated in imagination.

To this extent, then, imagination proves to be the meaning of Being.

That is, as the anticipatory sighting of the εἶδος, imagination functions for the ancients as the horizon of ontological understanding, as that from which Being is understood, as that privileged operation in reference to which Being is determined as εἶδος. Being as εἶδος is precisely Being as anticipated in imagination prior to all actualization, prior to production in such a decisive sense that eventually such imaginal sighting can be regarded as quite separable from production and thus, as θεωρία, contrasted with ποίησις.

But what, then, about time as the meaning of Being? The way in which the imaginal character of the Greek determination of Being links up with the temporal character of that determination is indicated by the *anticipatory* character of the imaginal sighting, also by the *priority* that the anticipated look has with respect to all actualization, all production. In anticipatory imagination it is a matter of presenting the thing as it is prior to its being actually produced; as Heidegger notes, the anticipated look presents that which a being already was, τὸ τί ἦν εἶναι. It presents that which a being already was prior to *any* production, prior to *all* production — that is, as it *always* already was. Being as εἶδος is the absolutely prior, the absolute *a priori*, that which is earlier than every time.

Heidegger stresses repeatedly that the temporal character of the determination of Being remained largely unthought as such by the Greeks, the understanding of Being from time, by projection upon time, governing quite covertly the development of Greek ontology. They could not but have left still more unthought the connection of time to the other horizon that Heidegger shows to have been operative in the Greek determination of Being, the connection between time and imagination, their ontological identity.

Such is, then, the first of the sites, the site at which Being comes to be determined as εἶδος through regress to imagination as the central moment in production. Though the determination is equally temporal, the identity of the horizons, the identity of imagination and time, is left remote.

II

In that passage in *The Basic Problems of Phenomenology* in which Heidegger shows the Greek concept of production to be centered in imagination, he inserts a remark about Kant: "It is no accident that Kant... assigns to imagination a distinctive function in explaining the objectivity of knowledge" (*GP* 107/150). The first site, that of the ancient determination of Being, is thus linked to what I shall regard as the second, the

site circumscribed by the *Critique of Pure Reason* in that reading defini-
tively expressed in *Kant and the Problem of Metaphysics*. At this site the
identity of imagination and time will prove no longer to be left remote
and unthought.

There are several respects in which Heidegger finds in Kant — as he
was later to say in the 1973 Preface to the Fourth Edition of *Kant and the
Problem of Metaphysics* — an *advocate* (*Fürsprecher*) of the question of
Being. For instance, in Kant's thesis that Being is not a real predicate,
Heidegger finds a differentiation from which a reopening of the ontological difference can be carried out. Or, again, in Kant's determination of
the *personalitas moralis* in terms of respect (and as end in itself), along
with his demonstration in the paralogisms that the categories of nature
cannot legitimately be applied to the I of the "I think" — by these moves
Kant in effect withdraws the subject from its traditional ontological
determination as present-at-hand (*vorhanden*), thus drawing it toward
the threshold at which, as in *Being and Time*, the question of the Being of
the subject would be taken up anew beyond the limits of the ancient
understanding of Being (*GP* 177-209/125-147).

And yet, these moves stop short of that threshold — or, rather, all but
one of the Kantian moves remain enclosed by the ancient determination
of Being. The one exception, Kant's positive ontological contribution, is
the move concentrated in the Kantian schematism. The entirety of *Kant
and the Problem of Metaphysics* is organized around this move, the move
in which Kant becomes, for Heidegger, an advocate of the question of
Being, the move in which Kant comes to establish what Heidegger could
interpret as — to cite again the 1973 Preface — "a connection between
the problem of the categories, i.e., the traditional metaphysical problem
of Being, and the phenomenon of time" (*K* xiv). In the chapter on the
schematism — "those eleven pages of the *Critique of Pure Reason*,"
which, Heidegger says, "form the heart [*das Kernstück*] of the whole
comprehensive work" (*K* 86/94) — Kant broaches the question of the
connection of Being and time. He broaches a transgression of the ancient
determination of Being precisely by thinking that identity that the ancients left remote and unthought, the identity of time and imagination.

The transgression is presented as a *Grundlegung*, as a grounding of
metaphysics that would proceed by regress to the subject, by regress to
that understanding of Being that is prior to and makes possible all comportment to beings as such. Since Kant follows the tradition in regarding
such ontological knowledge as a matter of *a priori* synthetic judgment
and, hence, as a matter for pure reason, the Kantian *Grundlegung* takes
the form of a critique of pure reason. The forcefulness of Heidegger's
reading — I do not say, not yet, its violence — lies in the way in which it

activates the eccentric dynamics of the Kantian project; that is, Heidegger shows that the project of grounding metaphysics is precisely such as to distort itself into a transgression of metaphysics and that, correlatively, pure reason is distorted into transcendental imagination.

Let me recall, in the very briefest form, the five stages that Heidegger outlines in the Kantian *Grundlegung*. The first stage identifies the essential elements, the two stems, of ontological or pure knowledge: on the one side, pure intuition, the synoptic form of all empirical intuition, time the universal pure intuition; on the other side, the pure concepts of the understanding, those directive unities in reference to which all empirical acts of reflection must be carried out, the pure unities, therefore, presupposed by all empirical concepts such as might be operative in experience of objects. At the second stage the problem is, then, how these two elements, themselves already in a sense synthetic, are brought together. Whence arises the synthesis by which their unification is achieved? Heidegger cites Kant: "Synthesis in general... is the mere result of *imagination*, a blind but indispensable function of the soul, without which we should have no knowledge whatsoever but of which we are scarcely ever conscious" (*K* 59/66, citing *A* 73/B 105). It is a matter, then, at the third stage, of explicating the inner possibility of that pure, ontological synthesis by which would be constituted in advance of experience that horizon of objectivity, that understanding of the Being of objects, that would render experience possible. This explication becomes a matter of demonstrating the centrality of imagination in the pure synthesis, of tracing out in the two directions taken by the Transcendental Deduction (from above and from below) the way between pure understanding and empirical intuition, explicating specifically how the two paths cross in imagination.

The aim of the entire *Grundlegung* comes to be accomplished at the fourth stage, the fifth stage then serving only to appropriate explicitly what has been gained. At the fourth stage the question is, accordingly, one of *ground*, of the ground of the inner possibility of ontological knowledge or, as Heidegger also terms it, of transcendence. That ground proves to be *transcendental schematism*. This proof, the demonstration of transcendental schematism as the ground of ontological knowledge, is what constitutes for Heidegger the heart of Kant's work.

The demonstration begins by explicating the character that must be had by that horizon of objectivity that presents in advance the Being of objects and that constitutes the condition of the possibility of their being experienced as objects. In order that it be possible for objects to offer themselves to experience, the horizon must have a certain offertory character (*Angebotcharakter*). In turn, this character involves a certain perceptibility (*Vernehmbarkeit*), a certain intuitive or sensible character, which, however, as prior to experience of objects, must be in the order of *pure* intuition. It follows, then, that in the constitution of the horizon of objectivity the pure concepts, in which objectivity would be thought as such, must be made intuitive, sensibilized; they require a pure sensibilization. This takes place as schematism:

> Pure sensibilization takes place as a "schematism." In forming the schema [*Schema-bildend*] pure imagination provides in advance a view ("image") [*Anblick* (" *Bild*")] of the horizon of transcendence (*K* 88/96).

Such is, then, the ground: the forming of the schema by imagination.

Since it is not possible here to reconstitute Heidegger's intricate analysis of schematism, it must suffice merely to mention three main points that that analysis serves to establish. The first pertains to the general meaning of *sensibilization* or *schematism*, their meaning regardless of whether the operation is carried out at the empirical or the pure level. In every case it is an operation by which an image is procured for a concept. The point is that, since a concept can never be put into an image in the sense of a *representatio singularis*, since what is immediately intuitively viewed can never adequately present a general concept, the image of a concept must rather be such as to show how what is thought in the concept *looks in general*. Such an image Heidegger calls a *schema-image*. Sensibilization, schematism, procures for a concept a schema-image.

And yet, secondly, the schema-image is, strictly speaking, correlative not to a concept but to a schema. In this regard, Heidegger undertakes to expose in the Kantian analysis a fundamental reorientation with respect to the nature of conceptual representation. Essential to this reorientation is the recognition that in experience the concept is not intended in itself but only in its regulative function, only as regulating a certain unification, only as a rule. Yet, what is thus represented, a rule of unity in its way of ruling, is just the schema. Heidegger concludes:

> This means at the same time that beyond the representation of this regulating unity of the rule the concept is nothing. What in logic is termed a concept is grounded on the schema.... All conceptual representation is essentially schematism (*K* 95, 97/103, 106).

That operation within experience that was initially, preliminarily, assigned to thought is thus shifted toward imagination: the element of empirical generality in experience has now come to be located in the schema and its correlate the schema-image. The eccentric dynamics are thus set in play, and the distortion of reason into imagination is under way.

But then — to come to the third point — what about *transcendental schematism*? Here it is a matter of procuring an image for the pure concepts of the understanding, for those rules by means of which the horizon of objectivity is formed. Such an image not only must be, as in every case, a schema-image but also must be pure, absolutely prior to all appearance of objects. Heidegger cites Kant: "The pure image of... all objects of the senses in general [is] time" (*K* 100/108, citing *A* 142/B 182). Corresponding to the multiplicity of pure concepts, there is a multiplicity of ways in which the pure schema-image can be formed, a multiplicity of transcendental determinations of time. These forms are — again Heidegger citing Kant — a "transcendental product of the imagination" (101/109, citing *A* 142/B 181).

Heidegger's conclusion is, then, that the ground of the inner possibility of ontological knowledge lies in transcendental schematism, that is, in the imagination's forming of time as multiplicity of pure schema-images. In this conclusion — and indeed throughout most of Heidegger's analysis — one can thus gauge the extent to which Heidegger's interpretation of the Kantian schematism is a *Wiederholung* of that interpretation of ancient ontology given in *The Basic Problems of Phenomenology*. In both cases it is a matter of imagination's providing, in advance, as *a priori*, certain images, certain pre-views, anticipated looks; indeed in the analysis of schematism Heidegger introduces precisely the same terms as in the analysis of ancient ontology, viz., *Aussehen*, εἶδος, ἰδέα. The difference is that in the Kantian schematism the *a priori* character of the image, its purity, is determined by reference to time as pure form of all appearances. As a result it not only becomes possible, in the Kantian instance, to think through in a more positive way the connection between imagination and the images that it procures; but also, since those images are precisely time itself as variously formed or determined, it becomes possible to think what the ancients left quite unthought, the *identity* of imagination and time. One could perhaps even venture to say that in the schematism Kant thinks the connection between Being and time precisely by thinking the identity of time and imagination.

Such is, then, the second of the sites, the site of trancendental schematism, the site at which the horizon of objectivity is formed as multiplicity of pure schema-images, the site at which Being is constituted in and through the imagination's determining of time — in short, the site at which Being is determined as time and as correlate of imagination.

III

Though the entirety of *Kant and the Problem of Metaphysics* is organized
around the interpretation of transcendental schematism as the outcome
of the Kantian *Grundlegung*, that interpretation is by no means the cul-
mination of Heidegger's text but rather, within the structure of that text,
serves as an opening onto a more originary dimension of the problematic. On the other hand, there can be little doubt but that in moving into
this originary dimension Heidegger approaches, if he does not indeed
transgress, the limits of what can with some legitimacy still be called the
Kantian problematic. In other words, he enters a dimension in which —
as he was later to say in the 1973 Preface — "Kant's question comes to
be subordinated to a *Fragestellung* that is foreign to it, even though con-
ditioning it?" (*K* xiv). In the terms already used in 1929, it becomes
much more decisively a matter of wresting from what Kant's words say
that which, on the other hand, they want to say (*was sie sagen wollen*), a
matter of such violence (*Gewalt*) as is necessary to expose the unsaid
(*K* 196/207).

Let me mention, ever so briefly, two of these moves at the limit that
are especially pertinent here. The first moves, in effect, from time as a
pure sequence of nows to that ecstatical-horizonal time that *Being and
Time* terms primordial temporality. Heidegger carries out the moves by
way of an interpretation of Kant's account of the threefold character of
synthesis, as synthesis of apprehension, of reproduction, and of recognition. The outcome of the interpretation is that the three phases of the
imaginal synthesis correspond to the three ecstases of primordial temporality, with which, therefore, imagination can be declared identical. Thus,
transcendental imagination can carry out the original forming of time as
the now-sequence precisely because it is identical with primordial temporality. Hence, in this move the identity of time and imagination is not
only thought but now thought precisely *as identity*.

The second of the moves carries through to the end the displacement
of intuition and of thought that is already under way in Heidegger's
interpretation of schematism, their displacement toward imagination.
Now it becomes virtually a matter of reduction, in Heidegger's words,
"nothing less than tracing pure intuition and pure thought back [*zurück-
führen*] to transcendental imagination" (*K* 133/145). It is through this
move that the Kantian *Grundlegung* distorts itself into a transgression,
that the laying of ground turns out to be the exposing of an abyss, in
the face of which Kant can only have retreated. Heidegger observes also
that through this move what has been called transcendental imagination
is transformed into something more original, so that, in his words,

"the designation 'imagination' becomes of itself inappropriate" (*K* 135/147).

Later I shall want to raise some questions about this effacement that *imagination* undergoes in the Heideggerian text. In any case, it is clear that the effacement is for the sake of *Dasein* and that with these moves Heidegger is already engaged quite decisively in what he finally, in the last of the four Sections of *Kant and the Problem of Metaphysics*, comes to call a *Wiederholung* of the Kantian *Grundlegung*.

It is precisely at this point that I would like to diverge from *Kant and the Problem of Metaphysics* in order to take up, not the massive *Wiederholung* of that final Section, which opens onto the entire analytic of *Dasein*, but rather a much more minute and controlled analysis which, though not explicitly designated as such, is, in effect, a *Wiederholung* of the Kantian problem of schematism. This *Wiederholung* traces out the third of the sites on which I have proposed to focus.

I am referring to Heidegger's development of the concept of horizonal schema. This concept is first introduced in section 69 c of *Being and Time*. At that point the ecstatic character of primordial temporality has already been established, and it is, then, a matter of limiting the centrifugal movement. The exstases, Heidegger says, are not simply raptures in which one would be carried away, enraptured, not simply *Entrückungen zu*:

> Rather, there belongs to each ecstasis a "whither" toward which one is carried away [*ein "Wohin" der Entrückung*]. This whither of the ecstases we call the horizonal schema (*SZ* 365).

A certain order of grounding is then outlined, though with only minimal development. The world, in its coherence with *Dasein*, is grounded on the horizonal character of temporality, and the unity of the world, its coherence as such, is grounded on the unity of the horizonal schemata. In turn, the unity of the horizonal schemata of the three ecstases is grounded in the ecstatic unity of temporality, in the unity of the ecstases.

In *Basic Problems of Phenomenology* Heidegger returns to the problem of the horizonal schemata and develops the problem not only more thoroughly but also at a more fundamental level of his project, namely, as a first incursion into the field of the problem of *Temporalität*, to which the missing Third Division of *Being and Time* (Part One) was to have been devoted. It is a matter, then, of developing an analysis sufficient to show how temporality (*Zeitlichkeit*) functions as that from which Being is understood, how time is the meaning of Being.

Here it must suffice merely to sketch the analysis in the very briefest

terms.³ The question of the understanding of Being is raised with reference to the equipmental context familiar from *Being and Time*: the question is that of how one has in advance an understanding of the Being of
equipment, that is, of *Zuhandenheit*, or, more generally, of what Heidegger now terms *Praesenz*. He focuses on a specific connection within the
structure of primordial temporality, a connection within the specific
ecstasis of the present that belongs to the temporality of circumspective
concern, viz., *Gegenwärtigung*. The question is, then, that of the connection between *Praesenz* and *Gegenwärtigung*. Heidegger states the connection thus: "*Gegenwärtigung*... projects that which is *gegenwärtigt*, that
which can possibly confront us in and for a present, *upon* something like
Praesenz" (*GP* 435/306). *Gegenwärtigung* is thus characterized as a projection and *Praesenz* as the upon-which of the projection.

It is at this point in the analysis that Heidegger introduces the concept
of horizonal schema as belonging to the structure of ecstatic temporality.
He identifies *Praesenz* as the horizonal schema of that mode of the present that is under consideration. Thus, the structure of temporality is
such as to include not only the ecstasis (in this case, *Gegenwärtigung*) but
also the horizonal schema (in this case, *Praesenz*). In the temporalizing
of the ecstasis, there is, then, a projecting upon the horizonal schema. In
other words, within the temporalizing of temporality there is a primordial projecting, what one could call, recalling the determination of understanding as projection, a kind of proto-understanding. Heidegger says:
"*Gegenwärtigung* is the ecstasis in the temporalizing of temporality that
understands itself as such upon *Praesenz*" (*GP* 435-36/306). Thus, it is
by way of this proto-understanding that, in advance of the encounter
with beings, one understands their Being, in this case, *Praesenz* or, more
specifically, *Zuhandenheit*. Heidegger says: "Accordingly, we understand
Being from the original horizonal schema of the ecstases of temporality"
(*GP* 436/307). Temporality (*Zeitlichkeit*) so regarded, that is, with regard to its inclusion of horizonal schemata in projection upon which a
proto-understanding of Being arises — this is what Heidegger designates
by the Latinate form *Temporalität*.

Now it is clear how Heidegger's analysis of *Temporalität* is a *Wiederholung* of the Kantian analysis of schematism. Just as Kant undertook, in
the concept of transcendental schema, to think the connection between
Being (in its traditional articulation according to the categories) and time;
so too Heidegger, through the concept of horizonal schema and of the
projection upon it in the temporalizing of temporality, undertakes to
think the connection between Being and time — but now in reference to
the more primordial, ecstatical-horizonal concept of time. Yet, it is — for
Heidegger even less than for Kant — no longer a matter of some kind of

reference of Being to time, of a kind of external projection of Being upon something other. Rather, it is a matter of an element within the structure of temporality, viz., the horizonal schema, that is identical with Being — or, rather, that is constituted as Being (in some more or less specific mode) in and through the projection, the proto-understanding, intrinsic to the temporalizing of temporality.

Such is, then, the third site, the site of proto-understanding, the site of the ecstatic projection upon the horizonal schema. In and through that projection the schema becomes, in the terms of Heidegger's reading of Kant, a pure *image* of Being, its schema-image. And indeed that projection is precisely what would have been, but no longer is, called *imagination*. Now the effacement is fully in force. Imagination will seldom again appear in the Heideggerian text, except in passages such as that in *The Origin of the Work of Art*, which serve in effect to enforce the effacement: "... it becomes questionable whether the essence of poetry, and this means at the same time the essence of projection, can be sufficiently thought from imagination [*von der Imagination und Einbildungs- kraft*]."[4]

IV

When in *Being and Time* Heidegger first introduces the concept of hori- zonal schema, he outlines, though only minimally develops, a rigorous order of grounding: world grounded on the horizonal schemata in their unity; this unity, in turn, grounded on the unity of the ecstases of tem- porality. On the other hand, when in *The Basic Problems of Phenomeno- logy* he returns to the problem of the horizonal schema, it appears that the order of grounding has become a bit less sure. Transcendence and world, as its correlate, are still emphatically referred to the ecstatic-hori- zonal unity of temporality as their ground. But the unity of the horizonal schemata is no longer referred to the unity of the ecstases as its ground; now Heidegger says only that to the unity of the ecstases there corre- sponds (*entspricht*) a unity of the schemata. It is as though there were both a centripetal unity, almost a center from which the ecstases would reach out and to which they would be regathered, *and* a centrifugal unity, the unity of the schemata that would form, as it were, a unitary horizon enclosing the field of the temporalizing of temporality. And it is as though both untities, that of the center and that of the limit were equally essential to the temporalizing of temporality.

In *The Metaphysical Foundations of Logic* (1928) Heidegger again takes up the problem of the horizonal schema. Here too one notices the same indecision with respect to the connection between the unity of the horizonal schemata and that of the ecstases of temporality: again it is declared a matter of the horizonal unity corresponding (*entsprechend*) to the ecstatic unity. But now one can also discern another development alongside this apparent indecision:

> The whole of these ways of being-carried-away [*Entrückungen*] does not center in something which would of itself lack any being-carried-away, something unecstatically present-at-hand [*vorhanden*] and which would be the common center for the onset and outlet [*Ansatz und Ausgang*] of the ecstases. Rather, the unity of the ecstases is itself ecstatic (M 268/207).

One cannot but read this passage as a further weakening of the centripetal unity, a further erosion of what in *Being and Time* was taken as the grounding unity, as the final term in the order of grounding proposed in that text. Temporality is being declared more radically ecstatic, which is to say more horizonal, more thoroughly governed, more limited, by the horizon than by any center from which the ecstases would proceed. Temporality is being submitted to a certain displacement. It is not, Heidegger now says, like "a living animal [that] can stretch out feelers in different directions and then retract them again" (*M* 268/207).

This peculiar displacement could be regarded as linked to another problem, a problem that might be raised regarding the other connection proposed in the order of grounding. Not that Heidegger *raises* a problem about the connection between world and temporality. On the contrary, he affirms the connection most emphatically, not only in *Being and Time* but also in *The Basic Problems of Phenomenology*: "The ecstatic character of time makes possible *Dasein*'s specific overstepping character [*Überschrittscharakter*], transcendence, and thus also world" (*GP* 428/302). In *The Metaphysical Foundations of Logic* he remains equally emphatic: "Time is essentially a self-opening and expanding [*Ent-spannen*] into a world" (*M* 271/210). And yet, in the 1928 text, there is a shift, which serves perhaps to signal that, despite the emphatic affirmation, something is problematic here. The shift is toward the horizonal limit of temporality — that is, what is said to ground transcendence is not temporality in general but the horizonal schemata in their unity, what Heidegger now calls the ecstematic unity of the horizon of temporality: this, he says, is "the temporal condition of the possibility of *world* and of world's essential belonging to transcendence..." (*M* 269-70/208). Now there is no longer even any mention of another, corresponding unity that would be linked to a center. It is as though temporality had to be made more horizonal, shifted toward its horizonal limits, in order to secure its grounding connection with the horizon of *Dasein*, the horizon of horizons, world.

One could read this series of shifts toward the horizon, this eccentricity operating in Heidegger's text, as signalling something utterly problematic. One could read it as a series of compensatory moves that, in the end, only serve to render more obtrusive and more problematic a difference for which no such compensation could suffice. The question would then be: Can the ecstasis of temporality, the standing-out toward future, having-been, and present, ever suffice to ground that other ecstasis in which *Dasein* stands out toward, transcends to, the world? Or, is there not an irreducible difference between temporality and transcendence? Previously one might have undertaken to thematize such a difference by reference to the internality of temporality in distinction from the externality of world. Heidegger is intent, of course, on cancelling any such opposition between inner and outer — and yet is that not precisely the question? Does not primordial temporality — precisely in its primordiality over against the time in which things come and go — does it not retain a trace of internality sufficient to constitute a gap separating it from world, a difference from transcendence?

The question could not be decided without examining carefully certain Heideggerian analyses that purport a kind of finality, most notably, the analysis in *Being and Time* of the self-interpretation of primordial temporality and — from the point of view of this question — the analysis in *The Basic Problems of Phenomenology* that was to have been a moment in the final move of the Heideggerian project, the regress to a proto-understanding within the very structure of temporality. Unless, of course, one wanted to leap ahead three decades to the lecture "Time and Being," in which Heidegger retracts the thesis that spatiality can be grounded in temporality.[5]

For in this connection one could not but raise again the question of spatiality, the question of the distinctive spatiality belonging to world and to transcendence, the question of a spatiality that would not be reducible to temporality, that indeed would mark, not to say constitute, the very excess of transcendence over temporality. How could such a question be raised? Certainly not within the project of fundamental ontology.

One could perhaps understand in this connection why in *The Metaphysical Foundations of Logic* Heidegger says that to take up the problem of space in a radical way would require the transition to a metontology of spatiality. This says: the question could be taken up radically only through the overturning, the *Umschlag*, the μεταβολή, from Being to beings as a whole (*das Seiende im Ganzen*) — the overturning of fundamental ontology into metontology.

Of course, Heidegger does not develop the metontology of spatiality in the 1928 text, nor, under that title at least, in any other published text. And though indeed the entire problematic of metontology remains undeveloped and presumably provisional, there are, nonetheless, certain indications of how, within metontology, transcendence could be thought in its difference from temporality, indications of a way of interpreting Being-in-the-world outside that fore-structure that would direct everything in advance toward an eventual grounding in temporality.

Suppose, for instance, that one were to read, in reference to this question, the following passage from *The Metaphysical Foundations of Logic*, in which Heidegger anticipates the issue of metontology by discussing what in Aristotle corresponds to it, viz., theology (θεολογική):

> Τὸ θεῖον means: what simply is [*das Seiende schlechthin*] — the heavens: the encompassing and overpowering, that under which and at which [*worunter und woran*] we are thrown, by which we are benumbed and overtaken, the overwhelming [*das Übermächtige*]. θεολογεῖν is a contemplation of the κόσμος.... Let us keep in mind that philosophy, as first philosophy, has a twofold character: it is knowledge of Being and knowledge of the overwhelming. (This twofold character corresponds to the twofold of existence and thrownness.) (*M* 13/11).

Could one not, starting from such an indication, propose, then, a redetermination of thrownness — or, rather, an overturning of the ontological concept of thrownness into a metontological concept. It would be a matter of overturning thrownness, thought as ecstasis of *Gewesenheit*, as coming back to one's having-been, of overturning it into thrownness as coming back under *das Übermächtige*.

One could thus begin to outline a site — and now the sense of site is no longer just metaphorical — a site at which transcendence would exceed temporality. That very excess is what would be traced by the overturning into metontology.

The question is whether imagination, which fundamental ontology has thought in its identity with temporality, to the point of effacement — whether imagination might not also be overturned onto this site. One might then undertake to reinscribe *imagination* by determining it, for instance, in correlation with what Heidegger explicates in *Kant and the Problem of Metaphysics* as the primary sense of *image* prior to its assimilation to the problem of transcendental schematism — viz., image as the manifest look of something which at the same time shows how such things look in general (see *K* 89-90/97-99). If the shining of that generality were sufficiently displaced from conceptuality, one could perhaps speak, as Heidegger does, of contemplation (*Betrachten*) of the κόσμος. One might also want to chart a certain course of imagination, following, for instance, certain moments of Kant's analysis of the sublime: a course such as that on which imagination, faced with sublime nature, strives to apprehend that magnitude or power that exceeds it; and, failing in its effort, is then thrown back upon itself in such a way as to make manifest that very excess of nature.[6]

But then — to conclude — what about imagination and the meaning of Being? Of course, it would still be necessary to say that time is the meaning of Being; for the very determination of meaning is governed by that of projection and thus by time as the original projection. But now the very question would be overturned into something other than the question of the meaning of Being, into a question which, even if bound to that question and accessible only through it, would nonetheless exceed it. Overturned imagination — its identity with time now disrupted — would be one way of thinking such excess.

Near the end of *The Metaphysical Foundations of Logic*, in the context of an explication of temporality as productive of world, Heidegger suddenly recalls the Kantian discovery of transcendental imagination:

> Kant, for the first time, came upon this primordial productivity of the "subject" in his doctrine of the transcendental productive imagination. He did not succeed, of course, in evaluating this knowledge in its radical consequences, by which he would have had to bring about the collapse of his own building by means of this new insight (*M* 272/210).

The Heideggerian case is of course different: the very plan for the demolition of the edifice of fundamental ontology is already sketched in this text. The question is only whether, in his case as in Kant's, imagination does not chart the way from ground to abyss.

NOTES

1. Edmund Husserl, *Ideen zu einer reinen Phänomenologie und phänomenologischen Philosophie*, Erstes Buch, ed. Walter Biemel (Den Haag: Martinus Nijhoff, 1950), p. 163.

2. References to the following texts by Heidegger will be given by designated abbreviations and page numbers; where only one page reference is given, it refers to the German text; otherwise to the German text and the English translation.

   GP *Die Grundprobleme der Phänomenologie*, Gesamtausgabe 24 (Frankfurt a.M.: Vittorio Klostermann, 1975). *The Basic Problems of Phenomenology*, tr. Albert Hofstadter (Bloomington: Indiana University Press, 1982).

K   *Kant und das Problem der Metaphysik*, 4th Edition (Frankfurt a.M.: Vittorio Klostermann, 1973). *Kant and the Problem of Metaphysics*, tr. James S. Churchill (Bloomington: Indiana University Press, 1962).

M   *Metaphysische Anfangsgründe der Logik*, Gesamtausgabe 26 (Frankfurt a.M.: Vittorio Klostermann, 1978). *The Metaphysical Foundations of Logic*, tr. Michael Heim (Bloomington: Indiana University Press, 1984).

SZ   *Sein und Zeit*, 9th Edition (Tübingen: Max Niemeyer Verlag, 1960).

3.   I deal with this analysis in somewhat greater detail in *Deliminations: Phenomenology and the End of Metaphysics* (Bloomington: Indiana University Press, 1986), chap. 10.

4.   *Holzwege*, 3rd Edition (Frankfurt a.M.: Vittorio Klostermann, 1957), p. 60. *Poetry, Language, Thought*, tr. Albert Hofstadter (New York: Harper & Row, 1971), pp. 72-3.

5.   *Zur Sache des Denkens* (Tübingen: Max Niemeyer Verlag, 1969), p. 24. *On Time and Being*, tr. Joan Stambaugh (New York: Harper & Row, 1972), p. 23.

6.   Reference is made here to the interpretation of the sublime that I have proposed in *Spacings — of Reason and Imagination* (Chicago: University of Chicago Press, 1987), chap. 4.

DOMINIQUE JANICAUD

Heidegger — Hegel: un "dialogue" impossible?

Avant même d'essayer d'expliquer et de justifier le titre donné à cette communication, un avertissement s'impose: cet exposé ne répondra sans doute pas *stricto sensu* au programme de ce colloque, s'il est vrai que l'accent doit y être mis sur l'enseignement de Marbourg et des années immédiatement postérieures. A la fois quant au thème et quant aux références, ces limites seront débordées. Le motif en est double: on y retrouve la dualité des textes et du thème. Les textes: à Marbourg, Heidegger a consacré des *séminaires* à Hegel (1925-26: *Hegel: Logik*; 1927: *Die Ontologie des Aristoteles und Hegels Logik*, sans compter deux autres séminaires où il a dû être également question de Hegel). Sans doute des notes manuscrites doivent-elles exister; mais la *Gesamtausgabe* en son volume 32 ne nous propose qu'un texte légèrement postérieur: des *Vorlesungen* tenues à Fribourg en 1930-31 sur *Hegels Phänomenologie des Geistes*. Il eût été possible de s'en tenir à ce volume qui offre — avec le § 82 de *Sein und Zeit* et les *Grundprobleme der Phänomenologie* professés à Marbourg durant l'été 1927[1] — assez de matière pour une communication. On ne l'a pas cru souhaitable, pour des raisons qui tiennent au contenu: d'une part, parce que ce volume bref et inachevé, qui offre un commentaire presque suivi des premières sections de la *Phénoménologie de l'esprit*, ne déploie pas dans toute son ampleur le débat avec Hegel — que des textes largement postérieurs vont au contraire développer et préciser magistralement; d'autre part, en raison d'un avertissement de Heidegger lui-même au § 4 de ce volume 32: "La *Phénoménologie* n'a rien à voir, ni dans son thème, ni dans son mode de traitement, et encore moins dans son questionnement fondamental et sa visée, avec une phénoménologie de la conscience, au sens actuel, c'est-à-dire au sens de Husserl..."[2]. Prenant garde à l'avertissement de Heidegger, il vaut donc mieux laisser de côté pour l'instant — quitte à y revenir — ce "faux ami" — la phénoménologie —, pour aborder de front la difficile question de la relation de la pensée de Heidegger à la philosophie de Hegel. Cette ques-

F. Volpi et al., Heidegger et l'idée de la phénoménologie. ISBN 90-247-3586-6.

tion a déjà été abondamment traitée, en premier lieu par Heidegger lui-même. C'est évidemment de ces textes heideggériens qu'il faudra partir; mais cela ne signifie pas que l'on doive s'en tenir à eux. En étudiant le dossier Heidegger-Hegel, on s'est jusqu'ici trop borné à se demander si Heidegger réussissait à se "libérer" de la pensée hégélienne, comme si le statut de celle-ci était définitivement acquis et classé. Or non seulement Heidegger n'a point traité Hegel comme un "chien crevé"[3]; il en a fait un partenaire de pensée dans une gigantomachie — toujours ouverte — autour de l'être. Il y a donc lieu de prendre Heidegger au mot et de redonner la parole à la pensée de Hegel: pensée encore vivante de ressources pensantes, défiant le flux du temps.

Il s'agit donc de tenter, par-dessus les années, un *dialogue*, non pas — évidemment — entre deux personnes qui n'ont plus elles-mêmes la parole et qui ne sont pas chronologiquement si éloignées l'une de l'autre (puisque cinquante-huit ans seulement séparent la mort de Hegel et la naissance de Heidegger). Mais il s'agit d'entreprendre un dialogue entre deux positions philosophiques cardinales, deux pensées essentielles. Au début de son *Nietzsche*, Heidegger écrit que "le nom du penseur intitule l'affaire de sa pensée"[4]. Il en est ainsi également pour Hegel, pour Heidegger lui-même.

Reste enfin à régler, avant de *commencer* vraiment, la question du dialogue et celle de ses règles. Chacun sait combien un dialogue authentique, et *a fortiori* philosophique, est difficile à ménager et à tenir: il y faut l'écoute de l'autre, la réplique, le développement d'une *sunousia*, comme Heidegger l'a signalé lui-même en citant Platon et sa *Lettre VII*[5]. Dans le cas présent, nous avons la chance de posséder l'amorce d'un dialogue avec Hegel, proposé comme tel par Heidegger au début de "La constitution onto-théo-logique de la métaphysique": "... nous avons essayé d'engager un dialogue avec Hegel" (*ein Gespräch mit Hegel zu beginnen*)[6]. Il est tout à fait logique de reprendre le propos de Heidegger et de voir comment il arrive à lancer le dialogue. Il faudra ensuite — faute de pouvoir donner la parole à Hegel lui-même dans une sorte de fantastique "dialogue des morts" — relire des textes hégéliens et y guetter accord ou discord: il s'agira de trouver une forme de réplique pensante où il soit bien question de la même *Sache*. N'anticipons pas sur l'issue de ce dialogue ni sur le devenir de sa règle: il y a toujours un élément dramatique dans un échange essentiel. Maintenons ce suspens.

Si ce suspens est intense, c'est que la possibilité même du dialogue paraît en péril — malgré les "bonnes intentions" affichées par Heidegger. Comment articuler un dialogue entre des positions philosophiques aussi diamétralement opposées sur l'être, le temps et l'histoire, la vérité, la philosophie elle-même? L'être, pour Hegel, est le concept le plus immédiat et abstrait, il est surmonté dès le début de la *Logique*; pour Heidegger, il s'impose — au contraire — comme ce qui mérite le plus d'être pensé. Pour Hegel, le temps n'est que "l'unité négative de l'extériorité"[7] et l'histoire s'avère le processus nécessaire de retour à soi de l'esprit; pour Heidegger, le temps est l'horizon transcendantal de la question de l'être; quant à l'histoire, elle se révèle une "libre suite" d'envois destinaux, sans aucune nécessité rationnelle. La vérité hégélienne est résultat spéculatif; la vérité, pour Heidegger, est *Unverborgenheit*. La philosophie hégélienne assume l'ambition fichtéenne de construire une *Wissenschaft*; Heidegger, en revanche, annonce que la philosophie doit "redescendre dans la pauvreté de son essence préalable"[8] : la philosophie comme métaphysique est dissociée de la pensée de (la vérité de) l'être.

Ce rappel permet de mesurer à nouveau l'enjeu: c'est un défi presque impossible, extrêmement difficile à tenir, que lance Heidegger en offrant "un dialogue avec Hegel". Raison de plus — soulignons-le — pour prendre Heidegger au mot et le suivre d'abord sur la voie qu'il propose. Nous intitulerons ce premier moment, celui de la *rétrocession*, terme que la suite permettra de justifier.

1. LA RÉTROCESSION

En premier lieu, un dialogue n'est possible que lorsque le partenaire est *reconnu*. Comment Hegel est-il reconnu par Heidegger? Plus radicalement encore que pour tout autre philosophe, les traits biographiques, psychologiques, stylistiques sont éliminés: par le nom de "Hegel", nous pensons à l'accomplissement (*Vollendung*) de la philosophie — dit Heidegger[9]. Puisque philosophie et métaphysique sont synonymes, il s'agit bien — avec Hegel — de l'accomplissement de la métaphysique occidentale, c'est-à-dire de l'expression, du développement complet et de l'épuisement de ses possibilités internes. Cependant, il y a un texte des *Vorträge und Aufsätze* où Heidegger précise que Hegel ne représente que le début de l'accomplissement, le fond devant être atteint par Nietzsche[10]. Comment régler cette difficulté? Le *Nietzsche* permet de comprendre que Hegel clôt l'époque de la philosophie moderne (caractérisée par la tension entre volonté et *cogitatio*) et qu'il est à ce titre *l'accomplissement thématique* de la métaphysique, accomplissement thématique sans renversement. Nietzsche, au contraire, par son entreprise de renversement du platonisme et de toutes les "valeurs" platonico-chrétiennes, prépare, avec le support de la volonté de puissance, une nouvelle époque de l'Occident, celle de la technique planétarisée.

Le terme *Vollendung* étant ainsi précisé (et ne devant pas être confondu avec une simple fin ou cessation, *Ende*, de l'activité philosophique), quelles sont les conditions du dialogue ouvert par Heidegger? A première vue, le "dialogue" proposé par "La constitution onto-théo-logique de la métaphysique" n'offre qu'une juxtaposition des points de vue ("Pour Hegel..."; "pour nous...") et particulièrement à propos de la troisième question ("Quel est là-bas et ici le caractère de ce dialogue?"). La réponse de Heidegger à cette troisième question est en effet: "Pour Hegel, le dialogue avec l'histoire passée de la philosophie a le caractère de l'*Aufhebung*, c'est-à-dire de la conception médiatisante au sens de la fondation absolue. Pour nous, le caractère du dialogue avec l'histoire de la pensée n'est plus l'*Aufhebung*, mais la démarche de recul (*der Schritt zurück*)"[11]. N'y a-t-il pas là comme l'enregistrement d'une opposition quasi factuelle et qui, tout en ayant le mérite pédagogique de la netteté, se réduit à une mise en contraste qui — même si elle n'est pas dialectisable (c'est-à-dire "récupérable" par l'adversaire hégélien) — ne paraît nullement faire l'effort de *comprendre* la dialectique spéculative, de la discuter ou de la réfuter? Juxtaposition n'est pas dialogue. Mais cette impression reste insuffisante; plus subtile, l'attitude de Heidegger répond à une véritable stratégie du dialogue, lequel est rendu possible par la prise en considération de l'affaire de la pensée (*die Sache des Denkens*) "Le dialogue avec un penseur ne peut traiter que de l'affaire de la pensée"[12]. Or, non seulement Heidegger fait l'effort de se porter vers l'enjeu de la pensée hégélienne et de la caractériser avec le plus grand scrupule ("Pour Hegel l'affaire de la pensée est: le penser en tant que tel")[13], mais il formule une exigence supplémentaire qui semble garantir encore plus solidement un authentique dialogue: "Si nous recherchons ainsi un dialogue pensant avec Hegel, alors nous devons parler avec lui non seulement du même enjeu (*Sache*), mais en parler de la même façon (*Weise*)"[14]. Heidegger précise aussitôt que le même n'est pas l'identique. Est-ce suffisant? Quelle est cette *Weise* commune? Cela est précisé peu après: c'est de penser l'enjeu en question historialement (*geschichtlich*)[15]. Nous avons donc un même enjeu (le penser comme tel) et une *prise* commune, cette façon de penser l'être en son histoire. Mais pourquoi la *Geschichte* plutôt qu'un des points essentiels relevés plus haut (la vérité, la philosophie)? Parce que reconnaître que l'enjeu hégélien a été historial, c'est déceler le dialogue que *Hegel lui-même a mené avec l'histoire de la pensée occidentale.* Le dialogue avec Hegel renvoie au dialogue *de* Hegel avec le passé de la philosophie[16]. Ce jeu de renvois, c'est le déploiement de la mêmeté d'une *Geschichtlichkeit* qui est la métaphysique et au sein de laquelle, à partir de laquelle, peuvent s'articuler des approches, des recueils différents de l'être.

Maintenant, ayant ainsi précisé l'effort herméneutique fait par Heidegger, nous sommes mieux en mesure de comprendre le *Schritt zurück*, cette démarche de recul placée en regard de l'*Aufhebung*. Elle ne constitue pas principalement un retrait *par rapport* à Hegel, mais plutôt dans *l'essentiel* de Hegel, ce qui, au sein de sa pensée, répond à l'injonction fondamentale de la métaphysique selon la modalité de son accomplissement historial. Il s'agit, par ce recul, non de déserter le lieu de la métaphysique occidentale (la pensée de la vérité de l'être), mais au contraire de l'assumer, de la réapproprier en son essence (*Wesen*): la différence comme telle, impensée par la métaphysique elle-même et pourtant logée en son cœur. Notons, en outre, que la métaphorisation spatiale qui met en regard un dépassement qui surmonte (*die Aufhebung*) et un recul qui redescend dans "l'essence préalable" (*der Schritt zurück*) ne porte pas Heidegger à faire mieux que Hegel sur son propre terrain (dépasser Hegel, ce serait encore hégélien), mais le conduit à compléter, approfondir la pensée de l'être de l'étant. La rétrocession a l'avantage de dire à la fois le recul et la restitution qui réapproprie. Le *Schritt zurück* ne pense pas contre l'*Aufhebung* ni surtout *mieux* qu'elle, il restitue à celle-ci la profondeur de champ qu'elle outrepasse d'emblée. Pressé de trouver la vérité de l'étant, le mouvement dialectique-spéculatif ne peut prêter attention à la différence ontologique comme telle : il vit d'elle, mais il l'omet d'emblée, parachevant ainsi l'oubli métaphysique de l'être. En effet, dans la Logique de l'essence, la différence comme telle retombe dans l'identité absolue[17] : il paraît impossible de s'y attarder, de la méditer pour elle-même. En pensant la vérité de l'être comme *processus*, c'est peut-être l'histoire que Hegel appauvrit, c'est peut-être l'époqualité elle-même qu'il doit mettre sous le joug d'une méthode universelle, ce qui *nivelle* la différence[18].

Dans la deuxième grande partie du séminaire sur "La constitution onto-théo-logique de la métaphysique", Heidegger semble presque oublier Hegel : il traite essentiellement de la structure onto-théo-logique de la métaphysique. En fait, il l'oublie si peu qu'il utilise la proposition spéculative : "Le commencement est résultat" pour lier l'être comme *Prius* absolu (Dieu) à l'entreprise de compréhension universelle et catégoriale (l'ontologie). La Logique de Hegel est donc réinterprétée comme une *onto-théo-logique* où se déploie la *structure* immanente à toute métaphysique. Nous trouvons ici l'acte final de la rétrocession : l'appropriation de Hegel (et pour Hegel) dans l'essence de la métaphysique se réalise dans la compréhension de la dialectique spéculative comme sommet de la structure onto-théo-logique : "Nous comprenons maintenant le terme de *Logique* au sens essentiel, qui inclut aussi le titre utilisé par Hegel…"[19]. Hegel n'est pas oublié; c'est l'inverse : l'oubli hégélien du site ontologique de la Différence est remémoré, de telle sorte que — par l'entremise de la *Geschichtlichkeit* — Hegel est sauvé d'une éternité abstraite et impensée, d'un processus excessivement automatique de "négation-surmontement", au profit d'une rétrocession de la profondeur énigmatique et destinale de l'unité de la pensée occidentale. Ainsi Heidegger a-t-il réussi (d'une manière qui passe littéralement l'entendement et ses représentations) le programme qu'il se fixait au début du séminaire en question : "Dans la mesure où la pensée de Hegel appartient à une époque de l'histoire (cela ne veut, bien entendu, pas dire au passé), nous cherchons à penser l'être pensé par Hegel, de la même manière, c'est-à-dire *geschichtlich*" [20].

Au-delà de la "performance", ne faut-il pas saluer la cohérence profonde, la réussite du projet initial, la captation de l'adversaire de pensée (celui que Heidegger a nommé son *Gegner*) dans les filets d'un dialogue où, en mettant ses pas dans les pas de Hegel, Heidegger lui a *rétrocédé* sa pensée avec un "supplément" non dialectisable, avec une différence dans la mêmeté — non réconciliable ?

Nous avons choisi "La constitution onto-théo-logique de la métaphysique", parce que sa rigueur elliptique et sa tenue nous ont paru exemplaires. Mais la même rétrocession s'inscrit dans les autres textes consacrés à Hegel : l'admirable "Hegels Begriff der Erfahrung" où l'entre-deux (*dia*) au sein duquel s'opère le dialogue entre la conscience naturelle et le savoir absolu s'éclaire à partir de l'entre-deux fondamental, la *skepsis*, regard sur l'absoluité de l'absolu (qui est *déjà* auprès de nous) [21] : ainsi la pensée de la *différence* ontologique restitue-t-elle toute sa dimension à cette expérience de la différence entre le présent et la présence, laquelle est l'expérience de la conscience et a pour autre nom "phénoménologie de l'esprit". Dans "Hegel et les Grecs", la discussion des interprétations hégéliennes des mots-clés de la philosophie grecque fait apparaître le caractère historial du dialogue ouvert par Hegel avec les fondateurs de la philosophie : le renversement du "pas encore" hégélien révèle que l'horizon de "l'universel abstrait" où Hegel croit pouvoir cantonner la pensée grecque recèle justement l'impensé de l'*Aletheïa* ; la "vérité" de la philosophie grecque ne réside pas seulement ni unilatéralement dans son dépassement dialectique par la subjectivité absolue, mais dans l'essence de la vérité elle-même, laquelle est immanente, mais reste inaperçue, dans le regard hégélien sertissant la Grèce en sa "beauté" [22].

Il serait possible de commenter chacune de ces références plus longuement. Mais l'ultime point qu'il faut marquer avant de "donner la parole" à Hegel est le suivant : pour l'essentiel, cette rétrocession si soigneuse et si attentive de la philosophie hégélienne à son site impensé n'a été permise que par une rupture, une déchirure fondamentale opérée par *Sein und Zeit* [23] et dont la fin du cours de 1930-31 sur la *Phénoménologie* rappelle le tranchant: "*Hegel* — l'être (infinité) est aussi l'essence du temps. *Nous* — le temps est l'essence originelle de l'être. Ce ne sont pas là deux thèses simplement contradictoires que l'on pourrait faire jouer l'une contre l'autre (*nicht einfach antithetisch gegeneinander ausspielbare Thesen*), mais essence (*Wesen*) signifie ici à chaque fois quelque chose de fondamentalement différent, précisément parce que l'être est compris autrement"[24]. Ainsi, dès les années 30 (et, semble-t-il, dès *Sein und Zeit*), Heidegger formule une pensée fondamentale qui est *grundverschieden* par rapport à Hegel et qui, en tant que *thèse*, est le contraire (*das Gegenteil*) de la pensée hégélienne (c'est l'expression que Heidegger emploie)[25]. Mais l'irréductibilité de cette différence radicale est d'abord *affirmée* avec toute la violence dont Heidegger est capable; ce n'est qu'ensuite et à partir de cette irréductibilité qu'en apparaît la raison et que l'intelligence en est développée dans la "rétrocession" de la vérité de la pensée hégélienne. La raison s'en éclaire particulièrement à partir de textes comme "La parole d'Anaximandre" ou le Protocole du séminaire sur "Zeit und Sein": les deux thèses sur l'être, celle de Hegel et celle de Heidegger, sont irréductibles l'une à l'autre, inconciliables (dialectiquement ou autrement), parce qu'elles correspondent toutes deux à des envois destinaux (*Schickungen*) différents: Hegel accomplit la "retenue éclaircissante" de l'être en son *épochè* moderne, Heidegger révèle l'époqualité elle-même en son indécision entre le Technique et "l'Hespérique"[26]; d'autre part, l'absolu hégélien est un *Ereignis*, mais sa mise en regard avec l'*Ereignis comme tel* fait apparaître que celui-ci est "fini", n'appartient plus à l'histoire de l'être et reste ouvert à d'autres envois pour l'instant impensables[27].

Il y a ainsi, dans ce jeu pour la "reconnaissance pensante", comme une lutte à mort où Heidegger fait irruption et réduit d'abord Hegel au silence en lui "disant" en substance (nous transposons une phrase du Protocole du séminaire sur "Zeit und Sein"): "En aucun cas, il n'y a chez vous de *Seinsfrage* et il ne peut y en avoir"[28]. Mais c'est justement à partir de la *Seinsfrage* que l'historialité des envois de l'être permet de relancer la question de *l'historicité des figures de l'être* et de situer la rétrocession de la métaphysique hégélienne au sein de la tâche plus ample de la *Verwindung* de la métaphysique comme telle.

Différence et mêmeté ayant été ainsi rappelées, la logique de notre propos (reprenant celle du propos heideggérien et la poussant jusqu'à ses ultimes conséquences) est de donner maintenant "la parole" aux textes hégéliens, afin que le dialogue ne soit pas seulement l'œuvre de l'un des interlocuteurs et que les "bonnes intentions" soient mises à l'épreuve.

2. LA CONTRADICTION

Ce moment est particulièrement délicat, en raison de la dissymétrie du dialogue : l'un des deux protagonistes — même s'il n'est plus parmi nous — a eu le dernier mot, au moins chronologiquement. C'est Heidegger qui a "mis en scène" le dialogue. Il faut tenir compte de ce fait ; mais cet obstacle n'est pas insurmontable, si l'on est conscient des limites herméneutiques suivantes : il serait non seulement illégitime, mais superflu, d'imaginer ce que Hegel *redivivus* dirait de Heidegger ; les textes de Hegel ne peuvent être que notre seul recours : voyons ce que leur reprise spéculative permet de penser des différents points soulevés précédemment.

Tout d'abord, sur les conditions du dialogue avec une autre pensée, le grand texte de référence — que cite Heidegger [29] — est évidemment le passage de la *Science de la Logique* sur la réfutation (*Widerlegung*) de Spinoza et de Kant [30] ; la principale formulation en est célèbre : "La réfutation authentique doit pénétrer dans la force de l'adversaire et s'installer dans le cercle de sa puissance" [31]. Il faut — ajoute Hegel — reconnaître d'abord le point de vue spinoziste de la substance comme nécessaire, pour — en un deuxième temps — élever ce point de vue à partir de lui-même (*aus sich selbst*) au point de vue supérieur, c'est-à-dire celui du concept qui se révèle comme le véritable "royaume de la liberté". Puisque Heidegger a puisé la règle du dialogue avec Hegel lui-même précisément dans cette prescription hégélienne, il n'y a là aucun désaccord — et pour cause ; effectivement, Heidegger part de la *force* de Hegel, sa *Sache selbst* : penser le penser comme tel et le penser dans sa relation essentielle à l'histoire (c'est-à-dire *geschichtlich*). Mais tout doit être réexaminé à propos du second temps : Heidegger tout à la fois applique le "programme" hégélien de la réfutation et y est totalement infidèle. La reprise se révèle une trahison : indissociablement l'une et l'autre. Heidegger, en effet, élève bien la métaphysique hégélienne à sa "vérité" (son *Wesenraum*), mais par un virage (tout à fait inattendu, au point de vue hégélien) vers l'impensé : "mais ce qui est déjà pensé prépare ce qui est encore impensé, lequel revient toujours à nouveau dans sa plénitude" [32]. Ce retour sur la pensée qui sépare le "déjà pensé" de "l'impensé" ne peut apparaître, du point de vue hégélien, que comme une *régression* dans la présomption abstraite que le Préalable est ontologiquement plus riche que le développement.

Cet accord formel qui se retourne en désaccord (sur le fond) est également patent à propos de l'histoire et de l'historicité : la *Geschichte* paraît être le terrain privilégié du dialogue, mais elle s'amincit en un moyen terme articiciel, si le devenir (le *Geschehen*) est sous-estimé au profit de l'envoi, c'est-à-dire de ce qui conditionne et (en un sens) prédétermine l'évolution dialectique. De même pour la position ultime de *Vollendung* reconnue à la métaphysique hégélienne [33], mais à propos de laquelle l'accord sur le mot *Vollendung* peut n'être qu'une homonymie et cacher un profond malentendu, puisque la *Vollendung* de la métaphysique entendue comme limitation destinale et épuisement de ses possibilités est un concept qui n'a pas de sens et ne peut en avoir dans le cadre des présuppositions hégéliennes.

On pourrait ainsi développer la critique hégélienne de Heidegger, que ce soit sur l'être, la vérité, l'histoire, la conception de la philosophie. Et c'est, d'ailleurs, ce que Heidegger ébauche lui-même, en grand seigneur, dans le Protocole du séminaire sur "Temps et être", en signalant que, du point de vue hégélien, l'analytique existentiale de *Sein und Zeit* en reste à l'être abstrait et indéterminé [34]. Cependant, si l'on reprend le jeu hégélien de la réfutation du point de vue même de Hegel — et pour relancer le dialogue —, il ne faut pas se borner à une redite des positions hégéliennes, mais repartir de ce qui fait la *force* de la thèse heideggérienne, puis en montrer l'unilatéralité et la surmonter à partir de ses propres positions.

La force de Heidegger est à rechercher en ce même lieu où se joue le "litige": la pensée. Au début de l'*Encyclopédie*, Hegel reconnaît que la rationalité du réel est la présupposition de la philosophie [35], mais il ne s'interroge pas sur ce qui peut advenir à la pensée *autrement*; il se contente de réfuter le scepticisme, dont il admet le caractère vertigineux [36]. De même, c'est un véritable *vacillement* abyssal qu'il décèle au commencement de la Logique, qui lance celle-ci et ne cesse de l'animer: la pensée comme telle peut ne pas se déterminer, elle sombre alors dans le gouffre de sa propre indétermination; ou encore: le devenir de l'être-néant peut être incessant: à chaque *Aufhebung* se perçoit le risque de ne pas réussir le saut, le risque qu'une position "tombe" dans son antithèse et réciproquement, sans réconciliation. Que l'espace de jeu des concepts fondamentaux de la métaphysique — et en particulier de l'être lui-même — soit et doive être sacrifié aux impératifs dynamiques du processus de connaissance et de détermination de l'effectivité, c'est ce qu'un hégélien peut admettre sans rien renier d'essentiel. Mais cela ne saurait rester pour lui qu'une concession, non constituer l'amorce d'un retournement qui mettrait tout en cause. Pourquoi cette impossibilité? Parce qu'en refusant la thèse hégélienne: "Die Wahrheit des Seins ist das Wesen" [37], Heidegger ne peut lui opposer qu'un recourbement quasi tautologique ("Die Wahrheit des Seins ist das Sein selbst") ou un renversement qui a les apparences d'une proposition spéculative — mais qui opère une démarche fondamentalement régressive ("L'essence de la vérité est la vérité de l'essence"). Cette régression au Préalable se condamne à l'abstraction en disjoignant la pensée (*der Gedanke* comme concrétion du retour sur soi de la pensée) en "déjà pensé" et en "impensé". Or il est impossible de justifier rationnellement cette notion d'*impensé* qui constitue le pivot du *Schritt zurück* et de la "rétrocession". En effet, si cet impensé n'est pas impensable (ce que n'a jamais prétendu Heidegger et qui serait, d'ailleurs, absurde), il *peut* être pensé. Mais pourquoi ne l'a-t-il pas été antérieurement, pourquoi ne l'est-il pas présentement? La seule réponse que Heidegger puisse donner à cette question est: l'impensé est tel en vertu de la *Not-wendigkeit* ou du *Geschick* de l'être même. Cette réponse n'est pas l'énoncé d'un argument: c'est un renvoi au destinal lui-même dans son implacabilité. Il y a bien une destination; elle réserve du possible, au-delà des désirs, des actions et de la psychologie des auteurs: Hegel et Heidegger ne sont pas en désaccord là-dessus; mais, alors que Hegel rend compte rationnellement de ce qui apparaissait d'abord comme le cours du *fatum*, Heidegger ne désamorce-t-il pas l'intelligence du destinal? Le caractère initial de la vérité de l'être, comme son *eschaton*, sont également soustraits à tout processus d'explication[38].

La disjonction de la pensée entre "déjà pensé" et "impensé" n'a donc d'autre justification que la *présomption* de l'époqualité de l'être, laquelle ne peut elle-même se justifier, mais renvoie à la *Verbergung* même de la vérité de l'être (ou de l'*Ereignis*). Le renvoi de l'être au temps, effectué dès *Sein und Zeit*, est complété par la renonciation à toute conceptualisation devant l'*événement* (*Ereignis*). Le destinal ne peut même plus *connaître* l'être; il ne peut que *survenir*; et son avent est "sans pourquoi", comme la rose d'Angelus Silesius.

Cette critique de l'époqualité se retourne ainsi en faveur des positions hégéliennes: si Heidegger reconnaît (en vertu de l'époqualité de l'être) que "la pensée de Hegel appartient à une époque de l'être[39], s'il reconnaît en même temps que cette appartenance ne consiste pas à réduire la pensée de Hegel à quelque chose de passé[40], si — en outre — l'histoire de la pensée n'est pas une succession mais une "libre suite", ne faut-il pas admettre que la *conceptualité* ait encore un avenir? Au demeurant, l'efficace des instruments méthodologiques et conceptuels de la modernité se déployant plus que jamais dans la techno-science, il paraît illogique de refuser au *Begreifen* (au niveau de la pensée) le champ qu'on lui reconnaît ouvert dans l'effectivité.

Enfin, mais cette conséquence plus générale n'est qu'un corrolaire: la pensée de l'être ne peut invalider la légitimité de la pensée de l'être de l'étant en sa relation avec l'étant (autrement dit: la tâche philosophique de rendre compte des étants à la lumière de leur être). Or, une philosophie dont la légitimité et la profondeur sont reconnues ne peut être elle-même, c'est-à-dire vivante, qu'en poursuivant la mise à l'épreuve de ses présuppositions — non comme corps de doctrine mort. Heidegger ne prend ses distances à l'égard de la pensée dialectique-spéculative qu'en invoquant une époqualité dont nous avons vu la fragilité. Bref, si le Système est trop sûr de ses résultats, de l'autre côté la voie de l'*impensé* s'expose sans doute à des risques excessifs. A ne cesser de préparer un événement improbable, la pensée ne s'en remet-elle pas à la contingence et ne renonce-t-elle pas à être pleinement elle-même?

Pour soutenir et conclure cette contradiction hégélienne envers Heidegger, il n'est sans doute rien de plus significatif que le retour aux textes. Il ne faut ni négliger ni majorer des citations hégéliennes qui sont antiheideggériennes avant la lettre; citons-en deux, pour mémoire: "La sagesse ne réside jamais dans le secret"[41] et "L'essence tout d'abord abritée et close de l'univers n'a aucune force pour résister au courage du connaître"[42]. Mais le texte qui paraît mériter surtout notre attention maintenant n'est ni polémique (avant la lettre) ni ponctuel: c'est le texte fondamental du début de la "Logique de l'essence" sur la vérité de l'être[43], lequel a dû faire l'objet de la plus scrupuleuse attention de la part de Heidegger. Après avoir écrit les phrases célèbres: "La vérité de l'être est l'essence. L'être est l'immédiat", Hegel ajoute: "Dans la mesure où le savoir veut connaître le vrai, ce que l'être est en et pour soi, il ne demeure pas auprès de l'immédiat et de ses déterminations, mais le traverse de part en part avec la présupposition que derrière cet être il y a encore quelque chose d'autre que cet être lui-même, que cet arrière-fond fait la vérité de l'être".

Ce texte résume le projet et le mouvement même de la philosophie; il est, en ce sens, irréfutable; Heidegger, au demeurant, ne prétend pas le réfuter. Hegel ne *dit* l'être comme immédiat que sous la supposition qu'on veuille connaître le vrai: cette supposition, soutenue par le projet de vérité, est déjà une marche (Hegel écrira le mot *Gang* quelques lignes plus bas), cette marche a déjà quitté l'être pur, elle a déjà discerné "quelque chose d'autre" que l'être. La connaissance qui est mouvement, "chemin du savoir", est un "savoir médiat": elle n'est pas plus inerte dans l'essence que l'être ne reste en soi à jamais inconnu. L'essence ne "commence" qu'en saisissant l'être comme autre: la sortie hors de l'être est son "chemin préparatoire", écrit Hegel, mais il corrige aussitôt: cette sortie, c'est plutôt "den Weg... des Hineingehens in dasselbe": c'est bien toujours de l'être qu'il s'agit, mais dans son savoir. C'est pourquoi Hegel pourra "conclure" provisoirement: "Mais cette démarche est le mouvement de l'être lui-même".

Qu'il ne puisse y avoir accession à l'essentiel que par un mouvement qui dégage l'être pur ou brut, qui s'en sépare et le révèle en même temps, c'est ce que la *Phénoménologie de l'esprit* dit en des termes légèrement différents; mais c'est déjà ce que *dit* la philosophie dès la conquête socratico-platonicienne de l'*eidos*. Il n'y a pas de vérité qui ne se fonde κατ' αυτό et donc forcément en un *Hintergrund*. Ce savoir, explique Hegel après Platon, est *Erinnerung*: intériorisation et souvenir, souvenir en tant qu'intériorisation de l'être lui-même. C'est ainsi que l'essence déploie ce que l'être est "zeitlos", libéré du temps: l'essence est ce que l'être a été, *id quod erat esse*. Il n'y a donc pas d'autre *vérité* de l'être (de l'étant), au sens propre, que la vérité métaphysique portée par Hegel à son déploiement.

Le moment hégélien de notre dialogue aboutit à ceci: réaffirmer la nécessité centrale et inéluctable de la métaphysique, rejeter la tentation heideggérienne vers le *présomptif* (ou l'affinement sémantique). Dans cette mesure, Heidegger ne peut être censé *refuser* la thèse hégélienne sur l'être: il ne peut la refuser, en tant qu'*elle exprime la vérité de la métaphysique*. Et Heidegger lui-même n'est-il pas excessivement sûr de lui, en plaçant son nom à côté de celui de Hegel, sa thèse *en face* de celle de Hegel: doit-on mettre sur le même plan *la thèse de la philosophie* et la mise en question (encore incertaine, fragile) de celle-ci? N'est-ce pas une opération artificielle, rhétorique, et qui court aussi le danger de faire apparaître Hegel et Heidegger comme deux subjectivités présentant chacune un "point de vue"? Or l'un et l'autre sont d'accord pour ne pas réduire *die Sache der Philosophie* à un affrontement de "visions du monde". La dissymétrie du dialogue s'est renversée: tout à l'heure, Heidegger semblait avoir le dernier mot; maintenant, Hegel parle du centre même de la philosophie qui a pour elle non seulement l'ancienneté, mais l'appareil de la rationalité, la maîtrise des choses et la conquête scientifique du monde — et qui a finalement les moyens conceptuels et argumentatifs de faire apparaître son "adversaire" d'un moment — fût-il actuel — comme marginal, en ce sens qu'il n'exprime peut-être que son opinion, sa présomption. En un jeu de mots, Hegel réduisait d'avance la portée de l'opinion: "Was ich *meine*, ist *mein*..."[44]. Heidegger n'a-t-il réussi qu'à faire valoir, avec un immense talent et une incroyable capacité de fascination, son "opinion"?

3. BILAN ET CONDITION DE POSSIBILITÉ DU DIALOGUE

Nous ne terminerons pas en *prenant parti* (ce qui ne serait pas à la mesure du débat), mais en essayant de tirer quelques leçons de cet affrontement, de notre propre tentative, et sur la portée d'un tel dialogue pour la pensée philosophique.

Première remarque: nous n'avons cherché à "ménager" ni Heidegger ni Hegel; le "combat" a été rude, sinon impitoyable: est-ce surprenant s'il s'agit d'une nouvelle gigantomachie? La gageure proposée par Heidegger a été relevée et il est apparu qu'elle ne tourne pas forcément au "profit" exclusif de Heidegger lui-même: n'est-ce point le risque propre au dialogue qui est ainsi assumé?

Ceci conduit à une seconde remarque: nous avions cru le dialogue impossible; puis. l'ayant admis possible, il était apparu hypothéqué par la générosité herméneutique heideggérienne (inévitablement ambiguë); finalement, ce dialogue se révèle tendu, indécidé, encore ouvert.

Il faut, en troisième lieu, approfondir ces remarques sur ce que représente le dialogue en philosophie, pour Hegel et pour Heidegger.

La méthode dialectique-spéculative vit de la contradiction surmontée: Hegel ne devrait-il pas être, par conséquent, le philosophe par excellence du dialogue? En fait, méfiant à l'égard de tout bavardage, critique sur les aspects purement rhétoriques de la philosophie grecque, des Sophistes à Socrate et Platon, n'ayant lui-même écrit aucun dialogue et considérant que ce genre littéraire ne peut être qu'ennuyeux chez les Modernes, Hegel a posé des conditions strictes pour qu'un dialogue s'élève au spéculatif: il faut que s'y opère un *Wendungspunkt* [45], autodétermination de la négativité. Sinon, on en reste au "négativement dialectique", à la misologie. Comment apprécier, de ce point de vue, le dialogue avec Heidegger? Force est de constater qu'il ne se loge sous aucune des déterminations hégéliennes. Les concepts *manquent* pour penser cet affrontement.

Heidegger pense différemment le dialogue et l'appréciation sur celui-ci ne peut qu'être différente. L'expérience de la pensée implique le risque d'errance ("Qui pense grandement erre grandement") et, par suite, le dialogue entre penseurs essentiels est saisi par Heidegger comme une sorte de "lutte amoureuse" où les "simples adversaires" (*blosse Gegner*) deviennent des contradicteurs (*Widersacher*) [46]. Ainsi le dialogue avec Descartes, Platon, Kant, Nietzsche, provoque-t-il un débat difficile et conflictuel avec leur *impensé*. On le voit aussi dans le dialogue avec le Japonais: le dialogue authentique — selon Heidegger — est le lieu du *danger*. Danger du malentendu et/ou de l'assimilation. Hegel n'est pas, tel le Comte Kuki, l'Autre dans son vêtement resplendissant: le danger est inverse; c'est celui de l'"évidence" du mode de penser de la métaphysique occidentale. Peut-être Hegel en sa souveraineté risque-t-il de faire apparaître toute pensée "autre" comme "quelque chose d'indéterminé ou de fuyant"? Tel est précisément le danger auquel le Japonais voit exposé le *Dasein* oriental "par l'empire du conceptuel" [47]. Or le dialogue de Heidegger avec Hegel permet de faire se déployer une manière de penser et une langue dont le *contraste* (par rapport à Hegel) fait apparaître aussi nettement que possible le caractère *questionnant*: la conclusion de "La constitution onto-théo-logique de la métaphysique" est particulièrement interrogative et précautionneuse. Un hégélien constatera que les considérations sur l'*Überkommnis des Seins* et l'*Austrag* sont intraduisibles dans le langage du concept; mais il ne lui est pas interdit d'admettre et même d'approuver (en principe) la phrase finale: "Personne ne peut savoir si, quand, où et comment cette démarche de pensée se déploiera en un chemin propre (exigé par l'événement), en une démarche et une construction de chemins"[48]. Enfin, ce texte — et par conséquent l'essai de dialogue avec Hegel qui en constituait la substance — se termine par la remarque que: "Le difficile repose dans la langue. Nos langues occidentales sont, chacune de manière différente, des langues de la pensée métaphysique"[49]. Le dialogue avec le penseur du concept, loin d'être repris dans le jeu dialectique (fût-ce par le piège d'un renversement qui se trouverait "récupéré" en antithèse dialectique), loin d'être remis dans l'axe de l'universel, dénude les limites langagières de toute métaphysique: le destinal, alors, ce sont les mots lourds d'une portée immémoriale. Pour Hegel, le langage est le produit de la pensée, non l'inverse; mais paradoxalement, c'est le langage qui donne finalement — d'après Heidegger — un avantage insoupçonné et involontaire au métaphysicien Hegel, lors même qu'il ne s'en réclame point. Cet "avantage", c'est, malgré tout, particulièrement, malgré la difficulté de certains textes, celui de la compréhension et de la sûreté que procure le règne de la "métaphysique achevée". Nous y revenons: de l'aveu de Heidegger lui-même, l'époque de Hegel n'est pas close — même si la "pensée de pointe" a le "droit" (c'est-à-dire la possibilité enrichissante) de pousser des reconnaissances vers "autre chose".

Si le dialogue s'est déployé en cette divergence sur sa nature même, c'est — il faut le redire — grâce à l'immense effort fait par Heidegger pour reconnaître la stature de celui qu'il nomme "le seul penseur de l'Occident qui ait fait l'expérience pensante de l'histoire de la pensée"[50]. Nous avons compris cet effort comme "rétrocession". Mais il n'est peut-être pas trop tard pour faire place à un soupçon exprimé par Michel Haar[51]: la pensée heideggérienne ne se rattache-t-elle pas toujours à l'héritage hégélien?[52] N'y aurait-il pas un hégélianisme de l'histoire de l'être? Dans cette perspective, Heidegger se rapprocherait de Hegel par les trois principaux traits suivants: la pensée fidèle est mémoire intériorisée du passé essentiel (*das Gewesene*); l'enchaînement des époques de l'être obéit à une nécessité inflexible et quasi cumulative; enfin, l'eschatologie de l'histoire de l'être suggère "l'idée d'un rassemblement final... du processus historial tout entier en une ultime figure"[53].

S'il n'est pas possible de discuter cet article en détail, comme il le mériterait, signalons du moins quelques "points sensibles" qui nous aideront à conclure.

Il est vrai que le rapprochement maximal entre Heidegger et Hegel semble pouvoir s'opérer sur la question de l'histoire de l'être, dans la mesure où Heidegger présume un lien entre l'époqualité de l'être et celle de l'histoire[54]. Il ne faut cependant pas oublier, du côté de Hegel, que celui-ci n'est pas un penseur de l'histoire pour elle-même, mais comme retour de l'esprit à soi et en fonction de son éternité ("*...die Philosophie soll keine Erzählung dessen sein, was geschieht, sondern eine Erkenntnis dessen, was wahr darin ist*"[55]; du côté de Heidegger, il faut prendre garde que chaque rapprochement avec Hegel cache un éloignement, puisque — comme le reconnaît Michel Haar — "Heidegger n'accepte ni la dialectique de l'Esprit, ni la rationalité du réel, ni la téléologie du savoir"[56]. Ce n'est donc pas parce que Heidegger a déplacé certains concepts hégéliens que l'on peut aller jusqu'à le taxer d'une "réédition — plus prudente peut-être — de l'idéalisme hégélien"[57].

Si Heidegger est "hégélien", ce n'est pas sur le terrain où l'on s'y attendait forcément: c'est moins dans sa conception générale de l'histoire de l'être que dans sa compréhension de *l'époque présente*. Il y a un moment révélateur du volume 32 de la *Gesamtausgabe* où, pour expliquer les limitations de la métaphysique hégélienne, Heidegger reprend à son compte le concept de *Weltgeist* et reconnaît sa "puissance"[58]. Plus généralement, il caractérise à maintes reprises l'époque présente comme époque de la technique planétaire; tout se passe alors comme si l'époque technicienne s'unifiait autour de son principe — le *Gestell* —, de telle façon qu'elle ne pût en être jusqu'au bout que l'expression selon une implacable nécessité. Heidegger accorde peut-être alors trop à l'essence de la technique moderne, principiellement plus — en tout cas — qu'une enquête prudemment phénoménologique ne permettrait de l'inférer[59].

Mais le point le plus secret de la proximité avec Hegel (malgré toutes les différences relevées et non sans la tension d'une divergence fondamentale) se cache peut-être dans ce frôlement qui se produit à propos de la phénoménologie et auquel nous espérons qu'il n'est pas trop tard pour revenir. Si nous reprenons la phrase citée au début de cet exposé, où Heidegger mettait en garde ses étudiants contre tout rapprochement entre la phénoménologie de Hegel et celle de Husserl, nous devons noter une omission capitale: il n'y est pas question de la phénoménologie au sens de l'ontologie fondamentale de Heidegger lui-même. Dans un autre passage du cours, Heidegger précise que: "dans la conception *hégélienne* de la Phénoménologie de l'esprit, l'esprit n'est point *objet* d'une phénoménologie, ni "phénoménologie" le titre d'une recherche et d'une science *sur* quelque chose, l'esprit par exemple, mais la Phénoménologie est *la* modalité (et non pas seulement un mode parmi d'autres) suivant laquelle *est* l'esprit lui-même. Phénoménologie de l'esprit signifie *das eigentliche und ganze Auftreten des Geistes* (la présentation appropriée et totale de l'esprit)"[60]. Loin d'objectiver l'esprit et de le placer comme à distance de lui-même à côté d'autres objets, la phénoménologie hégélienne est "science de l'expérience de la conscience" (du moins en sa première grande moitié) et se trouve elle-même impliquée dans cette expérience. Elle doit être comprise, précise Heidegger, comme *die Selbstdarstellung der Vernunft* (l'auto-présentation de la raison)[61].

Si l'on réfléchit, tout est dit dans ce mot, *Selbstdarstellung*. Tout, c'est-à-dire: tout ce qui concerne la condition même de possibilité du dialogue Heidegger-Hegel. La *Darstellung* dit la monstration du phénomène que la *Phénoménologie de l'esprit* ne déduit pas, mais *montre* dans l'immanence d'une conscience qui se détache de sa visée pour la comprendre. La Phénoménologie est "présentation du savoir apparaissant", comme le dit Heidegger dans "Le concept hégélien d'expérience"[62]. Non seulement cette monstration a quelque chose à voir avec l'idée de phénoménologie comme telle, mais elle correspond à l'esprit de la "méthode phénoménologique" exposée au § 7 de *Sein und Zeit*. Nous retrouvons alors, presque mot pour mot, pour caractériser la *méthode heideggérienne*, les expressions que Heidegger utilisera pour opposer la phénoménologie hégélienne à son homonyme husserlien: "L'expression *phénoménologie* signifie originairement un concept de méthode (*Methodenbegriff*). Elle ne caractérise pas la quiddité substantielle (*Was*) des objets de la recherche philosophique, mais leur *comment* (*Wie*)"[63].

Mais le phénomène, dira-t-on, est radicalement différent dans les deux cas: chez Hegel, c'est le savoir rationnel qui se révèle progressivement; chez Heidegger, le *Dasein*. Sans doute; cependant, regardons-y à nouveau de plus près, du point de vue de la définition du phénomène, comme ensuite de son "contenu". Qu'est-ce qu'être phénomène, pour Hegel? Heidegger répond dans son cours sur la *Phénoménologie de l'esprit*: "Etre phénomène (*Phänomensein*), apparaître (*Erscheinen*), cela veut dire se présenter (*auftreten*), et se présenter de telle manière que se montre (*sich zeigt*) quelque chose d'autre vis-à-vis de ce qui précédait, de telle manière que l'apparaissant entre en scène *contre* cette figure antérieure qui, alors, sombre dans l'apparence (*Schein*)"[64]. Qu'est-ce que le phénomène, pour le Heidegger de *Sein und Zeit*? Le phénomène, répond le § 7 A, est le "se-montrer-en-soi-même" (*das Sich-an-ihm-selbst-zeigen*), différencié à la fois de l'apparition (*Erscheinung*), rapport de renvoi au sein de l'étant, et de l'apparence (*Schein*): l'apparition et l'apparence sont "elles-mêmes diversement fondées dans le phénomène", précise Heidegger. Le phénomène est donc, des deux côtés, cette monstration différenciante (ou encore cette "scission" dans la relation à soi)[65] à partir de laquelle se déploie la "chose même".

Venons-en donc à cette "chose même", ce contenu, le *Selbst* de la *Selbstdarstellung*. Ne s'agit-il pas, chez Hegel, à travers la conscience, puis la conscience de soi, la raison, de *l'absolu*? Du côté de Heidegger, ne s'agit-il pas — tout différemment — du *selbst* de l'autocompréhension du *Dasein*, lequel déplie la circularité herméneutique de son être jusqu'à recueillir l'être même en sa différence fondamentale? Là encore, les choses sont plus complexes; nous défiant de toute assimilation abusive ou d'un comparatisme hâtif, nous devons cependant prêter attention à ceci: la thèse constamment affirmée par Heidegger (aussi bien dans le cours de 1930 que dans "Hegels Begriff"), c'est que la *Phénoménologie* (comme, d'ailleurs, la *Logique*) recueille l'être de l'étant: la connaissance absolue est "ontothéologie", affirme déjà Heidegger au § 10 de son cours, trente ans avant la conférence sur "La constitution onto-théo-logique de la métaphysique"[66]. Or, de quoi s'agit-il fondamentalement, dans *Etre et temps*, au cœur du questionnement du *Dasein* par lui-même? Réponse dès la p. 1: "Il s'agit de poser à neuf *la question du sens de l'être*". Et dès la p. 2, Hegel est nommé: "Ce que les deux penseurs (Platon et Aristote) avaient compris s'est maintenu, au prix de diverses déviations et "surcharges", jusque dans la *Logique de Hegel*".

Nous avons bien affaire au Même, la question de l'être, et d'une *façon*, avec une méthode, qui se laisse totalement transformer et impliquer par cette "chose même": l'être. En d'autres termes, nous avons bien affaire à l'ontologie, la grande et la seule ontologie qui relève le défi grec, et cette ontologie est phénoménologique — dans *Sein und Zeit* comme dans la *Phénoménologie* en tant que "science de l'expérience de la conscience". Nous comprenons mieux maintenant l'extraordinaire impression d'intimité (pensante et critique à la fois) que laisse la lecture de "Hegels Begriff", débusquant dans l'introduction à la *Phénoménologie* le "double *dia* du double *legestai*", le jeu de la différence ontologique dans la dialectique de la conscience[67]. Inversement, la lecture ontologique de la phénoménologie hégélienne peut être croisée par une lecture phénoménologique (au sens hégélien) d'*Etre et temps*: même si l'on n'y trouve pas de progression dialectique, la critique de la quotidienneté et du "on" est bien une critique de la "conscience naturelle" et de ses certitudes; si l'être, à l'instar de l'absolu, est déjà auprès de nous dans la précompréhension ontologique, il faut que sa vérité soit thématisée dans le souci et assumée dans la résolution. Le *Seinkönnen* ne se livre pas plus immédiatement que dans la Phénoménologie hégélienne, mais c'est par un *diakrinein*, partant de sa phénoménalité immédiate pour atteindre sa phénoménalité comme telle, que le *Dasein*, comme la conscience dialectique, fait tout un chemin, tout un apprentissage du regard, afin de conquérir ce qui lui est le plus propre.

Le dialogue avec Hegel est alors saisi en sa condition de possibilité comme dialogue avec *un possible fondamental de l'ontologie*, en tant qu'*autoprésentation de la vérité de l'être*, annonçant ce qui — à la suite du "tournant" — sera nommé *Verwindung* de la métaphysique. C'est l'apprentissage de la patiente redomiciliation de la métaphysique en son essence impensée.

Ce fil d'Ariane de l'appropriation (qui dessine à la fois la "chose même" et le dialogue qui la présente) permet de suivre la continuité du cheminement heideggérien dans sa fidélité à la grande tradition métaphysique dont Hegel est l'accomplissement moderne. La circularité spéculative est reprise et approfondie en circularité herméneutique.

C'est, d'ailleurs, sur ce terrain d'une phénoménologie de la rationalité, où la *question* de l'être se lie — en situation de contiguïté — avec une auto-explication de l'appropriation rationnelle, qu'il y a encore à découvrir et à méditer.

Que l'être soit infini ou fini, que le concept soit la puissance du temps ou l'inverse [68], son appropriation se conquiert: c'est un chemin, une expérience. C'est pourquoi — une fois déconstruite la phénoménologie comme eidétique —, la phénoménologie (en tant que pensée *interrogeant* le phénomène et sa phénoménalité) est toujours une *tâche*.

NOTES

1. Parmi les assez nombreuses allusions des *Grundprobleme* à Hegel, les deux plus significatives paraissent se contredire: "Le dépassement (*Überwindung*) de Hegel est le pas nécessaire qui doit être fait de l'intérieur dans le développement de la philosophie occidentale, si tant est qu'il soit souhaitable que celle-ci reste en vie" (*GA* 24, p. 254). Mais on lit d'autre part (passage qui nous a été signalé par Michel Haar): "Hegel a vu tout ce qu'il était possible de voir..." (*ibid.*, p. 400). En fait, ces deux propositions ne sont pas incompatibles: le contexte de la dernière citation permet d'en préciser le sens et de dénouer l'apparente contradiction. Hegel a porté à l'achèvement les présuppositions du platonisme, mais il reste à comprendre la finité (*Endlichkeit*) du Système, en repartant du "centre radical de la philosophie" comme telle (*ibid.*). Il ne s'agit pas d'outrepasser Hegel sur son propre terrain, mais de le "dépasser" en permettant à sa philosophie "d'advenir à soi-même" (*zu sich selbst zu kommen*). La problématique ultérieure est déjà présente *in ovo*, mais de manière particulièrement elliptique, du fait surtout que "l'ontologie fondamentale" est encore pensée comme un approfondissement de la philosophie. La *Kehre* permettra de détacher explicitement la *pensée* comme telle de la philosophie (ou métaphysique).

2. M. Heidegger, *GA* 32, p. 40; *La "Phénoménologie de l'esprit" de Hegel*, trad. E. Martineau, Paris, Gallimard, 1984, p. 64.

3. Hommage est rendu à Hegel dès *Die Kategorien- und Bedeutungslehre des Duns Scotus* (1915): voir *GA* 1, pp. 380, 411.

4. M. Heidegger, *Nietzsche*, Pfullingen, Neske, 1961, I, p. 9.

5. Voir M. Heidegger, *Lettre sur l'humanisme*, trad. R. Munier, Paris, Aubier, 1957, p. 180.

6. M. Heidegger, "Die onto-theo-logische Verfassung der Metaphysik", *Identität und Differenz*, Pfullingen, Neske, 1957, p. 37.

7. Hegel, *Enzyklopädie*, § 258.

8. Voir Heidegger, *Lettre sur l'humanisme, op. cit.,* p. 166.

9. *Id.,* "Hegel und die Griechen", in *Die Gegenwart der Griechen im neueren Denken*, Tübingen, Mohr, 1960, p. 43.

10. "Die Vollendung der Metaphysik beginnt mit Hegels Metaphysik des absoluten Wissens als des Willens des Geistes" (Heidegger, *Vorträge und Aufsätze*, Pfullingen, Neske, 1954, p. 76).

11. Heidegger, *Identität und Differenz, op. cit.,* p. 45.

12. *Id., ibid.,* p. 37.

13. *Id., ibid.*

14. *Id., ibid.,* p. 41.

15. *Id., ibid.*

16. Voir *Id., ibid.,* p. 39.

17. Hegel, *Wissenschaft der Logik*, Hamburg, Meiner, 1934, II, p. 32-34.

18. Voir Heidegger, *Holzwege*, Frankfurt, Klostermann, 1957, p. 161. Sur la confrontation Heidegger-Hegel en ce qui concerne la *différence*, voir le § IV des "Heideggeriana" *in* D. Janicaud et F. Mattéi, *La métaphysique à la limite*, Paris, PUF, 1983, pp. 28-32.

19. Heidegger, *Identität und Differenz, op. cit.,* p. 56.

20. *Id., ibid.,* p. 41.

21 *Id., Holzwege, op. cit.,* p. 177.

22. *Id.,* "Hegel und die Griechen", *op. cit., passim.*

23. Cette rupture s'effectue et s'explicite au § 82 de *Sein und Zeit*.

24. Heidegger, *GA* 32, p. 211.

25. *Id., ibid.,* p. 209.

26. *Id., Holzwege, op. cit.,* pp. 310-311.

27. *Id., Zur Sache des Denkens*, Tübingen, Niemeyer, 1969, p. 53.

28. *Id., ibid.*

29. *Id., Identität und Differenz, op. cit.,* pp. 43-44.

30. Hegel, *Wissenschaft der Logik, op. cit.,* II, pp. 217 *sq.*

31. "Die wahrhafte Widerlegung muss in die Kraft des Gegners eingehen und sich in dem Umkreis seiner Stärke stellen" (Hegel, *Wissenschaft der Logik, op. cit.,* II, p. 218).

32. Heidegger, *Identität und Differenz, op. cit.,* p. 44.

33. Hegel écrit: "Nur in seiner Vollendung ist es das Absolute" (*Wissenschaft der Logik, op. cit.,* II, p. 490).

34. Voir Heidegger, *Zur Sache des Denkens, op. cit.,* p. 52.

35. Hegel, *Enzyklopädie*, § 1, en particulier la dernière phrase: "La difficulté de *commencer* vient en même temps du fait qu'un commencement en tant qu'*immédiat* fait présupposition ou plutôt en est lui-même une telle". Voir aussi *ibid.,* p. 6.

36. Sur la portée spéculative du "scepticisme authentique", voir Hegel, *La relation du scepticisme avec la philosophie*, trad. Fauquet, Paris, Vrin, 1972, p. 35 *sq.*

37. Voir Hegel, *Wissenschaft der Logik, op. cit.,* II, p. 3.

38. Sur les relations complexes entre la pensée hégélienne du destin, ses déterminations rationnelles et son "impensé", voir notre thèse, *Hegel et le destin de la Grèce*, Paris, Vrin, 1975, p. 317 *sq.*

39. Voir Heidegger, *Identität und Differenz, op. cit.*, p. 41.

40. *Id., ibid.* ("Insofern nun aber Hegels Denken in eine Epoche der Geschichte gehört (dies meint beileibe nicht zum Vergangenen)…).

41. "… niemals im Geheimnis die Weisheit liegt" (Hegel, *Vorlesungen über die Philosophie der Weltgeschichte*, Hamburg, Meiner, 1923, III, p. 569).

42. "Das zuerst verborgene und verschlossene Wesen des Universums hat keine Kraft, die dem Mut des Erkennens Widerstand leisten könnte…" (Hegel, *Einleitung in die Geschichte der Philosophie*, Hamburg, Meiner, 1940, p. 6).

43. Hegel, *Wissenschaft der Logik, op. cit.*, II, p. 3.

44. *Id., Enzyklopädie*, § 20.

45. *Id., Wissenschaft der Logik, op. cit.*, II, p. 496.

46. Voir Heidegger, *Aus der Erfahrung des Denkens*, Pfullingen, Neske, 1947, pp. 17 et 9.

47. *Id., Unterwegs zur Sprache*, Pfullingen, Neske, p. 88.

48. *Id., Identität und Differenz, op. cit.*, p. 71.

49. *Id., ibid.*, p. 72.

50. *Id., Holzwege, op. cit.*, p. 298.

51. Michel Haar, "Structures hégéliennes dans la pensée heideggérienne de l'histoire", *Revue de métaphysique et de morale*, janvier-mars 1980.

52. Nous reprenons une expression de Jacques Taminiaux qui a bien montré, sous un autre angle (l'esthétique), les "implications respectives du cercle herméneutique et du cercle spéculatif", mais aussi la tension inéliminable qui subsiste, chez Heidegger, entre l'attention à l'énigme" et la "solution au problème philosophique de l'essence de l'art": voir Jacques Taminiaux, "Le dépassement heideggérien de l'esthétique et l'héritage de Hegel", *Recoupements*, Bruxelles, Ousia, 1982, pp. 175-208.

53. Michel Haar, *art. cit.*, p. 49.

54. Nous avons nous-même placé un point d'interrogation sur ce lien dans *La métaphysique à la limite, op. cit.*, p. 33.

55. Hegel, *Wissenschaft der Logik*, II, p. 22.

56. Michel Haar, *art. cit.*, p. 48.

57. *Id., ibid.*

58. Heidegger, *GA* 32, p. 105.

59. Nous l'avons déjà suggéré dans *La puissance du rationnel*, Paris, Gallimard, 1985, p. 276.

60. Heidegger *GA* 32, p. 34; *trad. fr.*, p. 58.

61. *Id., ibid.* p. 42, 59; *trad. cit.*, p. 66, 82.

62. Heidegger, *Holzwege, op. cit.*, p. 150.

63. *Id., Sein und Zeit*, § 7, p. 27.

64. *Id., GA*, 32, p. 34; *trad. cit.* modifiée, p. 58.

65. *Id., ibid.* p. 109; *trad. cit.*, p. 127.

66. *Id., ibid.*, pp. 140 *sq.; trad. cit.*, pp. 156 sq. Voir aussi "Hegels Begriff" dès le début: "Der erste Abschnitt nennt die Sache der Philosophie": *Holzwege, op. cit.*, p. 117.

67. Heidegger, *Holzwege, op. cit.*, p. 177.

68. *Id., GA* 32, p. 144; *trad. cit.*, p. 160.

ARION L. KELKEL

Immanence de la conscience intentionnelle
et
transcendance du *Dasein*

"Die Intentionalität ist die ratio cognoscendi der Transzendenz.
Diese die ratio essendi der Intentionalität".
M. Heidegger, *Die Grundprobleme der Phänomenologie.*

Trois ans avant sa disparition, au cours du Séminaire de Zähringen qui
lui donna une fois de plus l'occasion d'évoquer ses relations avec Husserl
et la phénoménologie, Heidegger répondant à une interrogation de Jean
Beaufret sur le problème de l'être chez Husserl, aurait noté que dans *Sein
und Zeit* il n'était plus question de la *conscience*, qui, au grand scandale
de Husserl y avait été purement et simplement mise entre parenthèses, et
qu'à sa place il fallait désormais lire *Dasein*. Et Heidegger d'inviter les
participants à réfléchir sur la signification des deux concepts : "*Bewusstsein*" *et* "*Dasein*" tout en suggérant qu'il devait y avoir une parenté entre
eux attestée par la présence, dans l'un et l'autre terme, du verbe "sein";
et il concluait : "Nous voyons clairement que la conscience s'enracine
dans le *Dasein*, et non l'inverse" [1].
    Ainsi Heidegger revient sur un thème par lequel s'est initiée, près d'un
demi-siècle plus tôt, son "explication" avec la phénoménologie husserlienne : interrogeant sur le rapport entre *Bewusstsein* et *Dasein*, il rapproche aussitôt le concept de conscience de la notion de "subjectivité",
comme l'avait fait toute la philosophie moderne jusques et y compris
Husserl, car, allègue-t-il, "être-conscient" veut dire "être présent à soi"
si bien que le caractère spécifique de la conscience, la présence à soi, se
trouve déterminé par la subjectivité. Or la présence à soi a lieu dans
l'immanence : "Quoi que ce soit dont je suis conscient, il m'est présent —
ce qui signifie : il est *dans* la subjectivité, il est *dans* ma conscience".
Définir la conscience par le concept d'*intentionnalité* ne change rien à
l'affaire puisque "si l'on ajoute à la conscience l'intentionnalité, alors
l'objet intentionné n'en a pas moins sa place dans l'immanence de la

F. Volpi et al., Heidegger et l'idée de la phénoménologie. ISBN 90-247-3586-6.
© 1988, Kluwer Academic Publishers.

conscience". En d'autres termes, quoi qu'on fasse et quoi qu'il en ait, "malgré l'intentionnalité, Husserl reste bloqué dans l'immanence", comme le prouve un texte canonique à cet égard : les *Méditations cartésiennes*[2]. Cependant quoi qu'il en soit de la différence affirmée et réaffirmée entre conscience et Dasein, Heidegger reconnaîtra encore en 1973 *l'impulsion* qu'il reçut de la notion husserlienne de *l'intentionnalité* et l'effort qu'il faisait pour en rechercher "les implications radicales", pour penser et repenser à fond le concept fondateur de la phénoménologie[3].

Y avait-il dans le passage de la conscience au *Dasein* une véritable "révolution" de la pensée, comme beaucoup inclinent à le croire ? Heidegger, en 1973, n'en juge point ainsi ; pour lui il s'agissait plutôt d'un "dé-placement" du site privilégié de la pensée par quoi "la pensée, engagée avec *Sein und Zeit*, dé-place" ce que la philosophie moderne y compris la phénoménologie de Husserl avait "placé *dans* la conscience", ce lieu clos sur lui-même. C'est dans ce contexte que se trouve exposée dans toute son ampleur la question de la relation entre conscience et *Dasein* et que son élucidation pourra faire comprendre la thèse heideggerienne selon laquelle "la conscience est fondée dans le *Da-sein*"[4]. Pour qui voulait inaugurer un nouveau commencement, il fallut dès lors abandonner résolument "le primat de la conscience" auquel Husserl encore comme toute la pensée moderne resta obstinément attaché.

Et pourtant dans un autre texte appartenant à la période de l'immédiat après-guerre, Heidegger met en garde son lecteur tenté de croire que dans *Sein und Zeit* le terme de "*Dasein*" se substitue purement et simplement à "*Bewusstsein*". Il y précise : "Toute réflexion est obstruée si l'on se contente de constater que dans *Sein und Zeit*, à la place de "conscience", on emploie le mot "*Dasein*". Et Heidegger de protester vigoureusement contre l'interprétation qui affecte de voir dans ce débat une simple affaire de différence terminologique[5].

D'autres écrits datant de l'époque de la publication de *Sein und Zeit* recèlent des tentatives tout aussi significatives d'explication, tantôt explicite et tantôt plus tacite, que Heidegger ne cesse d'entreprendre avec la pensée de Husserl, principalement à travers sa conception de la "priorité absolue" accordée à la conscience : même l'introduction du concept d'intentionnalité censé en élargir le sens ne parvient pas à arracher la phénoménologie à la métaphysique de la représentation, issue du cartésianisme triomphant.

Au moment même où Husserl réaffirme avec une extrême vigueur le principe de la "priorité ontologique" de la subjectivité et de la conscience dans un ouvrage à l'objectif en apparence pourtant singulièrement éloigné de toute problématique egologique, en 1929 dans *Formale und transzendentale Logik*, en déclarant expressément qu'"il n'est pas de lieu concevable où la vie de la conscience serait transpercée ou devrait l'être et où nous parviendrions à une *transcendance* qui pourrait avoir un autre sens que celui d'une unité intentionnelle survenant dans la subjectivité de la conscience elle-même"[6], Heidegger quant à lui avance, dans un essai pourtant écrit en hommage à Husserl mais apparemment à l'encontre du fondateur de la phénoménologie, qui "si l'on caractérise tout comportement à l'égard de l'étant comme *intentionnel, l'intentionnalité* n'est alors possible que *sur le fondement de la transcendance*" laquelle désigne désormais "l'essence du sujet, la structure fondamentale de la subjectivité" sans que pour autant transcendance et intentionnalité ne soient identiques. Sachons surtout que "ce n'est pas elle qui, inversement, rendrait possible la transcendance"[7]. Heidegger notant dans ce même essai que "si l'intentionnalité — caractéristique fondamentale de la conscience selon Husserl — est un moment éminent de la constitution de l'existence du *Dasein*, une élucidation de la transcendance ne saurait en aucun cas la passer sous silence" témoigne à tout le moins de son désir de ne pas refuser le dialogue avec celui qu'il considère toujours comme un maître à penser[8].

Confronter la thèse husserlienne de l'intentionnalité de la conscience et l'interprétation critique, immanente que Heidegger s'emploie à en donner à plusieurs reprises, nous le constaterons, en la rapprochant peu ou prou de ce qu'il nomme, en ces années de préparation et publication de son œuvre majeure, 1925 à 1929, la *transcendance du Dasein*, voilà tâche qui nous place au cœur du cheminement heideggerien "dans le champ de la phénoménologie" et en même temps au cœur de l'incontournable "Auseinandersetzung" avec Husserl.

Que Heidegger ne se lassât pas de méditer "la phénoménologie des actes de conscience" telle que l'exposent les *Logische Untersuchungen*, puis les *Ideen*, c'est ce qu'il confirmera bien plus tard dans l'explication d'un ton plus personnel qu'il donnera lui-même du chemin par lequel il entra *dans* la phénoménologie. Dans *Mein Weg in die Phänomenologie* il se plaît à souligner la dette qu'il a envers Husserl, l'étude patiente qu'il fit, tout au long de la formation de sa propre pensée, de l'"ouvrage de percée" de la phénoménologie. Il ne cachera pas la déception qu'il éprouva tout en reconnaissant qu'il n'avait pas "cherché de la manière qui convenait" pour y trouver réponse aux questions ontologiques qui le hantaient déjà[9].

La parution en 1913 d'*Ideen I* devait venir mettre fin, il est vrai, à ce qu'il est convenu de considérer comme "la neutralité philosophique" — lisons "métaphysique" — de la phénoménologie et apporter une première réponse aux questions embarrassantes que le jeune philosophe et novice en phénoménologie ne cessait de se poser. Cet ouvrage capital de

Husserl que Heidegger, en dépit de la constante prédilection qu'il avait pour les *Logische Untersuchungen*, était loin d'ignorer, révélait à ses yeux que "La phénoménologie consciemment et résolument retournait à la tradition de la philosophie des temps modernes" en conservant toutefois comme champ thématique privilégié les "vécus de conscience". Il n'en resta pas moins que les "déclarations programmatiques et les exposés méthodologiques" de Husserl contribuaient indéniablement à renforcer le malentendu attaché à la prétention de la phénoménologie d'avoir inauguré un nouveau commencement de la philosophie [10].

Par conséquent, comment ne pas faire le constat que nous suggèrent plusieurs des textes significatifs évoqués, sortes d'auto-interprétations de l'auteur? Aux différentes étapes de l'œuvre, le *dialogue*, l'explication avec la phénoménologie husserlienne, fût-il perçu par beaucoup comme un dialogue manqué voire dès le début comme un dialogue impossible, à la vérité n'était pas une coquetterie d'élève envers le maître [11]. Que dans ces années entre 1923/25 et 1928 le jeune philosophe ait progressivement raffermi sa pensée et conquis son originalité face aux courants dominants de l'époque par une double *confrontation*, d'une part avec la tradition et l'histoire de la métaphysique depuis ses origines, et d'autre part, avec la phénoménologie contemporaine, c'est ce que plusieurs cours de 1925 à 1928 permettent de vérifier. On s'apercevra en particulier que le jeune philosophe de Marbourg était animé d'une ferme volonté de "radicaliser" le travail du maître à travers la reprise des découvertes jugées fondamentales de la phénoménologie, la première entre toutes étant à ses yeux le concept d'*intentionnalité*?

En ces années décisives de gestation et d'élaboration de *Sein und Zeit*, Heidegger s'engage résolument dans une réflexion critique sur "le sens et la tâche de la recherche phénoménologique", dans une "*critique immanente*" aussi de la conception husserlienne de la "conscience pure", mais en premier lieu il s'appliquera patiemment à clarifier le rôle et la place capitale de *l'intentionnalité*, principalement parce que ce concept central, même à l'époque, note-t-il, était encore "la pierre d'achoppement", surtout pour les philosophes de l'école de Marbourg, et justement "ce qui faisait obstacle à une réception directe et sans prévention" de la phénoménologie [12].

Afin de lever les obstacles barrant la route d'accès à la phénoménologie, Heidegger juge qu'il conviendra de réfuter ou de dissiper quelques-uns des *préjugés* ou des malentendus auxquels le concept clef de la phénoménologie a donné lieu chez les disciples de Brentano et chez les néo-kantiens comme Rickert; il reconnaît en même temps que jusque chez les phénoménologues eux-mêmes — et dans son esprit sans doute aussi chez Husserl — des "préconceptions" subsistent quant au sens profond de l'intentionnalité. Seule "une saisie rigoureuse et *peut-être*, dit-il avec prudence, une critique de l'interprétation phénoménologique de l'intentionnalité encore en vigueur" pourra ménager une vision correcte du phénomène [13]. "*Zu den Sachen selbst!*" — le célèbre mot d'ordre de Husserl ne nous convie-t-il pas en effet à déconstruire les préjugés qui entravent l'accès aussi aux choses mêmes de la phénoménologie? Mais les "choses mêmes" auxquelles Heidegger nous invite à revenir, et qui constituent à ses yeux le champ fondamental de la phénoménologie, c'est l'intentionnalité selon sa double dimension de l'*intentio* et de l'*intentum* [14]. Quant à la méthode d'exploration de ce champ de recherche, Heidegger comme Husserl la qualifie de *descriptive* et *analytique* en ce qu'elle permet d'appréhender dans leur articulation réciproque les données intuitives originaires. Aussi la phénoménologie est-elle expressément définie comme "une description analytique de l'intentionnalité dans sa structure a priori", même si l'on ne s'interdit pas de concevoir quelque doute quant à sa légitimité qui risque d'être purement historique et de fait, mais non de principe [15].

Une *double présupposition* affecte l'interprétation de l'intentionnalité qu'il importe de suspendre d'entrée de jeu: l'une pour ainsi dire *métaphysique* pose que le sujet a le pouvoir de sortir de la sphère du psychique pour se porter dans la sphère de la réalité physique; la seconde, tout aussi dogmatique, suppose qu'à tout processus psychique correspond un objet réel (*reales*), ce que dément l'existence des illusions de sens, des hallucinations, comme Descartes l'avait déjà clairement démontré [16]. L'intentionnalité n'est pourtant pas un "concept mythique" ni l'indice d'une "relation à des étants non vécus, survenant à l'occasion et apportée aux vécus de l'extérieur" [17]; au contraire, elle caractérise tous les vécus comme tels et désigne par suite la structure et l'essence de la conscience, telle qu'elle s'exprime dans la réciproque coappartenance des deux moments constitutifs, l'*intentio* et l'*intentum*, que les *Ideen* désigneront sous les termes de *noésis* et *noéma*.

Il y a là un premier élément que l'analyse critique se doit de relever: si l'intention est bien "l'acte de se diriger sur", la traduire en termes de "*vermeinen*", de visée ou de noèse, comme le fait Husserl, n'est-ce pas privilégier une interprétation "intellectualiste" de l'intentionnalité et la confiner dans la seule sphère du connaître théorique? On sait aussi que le modèle inaugural de l'acte intentionnel pour l'auteur des *Recherches logiques* est la "*Bedeutungs-intention*" laquelle en appelle à son remplissement éventuel par un acte intuitif donnant à voir et même à connaître ce qui n'est que visé à vide (*Leermeinung*). L'interprétation se confirme dès l'instant qu'on tend spontanément à traduire le rapport intentionnel en termes de "relation du sujet à l'objet" et donc à le traiter comme une "relation cognitive"[18]. D'où la double problématique "épistémologi-que" (*erkenntnistheoretische*) restée insoluble à laquelle la grande tradi-tion idéaliste et réaliste s'est efforcée de faire face et que la théorie de l'intentionnalité avait mission de résoudre. Car sur la conception de la "relation sujet-objet" venait se greffer inévitablement l'idée selon laquel-le le connaître se situait "à l'intérieur" d'un sujet connaissant, et l'objet connu "à l'extérieur". Or, comment comprendre que "la connaissance, qui en vertu de son être est dedans, à l'intérieur du sujet, puisse sortir de sa *sphère d'immanence* pour parvenir dans une autre sphère, une sphère extérieure, le Monde?"[19]. On sait que les doctrines idéaliste et réaliste ont tranché la difficulté : l'une en posant le sujet comme créant la relation à l'objet, l'autre à l'inverse en conférant à l'objet le pouvoir de *produire* le rapport au sujet par des actions causales[20].

On n'ignore pas que Husserl a inauguré son œuvre par l'essai d'une "phénoménologie de la connaissance" destinée à résoudre d'originale façon ce problème en inventant précisément le concept d'intentionnalité. Heidegger n'est pas sûr que Husserl ait réussi dans son ambition autre-ment qu'en retrouvant à son tour la solution idéaliste. Même s'il est vrai que nul ne songera à interpréter grossièrement la sphère d'immanence du sujet comme un "espace intérieur" réel, comme une sorte de "boîte", il reste que la connaissance paraît se trouver enclose et littéralement com-me emboîtée dans la sphère d'immanence de la conscience d'où aucune voie de sortie n'est possible. Comment remplirait-elle encore son office : atteindre l'objet à connaître hors de sa propre sphère dans la réalité du Monde? On devine qu'une révision drastique de la notion de connais-sance s'impose et dans la foulée une réinterprétation décisive du phéno-mène de l'intentionnalité comme du statut ontologique de la subjectivi-té[21].

La "relation intentionnelle", Heidegger le rappelle, est décrite en ter-mes de "relation sujet-objet" à travers la double thèse qu'elle implique et qui se résume comme suit : 1° "avec tout sujet un objet est donné"; 2° "pas d'objet sans sujet". Examinant les termes en présence, Heidegger en vient à dénoncer l'équivoque qui les frappe. Car si "objet" veut dire "un étant subsistant et donné pour soi", pris dans son objectivité et son "in-dépendance" d'objet, c'est-à-dire n'ayant besoin pour subsister d'au-cun sujet l'appréhendant, alors la thèse initiale se révèle erronée. Elle méconnaît tout autant l'essence du sujet en le concevant uniquement dans son pouvoir d'appréhender un objet. Or, pourquoi la subjectivité du sujet se déterminerait-elle nécessairement par la seule connaissance ou l'objectivation théorique dont il a le pouvoir[22]?

Sans doute Heidegger s'accorde avec Husserl pour admettre que l'in-tentionnalité désigne bien "l'acte de se rapporter à", mais il ne le suit plus lorsqu'il la réduit à un simple rapport intrapsychique. L'intentionnalité est "rapport à l'étant lui-même" et non à une simple image ou représentation de la chose — ce que Husserl de son côté est tout prêt à concéder : elle constitue dès lors un "comportement transcendant", de surcroît dérivé et non originaire, puisque fondé sur une "*Urtranszendenz*"[23].

C'est en examinant le *problème* de l'intentionnalité que Heidegger s'engage dans ce qu'il nomme une "critique immanente" de la phénoménologie, notamment de la théorie de la "conscience pure" sur laquelle débouche la mise en œuvre de la méthode de la réduction ; l'analyse critique lui permet de préciser en même temps le sens des concepts clefs de l'immanence et de la transcendance. La distinction ontologique faite dans les *Ideen* des deux sphères de l'être que la réduction phénoménologique a mises au jour constitue le point d'achoppement : elle n'a pas permis d'éclairer en même temps le *sens de l'être* ni même, ce qui paraissait pourtant une condition sine qua non, *l'être de l'intentionnel* comme tel, en un mot l'être même de la région conscience en tant que champ fondamental de l'intentionnalité[24].

Suivant fidèlement l'exposé des *Ideen* Heidegger examine les quatre déterminations ontologiques de la conscience pure que Husserl retient comme critères distinctifs. La conscience est en effet définie en premier lieu par son immanence qui décrit les vécus entre lesquels il existe une "relation d'inclusion réciproque réelle" : loin d'être une détermination de l'étant en lui-même, celle-ci est une *relation* entre étants à l'intérieur de la région conscience sans qu'on sache pourtant quel est *l'être* de cette relation d'inclusion réelle[25]. Quant au second critère, qui définit la conscience par son "être-donné-absolu", il revient à décrire les vécus de conscience par leur seule capacité de pouvoir être directement appréhendés en eux-mêmes, ce qui veut dire par leur "être-objet pour un autre vécu, à savoir le vécu réflexif[26].

On sait que la troisième détermination conduit à définir, à la manière cartésienne, la conscience comme *substance*, comme cet être qui pour exister n'a besoin d'aucun autre être (*qui nulla re indiget ad existendum*), ce qui signifie en langage phénoménologique que la conscience est cet être dans lequel *se constitue* tout autre étant possible : conscience absolue, conscience constituante d'objet et se constituant elle-même ne font qu'un seul et même être. On comprend dès lors comment la conscience ainsi définie consacre le "primat de la subjectivité" sur toute objectivité et convertit du même coup la phénoménologie à l'*idéalisme* façon néo-kantienne[27].

Reste la quatrième caractéristique ontologique de la conscience pure : moins encore que les trois précédentes elle n'éclaire l'être de l'intentionnel puisque ce n'est plus la conscience comme étant réel *hic et nunc* qui est visée, mais une pure *structure d'essence*, un être *idéal*. Si les déterminations ontologiques de la région conscience ne la définissent pas dans son être non plus que l'être de l'intentionnel comme tel, cela tient à la méthode de la réduction phénoménologique qui revient justement "à ne pas faire usage de la réalité de l'intentionnel", à exclure en fait la conscience comme réalité si bien qu'elle se révèle inappropriée à déterminer positivement l'être de la conscience[28].

La *double omission* (*Versäumnis*) de l'analyse husserlienne, celle concernant l'être des actes de conscience, et celle relative au sens de l'être lui-même vaut à la phénoménologie d'obédience husserlienne d'être taxée de "recherche non-phénoménologique"; reproche grave en un sens que Heidegger lui adresse même s'il en atténue la portée en notant que Husserl a entre-temps rectifié son erreur et que son échec dans l'interprétation de l'intentionnalité est au fond imputable non pas à une pure négligence ni à une erreur de sa part, mais à la "domination irrésistible de la tradition *ontologique, anthropologique* et par suite *logique*", en un mot "la puissance de l'existence historique" à laquelle nul ne peut échapper[29]. Heidegger ajoutera même cet aveu: "encore aujourd'hui, je me sens en face de Husserl comme quelqu'un qui n'a pas fini d'apprendre"; il s'agissait simplement d'indiquer le point stratégique où pourra s'ancrer une "critique de principe" de la problématique phénoménologique[30].

Les "*Grundprobleme der Phänomenologie*" de 1927 permettront de compléter notre analyse. Ils nous livrent à leur tour un certain nombre d'observations précieuses, tantôt incidentes, tantôt plus développées sur le concept de l'intentionnalité, et relatives au concept de *transcendance* tel que Heidegger le concevra en ces années de Marbourg[31]. Le phénomène de l'intentionnalité y est examiné à nouveau à travers la description de l'expérience perceptive que Heidegger comme Husserl semble retenir comme paradigmatique parce qu'elle illustre la différence de l'étant perçu en lui-même avec son être-perçu[32]. L'approche là encore commencera par écarter les préjugés ou les mésinterprétations qui spontanément surgissent et font obstacle à sa compréhension: on retrouve d'abord celle qui tend à identifier tout comportement intentionnel avec une relation entre un sujet subsistant et un objet donné alors que l'être-donné réel de l'objet n'est nullement une condition indispensable pour que puisse s'établir une relation intentionnelle, comme le prouve l'existence de perceptions trompeuses[33].

Il est une seconde méprise qu'il convient d'écarter: les vécus intentionnels, puisqu'ils ont besoin d'un support, dit-on, doivent être référés à un Je ou un sujet et en ce sens ils sont "*immanents au sujet*". Voilà comment le problème de l'immanence resurgit en faisant obstacle à l'interprétation correcte de l'intentionnalité. Car si l'on enferme les vécus intentionnels dans la sphère close de l'immanence du sujet, comme la philosophie a coutume de le faire depuis Descartes, alors on se trouve confronté à la question insoluble sur laquelle Husserl aussi butait: "Comment le Moi, avec ses vécus intentionnels, peut-il sortir de sa sphère de vécus et entrer en relation avec le Monde subsistant, donné? Comment peut-il *transcender* sa propre sphère ainsi que les vécus intentionnels qui y sont inclus?"[34]. De fait la question telle que Husserl l'avait formulée en partant de l'intentionnalité définie à la fois comme une *relation* du sujet à l'objet et comme une *détermination du sujet* est mal posée voire erronée: "Je ne puis ni ne dois demander: comment le vécu intentionnel interne accède-t-il à un dehors?" déclare Heidegger, pas plus que je n'ai besoin de demander comment le vécu intentionnel immanent acquiert une validité transcendante pour la raison bien simple, en définitive, que le comportement intentionnel, par essence, est toujours rapport à un étant. Il importe de comprendre, en revanche, que "c'est précisément dans l'intentionnalité, et elle seule, que réside la *transcendance*"[35].

Voilà un constat capital: intentionnalité et transcendance se rejoignent pour se définir l'une par l'autre, seulement, à condition de ne pas s'en tenir à l'interprétation habituelle qui en méconnaît le vrai sens par la double méprise qui vient d'être dénoncée: l'une consistant dans une "subjectivation erronée", l'autre dans une "fausse objectivation" de l'intentionnalité; la première commence par poser un sujet, un *ego* auquel on assigne après coup comme sa sphère propre des vécus intentionnels alors que ce sont les comportements intentionnels qui constituent par eux-mêmes la transcendance. L'idée d'un sujet qui resterait enfermé dans son immanence, — dans sa "sphère d'appartenance propre", selon l'expression des *Méditations cartésiennes* — comme dans une boîte serait un non-sens; la seconde consiste à assimiler l'intentionnalité à une relation en quelque sorte objective entre des étants subsistants de même nature[36].

L'acquis principal que Heidegger aperçoit dans la notion d'intentionnalité tient justement à sa capacité de rompre avec la dichotomie traditionnelle du sujet et de l'objet. L'intentionnalité n'est ni subjective ni objective, mais pour ainsi dire les deux à la fois. C'est pourquoi Heidegger renoncera à l'avenir à avoir recours à ces concepts; convaincu que la séparation du sujet avec sa sphère immanente de l'objet situé dans une sphère transcendante est une pure abstraction, il substituera désormais à la notion de "sujet" un autre terme qui est censé échapper à la dichotomie dénoncée: le "Dasein" désigne en effet cet étant que nous sommes nous-mêmes et qui se distingue justement de tous les autres étants subsistant dans le Monde par le fait qu'il "existe", ce qui veut dire d'abord qu'il "séjourne d'ores et déjà auprès de l'étant subsistant" auquel il se rapporte par ses comportements intentionnels[37]. S'il est vrai qu'"exister ne signifie rien d'autre qu'"être auprès de l'étant en se rapportant à lui", si le *Dasein* est par essence "toujours déjà *sorti de soi*" et finalement "au-monde", on comprendra pourquoi il ne saurait se définir autrement que par sa transcendance — dont les modalités, naturellement, restent à préciser[38]. A la vérité, c'est bien la "constitution intentionnelle des comportements du *Dasein*", à savoir le fait qu'ils se caractérisent par leur nécessaire et essentielle "référence à" qui "est la condition de possibilité ontologique de toute transcendance". Heidegger résume les rapports qui au demeurant avaient pu paraître énigmatiques entre intentionnalité et transcendance en cette formule lapidaire: "L'intentionnalité est la *ratio cognoscendi* de la transcendance. Cette dernière est la *ratio essendi* de l'intentionnalité"[39].

Observant que l'intentionnalité définit l'existence même du *Dasein*, Heidegger conclura à la nécessité de clarifier ce concept, quitte à élargir et à le réinterpréter plus radicalement que ne l'avait fait la phénoménologie husserlienne: il vise en premier lieu et fondamentalement le fait que tous les comportements du *Dasein* sont orientés vers les choses auprès desquelles il se tient, et qu'ils sont des "modalités d'être-auprès-de-ce à quoi il a affaire". Est-on en droit d'en inférer que le *Dasein* en existant "se transporte" littéralement dans les choses du Monde qui l'entoure pour s'y perdre ou s'y retrouver? Pas exactement, réplique le philosophe, car il faut se garder d'interpréter la "transposition" que paraît opérer l'intentionnalité comme si le *Dasein* sautait pour ainsi dire hors de sa sphère propre, prétendument subjective, pour s'installer dans la "sphère des objets". Elucider cette "transposition" d'un genre particulier, nous assure Heidegger, reviendra à mieux nous faire comprendre ce que la philosophie désigne d'ordinaire sous le terme de "*transcendance*"[40].

En effet, traditionnellement la philosophie a accoutumé de qualifier de transcendants les objets, les choses que nous rencontrons dans notre expérience du Monde. Husserl, on le sait, définit le concept de *transcendance* par opposition au concept d'*immanence*. Dans les *Ideen* par exemple, il opposera "perceptions immanentes et perceptions transcendantes": il entend par actes *immanents* des vécus dont les objets intentionnels appartiennent au même flux de conscience que ces vécus eux-mêmes, et il définit à partir de là, négativement, les vécus dits transcendants lesquels sont des vécus ne relevant pas de la première catégorie, par exemple les vécus d'autres Moi ou les actes portant sur les choses ou en général des réalités[41].

Le problème n'est pas absent des *Logische Untersuchungen* où Husserl l'examine en rapport avec la distinction brentanienne des "phénomènes physiques" et des "phénomènes psychiques" en mettant en garde contre les mésinterprétations que suggère la terminologie de Brentano et en dénonçant principalement l'équivoque fort nuisible qui affecte les expressions couramment utilisées pour désigner "l'objet intentionnel" comme "*dans* la conscience, immanent à la conscience"; elles n'ont pu qu'égarer la psychologie et la théorie de la connaissance contemporaines [42]. Husserl éprouvera même le besoin de reprendre son argumentation pour souligner la "grave erreur" que constitue la différence réelle qu'on prétend établir entre les objets "simplement immanents" ou "intentionnels" et les objets "réels" et "transcendants" qui pourraient leur correspondre. En fait l'objet intentionnel et l'objet transcendant sont "le même". L'objet transcendant ne saurait être en aucune façon l'objet d'une représentation s'il n'était "*son* objet *intentionnel*", "le transcendant, précise Husserl, est justement ce qui est visé, donc (simplement en d'autres termes) est objet intentionnel" [43].

Pour clarifier le concept de transcendance, Heidegger ne retiendra pas la définition husserlienne, purement *négative*. Ce ne sont pas les choses qui sont transcendantes, juge-t-il, seul est "originellement transcendant", transcendant au sens strict, le *Dasein* lui-même. D'où la définition originale qu'il propose: "La *transcendance* est une *détermination fondamentale de la structure ontologique* du *Dasein*" [44]. De concept physique la transcendance se mue en "concept existential"; plutôt qu'une simple qualité déterminant un type donné de perceptions, de vécus ou d'objets, comme Husserl l'avait cru, elle caractérise fondamentalement l'existence en tant que telle. La réinterprétation de l'intentionnalité, comme de la transcendance, plus radicale que celle superficielle et insuffisante généralement retenue, que Heidegger suggère attestera que "l'intentionnalité se fonde dans la transcendance du *Dasein* et qu'elle n'est possible que sur cette base" tandis que, à l'inverse, on ne saurait expliquer la transcendance à partir de l'intentionnalité" [45]. Serait-ce revenir sur l'affirmation précédemment avancée selon laquelle l'intentionnalité est la *ratio cognoscendi* de la transcendance? Pas vraiment, semble-t-il, encore qu'on soit en droit de s'interroger: pourquoi mettre tant d'insistance à souligner le primat ontologique de la transcendance du *Dasein* sur l'intentionnalité de la conscience? On répondra sans doute qu'elle exprime la rupture désormais consommée avec toute philosophie de la conscience et de la subjectivité et marque en même temps l'originalité de son approche phénoménologique, par opposition à celle de Husserl implicitement accusé d'avoir renoncé à son propre principe du "retour aux choses mêmes" au profit de son allégeance à la philosophie de la subjectivité des temps modernes.

Au terme de son analyse critique qui tendait à tracer les limites du

concept d'intentionnalité, Heidegger retiendra d'abord que l'intentionnalité n'est qu'*une modalité* du comportement transcendant du *Dasein*, elle
n'est qu'une *transcendance ontique*; ensuite qu'elle ne concerne le comportement à l'égard de l'étant que dans la mesure où elle conçoit restric-
tivement le rapport intentionnel en privilégiant essentiellement la sphère
du théorique et du noétique[46]. Voilà critique qui vise manifestement la
description des *Logische Untersuchungen* où Husserl soutient que tout
vécu intentionnel est soit "un acte objectivant", soit a un tel acte pour
fondement, mais peut-être aussi le principe énoncé qui veut que la représentation soit le fondement de tous les actes de conscience[47]. Heidegger
reconnaît du reste à Scheler le mérite d'avoir mis fin au primat des
intentionnalités théoriques ou noétiques en mettant en lumière le rôle des
comportements intentionnels de nature affective[48].

Nous retrouvons ici le concept de *transcendance* dans son rapport avec
l'interprétation traditionnelle qui privilégie la relation cognitive sujet-
objet qu'il inclut. Comme il le fait souvent, Heidegger part du concept
"vulgaire", de l'acception courante dans laquelle on prend le terme :
"transcendance" veut dire banalement qu'un étant passe au-delà vers un
autre étant, de même nature ou de nature différente. L'analyse du phénomène de l'intentionnalité, même si elle n'est qu'une forme "ontique"
de transcendance, peut contribuer à nous éclairer lors même que c'est
l'*Urtranszendenz*, condition de possibilité de tout rapport intentionnel à
l'étant, qui est véritablement en jeu[49]. Le sens en quelque sorte littéral du
terme dont la philosophie depuis les scolastiques fait usage nous apprend
que "*transcendere*" veut dire "dépasser" (*überschreiten*), "passer outre"
ou "passer au-delà vers", "passer de l'autre côté" (*hinüberschreiten*), bref
"transcendance" se traduit par "dépassement" (*Überschritt*). Or, l'équivoque qui s'attache au mot "transcendant" ouvre sur une triple orientation : d'une part, il désigne *ce vers quoi* s'effectue le dépassement, "l'au-
delà" (*Jenseitige*) et aussi le "vis-à-vis" (*Gegenüber*); d'autre part, il vise
"*ce qui transcende*" et accomplit l'acte de transcendance. La transcendance comporte dès lors trois moments constitutifs : un *agir* ou un faire,
une *relation* qui se noue entre deux termes, et enfin quelque chose qui est
transcendé, soit une limite, un fossé qui se situe précisément entre les
termes du dépassement[50].

Si l'on examine de près l'usage philosophique du terme, on s'aperçoit
que le transcendant se trouve défini soit par opposition à l'*immanent*,
soit par différence avec le *contingent*. Définition purement *négative* dans
les deux cas : l'une nous renvoie de nouveau du coté de la philosophie de
la conscience ou du sujet. Comme l'immanent est "ce qui demeure en
son intérieur" et que celui-ci est traditionnellement l'âme, la conscience
ou le sujet, par voie de conséquence le transcendant ne saurait être que ce

qui est "au dehors", ce qui se situe au-delà de la conscience. Voilà pourquoi le transcendant se confond avec "l'ob-jet", le vis-à-vis (*Gegenüber*)
et que la transcendance se manifeste par excellence dans l'acte de
connaissance. Toute théorie de la connaissance se nourrit en dernier ressort de ce concept *épistémologique* de transcendance dérivé du concept
préalable de l'immanence subjective. La transcendance est ainsi décrite
comme une *relation* par quoi le sujet ou la conscience enfermée dans son
intériorité close communiquerait pourtant avec l'extérieur en surmontant
par on ne sait quel saut périlleux (*Überspringen*) le mur d'enceinte qu'on
a dressé autour d'elle. D'où la question épistémologique de la possibilité
de cette relation, qui restera insoluble aussi longtemps qu'on posera le
problème de la transcendance en ces termes — implicitement ou explicitement référés au concept opposé de l'immanence — et tant qu'on ne
renonce pas à concevoir le sujet comme s'il était confiné dans les limites
de sa sphère intérieure. Quoi qu'on fasse, la manière dont se déterminera
la transcendance dépend directement de la définition qu'on aura donnée
de la "subjectivité du sujet", ce qui veut dire clairement pour Heidegger
de la constitution fondamentale du *Dasein*. En tout état de cause, la
transcendance ne saurait être une détermination extérieure et accidentelle
du sujet; au contraire, correctement comprise, Heidegger n'est pas loin de
le penser, elle désigne proprement l'essence de la subjectivité[51].

Heidegger refusera tout autant le second concept de transcendance dit
théologique qui se déduit de l'opposition du *contingent* et de l'*incondi-
tionnel*, et vise l'inaccessible, l'absolu voire l'infini. "La transcendance,
observe-t-il, n'est pas une relation entre une sphère immanente et une
sphère extérieure de sorte que ce qui est dépassé serait une *limite* appartenant au sujet et qui le séparerait de la sphère extérieure" pas plus
qu'elle ne traduit en premier lieu "la relation cognitive d'un sujet et d'un
objet, qui serait assignée au sujet comme un excédent de sa subjectivité"
ou qu'elle n'est le nom de l'infini inaccessible à la connaissance finie[52].

Après avoir fait justice des définitions traditionnelles, Heidegger est en
mesure de proposer une définition en quelque sorte *positive* de la transcendance, qui résume de surcroît les moments principaux de son analyse
critique : "La transcendance est la constitution originaire de la *subjectivité*
d'un sujet". Etre-sujet et transcender c'est tout un, si bien que la transcendance n'est pas un comportement possible parmi ou à côté d'autres
comportements que le *Dasein* pourrait adopter à l'égard de l'étant. Au
contraire, "Le *Dasein* est lui-même dépassement", c'est en tant qu'il
existe, c'est-à-dire qu'il est "au-Monde", qu'il se situe dans l'*ouverture* et,
dirons-nous en usant d'une image chère aussi à Husserl, dans l'*horizon*
du Monde que le *Dasein* peut se comporter de telle ou telle façon à
l'égard des étants du Monde[53]. Aussi la transcendance ne ressemble-t-elle

en rien au dépassement d'une *barrière*, comme s'il s'agissait pour un sujet enfermé dans son espace intérieur de s'en évader et comme en sautant par-dessus celle-ci. "Ce qui est transcendé, Heidegger le souligne, c'est l'étant lui-même" qui, à la faveur du mouvement de transcendance, vient à se manifester au sujet et à lui apparaître comme étant. C'est la transcendance qui est la condition de possibilité de toute *objectivité* pour un sujet, c'est elle qui fait en sorte que l'étant transcendé puisse surgir *comme* étant et se tenir comme "vis-à-vis" du sujet, désormais saisissable en lui-même et dans son "indépendance d'objet"[54].

On en déduira qu'il y a transcendance non parce qu'une barrière s'interposerait entre le *Dasein* lui-même et ses objets, mais, note Heidegger en faisant indirectement référence au thème central de *Sein und Zeit*, parce que le *Dasein* en vertu de sa facticité même est d'ores et déjà *jeté* parmi les étants, du fait de sa corporéité, il existe toujours déjà au milieu de la nature à laquelle il appartient et que pourtant il ne cesse de transcender. En outre, *ce vers quoi* le sujet en tant que sujet transcende, ce n'est pas *l'objet*, ni en général tel ou tel étant". L'objet ou l'étant rencontré est ce qui est *transcendé*. "Ce vers quoi le sujet transcende, précise Heidegger, c'est ce que nous nommons *Monde*"[55]. Tel est le thème majeur désormais que Heidegger ne se lassera pas de méditer en ces années 1925 à 1930. Transcendance rime avec Monde, non avec objet, voilà manière inédite de rompre avec l'interprétation dominante qui assimile transcendance et relation sujet-objet.

Le phénomène originaire de la transcendance, l'*Urtranszendenz* qui constitue l'être du *Dasein* s'exprime désormais par l'expression bien connue du lecteur de *Sein und Zeit*: "*In-der-Welt-sein*". C'est parce que le *Dasein* existe d'ores et déjà en tant qu'être-au-monde, répétons-le, qu'il est *toujours déjà dehors auprès de* l'étant et que les choses du Monde peuvent surgir et se manifester dans leur objectivité. Et même en toute rigueur, l'expression du "déjà dehors" est inappropriée dans la mesure où elle suggère que le sujet ait pu être, à un moment, en soi et "dedans". Faire intervenir ici la notion d'intentionnalité par quoi le *Dasein* s'arracherait à sa propre limite en s'ouvrant à l'étant, ne peut guère nous tirer d'affaire puisque ce serait supposer qu'il fut un moment enfermé dans ses limites. On ne saurait en aucune façon assimiler ni à plus forte raison identifier "transcendance" et "intentionnalité", comme Husserl incline à le faire, — ses protestations ne changent rien à ce constat: il n'a vu ni le problème ni le vrai phénomène de la transcendance du *Dasein*[56].

De fait Heidegger ne s'explique pas davantage sur les "protestations" de Husserl, mais il ne paraît pas impossible qu'il songe aux discussions qu'il eut avec lui à la mi-octobre 1927 au sujet de l'article "Phénoménologie" destiné à l'*Encyclopaedia Britannica*. A la suite de leur entretien de Fribourg, Heidegger en rédigea, on le sait, l'"essai d'une seconde version" qui témoigne de la vicacité du débat avec Husserl, tournant en particulier autour du statut ontologique de l'étant "dans lequel le Monde se constitue", mais aussi du Monde lui-même et du sens qu'il a pour nous. Heidegger allègue même que c'était là "le problème central de *Sein und Zeit*", que c'était bien la question de l'étant constituant lui-même, c'est-à-dire de la subjectivité transcendantale dans la terminologie husserlienne ou du *Dasein* en langage heideggerien, dont le mode d'être ne devait pas être confondu avec celui de l'étant subsistant[57].

Le point crucial du débat, qui avait déjà fait l'objet d'un entretien à Todtnauberg en 1926, s'il faut en croire Heidegger, concernait en effet un thème décisif de *Sein und Zeit* : l'être-au-monde du *Dasein* et sa différence essentielle avec l'étant subsistant "à l'intérieur" d'un tel monde. "Un *monde* en général n'appartient-il pas à l'essence de l'*ego* pur", interroge-t-il avec insistance en reprochant à Husserl de concevoir, en vertu de sa thèse posant l'irréductible relativité du Monde à la subjectivité de la conscience (*Bewusstseinsbezogenheit der Welt*), un *"weltloses"* ego, un sujet en quelque sorte "privé de monde"[58].

Pour mieux éclairer la transcendance décrite par l'être-au-monde du *Dasein*, il faudrait expliciter en premier lieu le *"phénomène de Monde"* lui-même en le faisant apparaître comme une détermination de la transcendance. C'est à quoi Heidegger s'emploie dans son cours de 1926 en répétant inlassablement cette proposition qu'il considère comme un énoncé ontologique, existential et non simplement existentiel : "La transcendance est être-au-monde"[59]. On devine déjà que le sens de ce qu'on appellera "Monde" se trouvera par là foncièrement révolutionné : il est, au sens strict du terme, non un concept cosmologique, mais bien un "concept transcendantal" qui relève pleinement de la compétence de l'ontologie fondamentale que *Sein und Zeit* s'emploie à élaborer et comme le confirmera peu après à son tour l'essai *Vom Wesen des Grundes*.

Le "Monde" est constitutif de la transcendance du *Dasein* en ce sens que ce dernier existe en transcendant l'étant et que ce "saut par-delà" l'étant est *transcendance vers le Monde*"[60]. De surcroît, ce qui est dépassé dans la transcendance, loin que ce soit seulement l'étant étranger au *Dasein*, c'est le *Dasein* lui-même qui *se dépasse* en tant qu'étant. Ce n'est pas en faisant retour sur soi, comme le voulut Husserl conviant avec saint Augustin le Moi humain à rentrer en soi pour y découvrir sa vérité et la vérité du Monde, c'est en se transcendant vers le Monde que le *Dasein* se recouvrera soi-même et la vérité de son être. Non pas celle du "sujet privé de Monde" qu'avait imaginé Husserl, ne fût-ce que comme point de départ radical, "le plus dénué de présupposition qui soit", selon la formule husserlienne que Heidegger rappelle dans ce même contexte où il conteste la légitimité, même heuristique, de l'hypothèse d'un sujet renfermé sur soi et sans rapport aucun aux objets tout en soutenant la thèse inverse pour ainsi dire selon laquelle c'est l'ipséité du *Dasein* qui présuppose la transcendance[61].

Pour se retrouver soi-même, le *Dasein* n'a pas besoin de "se retourner sur soi", nulle part ailleurs que *dans les choses*, auxquelles il a affaire quotidiennement, il se trouve primordialement et constamment soi-même lors même que le miroir qu'elles lui présentent risquerait de l'entraîner à se perdre en elles: être-soi pour le *Dasein* est toujours une manière d'exister "en vue de soi-même" (*umwillen seiner selbst*) mais qui implique un double mouvement, tout ensemble un "aller-vers-soi" (*Auf-sich-zu*) qu'un "en-partant-de-soi" (*Von-sich-aus*)[62]. L'être-au-monde qui le distingue n'interdit pas au *Dasein*, pourvu qu'il ne soit *dénaturé* en sujet privé de monde, d'exister en vue de soi-même, en vue de son être et pouvoir-être propres, en un mot, d'être pour lui-même sa propre fin dernière, selon la célèbre formule de Kant. C'est pourquoi, contrairement à ce qu'on pouvait attendre, Heidegger ne rejette nullement toute interprétation ontologico-métaphysique de "l'égoïté" du *Dasein*[63].

Sans doute là encore l'explication avec Husserl est-elle sous-jacente: la méthode de l'*épochè* phénoménologique ne vise-t-elle pas justement à mettre le Monde entre parenthèses et en suspens par la démarche spécifique de la "non-participation à la thèse du Monde"? Tel est du moins le jugement que Heidegger porte sur la méthode de la réduction transcendantale sans tenir compte — mais le pouvait-il? — des explications que Husserl est amené ailleurs à donner du sens de la démarche réductive conformément auquel, en dernière analyse, ni le Monde ni rien de ce qui est "mis entre parenthèses" ne disparaît pour autant: tout est au fond préservé et subsiste quoique avec un sens modifié[64].

Lorsque Heidegger souligne que le "Monde", constitutif de la transcendance du *Dasein*, est ce qui est "proprement transcendant", qu'il est infiniment plus "objectif" et extérieur que tous les objets du Monde en même temps qu'il relève en quelque sorte directement de la "subjectivité du sujet", on est en présence d'un nouveau paradoxe. Car si le Monde paraît désormais plus "subjectif" qu'objectif, ce n'est pas parce qu'il constituerait quelque chose que le sujet "projetterait" pour ainsi dire hors de son intériorité ni en ce qu'il serait, comme le laisse entendre une formule husserlienne, "un fragment du Moi". Certes, le *Dasein* n'existe qu'en tant qu'il "projette en-avant-de-soi un Monde". D'où la thèse hardie qui risquera de scandaliser plus d'un: "Il n'y a de Monde que si et aussi longtemps qu'un *Dasein* existe"[65].

On est loin, semble-t-il, de la conception qui voudrait que le Monde fût subordonné à la subjectivité dont on aime à dire qu'elle "présuppose" toujours déjà un "Monde". En fait, pareille hypothèse ne parait admettre qu'une seule interprétation: le *Dasein* en existant et en s'engageant dans son "élan de dépassement" vers le Monde engendre toujours déjà pour l'étant la possibilité de son "entrée dans le Monde" (*Welteingang*), l'acte de transcender en tant que tel n'étant rien d'autre qu'une manière pour le *Dasein* de donner à l'étant l'occasion de surgir au Monde [66]. Et ce n'est pas là un processus qui affecterait l'étant subsistant en lui-même; si c'est un événement, c'est plutôt l'*avènement* même du Monde et de l'*Histoire*. "La naissance de l'étant au Monde se produit, écrit Heidegger, lorsque la transcendance a lieu, c'est-à-dire lorsqu'un Dasein historique existe" [67]. Est-on vraiment si loin de l'interprétation qu'on croit pouvoir tirer de l'idéalisme transcendantal de Husserl? Doit-on nécessairement rejeter irrévocablement la thèse alléguée de la "subjectivité" du Monde sous prétexte qu'elle est l'expression d'un idéalisme impénitent [68]?

Le sens de la thèse est clair, l'analyse tout au long n'a cessé de le suggérer: puisque l'être du *Dasein* se définit par son "projet de Monde", aucun comportement à l'égard de l'étant n'est possible s'il ne s'enracine dans une "préalable compréhension du Monde" toujours déjà prédonnée dans toute expérience de l'étant intramondain. Dans le commerce qu'il entretient avec les choses sous-la-main et disponibles, le *Dasein* comprend toujours déjà leur "destination" à travers son projet de Monde. Il se tient d'ores et déjà dans une précompréhension du complexe de "signifiance" dont la structure globale définit le Monde. Tout étant vient toujours à sa rencontre dans l'*horizon* d'un Monde d'ores et déjà compris avant toute connaissance "objective" [69].

Tout rapprochement avec la description husserlienne du Monde comme "horizon universel" et sol de toute expérience n'est pas interdit ici, ce nous semble. Bien des textes permettraient de l'illustrer, et pas seulement les derniers comme la *Krisis* qui développe la thèse de l'*universelle corrélation a priori* du Monde et de la subjectivité constituante. Déjà *Ideen* I souligne la fonction du Monde comme horizon universel de toute expérience objective possible [70].

Heidegger revient à plusieurs reprises sur le thème: s'il existe "en-vue-de-soi-même", s'il est d'ores et déjà marqué par son "être-soi" (*Selbstheit*) ou son "égoïté", le *Dasein* n'en existe pas moins primordialement comme "être-au-monde". Ce qui veut dire qu'il est toujours déjà au-delà de soi, dans le Monde, auprès de l'étant et avec les Autres, dans une "originaire familiarité avec le Monde" qui définit son "immanence" (*Insein*) comme telle, laquelle se confond avec sa vraie "transcendance" [71].

Nous ne nous attarderons pas à la nouvelle thèse — et à l'énigme qu'elle recèle — qui relie intimement transcendance et liberté. Elle ne prend sens qu'à la condition qu'on l'arrache à l'interprétation traditionnelle fût-elle kantienne pour réintégrer la transcendance dans la liberté voire pour découvrir dans cette dernière l'essence fondamentale de la transcendance. Le lien intime que Heidegger croit apercevoir entre Monde, transcendance et liberté se déduit en fait de l'analyse du caractère spécifiquement "téléologique" de l'"en-vue-de" : ce moment constitue tout à la fois la "mondanéité du Monde" et la "structure métaphysique du *Dasein*" puisque "ce en vue de quoi le *Dasein* existe, c'est son être et son pouvoir-être propres"[72]. Le lien entre transcendance, Monde et liberté se noue en ce que le *Dasein* est libre de se donner le Monde conformément à son "projet originaire" tout en étant *lié* en ce qu'il se tient au milieu des étants du Monde et qu'il se laisse investir par eux : tout projet est toujours "projet jeté", tout comprendre toujours situé (*befindliches*), notera l'auteur de *Sein und Zeit*[73]. L'étant réel à l'égard duquel le *Dasein* se comporte et qui se découvre à travers ses projets, ne se dévoile jamais que dans une foncière limitation du possible qu'il représente, lequel excède toujours infiniment toute réalisation. Aussi Heidegger dira-t-il du *Dasein* qu'il est "transcendant" au sens propre du mot où il "excède" en possibilités tous les étants qu'il rencontre et qui l'investissent[74]. La transcendance exprime l'être essentiel du *Dasein* qui est tout ensemble "excédent" et "déficient" par les possibilités d'être qui sont siennes, toujours plus riches que tous ses acquis. S'il se détermine en son être par son projet de monde, il est affecté tout autant par l'investissement par l'étant sous l'emprise duquel il se tient et au milieu duquel il se trouve toujours déjà jeté : tel est ce que Heidegger nomme ailleurs le "témoignage transcendantal" de la finitude humaine[75].

Reste un dernier point capital que résume la proposition aussi abrupte que provisoire par laquelle Heidegger répond à la question du fondement ou de la possibilité de la transcendance elle-même : "La possibilité interne de la transcendance, affirme-t-il, est le temps compris comme temporalité originaire"[76]. Que la question engage la difficile problématique du temps, Heidegger l'ignore d'autant moins qu'il s'est efforcé ailleurs de la développer selon ses articulations ontologiques complexes[77]. Mais comment la temporalité (nom qu'il donne au temps originaire) se rapporte-t-elle au phénomène fondamental de la transcendance? Le chemin qui conduit de l'une à l'autre est des plus ardus et semé d'embûches, peut-être même n'est-il pas le plus approprié pour les comprendre. Comme dans *Sein und Zeit*, l'analyse part de la conception dite vulgaire du temps : celle-ci situe le temps essentiellement dans la conscience, dans l'âme, en le décrivant comme un processus se déroulant dans l'intériorité psychique de l'homme, dans "l'immanence du sujet". Or, juge Heidegger, le temps reste insaisissable tant que le *Dasein* est posé comme un tout psychique, un sujet connaissant et voulant, bref comme une entité psycho-corporelle. Jugement qui vaut encore pour Husserl, semble-t-il, car s'il a le mérite de considérer le phénomène du temps à travers la structure intentionnelle de la conscience — conscience perceptive, conscience d'image, souvenir — ce qui est un progrès par comparaison à la psychologie ou à la théorie de la connaissance de l'époque, il n'a pas su se défaire de l'hypothèse idéaliste : il prend le temps comme "immanent au sujet" et c'est pourquoi son attention porte exclusivement sur la "conscience intime du temps". Temps et conscience temporelle se confondent dans l'analyse husserlienne : le temps s'engendre à partir du Maintenant présent s'écoulant à travers la suite des instants qui s'enchaînent les uns aux autres pour aller vers le passé et le futur immédiats[78]. Husserl ne confère-t-il pas ainsi un singulier privilège au Maintenant tandis que Heidegger admettra tout au plus qu'il existe une "obscure connexion" entre les moments temporels mais qui s'explique par l'éclatement de l'unité dans laquelle les "ekstases temporelles" sont originairement unies[79].

L'analyse de "l'essence métaphysique du temps" retiendra trois caractères constitutifs : son caractère dit "*ek-statique*", son caractère "*horizontal*" (*Horizontcharakter*), et enfin sa structure originellement *unitaire* et dynamique qu'exprime le terme de "temporalité". Il entend signifier en particulier que le temps n'est pas un *donné* qui se surajouterait à la conscience ou aux phénomènes du Monde ; à la vérité on ne saurait dire de lui ni qu'il demeure immobile ni qu'il passe, mais au contraire qu'il est lui-même temporel en son essence : "Le temps n'*est* pas, le temps *se temporalise* (*zeitigt sich*)", déclare Heidegger en une formule insolite[80].

L'expérience concrète du temps révèle, aux yeux du philosophe, le lien intime qui existe entre temps et transcendance : chaque moment temporel vécu s'énonce toujours par référence à un contexte intentionnel où un sujet se rapporte à un objet sans se situer pourtant ni dans l'un ni dans l'autre, mais entre les deux, "pour ainsi dire en chemin entre le sujet et l'objet". Ce qui vaut non seulement et de préférence pour le futur, ekstase privilégiée, mais pour tous les moments temporels que Heidegger décrit d'originale façon en soulignant leur caractère éminemment dynamique. Or, cet "*unterwegs*" commente-t-il, n'est pas autre chose que ce que nous connaissons déjà sous le nom de "*transcendance* du *Dasein*"[81]. En effet, lorsqu'on revient au sens originel de la transcendance, on constate qu'elle vise fondamentalement le mode d'exister par lequel le *Dasein* se porte toujours déjà au-delà de soi vers le Monde, et qu'il est proprement un mouvement de "sortie de soi". L'image de la "*Entrückung*" (élan, évasion) voire littéralement du "rapt", que Heidegger retient et qu'il propose de traduire, ici comme dans *Sein und Zeit*, par le terme technique d'"ekstasis" est à cet égard éloquente, à condition de ne pas se méprendre sur ce que risque de suggérer le mot comme l'image : loin d'être une sorte d'état mystique ou de ravissement où le *Dasein* se verrait transporté hors du monde ou hors de soi-même, l'ekstase n'exprime que le phénomène originel de l'être-au-monde lui-même et ce qu'est le *Dasein* au plus profond de son être : "hors-de-soi" et "en-avant-de-soi" par son projet d'être, pouvoir-être plutôt que figé dans un état d'immobile et vaine identité avec soi[82].

Si l'on examine concrètement, comme le fait Heidegger, les trois modalités fondamentales du temps, on ne manquera pas d'observer que chacune d'elles forme une "ek-stase temporelle", chacune exprimant à sa façon un moment du mouvement de transcendance, mais aucune ne peut se constituer elle-même que dans "l'unité ek-statique" de la temporalisation". Chacune fait tout ensemble référence au mode d'être fondamental qui détermine le *Dasein*, son "être-à-l'égard-de-soi-même" et préfigure formellement du moins ce vers quoi son mouvement l'emporte, *l'horizon* prescrit par le mode spécifique de l'ek-stase. Quant à *l'unité* des ekstases temporelles, elle réside justement dans "l'élan de dépassement", explique Heidegger en rappelant la notion bergsonienne de "l'élan vital" qui, en fin de compte, constitue bien la transcendance : "l'élan des ekstases" se temporalisant chacune à sa manière[83].

Le second caractère descriptif évoqué, l'*Horizontcharakter*, risque à son tour de donner lieu à malentendu. Plutôt que de renvoyer à l'horizon au sens visuel du terme, il signifie ce qui délimite, circonscrit et enclôt : il tient à la détermination paradoxale qui affecte chaque ekstase temporelle et chaque moment du temps en vertu de laquelle tout en étant une sorte d'élan de dépassement et d'arrachement à soi, elle se donne conjointement avec sa propre "clôture" (*Umschluss*), elle se ceint elle-même d'une limite que d'un même mouvement elle tend à dépasser. Il n'y a là nulle contradiction, l'horizon n'est lui-même localisé nulle part, ni dans la sphère du sujet ni dans celle de l'objet, "il n'*est* pas, il se temporalise", précise Heidegger, il s'engendre pour ainsi dire continûment lui-même et c'est pourquoi il pourrait par analogie se dénommer "*ekstéma*". Or, ajoute le philosophe, "l'unité ekstématique de l'horizon de la temporalité n'est rien d'autre que la condition de possibilité temporelle du *Monde* et de la *transcendance*"[84].

C'est ici qu'un dernier paradoxe éclate qui tient à la singulière correspondance que Heidegger croit apercevoir entre sa propre conception du *Dasein* et la *monadologie* leibnizienne. Sans doute Husserl dont *l'égologie* transcendantale se mue littéralement en monadologie transcendantale dans les *Méditations cartésiennes* était-il plus habilité que Heidegger à se découvrir des affinités avec Leibniz[85]. Mais Heidegger n'hésite pas à réinterpréter la définition leibnizienne de la monade par la *repraesentatio* et *l'appetitus* comme structure intentionnelle voire transcendantale, autrement dit par sa référence obligée et sa tendance (*Drang*) au Monde. Seulement la différence essentielle qu'il ne conteste pas, bien au contraire, entre le monade leibnizienne et le *Dasein* transcendant se déterminant par sa temporalisation tient à ses yeux au cartésianisme impénitent de Leibniz en vertu duquel il conçoit la monade comme *substance* close, renfermée sur son immanence. Chaque monade, dit-on, représente déjà en elle-même, dans sa propre intériorité, la totalité du Monde et chacune se distingue des autres par le degré de clarté avec laquelle elle réfléchit en elle l'ensemble de l'univers. Heidegger inclinerait plutôt à juger à l'inverse : les monades "n'ont pas de fenêtres, non pas parce qu'elles recèlent tout dans leur intériorité, mais parce que pour elles il n'y a ni dedans ni dehors" si bien que Leibniz a échoué dans son interprétation monadologique parce qu'il n'a pas vu que la monade, "miroir du monde", est non pas immanence mais originaire "transcendance"[86].

S'il fallait résumer l'analyse du concept de transcendance, poursuivie tout au long des années de Marbourg, on dirait sans doute qu'elle désigne tout à la fois l'être-au-monde du *Dasein*, l'"ouverture d'un Monde" autant que "l'ouverture" du *Dasein* lui-même, la compréhension de l'être de l'étant autant que le dévoilement de l'étant en son être, autrement dit, la vérité originaire que Heidegger appelle encore "*veritas transcendentalis*" en ce qu'elle est la condition de possibilité de toute vérité ontique, en un mot de la vérité de tout comportement intentionnel à l'égard de l'étant[87]. S'il y a coïncidence de son "essence" avec la temporalisation ekstatique, c'est que la transcendance est "avènement" et ouverture d'un Monde par quoi l'étant d'ores et déjà est découvert même si sa "découverte" n'exclut pas un état de "latence primitive". La transcendance est cet "événement" qui fait passer l'étant de la "latence initiale" de son être à la "dé-latence" (*Unverborgenheit*), la vérité ontologique *qua* "*ALETHEIA*". "La vérité, conclut Heidegger, réside dans l'essence de la transcendance" et elle constitue en tant que telle "le thème fondamental de la métaphysique"[88].

Si tout au long des analyses critiques poursuivies par le philosophe de Marbourg bien des convergences comme des divergences se sont fait jour entre conscience intentionnelle et transcendance du *Dasein*, une dernière question mériterait de retenir notre attention : en quoi réside au juste le malentendu le plus grave au sujet de la théorie de l'intentionnalité entre Husserl et Heidegger ? On répliquera sans doute que, plus fasciné par la phénoménologie des *Logische Untersuchungen* et des *Ideen* que par celle des *Méditations cartésiennes* ou de *Formale und transzendentale Logik*, il a méconnu la profondeur et toute l'ampleur de la "subjectivité de conscience" et la portée métaphysique de l'intentionnalité dite opérante, rabattant trop vite la thématique intentionnelle sur le problème épistémologique traditionnel de la relation sujet-objet. N'est-ce pas méconnaître le sens profond de l'intentionnalité que de l'assimiler purement et simplement au "comportement à l'égard de l'étant"? Car ainsi réduite, elle ne saurait jouer son rôle que sur le fondement de la structure englobante de l'être-au-monde, qui devient de la sorte comme la *ratio essendi* de l'intentionnalité. Toutefois la fonction subordonnée qu'on lui confère correspond tout au plus à une interprétation psychologique qui a pu, un instant, être suggérée par les textes de Husserl. Mais à l'évidence, elle ne rend pas justice au développement et à l'approfondissement que cette notion clef connaît dans l'œuvre husserlienne, et ce bien avant la période de la *Krisis*. Si l'intentionnalité est comprise comme "*Bewusstseinsleistung*", embrassant les couches les plus profondes de la temporalisation et de la constitution de tout étant, la critique heideggerienne ne risque-t-elle pas à la limite d'apparaître comme "impertinente"?

Pour Husserl aussi l'exploration des profondeurs insoupçonnées de la subjectivité embrasse dans toute son ampleur la vaste dimension du Monde qui est celle-là même de la conscience constituante, comme l'atteste l'analyse intentionnelle des structures noético-noématiques de la conscience et de ses opérations intentionnelles. A ce titre aussi la subjectivité constituante, la conscience opérante est condition de possibilité de toute expérience et partant de tout étant comme du Monde. Peut-être en définitive est-elle elle aussi dotée des mêmes fonctions et pouvoirs que ceux que Heidegger confère au *Dasein* sans lequel il n'y a ni Monde ni vérité. Mais peut-être a-t-il méconnu surtout que la conscience intentionnelle qui est de part en part marquée par sa structure *téléologique* inclut par là même la tendance au dépassement de soi, en somme un mouvement de transcendance, et en appelle constamment au remplissement des intentions vides — Heidegger ne l'ignore pas — elle ne cesse de s'accompagner d'un horizon de "*Vor*-et-*Mitmeinungen*" qui sont des anticipations de remplissements à venir par une intuition donatrice de la chose même qui est visée? L'intention est bien visée de l'objet, mais visée dans l'horizon d'un Monde, et non nécessairement déjà *possession* de l'objet en personne (*leibhafte Selbsthabe*). Toute conscience perceptive — et à fortiori pragmatique — est affectée d'une structure téléologique de présomption qui définit ce que Husserl nommera l'*Horizontintentionalität* intervenant dans toute expérience du Monde "transcendant", tout processus perceptif ou cognitif étant régi par la "merveilleuse téléologie" du Monde qu'évoquent déjà les *Ideen*[89]?

* *

Il nous reste à conclure ce long et en même temps trop rapide périple à travers quelques écrits des plus décisifs de la période de Marbourg. Il nous a paru à tout le moins qu'on ne pouvait plus guère contester qu'elle était profondément marquée par la patiente et constante "*Aus-ein-ander-setzung*" que Heidegger a menée tout au long avec la phénoménologie. A l'évidence, le dialogue s'est cristallisé autour de la découverte fondatrice de la phénoménologie husserlienne : la notion d'intentionnalité qui avait vocation à être réinterprétée sous la figure de la transcendance.

Que le dialogue ait été fait d'incompréhension et de malentendus — ce qui est le lot de tout dialogue humain — mais qu'il ait aussi été riche en impulsions fécondes pour l'un comme pour l'autre des interlocuteurs, nul n'en sera surpris ni n'en doutera à la lecture des textes aujourd'hui accessibles, du moins partiellement, grâce à la *Gesamtausgabe*. Elle nous enseigne en tout cas que le plus jeune n'hésitait pas à confesser, au cœur même de la "critique immanente" à laquelle l'œuvre de l'aîné l'invitait, qu'il se sentait toujours vis-à-vis de lui comme quelqu'un qui n'a pas fini d'apprendre, et ce au moment même où l'aîné, conscient des imperfections qui, inévitablement, grèvent toute œuvre initiatrice — ce que fut pour lui la phénoménologie — fait de son côté l'aveu qu'il se contentait modestement du nom de "vrai débutant" (*echter Anfänger*) laissant à ceux qui lui succéderont le soin de continuer d'explorer plus loin la "terre promise", juste entrevue par lui [90].

Heidegger s'est-il reconnu parmi ceux que Husserl appelait à poursuivre l'œuvre phénoménologique commencée ? se sentait-il digne de lui succéder, comme Husserl semblait l'avoir pensé encore en 1928 ? ou bien s'est-il dès le départ résigné à ce que Jean Beaufret nommait "la rupture inaugurale" à partir de laquelle la distance qui les séparait ne pouvait qu'aller croissant [91] ? Il ne nous appartient pas de trancher sauf à concéder à J. Beaufret que le passage de l'intentionnalité de la conscience à l'ek-stase du *Dasein*, de l'immanence à la transcendance, ajouterions-nous, a bien été le permanent sous-entendu du rapport de Heidegger avec Husserl. Les textes significatifs des années de Marbourg en témoignent en même temps qu'ils révèlent combien le chemin de pensée heideggerien s'ancrant pourtant dans le champ original de la phénoménologie l'a peu à peu éloigné du point de départ husserlien initial. Mais peut-être, après tout, plus grande est la distance qui s'est creusée entre les deux auteurs qui, l'un comme l'autre, ont "pensé grandement" — et peut-être se sont trompés grandement — et plus l'un s'est-il en apparence éloigné de l'autre, plus croît aussi dans l'éloignement le plus extrême la vraie proximité de la pensée [92].

N'est-ce pas retrouver le thème de la transcendance s'il est vrai qu'elle

définit de part en part l'être de l'homme en tant qu'il est "la transcendance existante", l'être "méta-physique" par excellence [93]? S'il est vrai
surtout que, loin de vivre dans l'univers clos et comme aseptisé de sa
conscience pure immanente et dans l'identité vide de soi avec soi-même,
par son projet d'être il est toujours déjà au-delà de lui-même, là-bas dans
ce Monde et avec les Autres, dont il a souci et que, par ses actions et par
ses pensées, il contribue à bâtir et à façonner librement autant qu'il ne
cesse de l'accueillit voire de le subir? L'homme — pour autant qu'il
existe d'ores et déjà en vue de sa fin — est toujours déjà en-avant-de-soi
là-bas du côté de son futur lointain mais déjà proche qui détermine tous
ses comportements temporels y compris à l'égard du passé dont il ne
forge pas moins le visage qu'il ne façonne celui du présent. C'est parce
que l'homme est le transcendant par excellence qu'il "s'adonne à l'élan
vers ce qui le transporte et l'éloigne de soi, bref, c'est parce qu'il est cet
"être du lointain" (*Wesen der Ferne*) qu'il peut parvenir à la "vraie
proximité" à l'égard des choses comme de soi-même" [94].

NOTES

1. C'est ce que nous apprend le Protocole du Séminaire auquel nous renvoyons dans sa traduction française. *Questions* IV, pp. 317-318.
2. *Ibid.*, p. 320.
3. *Ibid.*, p. 322.
4. *Ibid.*, p.323.
5. *Cf.* l'introduction, ajoutée en 1949, de l'essai *Was ist Metaphysik?* "Ni le mot "Dasein", y lit-on, ne vient simplement prendre la place du mot "Bewusstsein", ni la chose nommée "Dasein" ne vient remplacer ce qu'on représente sous le nom de "conscience", *op. cit.*, p. 13.
6. *Op. cit.*, p. 208.
7. *Vom Wesen des Grundes*, paru pour la première fois dans le *Jahrbuch für Philosophie und phänomenologische Forschung*, in *Wegmarken*, p. 31 et 34.
8. *Loc. cit.*, p. 63.
9. Heidegger évoque les tentatives réitérées qu'il fit pour y entrer à fond, mais aussi l'insatisfaction qu'il ressentit, la "difficulté majeure" tenant à la question simple de savoir ce qui faisait l'originalité de la phénoménologie. *Zur Sache des Denkens*, pp. 82-83.
10. *Loc. cit.*, pp. 84-85. Heidegger avoue dans ce même texte que les contacts personnels qu'il eut avec le maître de la phénoménologie au travail "dans son atelier" devaient peu à peu dissiper l'embarras et la confusion de l'apprenti phénoménologue qu'il fut alors et l'engager à s'exercer patiemment dans la pratique de la méthode du "voir" phénoménologique et dans une explication hebdomadaire des *Logische Untersuchungen*, surtout de la VIᵉ Recherche, qui resta pour lui le texte canonique de la phénoménologie: il y apprit, avoue-t-il, que l'attitude de pensée qui se manifestait dans l'analyse phénoménologique se révélait être un "trait fondamental de la pensée grecque si ce n'est de la philosophie comme telle", *ibid.*, p. 87.

11. Notre propos est simplement d'en vérifier la réalité par un examen des textes désormais connus, datant de ces années décisives au cours desquelles s'élaborait sa pensée, et non d'en apporter une démonstration irréfutable.

12. *Prolegomena zur Geschichte des Zeitbegriffs,* in *GA* 20, pp. 34 et 36.

13. *Ibid.,* p. 46.

14. *Ibid.,* pp. 105-106.

15. "Dans la mesure où la phénoménologie est simultanément définie par l'intentionnalité, écrit Heidegger, elle implique une prédétermination (*Vorentscheidung*) de ce qui, dans la multiplicité de l'étant, est son thème. Pourquoi ce serait justement l'intentionnalité, voilà qui n'est pas suffisamment fondé. On se borne à relater que de fait, lors de l'irruption de la phénoménologie et au cours de son élaboration, l'intentionnalité fut son thème fondamental", *ibid.,* p. 185.

16. *Ibid.,* pp. 38-40.

17. *Ibid.,* pp. 61-62.

18. *Ibid.,* pp. 215-216.

19. *Ibid.,* p. 216.

20. *Ibid.,* p. 225.

21. Elle inclut une remise en cause du prétendu primat ontologique de la relation cognitive qui serait le mode éminent de tout rapport à l'étant, méconnaissant de ce fait le mode d'exister le plus immédiat et le plus courant dans la vie quotidienne, le comportement pratique.

22. *Cf. Metaphysische Anfangsgründe der Logik im Ausgang von Leibniz,* in *GA* 26, t. 26, p. 161. Texte instructif ne serait-ce que par sa seconde partie consacrée à la "métaphysique du principe de raison", qui prépare l'essai de 1929 connu sous le titre *Vom Wesen des Grundes,* publié en hommage à Husserl à l'occasion de son 70ᵉ anniversaire. Ces pages reprennent à nouveau les idées majeures sur le problème de la transcendance et son rapport à l'intentionnalité de la conscience.

23. *Ibid.,* pp. 168 *sq.* La "transcendance originaire" définit l'*In-der-Welt-sein,* condition de possibilité de tout comportement intentionnel.

24. *Cf. GA* 20, § 11, pp. 140 *sq.* Heidegger se réfère au § 44.

25. *Ibid.,* p. 142.

26. *Ibid.,* p.143.

27. "Etre absolu veut dire être constituant. Tout autre réalité n'est qu'en relation avec la conscience, est *relative* à elle", *Ibid.,* p. 144. Heidegger renvoie à nouveau au chapitre III des *Ideen* intitulé : "La région de la conscience pure", surtout pp. 91-93.

28. *GA* 20, pp. 145 *sq.* et p. 150. "*Bewusstsein*", écrit Heidegger, "ist das Frühere, das Apriori im *Descartes'schen* und *Kantischen* Sinn". C'est ici, précise-t-il, que "l'idéalisme au sens du néo-kantisme fait irruption dans la phénoménologie."

29. *Ibid.,* pp. 159 et 180 à 182. Plus d'une fois Heidegger, on le sait, mettra en lumière la puissance irrésistible de la tradition dans l'histoire de la pensée, puissance à la fois d'occultation et de libération. *Cf.,* par exemple, *Was ist das — die Philosophie,* pp. 14-15. Dans son cours de 1925, il souligne surtout ce qu'il nomme "Die Macht des geschichtlichen Daseins, das wir selbst zu sein verdammt oder berufen sind", *op. cit.,* p. 182.

30. "Es bedarf wohl kaum des Geständnisses, écrit Heidegger, dass ich mich auch heute noch *Husserl* gegenüber als Lernender nehme", *ibid.,* p. 168. En fait, c'est la structure fondamentale du Souci qui révèle que ce que la phénoménologie conçoit sous le titre d'intentionnalité n'est qu'un phénomène fragmentaire et vu de l'extérieur. *Ibid,* p. 420.

31. *Cf.* § 9 b) intitulé "Intentionnalité et transcendance", *GA* 24, p. 77 à 94.

32. De même s'exemplifie ici, dans l'analyse de la perception et de l'être-donné-perceptif la tendance téléologique inscrite dans l'intention perceptive. "Chaque intention, écrit Heidegger, recèle en soi une tendance au remplissement", *GA* 20, p. 59.

33. *GA* 24, pp. 83-84.

34. *Ibid.*, p. 89. La même question se trouve abordée par Husserl: *cf.* par exemple "Die Idee der Phänomenologie", in *Husserliana* II, pp. 5 et 49.

36. *GA* 24, pp. 88-91.

37. *Ibid.*, p. 90.

38. *Ibid.*, p.224.

39. *Ibid.*, p. 91.

40. *Ibid.*, pp. 229-230.

41. "Par actes dirigés de façon *immanente*, ou plus généralement par vécus intentionnels rapportés de façon immanente à leurs objects, nous entendons des vécus dont l'essence implique que leurs objets intentionnels, si tant est qu'ils existent, appartiennent au même flux du vécu qu'eux-mêmes... Sont dirigés de façon transcendante les vécus intentionnels qui ne répondent pas à ce type, comme par exemple tous les actes dirigés sur des essences ou sur les vécus intentionnels d'autres moi, liés à d'autres flux de vécus, de même tous les actes dirigés sur les choses, sur des réalités en général", *op. cit.*, p. 68.

42. *Op. cit.*, t. II, § 11 a, pp. 366 et 375.

43. *Cf.* l'appendice aux §§ 11 et 20, *loc. cit.*, p. 375. Quelques années plus tard, en 1907, Husserl réexaminera les deux concepts litigieux en essayant d'y démêler l'ambiguïté dont ils sont entachés. Pour tous ces problèmes, on lira avec profit l'excellent article de R. Boehm, "Les ambiguïtés des concepts husserliens d'immanence et de transcendance, in *Revue philosophique*, 84, 1959, pp. 481-526, paru aussi en allemand in *Vom Gesichtspunkt der Phänomenologie*, pp. 141-185.

44. *GA* 24, p. 230.

45. *Ibid.*

46. *GA* 26, p. 169.

47. *Cf.* surtout la Ve Recherche, *op. cit.*, p. 494.

48. *GA* 26, p. 169.

49. "*hinübersteigen zu*" ou "*hinüberschreiten*", traduit Heidegger. Il ajoute dans ces mêmes pages que c'est bien la transcendance du Dasein qui sous l'expression du "*In-der-Welt-sein*" est "le problème central" aussi de *Sein und Zeit*, *loc. cit.*, pp. 169 et 213 *sq.*

50. "*ein Dazwischenliegendes*". Sur cette analyse sémantique du concept, *loc. cit.*, pp. 203-204.

51. *Ibid.*, pp. 205-206.

52. "*das Überschwängliche*". Heidegger renvoie à l'idée de Dieu, l'étant suprême dans la philosophie chrétienne. De plus, on sait que le concept épistémologique et le concept théologique de transcendance se conjuguent et se confondent parfois dans l'histoire de la métaphysique, chez Descartes par exemple et même encore chez Kant, *Ibid.*, pp. 207-211.

53. *Ibid.*

54. "*als Gegenüberstehendes*", *ibid.*, p. 212.

55. *Ibid.*

56. *Ibid.*

57. La lettre du 22 octobre 1927 que Heidegger adresse à Husserl et les remarques qu'il a ajoutées à la première et la seconde version de l'article confirment l'existence du débat, comme le prouvent l'excellent dossier constitué par Walter Biemel in *Husserliana* IX, p. 590 à 615, et les annotations au texte des diverses versions de l'article, pp. 237-301.

58. Cf. *ibid.*
59. "Transzendenz ist In-der-Welt-sein". *GA* 26, § 11 b, pp. 218-238. Pour mettre pleinement en lumière le sens du concept de "Monde", Heidegger esquisse un bref historique dont il ne retient cependant que les indications les plus significatives. Il distingue en fait quatre concepts différents de "Monde": 1°) un concept *ontico-naturel* qui vise l'*omnitudo realitatis*, le Monde comme "totalité de l'étant subsistant (*Vorhandenen*)"; 2°) un premier concept *ontologique* subsumant le Monde défini par la région "Nature"; 3°) un nouveau concept *ontique* ou plus exactement *ontico-existentiel*, qui vise la nature humaine, l'homme en tant qu'existant; 4°) le concept *ontologique* au sens propre du mot qui fait référence à l'essence métaphysique du *Dasein* et à sa constitution fondamentale: la transcendance, *loc. cit.*, pp. 231-232. En 1929 l'essai *Vom Wesen des Grundes* dédié à Husserl reprendra la même analyse.
60. "Der Übersprung ist Übersprung zur Welt", *ibid.*, p. 233.
61. "Die verkehrte Meinung, der Ansatz eines zunächst weltlosen Subjektes sei der *voraussetzungsloseste*" (allusion manifeste a Husserl), *ibid.*, p. 242 et *Grundprobleme*, in *GA* 24, p. 425.
62. *Ibid.*, p. 228. *Cf.* aussi l'analyse de la transcendance qua temporalité et du mode d'être "ek-statique" du *Dasein* que Heidegger développera plus loin dans son cours, *ibid.*, pp. 426 *sq.*
63. *GA* 20, p. 233.
64. Pour l'interprétation heideggerienne de la réduction phénoménologique, *cf. Grundprobleme*, *GA* 24, § 5, pp. 26-32.
65. *GA* 24, pp. 424-425. "Welt ist nur, wenn und solange ein Dasein existiert", *ibid.*, p. 241. Dans le cours de 1928 on trouve une proposition presque identique: "Il n'y a de Monde que pour autant que le *Dasein* advient", *GA* 26, p. 251. *Sein und Zeit* (p. 230) allègue une formule analogue à propos de *Dasein* et *Wahrheit*. La thèse signalée ne peut vouloir signifier, précise Heidegger, que le Monde est "ein Stück von mir" en usant là encore d'une image que Husserl déjà invoquait, lui aussi fasciné par le statut ambigu de la subjectivité humaine, à la fois objet dans le Monde et sujet le constituant, *Cf. Krisis*, § 53: "Die Paradoxie der menschlichen Subjektivität", pp. 182 *sq.*
66. *GA* 26, pp. 249-250.
67. "Welteingang geschieht, wenn Transzendenz geschieht, d.h. wenn geschichtliches Dasein existiert", *ibid.*, p. 251.
68. Après tout, s'exclame Heidegger, il se peut fort bien que *l'idéalisme* pose les vrais problèmes philosophiques mieux qu'aucun *réalisme* n'a jamais su le faire. Et, ajoute-t-il, "à y regarder de près, la peur de l'idéalisme n'est aujourd'hui que la peur devant la philosophie", ce qui ne veut pas dire qu'il identifie purement et simplement philosophie et idéalisme, *GA* 24, p. 238.
69. *Ibid.*, pp. 249-250. L'importance des deux concepts de "Bewandtnis" et de "Bedeutsamkeit" dans l'analyse de la "Weltlichkeit der Welt" est attestée aussi dans *Sein und Zeit*, notamment au § 18, pp. 83 *sq.*
70. "Chaque expérience singulière du Monde comporte par essence *son* horizon d'expérience universel, qui, quoique implicitement, porte avec soi comme ayant constamment et conjointement validité la totalité infinie ouverte du Monde existant", *op. cit.*, in *Husserliana* III, § 32, p. 68. *Krisis* ne fera que confirmer cette interprétation en précisant à son tour: "Les choses (les objets) ne sont données par principe que de telle sorte que nous en ayons conscience comme des choses ou d'objets *dans l'horizon du monde*. Chacun d'eux est quelque chose, quelque chose du Monde qui est ce monde dont nous avons toujours conscience comme horizon universel", *op. cit.*, p. 146. Un autre texte de Husserl, contemporain des cours de Marbourg suggérerait des observations analogues sur la

"subjectivité" du Monde. Husserl commémorant en 1924 le bicentenaire de la naissance de Kant déclare ainsi : "Au regard de la pensée transcendantale, le *monde* tel qu'il est en lui-même et dans sa vérité logique n'est en dernière analyse qu'une *idée située à l'infini* qui puise son sens intentionnel dans l'actualité de la vie de la conscience". *Erste Philosophie I, in Husserliana* VII, p. 274.

71. *GA* 24, p. 428 et *GA* 26, pp. 238-247. Sur la détermination ontologique du *Dasein* comme "égoïté" viendra se greffer la double thèse affirmant tout ensemble la foncière coïncidence de la "Selbstheit" et de la *liberté* et de l'identité de la transcendance et de la liberté. La même formule se retrouve dans *Vom Wesen des Grundes* qui noue ensemble tout aussi intimement transcendance, Monde et liberté, quoique l'accent s'y trouve mis surtout sur la fonction d'origine et de fondation de la transcendance, *op. cit.*, in *Wegmarken*, p. 60.

72. Le sens du mot "*Umwillen*" recèle justement un "*Willen*", un vouloir qui justifie, aux yeux de Heidegger, le lien établi entre la structure de "*l'Umwillen*" qui définit le *Dasein* et la liberté. *GA* 26, pp. 239 et 246.

73. *Op. cit.*, § 29 et 32, surtout p. 143.

74. Le Monde est le tout des possibilités essentielles du Dasein en tant qu'il transcende (*übertrifft*) tout étant réel. Mais le *Dasein* est en lui-même "excédent" (*überschüssig*) en vertu de la primordiale insuffisance (*Ungenügsamkeit*) de tout étant qui le détermine, *GA*, t. 26, p. 248. On sait que *Sein und Zeit* (I^e partie, ch. V B, § 38) décrit sous le terme de "*Verfallen*" la tendance qu'a le Dasein dans l'existence inauthentique de s'abandonner aux étants du Monde qui l'investissent.

75. *Vom Wesen des Grundes*, on le sait, rattache le problème de la transcendance à celui de la finitude humaine. La transcendance est caractérisée par le fait que le *Dasein* est d'ores et déjà sous l'emprise de l'étant au milieu duquel il se trouve toujours déjà "jeté". "Projet de monde" et "investissement (*Eingenommenheit*) par l'étant" sont indissociables, *loc. cit.*, pp. 61-63. L'analyse du cours de 1928 n'en diffère guère. L'insuffisance en quelque sorte congénitale de l'étant frappe le *Dasein* d'impuissance. C'est pourquoi *liberté* et *non-liberté* vont de pair, c'est cette dernière qui est qualifiée de "document élémentaire" de la transcendance du *Dasein*, *GA* 26, pp. 248-249.

76. *Ibid.*, p. 252.

77. "Die *Transzendenz* des *In-der-Welt-seins gründet* in ihrer spezifischen Ganzheit *in der ursprünglichen ekstatisch-horizontalen Einheit der Zeitlichkeit*", *GA* 24, p. 429. Sur le problème du temps, *ibid.*, IIe partie, §§ 19 à 21 et *Sein und Zeit*, IIe section.

78. En particulier § 12, *GA* 26, pp.254-259. Les observations de Heidegger sont d'autant plus intéressantes qu'elles sont contemporaines de la publication, par ses soins, dans le *Jahrbuch für Philosophie und phänomenologische Forschung*, tome IX, des *Vorlesungen zur Phänomenologie des inneren Zeitbewusstseins* de Husserl. Le cours de 1928 fait directement référence aux *Vorlesungen*, *GA* 26, pp. 263-264.

79. *Ibid.*, pp. 261-262.

80. *Ibid.*, p. 264.

81. "Dieses Unterwegs kennen wir schon als den Überschritt, als die *Transzendenz*", *ibid.*, p. 261.

82. "Die hier genannte Ekstase, das Heraustreten aus sich (*Ekstasis*) ist gewissermassen ein *raptus*", *GA* 26, pp. 265-266 et *GA* 24, pp. 428-429. Sur le caractère "ekstatico-horizontal" (*ekstatisch-horizontal*) de la temporalité, *cf.* aussi *SZ*, § 69, c, pp. 364 *sq.*

83. Heidegger reproche cependant à Bergson d'appliquer trop indifféremment cette notion à toute espèce d'étant quel qu'il soit. *GA* 26, pp. 268 *sq.*

84. Le concept d'*Ekstema* est formé par analogie avec *systéma* et *synthéma*. *Ibid.*, p. 269.

85. *Ibid.*, pp. 270-272. L'interprétation monadologique de la phénoménologie est déjà sug-

gérée par Husserl dans son cours de 1923/24 paru sous le titre *Erste Philosophie*, in *Husserliana* VII, p. 191.

86. *GA* 24, p. 427 et *GA* 26, p. 271.
87. *Ibid.* L'avant-dernier paragraphe du cours de 1928 examinera par référence à Leibniz le problème de la transcendance du point de vue de l'essence du fondement (*Wesen des Grundes*) et s'emploie à expliquer le lien entre transcendance, liberté et fondement. Comme dans *Vom Wesen des Grundes*, la liberté y est définie comme constituant à la fois l'essence métaphysique du *Dasein* comme transcendance et "le fondement du fondement". *GA* 26, pp. 276-277.
88. "Wahrheit liegt im Wesen der Transzendenz", *ibid.*, p. 281. Le thème de la vérité originelle interprétée par référence à l'*alètheia* grecque comme "Unverborgenheit" est une constante de la pensée heideggerienne.
89. *Op. cit.*, p. 139. Sur l'*Horizontintentionalität* et la fonction téléologique de l'intentionnalité, *cf.* par exemple *Formale und transzendentale Logik*, § 96 à 99, en particulier, pp. 143 et 216.
90. *Nachwort zu den "Ideen" I*, in *Husserliana* V, pp. 161-162.
91. *Dialogue avec Heidegger*, III, pp. 116 et 130.
92. "Wer gross denkt, muss gross irren". *Aus der Erfahrung des Denkens*, p. 17. Sur éloignement et proximité, *cf. Vom Wesen des Grundes*, in *Wegmarken*, p. 71.
93. *Ibid.*
94. "Der Mensch ist ein *Wesen der Ferne*! Nur durch echte ursprüngliche Ferne, die er sich in seiner Transzendenz zu allem Seienden bildet, kommt in ihm die wahre Nähe zu den Dingen ins Steigen". *Cf.* Beilage "*Ferne und Nähe*", in *GA* 26, p. 285. La même expression se retrouve dans *Vom Wesen des Grundes* (*loc. cit.*). On rapprochera cette interprétation de l'être de l'homme de l'analyse du caractère essentiellement "é-loignant" (*entfernend*) du *Dasein* dans *SZ*, § 23, p. 105.

RUDOLF BERNET

Transcendance et intentionnalité:
Heidegger et Husserl sur les prolégomènes
d'une ontologie phénoménologique

"Où est donc passée l'intentionnalité dans la phénoménologie de Heidegger?" Voilà une question que j'ai souvent entendu poser et qui malgré sa formulation un peu naïve est une bonne question. Celui qui la pose s'inspire souvent de quelque note en bas de la page où Heidegger rend un hommage emphatique aux travaux de Husserl. On veut bien croire à la sincérité de Heidegger, mais on a du mal à vérifier le bien-fondé de cette note en lisant le texte principal, par exemple celui de *L'être et le temps.* Ce n'est que la publication récente des cours de Marbourg qui a mis fin à cette situation embarrassante. Ces textes ne permettent pas seulement de lire *L'être et le temps* avec plus grand profit, ils nous renseignent également, et enfin, sur les sources de l'ontologie fondamentale. Il s'avère notamment qu'une lecture très attentive de la VIᵉ des *Recherches logiques* de Husserl a joué un rôle important dans la genèse de l'ontologie phénoménologique du jeune Heidegger. Je tenterai de le montrer en m'appuyant surtout sur le cours de 1925 intitulé "*Prolegomena zur Geschichte des Zeitbegriffs*".[1] Ce texte comprend, à ma connaissance, la discussion la plus approfondie et la plus longue que Heidegger ait jamais consacrée à Husserl. Cette discussion concerne avant tout le problème de l'intentionnalité et se trouve dans la "partie préparatoire" du cours qui porte le titre: "Sens et tâche de la recherche phénoménologique". L'intentionnalité au sens de Husserl semble donc bien jouer un rôle central dans l'élaboration de ce qui, pour Heidegger, est en train de devenir 'la chose' de la phénoménologie.

1. L'INTENTIONNALITÉ DES ACTES SENSIBLES ET DES ACTES CATÉGORIAUX

Ce qui frappe peut-être le plus dans l'exposé que Heidegger fait de l'analyse husserlienne de l'intentionnalité, c'est son caractère systématique. Heidegger part d'une première "mise en lumière" (*Aufweis*) du phénomène (§ 5a), procède ensuite à une analyse approfondie de la "constitu-

F. Volpi et al., Heidegger et l'idée de la phénoménologie. ISBN 90-247-3586-6.
© 1988, Kluwer Academic Publishers.

tion fondamentale de l'intentionnalité en tant que telle" (*Grundverfassung der Intentionalität als solcher*, § 5 c), pour s'attaquer finalement à une véritable morphologie des actes intentionnels tant simples (pp. 53-60) que catégoriaux (§ 6). Cet exposé relativement sec frappe aussi par sa vigilance, pour ne pas dire son intransigeance à l'égard des penseurs qui précèdent l'orthodoxie husserlienne de l'intentionnalité ou qui s'en écartent. Heidegger semble s'effacer totalement devant la doctrine des *Recherches logiques*, et Heidegger n'hésite pas à traiter également d'une manière approfondie et avec une compétence jamais prise en défaut des *Idées directrices pour une phénoménologie*, ouvrage pour lequel il n'avait cependant, comme on sait, aucune sympathie. Cette allégeance explicite à Husserl va de pair avec un travail plus secret de Heidegger qui contribue grandement à clarifier, voire à redresser certaines analyses husserliennes. Il s'agit cependant de ne pas se laisser abuser. Sous l'apparence de servir Husserl, Heidegger, en vérité, s'en sert et ne sert que lui-même. Il use de Husserl pour démontrer la nécessité d'asseoir l'ontologie phénoménologique sur de nouvelles bases, à savoir celles de l'analyse existentiale. Que la discussion de l'intentionnalité chez Husserl ne sert en vérité que d'introduction à la problématique de l'ontologie fondamentale, cela ressort déjà du plan d'ensemble du cours de 1925 (*GA* 20). Cela se manifeste aussi dans la partie critique de l'exposé ainsi que, en creux, dans les oublis et les glissements qu'un lecteur vigilant relèvera sans peine au sein même de l'exposé consacré à la compréhension husserlienne de l'intentionnalité. Nous aurons à nous poser la question de savoir si cette fonction propédeutique assignée à la présentation de l'intentionnalité chez Husserl ne résulte pas d'une deuxième mise-en-scène de la part de Heidegger. Y a-t-il vraiment continuité entre Husserl et Heidegger dans le sens d'un approfondissement de ce qui rend possible l'intentionnalité? N'y a-t-il pas plutôt rupture et abîme entre le rapport intentionnel aux étants et la transcendance ouverte sur le monde et la question de l'être des étants? Cette question ne manquera pas d'en susciter d'autres, notamment celles qui concernent une prétendue continuité de la compréhension du sujet, de la vérité et du temps chez Husserl et Heidegger.

En traitant des structures fondamentales de l'intentionnalité selon Husserl, Heidegger définit l'intentionnalité comme un comportement dans lequel une "intentio" "se dirige vers" (*sich-richten-auf*) un "intentum". Ce n'est sans doute pas par hasard que Heidegger se sert de ces vagues termes latins; cela lui permet de recouvrir, provisoirement, d'un voile pudique tout ce qui le sépare de la conception husserlienne de la "noèse" et du "noème". Heidegger évite aussi et systématiquement de parler d'"actes" intentionnels. Ici, comme ailleurs (*cf. p. ex. GA* 24 (1927), p. 80), il préfère nommer ces actes des "comportements" (*Verhalten*) intentionnels. Cette nouvelle terminologie trahit déjà le souci de Heidegger d'arracher le phénomène de l'intentionnalité au cadre étroit d'une théorie de la connaissance dans lequel Husserl l'avait confiné. Cependant, c'est sans la moindre réticence que Heidegger se joint à Husserl quand celui-ci déclare que parler de la relation transitive d'un "se-diriger-vers" est loin de constituer une détermination satisfaisante de l'intentionnalité. L'énigme de la relation intentionnelle n'est pas sa transitivité mais plutôt ce que Husserl appelle "la corrélation" entre intentio et intentum que Heidegger à son tour désigne comme leur "co-appartenance" (*Mitzugehörigkeit*, p. 63). Heidegger se fait ici le défenseur de ce que, plus tard, on a appelé une "phénoménologie noématique", c'est-à-dire une tentative de s'approcher de la mystérieuse co-appartenance intentionnelle à partir d'un interrogatoire serré de l'intentum (pp. 48, 60). Heidegger argue du caractère naturel d'une telle démarche qui se laisse porter par le mouvement de la relation intentionnelle vers l'intentum. Tirer argument du caractère naturel d'une démarche n'est pas fréquent chez les philosophes et cache souvent bien des arrière-pensées. Des noématiciens tels que A. Gurwitsch, Sartre, Føllesdal etc. affichent d'ailleurs clairement leur intention de contourner ainsi le je transcendental ou même de l'exclure tout simplement d'une analyse phénoménologique de l'intentionnalité. En privilégiant l'intentum, Heidegger devait avoir d'autres raisons, puisque sa nouvelle détermination de "la subjectivité du sujet" (*Subjektivität des Subjekts, GA* 26 (1928), pp. 189, 194, 211, 234) n'en exclut nullement le caractère égologique. Ce qui guide le choix de Heidegger, c'est évidemment le projet d'une ontologie phénoménologique. La description phénoménologique de l'intentum (pp. 48-54) offre l'occasion d'un premier questionnement sur la signification ontologique de l'intentionnalité.

Heidegger distingue deux significations principales du terme "intentum": (1) "l'étant en lui-même" (*das Seiende an ihm selbst*) et (2) l'étant pris dans "le comment de son être-visé-intentionnellement" (*das Wie des Intendiertseins*) (pp. 48, 52; *cf.* aussi *GA* 24 (1927), pp. 78 *sq.*). Cette dinstinction remonte à Husserl; elle est ébauchée dans un passage unique des *Recherches logiques*[2] et elle est amplement commentée et développée dans l'analyse que les *Idées...* consacrent au noème. Heidegger suit Husserl également en ceci qu'il tient seul "l'étant dans le comment de son être-visé-intentionnellement", c'est-à-dire seule la chose en tant que et telle qu'elle se montre dans un acte intentionnel concret pour une détermination proprement phénoménologique de l'objet intentionnel. Il s'agit donc d'un étant dont le mode d'être et d'apparaître est déterminé à partir d'un comportement intentionnel particulier, concret et individuel. N'est-il pas surprenant dès lors que le meilleur de l'effort heideggérien au lieu de se concentrer sur cette détermination "strictement phénoménologique" de l'objet intentionnel soit consacré plutôt à l'investigation du concept non-phénoménologique de l'intentum, c'est-à-dire à "l'étant en lui-même"?

Avant de revenir à cette question, arrêtons-nous un instant à cet "étant en lui-même" et aux trois significations que Heidegger lui prête : a) "chose du monde environnant" (*Umweltding*), b) "chose de la nature" (*Naturding*), c) "choséité" (*Dinglichkeit*). Une lecture attentive du texte suscite une foule de réminiscences et d'associations. Comment ne pas rapporter la distinction entre "chose de la nature" et "chose du monde environnant" à la distinction aristotélicienne entre "τὰ φύσει ὄντα" et "τὰ τέχνη ὄντα"? Les "choses du monde environnant" sont fabriquées par la main de l'homme, elles sont dès lors à sa disposition et s'intègrent dans l'ensemble d'un monde façonné par l'homme. En revanche, les "choses de la nature" sont déterminées indépendamment de l'agir humain, elles sont comprises notamment en fonction de leurs constituants physiques et de leur insertion dans un ordre naturel objectif qui se donne ou s'impose à l'homme. Il n'est pas difficile de reconnaître dans cette opposition entre "choses du monde environnant" et "choses de la nature" l'ébauche de la distinction opérée dans *L'être et le temps* entre "l'être-maniable" (*zuhanden*) et "l'être-donné" ou "l'être-subsistant" (*vorhanden*) des étants. Dans le cours de 1925, Heidegger dit déjà très clairement non seulement qu'un même étant se prête à être compris selon les deux modes d'être, mais aussi, qu'à y regarder de plus près, les "choses de la nature" se présentent "d'abord" (*zunächst*) dans le contexte des choses et caractères du monde environnant (p. 50; *cf.* aussi *GA* 24 (1927), p. 96). Dans une brève observation dont il ne mesure peut-être pas encore toute la richesse, Heidegger dit aussi que ce monde environnant, ce milieu de vie de l'homme, a une structure narrative. C'est un monde où on "ne raconte (*erzähle*) rien d'autre que l'histoire (*Geschichte*) précise, bien que banale, de la chaise, histoire au sein de laquelle la chaise se présente ici continuellement, jour après jour" (p. 49). La troisième signification attribuée à l'intentum pris comme "l'étant en lui-même", c'est la "choséité" (*Dinglichkeit*). La choséité n'est plus un étant concret, mais concerne plutôt les déterminations générales ou "structures" que les choses ont en commun : "matérialité", "extension", "coloration", "possibilité d'être déplacé" (p. 51). La choséité est ce qui appartient au contenu (*Sachhaltigkeiten*) de toute chose, elle est ce que Husserl appelle une "essence sensible" ou encore une essence "matériellement" (par opposition à "formellement") déterminée. L'investigation des traits généraux de la choséité fait l'objet de ce qui s'appelle chez Husserl une "ontologie matérielle" (*materiale Ontologie*) de la chose.

Les trois significations de "l'étant en lui-même" reflètent donc bien les préoccupations de l'ontologie traditionnelle, d'Aristote à Husserl. Il ne fait pas de doute non plus que l'étant pris dans "le comment de son être-visé-intentionnellement" constitue aux yeux de Heidegger un point d'ancrage propice pour la nouvelle ontologie phénoménologique. Nous sommes donc en mesure de répondre à la question formulée plus haut et qui concernait l'intérêt porté par Heidegger à la détermination non phénoménologique de l'intentum. Il s'agit en réalité d'un intérêt porté à l'ontologie traditionnelle dont les articulations servent de fil conducteur à l'élaboration d'une ontologie proprement phénoménologique. Même si la distinction entre les deux significations principales de l'intentum, entre "l'étant en lui-même" et l'étant pris dans le "comment de son être-visé-intentionnellement" remonte à Husserl, il n'est que trop clair que Heidegger lui donne un sens tout à fait nouveau. Chez Husserl le rapport entre "l'objet tout court qui est visé" et "l'objet tel qu'il est visé" concerne la correspondance entre la réalité de la chose empirique et sa donnée en tant que phénomène noématique. Cette correpondance fait l'objet d'une interrogation épistémologique, assez curieusement baptisée "phénoménologie de la raison" (*Idées...*, §§ 136 *sq.*). Celle-ci n'est rien d'autre qu'une phénoménologie de la constitution transcendentale de la réalité objective. Chez Heidegger, ce même rapport entre les deux significations de l'intentum fait l'objet d'une interrogation ontologique. Au-delà de la relation entre ontologie traditionnelle et ontologie phénoménologique, ce qui est véritablement en jeu ici, c'est l'interrogation phénoménologique des différentes sortes d'étants quant à leur mode d'être. L'étant pris dans le "comment de son être-visé-intentionnellement" n'est pas autre que "l'étant en lui-même", il est cet étant en tant que celui-ci est interrogé quant à son mode d'être à partir de son apparaître (appar-être) intentionnel.[3] Ce glissement d'une interprétation épistémologique vers une interprétation ontologique de l'intentum est d'une importance capitale pour la compréhension de la suite du texte et notamment de l'exposé heideggérien de l'intuition catégoriale chez Husserl.

Heidegger fait un résumé extrêmement clair et nuancé de ce qui constitue sans doute un des apports majeurs de l'analyse husserlienne de l'intentionnalité, à savoir la distinction entre différentes sortes d'actes intentionnels, tant sensibles que catégoriaux ainsi que des relations d'interdépendance ou de fondation qui les unissent les uns aux autres. Nous ne pouvons nous y arrêter. Ce qui nous occupera avant tout, c'est la distinction entre deux grandes classes parmi les *actes catégoriaux*, à savoir les actes intentionnels "de la synthèse" et de "l'idéation". Nous ne pouvons traiter de ces différents actes catégoriaux avant d'avoir précisé la distinction plus générale entre "actes simples" d'une part et actes catégoriaux

ou "actes comprenant plusieurs niveaux" (*gestufte Akte*) d'autre part
(*cf.* § 6 bβ). Cette dernière distinction concerne la manière dont l'unité
d'un objet intentionnel est appréhendé : soit directement ou immédiatement, soit indirectement ou en plusieurs étapes.

Il est surprenant que ni Husserl ni Heidegger ne se préoccupent outre
mesure du caractère circulaire de cette distinction. En effet, la simplicité
d'un acte intentionnel ne peut être définie strictement sans faire appel au
fait qu'il n'est pas un acte catégorial, et un acte catégorial ne peut être
défini à son tour sans faire appel au fait qu'il est composé de, ou plus
précisément, fondé sur un ensemble d'actes simples. Il ne fait pas de
doute cependant que la phénoménologie a contribué d'une manière importante à la clarification et au renouvellement de la distinction traditionnelle entre représentations simples, dites "sensibles", et actes complexes impliquant une activité synthétique d'entendement ou de raisonnement. Loin d'être l'expression d'un pouvoir formateur autonome et
illimité ou l'arrangement actif d'un matériau passivement reçu, les actes
catégoriaux, au contraire, doivent tout à la vie perceptive. Cette perception, à son tour, n'est pas un pur voir abstrait, elle est un tissu auquel les
différents sens ont contribué et elle est un rapport articulé au monde. Les
actes catégoriaux ne font qu'expliciter les articulations du monde de la
vie perceptive ; ils délient en quelque sorte les fils que la perception a
soudés dans un lien vital au monde. L'innovation phénoménologique va
plus loin encore : elle élargit la signification du concept de la sensibilité au
point d'y inclure également certains concepts, appelés "concepts sensibles" (p. 96). La sensibilité devient alors le domaine de tout ce qui est
appréhendé dans son contenu matériel (*materielle Sachhaltigkeit*). C'est
par cette ouverture au contenu matériel des choses que la sensibilité se
distingue d'une préoccupation proprement catégoriale dirigée vers des
objets formels vides (*das formale, gegenständlich Leere*) (*ibid.*). Ce catégorial distinct du sensible n'est cependant que l'articulation explicite des
formes entrant déjà dans la composition de l'expérience sensible. Il ne
fait pas de doute que cette manière de comprendre la distinction entre le
sensible et le catégorial doit autant à Aristote qu'à Husserl. Nous aurons
à revenir sur cette interprétation aristotélicienne de Husserl dont Heidegger tire par ailleurs un bénéfice secondaire non négligeable dans sa polémique avec le néo-kantisme.

Il ne faut pas perdre de vue, cependant, que malgré leur enracinement
dans la perception sensible, les actes catégoriaux ne se réduisent jamais
purement et simplement aux actes simples qui les composent ou leur
servent de fondement. Ce qui se donne à voir dans une "intuition catégoriale" est tout à la fois un étant sensible et son au-delà, son surplus,
son "excédent" (*Überschuss*, p. 77). Cet excédent catégorial se manifeste

d'une manière exemplaire dans le cas des "jugements de perception" (*Wahrnehmungsurteile*) auxquels Husserl consacre toute son attention dès le début de la *VIe Recherche logique*. Heidegger préfère les appeler des "énoncés de perception" (*Wahrnehmungsaussagen*) (*cf.* § 6 bα). Un énoncé de perception ne fait rien d'autre qu'"exprimer" une perception et pourtant, ce faisant, il est poussé inexorablement à dépasser la perception. C'est que cet énoncé comprend des formes grammaticales et syntaxiques qui n'ont pas leur répondant direct dans l'un ou l'autre moment de la perception sensible. D'où la nécessité d'une "intuition catégoriale" pour justifier la vérité d'un énoncé de perception, c'est-à-dire pour s'assurer de ce que Husserl appelle son "remplissement intuitif". Nous allons voir qu'une telle intuition catégoriale n'est que très exceptionnellement l'intuition de la pure catégorie formelle; le plus souvent ce n'est rien d'autre qu'un acte qui établit explicitement des relations impliquées dans la perception: relation synthétique entre objets sensibles ou relation idéative entre l'objet sensible et son concept. Husserl et Heidegger sont d'accord aussi pour dire que ces intuitions catégoriales, loin d'être dérivées du langage, en constituent plutôt le fondement intuitif. Au sein de cette grande fidélité à Husserl se produit cependant un nouveau dérapage heideggérien auquel il faut prêter attention. Heidegger dit notamment que comprendre le langage comme pouvoir expressif n'exclut pas du tout que le langage, *de fait*, précède et guide la perception sensible. Heidegger ramasse cette réflexion dans une formule-choc: "nous n'énonçons pas ce que nous voyons, mais inversement, nous voyons ce qu'on énonce sur la chose" (p. 75). Cette compréhension herméneutique du langage, cette ouverture sur la facticité du langage s'appuie en vérité sur une compréhension ontologique du catégorial que nous aurons à sonder. Remarquons cependant que face à l'enjeu ontologique qui requiert ici toute l'attention de Heidegger, la question du langage n'est encore que de peu de poids.

La présence d'un excédent catégorial au sein de l'expérience des étants simples s'annonce dès qu'on se met à comparer des choses, à les rassembler dans un ensemble, à les ordonner de quelque manière que ce soit. Dès qu'une relation est explicitement posée, que ce soit au moyen du langage ou non, un acte catégorial dit "de la synthèse" est effectué, un objet catégorial est donné (*cf.* § 6 c). Les actes catégoriaux de synthèse sont régis par cette même logique du tout et de ses parties qui forme véritablement la trame de toutes les *Recherches logiques*. Pris au niveau d'une description plus phénoménologique, les actes de synthèse sont des actes intentionnels qui émergent de la perception sensible en lui apportant une articulation explicite (*cf.* p. 85: *Abhebung, Hebung, Gliederung*) des relations implicitement assumées. L'exemple-type d'un acte catégorial de synthèse est un jugement prédicatif qui établit et affirme une relation d'unité (ou d'identité) entre des données sensibles. Heidegger s'arrête volontiers à cet exemple, moins par sympathie pour une compréhension atomiste de la prédication que par intérêt pour la copule "est". Il tient là un premier exemple d'un objet catégorial qui sous ses mains se transforme vite en la chose elle-même. Prenons l'exemple d'un énoncé de perception qui constate: "Mon chien est plus gros que le vôtre". Tout se trouve déjà dans la perception: les chiens, leur aspect, le contraste entre un chien ventru et un chien élancé etc. — tout sauf cet "*être*" (plus gros que...) qui est le pivot de mon énoncé. Il est vrai cependant que cet "être" pris séparément n'a pas beaucoup de sens et c'est justement pour cela qu'on dit qu'il est un objet catégorial dont l'appréhension intuitive est fondée sur (mais non pas réductible à) la perception sensible. Heidegger fignole son analyse en faisant remarquer que l'acte catégorial de synthèse établit une "relation idéale" ("est") telle qu'un de ses relata est constitué par la "relation réelle" saisie dans la perception ("plus gros que"): A est (plus gros que) B. La relation perceptive ("réelle") qui concerne la corpulence des chiens est enchâssée dans la relation prédicative ("idéale") établie par l'énoncé (*cf.* p. 88).

Le deuxième type d'intuition catégoriale, celui des "actes de l'idéation" (*cf.* § 6 d), se distingue de ces actes catégoriaux de synthèse justement en ce qu'il exclut son fondement sensible plutôt que de l'inclure en son sein. Les actes d'idéation sont des intuitions catégoriales qui appréhendent des objets généraux ou universaux, ce que communément on appelle des idées ou des essences. Ces nouveaux objets catégoriaux requièrent que leur fondement sensible soit soumis à une abstraction appelée "abstraction idéative" (*ideierende Abstraktion*). Nous ne pouvons examiner ici le détail de cette opération qui, en vérité, n'est rien d'autre que la fameuse *Wesensschau* de Husserl. Remarquons simplement que malgré la concision extrême, l'exposé de Heidegger précise et innove néanmoins la doctrine husserlienne, notamment en ce qui concerne la distinction entre les différentes sortes d'idées ainsi que le mode de leur appréhension. Heidegger s'intéresse de nouveau surtout aux idées *sensibles* qui contribuent à l'articulation de la perception. Quand je vois que cette chose ronde est un chien, je fais un usage perceptif de ce qui, pris en lui-même, excède la perception sensible, c'est-à-dire l'idée du chien. Bien avant d'être appréhendées explicitement au sein d'une intuition catégoriale, les idées guident donc le regard, déterminent "en tant que quoi" (*Als-was*) un objet sensible est perçu. Jouant sur la signification du mot 'εἶδος qui veut dire "ce dont quelque chose a l'air" (*das Aussehen von etwas*), Heidegger appelle les idées "l'égard du regard" (*das Worauf der Hinsicht*) (pp. 90 *sq.*). Plutôt que d'analyser la différence entre l'appréhension des objets sensibles et des objets catégoriaux du type des idées, Heidegger s'attache donc à montrer leur lien organique. Loin d'avoir une existence séparée, les idées sont ce en vue de quoi un objet sensible est perçu. Cette présentation implique incontestablement un nouveau dérapage par rapport à l'orthodoxie husserlienne.

En vérité, plutôt que de parler de dérapage, il faudrait parler d'un exercice sur la corde raide. L'intuition catégoriale ne conduit à une ontologie phénoménologique qu'à condition d'effacer tout à la fois les éléments empiristes et les éléments idéalistes contenus dans la doctrine husserlienne. En ce qui concerne l'héritage empiriste et immanentiste de Husserl, il est frappant que même le simple mot de "contenu représentatif" (*repräsentierender Inhalt*) ne soit jamais mentionné par Heidegger, ni à propos de la perception sensible, ni à propos de l'intuition catégoriale. Il n'y a pas trace chez Heidegger de sensations privées d'intentionnalité sur lesquelles la perception devrait prendre appui; il n'y a pas trace non plus de ce "lien psychique" dont la *VIe Recherche* fait un constituant pré-intentionnel de toute intuition catégoriale. Expulsée de l'intériorité psychique, l'intuition catégoriale ne peut trouver refuge non plus du côté d'une logique d'inspiration platonisante. A nouveau, de larges chapitres de l'œuvre de Husserl et tout l'héritage qui lui vient du côté de Lotze, de Bolzano, de Meinong etc. sont tout simplement gommés. Loin d'être des "objets d'un ordre supérieur" appartenant au monde séparé d'une pensée régie par des lois immuables, les objets catégoriaux ne sont pour Heidegger même plus de véritables "objets". Aussi, Heidegger évite-t-il soigneusement de faire allusion à une quelconque activité constructrice ou constitutive d'une intelligence spontanée dont les objets catégoriaux seraient le produit. Le passage suivant est tout à fait révélateur à ce sujet: "Les actes catégoriaux constituent une nouvelle objectité (*Gegenständlichkeit*), cela (...) ne signifie pas: ils font en sorte que les choses viennent à être (*entstehen*) quelque part pour la première fois. 'Constituer' ne veut pas dire produire (*Herstellen*) en tant que faire et fabriquer (*Verfertigen*), mais donner à voir l'étant dans son objectivité (*Gegenständlichkeit*)." (pp. 96 *sq.*). A se garder ainsi à la fois de l'empirisme et de l'idéalisme, Heidegger se trouve tout naturellement confronté à une interprétation kantienne et plus encore néo-kantienne des objets catégoriaux: les catégories sont-elles alors des formes mentales permettant à des objets d'expérience de se constituer dans leur unité nécessaire? Ici, comme ailleurs, Heidegger se gêne d'autant moins de critiquer les néo-kantiens que cela lui permet aussi de se débarasser, en toute impunité, de tout ce qui chez Husserl fait obstacle au projet d'une ontologie fondamentale. De toute évidence, Heidegger puise la force de cette polémique lancée vers tous les azimuts dans l'appui solide qu'il trouve du côté d'Aristote. Chez Heidegger, l'interprétation ontologique de l'intuition catégoriale dans l'œuvre de Husserl découle en droite ligne de la découverte du caractère phénoménologique de l'ontologie d'Aristote.

C'est Aristote qui conduit Heidegger à souligner l'incarnation des catégories dans le sensible et à s'intéresser au *lien* entre objets sensibles et objets catégoriaux plutôt qu'à ce qui les sépare. Ce lien entre objets sensibles et objets catégoriaux n'est plus à proprement parler un lien de constitution, c'est un lien entre ce qui se montre d'emblée et ce qui rend possible cette monstration. Dans l'intuition catégoriale, c'est cette possibilité même de la monstration d'un objet qui se révèle, c'est l'objectivité des objets qui se donne à voir (p. 98). Husserl ne disait pas autre chose et faisait de l'investigation de cet a priori des objets la tâche d'une logique à la fois formelle et transcendantale. Pour Heidegger, cependant, il ne fait pas de doute que "le sens originaire de l'a priori" (titre du § 7) n'est pas logique mais ontologique et que toute logique est une ontologie qui s'ignore: "(...) l'a priori entendu au sens de la phénoménologique (...) est un titre de l'être" (p. 101). Il est aussi un titre du "temps" (p. 99), ou plus exactement le titre du sens temporel de l'être. Nous y reviendrons. Heidegger reprend le fil de sa polémique en statuant de ce qu'il appelle "l'indifférence spécifique (de l'a priori) à l'égard de la subjectivité" (p. 101). L'a priori de l'objet que Heidegger appelle aussi "l'être de l'étant" (p. 102) ne fait donc partie ni d'un sujet, ni d'un objet.[4] Plutôt que de dire que cet a priori n'appartient à rien, Heidegger préfère dire qu'il appartient, d'une manière certes encore obscure, à l'intentionnalité. De là, la question rebondit: qu'est-ce que "l'être de l'intentionnalité"? Pour Heidegger cette question tout à fait fondamentale ne peut être approchée qu'en interrogeant "l'être de l'intentionnel". Cela l'amène, en toute logique, à examiner, un peu plus loin dans son cours, ce que Husserl dit de la réduction phénoménologique. La question de l'a priori des objets, c'est-à-dire de l'objectivité des objets, mène donc à la question de l'a priori du sujet ou de ce que Heidegger appelle ailleurs "la subjectivité du sujet" (*cf. GA* 26 (1928), pp. 189, 194, 211, 234). Si Husserl est crédité d'avoir trouvé dans l'intuition catégoriale une approche féconde de l'objectivité des objets (subsistants!) le reproche sera fait à la réduction transcendantale d'avoir privé la phénoménologie d'un accès à la question de la subjectivité du sujet. Ce changement dans l'appréciation de l'œuvre de Husserl va de pair avec un changement de décor: Heidegger passe de la lecture des *Recherches logiques* à celle des *Idées*...

2. L'ÊTRE DE LA CONSCIENCE INTENTIONNELLE

L'enjeu principal de cette nouvelle confrontation avec Husserl est sans doute la question de savoir ce qu'est une détermination proprement phénoménologique du rapport entre l'être de l'intentionnalité et l'être du sujet intentionnel. Dans ses cours de Marbourg, Heidegger souligne à maintes reprises le caractère paradoxal de ce rapport. D'une part, il s'agit d'éviter toute "subjectivation" abusive de l'intentionnalité (*cf.* p. ex. *GA* 24 (1927), pp. 91 et 446). Heidegger insiste sur le fait que toute détermination de la subjectivité du sujet doit être précédée par une analyse phénoménologique du rapport intentionnel. Il s'agit de comprendre le sujet à partir de l'intentionnalité (*cf.* p. ex. *GA* 24 (1927), pp. 90, 92) plutôt que de comprendre l'intentionnalité à partir d'idées préconçues sur le sujet. D'autre part, cependant, ce rapport intentionnel ne peut être compris pleinement qu'à partir de son fondement dans une nouvelle compréhension du sujet. En résumé: l'investigation phénoménologique de l'intentionnalité débouche sur la découverte de la transcendance du *Dasein* qui, à son tour, se révèle être le fondement ontologique de l'intentionnalité (*cf.* p. ex. *GA* 24 (1927), p. 447; *GA* 26 (1928), pp. 211, 253). Ce cercle propre à l'herméneutique du *Dasein* peut être dit vicieux dans la mesure où l'on fait passer la transcendance du *Dasein* sans plus pour "l'être de l'intentionnel". Nous y reviendrons.

Ce qui est en jeu dans la discussion avec les *Idées...* de Husserl, c'est la première partie du raisonnement, à savoir qu'une idée préconçue du sujet empêche une investigation phénoménologique de l'être du rapport intentionnel d'une part et de l'être du sujet intentionnel ou de ce que Husserl appelle la "conscience" intentionnelle d'autre part. Tout lecteur des *Idées...* de Husserl sait que dans cet ouvrage les structures de l'intentionnalité noético-noématique sont développées *à la suite* de la *phänomenologische Fundamentalbetrachtung*. Celle-ci est consacrée notamment à l'exposition de la réduction phénoménologique et à la détermination de la "conscience pure" et du "je pur". Par conséquent, l'analyse phénoménologique de l'intentionnalité s'inscrit chez Husserl dans le projet de l'exploration épistémologique des contours de la région de la conscience pure et de son pouvoir constituant. Dans le cours de 1925 (*GA* 20) Heidegger s'emploie à démontrer non seulement qu'une telle démarche empêche Husserl de prendre la pleine mesure des possibilités que l'intentionnalité offre à une ontologie phénoménologique, mais aussi qu'elle use de concepts ontologiques dénués de tout fondement phénoménologique. Si la réduction transcendantale et eidétique a permis à Husserl d'éviter "l'objectivation" de l'intentionnalité (*cf. GA* 24 (1927), pp. 83-85, 91, 446), elle ne l'enfonce donc que davantage dans la "subjectivation" de l'intentionnalité.

Heidegger démonte patiemment les différentes significations ontologiques dont la "conscience pure" se trouve investie par la *réduction phénoménologique* de Husserl (*cf.* §§ 10 b et 11). Les *Idées...* veulent établir une phénoménologie qui soit une science absolue de la conscience pure. Le premier souci de Husserl est donc d'explorer la possibilité d'une donnée de la conscience telle que celle-ci y révèle toute son essence, et rien que son essence, qui par conséquent puisse assurer à la phénoménologie un champ d'investigation autonome. Ce souci de montrer que la conscience pure est non seulement un objet sui generis, mais aussi un objet indépendant de tout autre, traverse la "*Fundamentalbetrachtung*" des *Idées...* de bout en bout. Ainsi s'explique pourquoi Husserl met tant d'insistance à séparer la conscience pure de son lieu d'insertion naturel qui n'est rien d'autre que la totalité de la structure psycho-physique de l'homme. Il s'agit de montrer que le lien entre conscience et corps est un lien empirique dont il faut se détourner pour saisir l'essence pure et indépendante de la conscience. Pour un phénoménologue cela implique que la conscience se donne à voir autrement et mieux que sous la forme de l'existence empirique de l'homme. Cette donnée plus originaire et plus pure de la conscience est sa donnée réflexive. Aux yeux de Husserl, cette donnée réflexive de la conscience est dotée d'avantages absolument décisifs : la réflexion fait l'économie du détour par l'homme empirique ; l'acte de la réflexion se met au diapason avec la nature mentale de la conscience et permet ainsi un accès immédiat à cette conscience et une appréhension pleinement intuitive. La réflexion réveille l'être de la conscience de son aliénation dans l'altérité empirique, elle révèle l'être de la conscience à lui-même dans le ravissement d'une évidence immédiate et indubitable. L'être de la conscience est donc non seulement un être indépendant, il est aussi un être appréhendé d'une manière absolue.

Avant de poursuivre la route qui mène Husserl à l'être transcendantal de la conscience, arrêtons-nous un instant pour mesurer les conséquences de cette détermination réflexive de la conscience pour une compréhension de l'intentionnalité ! La réflexion est un acte intentionnel qui doit son évidence apodictique au fait qu'il s'accomplit dans l'intériorité du sujet. Autrement dit : dans la réflexion la conscience pure est tout à la fois sujet de l'intentionnalité et objet intentionnel. Cette intentionnalité privilégiée de la réflexion sert aussi d'étalon pour la détermination des actes intentionnels doués d'une évidence moindre, telle la perception des choses du monde extérieur. Si la conscience intentionnelle n'est pas enfermée dans l'immanence du sujet, c'est pourtant là qu'elle réside : c'est de l'intériorité du sujet qu'elle part vers le monde des objets transcendants et c'est dans l'intériorité du sujet qu'il faut se rendre pour interroger l'être de l'intentionnalité. Pour Heidegger cela implique non seulement une subjectivation abusive de l'intentionnalité, mais aussi une retombée de la phénoménologie dans une métaphysique de type cartésien. Plutôt que de s'interroger en phénoménologue sur l'être de la conscience intentionnelle, Husserl ravale celle-ci au niveau d'un objet subsistant appréhendé avec évidence. Plutôt que d'interroger la conscience pure en tant qu' *a priori* de l'intentionnalité, celle-ci est traitée comme un *objet* intentionnel d'un type particulier. Les questions concernant l'être de l'intentionnel et l'être de l'intentionnalité ainsi que la recherche d'une approche phénoménologique de ces questions restent en souffrance.

Dans la démarche des *Idées...*, la subjectivation de l'intentionnalité acquiert une dimension nouvelle quand la conscience pure est dotée d'un pouvoir constituant. L'idée d'une constitution transcendantale des objets par la conscience, résulte, en vérité, de l'interprétation de l'intentionnalité dans le cadre d'une ontologie idéaliste. Cet idéalisme transcendantal n'est pas dénué de tout fondement phénoménologique, mais ce fondement n'est plus interrogé dans le cadre d'une ontologie phénoménologique. L'idéalisme transcendantal a son fondement dans l'observation que tout ce qui est, est déterminé, au moins partiellement, par son rapport possible à l'être-présent-pour-la-conscience. Autrement dit, tout ce qui est, doit pouvoir se présenter d'une manière ou d'une autre à la conscience. Ou encore: le comportement présentifiant de la conscience intentionnelle est une approche peut-être partielle et insuffisante, mais néanmoins légitime de l'être des étants. L'*idéalisme husserlien* va, en fait, beaucoup plus loin: *Premièrement*, il réduit le sens de l'être de tout étant purement et simplement à sa manière de se présenter à une conscience présente. *Deuxièmement*, il interprète le sens de l'être de tout étant en fonction de la distinction entre objets immanents et objets transcendants. Le sens de l'être de tout étant se réduit à être soit un objet immanent, soit un objet transcendant pour une conscience présente. *Troisièmement*, le sens de l'être d'un objet transcendant est dit dépendre du sens de l'être d'un objet immanent, à savoir de la conscience constituante; alors que le sens de l'être d'un objet immanent ne dépend que d'un autre objet immanent. Un objet transcendant dépend dans son être d'un autre étant que lui, alors qu'un objet immanent dépend dans son être d'un objet pareil à lui-même. *Quatrièmement*, le sens de l'être de tout étant est identifié avec sa réalité, son "actualitas". Il s'en suit que l'actualitas d'un objet transcendant dépend de l'actualitas d'un objet immanent alors qu'un objet immanent "nulla re indiget ad existendum" (*Idées...*, § 49). D'où l'existence relative et présomptive des objets transcendants et l'existence absolue et nécessaire de la conscience transcendantale qui survivrait sans peine à une "annihilation du monde" (*ibid.*).

Cette déduction des présupposés ontologiques de l'idéalisme des *Idées...* ne se trouve pas telle quelle dans le texte de Heidegger, mais il ne fait pas de doute que chacune de ces quatre thèses sur l'être est abondamment interrogée et critiquée par Heidegger. Il semble possible de ramener toute cette discussion critique de la compréhension de l'intentionnalité chez Husserl à trois enjeux principaux : *Premièrement*, Heidegger conteste que l'être de tout étant ne soit rien d'autre que son pouvoir-être-appréhendé sous la forme soit d'un objet immanent soit d'un objet transcendant par une conscience présente. Penser ainsi implique une méconnaissance de la différence ontologique et de son enracinement dans la temporalité. Cette méconnaissance concerne principalement l'a priori ontologique de l'*intentum* des comportements intentionnels. *Deuxièmement*, Heidegger conteste que l'intentionnalité soit une activité mentale assignée à résider dans la sphère d'immanence du sujet. Le sujet de l'intentionnalité, loin de constituer "un domaine de l'être clos en lui-même" et absolu, comme le voulait Husserl (*ein für sich geschlossener Seinszusammenhang..., ein Zusammenhang absoluten Seins*: *Idées...* § 49), est en vérité un étant dont l'être est ouverture, transcendance. Husserl méconnait donc le véritable sens de l'être de l'intention et surtout de l'être du sujet intentionnel. *Troisièmement*, Heidegger conteste que l'être de ce sujet intentionnel ne puisse être dévoilé qu'en se détournant de la facticité de l'existence de l'homme. Pour Heidegger, c'est le contraire qui est vrai : une approche phénoménologique de l'être de l'intentionnel doit commencer par prêter attention à la manière intentionnelle dont l'homme, dans sa vie concrète et journalière, se comporte effectivement vis-à-vis des choses et du monde.

Dans la critique de la compréhension husserlienne de l'être de l'intentionnalité et de l'être de l'intentionnel, interviennent donc, on le voit, des conceptions empruntées à l'analytique existentiale et à l'ontologie fondamentale. Est-ce à dire qu'une compréhension de l'intentionnalité est critiquée au nom d'une autre compréhension, que la conscience pure chez Husserl est critiquée au nom de l'existence du *Dasein*, que la connaissance intentionnelle des objets est critiquée au nom de l'être-au-monde et de la transcendance? D'une certaine manière oui, puisque le reproche principal que Heidegger adresse à Husserl est de ne pas avoir poursuivi son analyse de l'intentionnalité jusqu'à son fondement ontologique dans la transcendance du *Dasein*. Cela ne veut pas dire, cependant, que la critique de Husserl par Heidegger reste inopérante tant que l'on n'adopte pas le point de vue de l'ontologie fondamentale. Si le cours de 1925 (*GA* 20) ne réussit peut-être pas à nous convaincre que l'analytique existentiale n'est rien d'autre que la suite obligée du traitement de l'intentionnalité chez Husserl, il propose néanmoins une lecture des *Idées...* qui met en lumière des faiblesses authentiques, inhérentes à ce texte.

Quoi que l'on pense de l'idée générale qui veut qu'une théorie de la connaissance ne soit qu'une ontologie déficiente qui s'ignore, il n'est pas douteux que la théorie de la connaissance proposée dans les *Idées...* travaille avec des présupposés ontologiques majeurs. Heidegger insiste tout particulièrement sur le caractère cartésien de cette ontologie cachée. Aux yeux de Heidegger, la réduction phénoménologique de Husserl est une opération de séparation[5], diamétralement opposée à l'être de l'intentionnalité qui est l'être d'un rapport, d'un lien. La réduction phénoménologique des *Idées...* sépare l'homme et sa conscience, l'intentio immanente et l'intentum transcendant, l'étant constituant et l'étant constitué, la conscience absolue et le monde. Ce mouvement de séparation se poursuit dans la *réduction eidétique.* Pour Husserl, la réduction eidétique permet le passage d'une phénoménologie empirique à une phénoménologie a priori de la conscience pure. Elle permet le dépassement de l'analyse d'un comportement intentionnel de fait vers son analyse en droit, c'est-à-dire dans ses constituants nécessaires et généraux. Pour Heidegger, cette analyse des constituants essentiels soit de tout comportement intentionnel, soit d'une sorte particulière de comportement intentionnel, est tout autre chose qu'une analyse phénoménologique de l'a priori de l'intentionnalité. L'eidos d'un acte est une structure a-temporelle et séparée alors que l'a priori d'un comportement intentionnel a un sens qui est à la fois temporel et inséparable de l'accomplissement effectif et individuel de ce comportement. L'eidétique de Husserl troque la phénoménologie contre une "nouménologie", elle abandonne la facticité individuelle du phénomène au profit d'un savoir absolu et immuable du logos. Heidegger montre bien que cette longue série de séparations a sa racine dans l'idée que Husserl se fait de la science phénoménologique. Les *Idées...* cherchent à établir la phénoménologie comme une science absolument certaine disposant d'un champ d'investigation absolument autonome. L'être de l'intentionnalité et l'être de l'intentionnel sont travaillés et déformés jusqu'à ce qu'ils satisfassent aux exigences de ce cadre.

Face à ce cartésianisme de Husserl, Heidegger se fait le défenseur d'une approche plus naturelle et aussi plus phénoménologique de l'intentionnalité. Il insiste notamment sur le fait que le sens de la réduction phénoménologique ne consiste pas à séparer intentio et intentum, mais bien au contraire à faire apparaître l'être de leur co-appartenance. Il est vrai que cela demande que l'homme s'arrache de l'enlisement dans les choses[6], mais cela ne veut pas dire pour autant qu'il doive s'envoler vers la transparence un peu rachitique d'une subjectivité transcendentale. Il est vrai qu'il ne suffit pas d'être un homme et d'exister pour comprendre le sens de l'être, mais cela ne veut pas dire non plus, qu'il faille se détourner de

l'homme et de la facticité de son existence pour en faire un étant empirique, constitué par une conscience transcendantale absolue et séparée. Il
n'y a pas de raison proprement phénoménologique non plus qui exige
que l'on se détourne de l'individuation d'un comportement intentionnel
concret quand il s'agit d'interroger le logos de ce phénomène particulier.
Heidegger pense, au contraire, qu'il y a de bonnes raisons d'interroger l'a
priori de l'intentionnalité et l'être de l'intentionnel à partir de l'effectuation individuelle et concrète d'un comportement intentionnel.[7] Pour Heidegger, c'est dans la découverte intentionnelle d'un objet que se révèle la
pré-compréhension du monde qu'elle présuppose; c'est cette pré-compréhension du monde qui nous renseigne sur l'être de l'intentionnel comme
ouverture existentielle et transcendance; et c'est la transcendance et son
horizon qui nous introduisent à la nature ekstatico-horizontale de la temporalité.

3. INTENTIONNALITÉ ET "TRANSCENDANCE"

Nous n'avons toujours pas répondu à la question de savoir si entre la
compréhension de l'intentionnalité chez Husserl et chez Heidegger il y a
continuité ou discontinuité, approfondissement ou rupture. Posée de
manière aussi générale, cette question ne peut d'ailleurs pas trouver une
réponse satisfaisante dans un modeste article. Il faudrait, en effet, pousser
l'investigation de l'intentionnalité chez Husserl bien au-delà des *Recherches logiques* et des *Idées...*, et il faudrait notamment analyser les modifications qu'une phénoménologie du temps et de l'histoire apporte à la
compréhension de l'intentionnalité husserlienne. Il faudrait scruter ces
notions difficiles qui s'imposent à Husserl presque contre son gré: l'intentionnalité non objectivante de la conscience absolue et a-temporelle;
l'idée d'un processus intentionnel infini, idée de l'infini que Husserl
appelle "Idée au sens kantien"; l'horizon intentionnel dans lequel s'effectue le questionnement à rebours de l'histoire. Du côté de Heidegger,
aussi, il faudrait suivre le développement de la notion de l'intentionnalité
pas à pas, jusqu'au point où elle finit par se confondre avec la transcendance du *Dasein* et la temporalité ekstatique. Si tout cela dépasse notre
ambition et nos moyens, nous pouvons cependant continuer à prêter
attention aux remarques de Heidegger sur la compréhension de l'intentionnalité chez le premier Husserl et sur le rapport de cette intentionnalité à la transcendance du *Dasein*. En guise de conclusion, nous essaye-
rons d'apprécier l'importance de cette distinction entre intentionnalité et
transcendance en esquissant ses effets sur la compréhension du sujet, de
la vérité et du temps chez Husserl et chez Heidegger. Notre conclusion

aura ainsi la forme d'une anticipation sur un travail qui reste à faire.

La compréhension husserlienne de l'intentionnalité, telle que Heidegger la présente dans son cours de 1925 (*GA* 20), revient à ceci : D'une part, Husserl est crédité d'une première approche de la différence ontologique dans le cadre de l'intentionnalité des intuitions catégoriales. L'intuition catégoriale est un comportement intentionnel qui dévoile l'a priori ontologique de l'étant subsistant, l'être de cet étant ou cet étant dans son mode d'être. D'autre part, Husserl est critiqué de n'avoir pas tiré parti de cette découverte pour une approche ontologique de l'être de l'intentionnalité et de l'être du sujet de l'intentionnalité. La relation intentionnelle, par exemple de la perception, est ravalée au niveau d'un rapport entre objet immanent et objet transcendant; le sujet intentionnel devient une conscience pure et séparée. Cette critique signifie deux choses : *premièrement*, que la compréhension husserlienne de l'intentionnalité, tout épistémologique soit-elle, repose sur des préjugés hérités d'une ontologie cartésienne qui est contraire aux phénomènes; *deuxièmement*, que pour Heidegger, l'intentionnalité n'acquiert son sens véritable qu'en apportant sa contribution à une nouvelle ontologie phénoménologique. L'intentionnalité, et plus précisement son effectuation concrète, doit servir de fil conducteur à l'interrogation phénoménologique de l'être des objets intentionnels et de l'être du sujet de l'intentionnalité. L'intuition catégoriale de Husserl permet une première approche phénoménologique des déterminations de l'être des objets subsistants que la tradition a appelées les "catégories"; en revanche, l'approche de l'être du sujet à travers ce que Heidegger appelle les existentiaux fait cruellement défaut chez Husserl. Pour Heidegger, ces deux questions ontologiques sont nécessairement liées, et cela en vertu de l'intentionnalité de "l'être-au-monde". L'intentionnalité de l'être-au-monde permet à la fois la compréhension de l'être des choses et la compréhension de l'être du soi (*Selbst*). Cette intentionnalité de l'être-au-monde est plus proprement appelée "transcendance".

Il n'était donc pas tout à fait correct de dire que l'investigation de la signification ontologique de l'intentionnalité n'était que partielle chez Husserl, qu'elle avait touché à l'être des choses et négligé l'être du soi. En effet, la compréhension de l'être quel qu'il soit, est affaire de transcendance; et celle-ci est une forme d'intentionnalité qui précède la distinction entre sujet et objet, entre intériorité et extériorité. Si la transcendance est la racine commune de la compréhension de l'être des choses et de l'être du soi, et si l'intentionnalité husserlienne est essentiellement différente de cette transcendance, alors il faut conclure que cette intentionnalité husserlienne est incapable de contribuer directement à la compréhension de l'être de quelque étant que ce soit.

Ce syllogisme et, par delà, tout le débat autour de la continuité entre la compréhension de l'intentionnalité chez Husserl et chez Heidegger, sont centrés sur le rapport entre intentionnalité et transcendance. S'il est clair que "la transcendance" au sens de Heidegger n'est pas "l'intentionnalité" au sens de Husserl, il est clair aussi que les deux ne sont pas sans rapport. Heidegger lui-même accentue, selon le contexte, une fois plutôt la continuité entre intentionnalité et transcendance (*cf. p. ex. GA* 24 (1927), p. 89) et une autre fois plutôt la discontinuité (*cf.* p. ex. *GA* 26 (1928), pp. 170, 215). Il ne fait pas de doute néanmoins que, partout, il envisage le rapport entre l'intentionnalité de type husserlien et la transcendance heideggérienne comme un rapport de fondation : l'intentionnalité est un comportement ontique ou une "transcendance ontique" qui trouve son fondement ontologique dans la "transcendance première" (*Urtranszendenz*) de l'être-au-monde (*cf. GA* 26 (1928), pp. 194, 170, 253). Dans l'intentionnalité on "découvre" (*entdecken*) un étant-subsistant (*Vorhandenes*) dont l'être a déjà été "ouvert" (*erschliessen*) (*cf. GA* 24 (1927), pp. 98-102); on "s'approprie" (*Zueignung*) "ce que, sur la base de la transcendance, on a déjà franchi (*übersprungen*), et cela veut dire dévoilé (*enthüllt*)" (*GA* 26 (1928), p. 253).

Une compréhension proprement phénoménologique du rapport de fondation exige que le fondement et ce qui est fondé soient donnés à voir dans leur co-appartenance et ne soient pas séparés. Il n'y a pas de transcendance pure : l'intentionnalité est une des manières dont la transcendance s'accomplit au jour le jour. Il y a sans doute de meilleures manières de vivre la transcendance, mais l'intentionnalité semble être la première, parce que la plus quotidienne, la plus naturelle (*cf. GA* 24 (1927), p. 90). C'est dans le comportement ontique vis-à-vis des choses subsistantes et dans la préoccupation (*Besorgen*) que l'homme fait d'abord l'expérience de la transcendance. Ainsi s'explique ce que Heidegger dit dans un langage un peu scolastique, du rapport mutuel entre intentionnalité et transcendance : "L'intentionnalité est la ratio cognoscendi de la transcendance. Cette dernière est la ratio essendi de l'intentionnalité dans ses différents modes". (*GA* 24 (1927), p. 91)[8] Exprimé dans un langage 'plus heideggérien', cela veut dire que la relation entre intentionnalité et transcendance doit être comprise selon un monde de fondation encore à découvrir et que Heidegger, dans ce même cours, appelle déjà du nom de "différence ontologique". Celui qui, comme Husserl, s'en tient à l'intentionnalité ontique n'est donc pas seulement coupable de n'avoir pas poussé son analyse assez loin, c'est-à-dire jusqu'au fondement; ce faisant, il est en outre dans la méconnaissance de la différence ontologique. Par conséquent, le reproche principal que Heidegger adresse à la compréhension husserlienne de l'intentionnalité est d'avoir mal pensé l'être de l'intentionnel et l'être de l'intentionnalité en en faisant des étants d'un type particulier. Cet oubli de l'être qui est un oubli positif et non seulement privatif, est, pour celui qui sait voir, lui-même encore une manifestation de l'être du *Dasein* (*cf. GA* 24 (1927), p. 92).

Cette différence ontologique, telle qu'elle s'annonce dans la différence entre intentionnalité et transcendance, est aussi ce qui fait la différence entre une compréhension husserlienne et une compréhension heideggérienne du sujet, de la vérité et du temps. La critique sévère à laquelle Heidegger soumet la notion husserlienne de la "conscience pure" donne déjà une première indication sur la manière différente dont les deux penseurs conçoivent la *subjectivité du sujet* et son rapport à la facticité. Pour Husserl, le sujet est une unité ou une essence supratemporelle qui ne se temporalise que d'une manière "secondaire", c'est-à-dire en entrant dans la vie intentionnelle (*cf.* p. ex. Ms. A V 5, p. 11 (1933)). Pour Heidegger, au contraire, le sujet est une unité "éclatée", "disséminée" (*cf. GA* 26 (1928), pp. 173 *sq.*, 277: *Streung, Zerstreuung*). L'être-au-monde du *Dasein* est une intentionnalité sans réserve, c'est-à-dire transcendance. Voilà ce qui explique les notes sournoises dont Heidegger a truffé le texte de Husserl pour l'*Encyclopaedia Britannica*[9]. Cette différence dans la conception du sujet explique sans doute aussi pourquoi les efforts déployés par Husserl en vue d'une "phénoménologique du je phénoménologisant" n'ont jamais abouti alors que Heidegger prête attention au questionnement du phénoménologue dès l'entrée de *L'être et le temps*. La différence entre intentionnalité et transcendance implique aussi une différence dans la manière d'envisager la *vérité*. Il est vrai que Husserl et Heidegger ont en commun une notion de la vérité qui est basée sur le rapport intentionnel aux choses et donc débarrassé du problème du "pont" entre sujet connaissant et objet réel. Ce rapport intentionnel est cependant envisagé différemment par les deux penseurs. Pour Husserl, la vérité est affaire d'évidence, c'est-à-dire de synthèse dite de "remplissement" intuitif entre actes intentionnels. Il s'agit de justifier une assertion ou une présomption. Heidegger, par contre, a une notion herméneutique de la vérité: plutôt que de justification, il s'agit de la découverte, du dévoilement. Le fondement de la vérité n'est rien d'autre que l'être accueilli par l'ouverture du *Dasein* et anticipé par sa transcendance. La logique, pour Heidegger, doit déboucher sur une ontologie. Les choses sont moins tranchées en ce qui concerne l'approche du *temps* chez Husserl et chez Heidegger.[10] D'une part, il est vrai que l'analyse de Husserl s'attache surtout à ce mode de temporalité nivelé que Heidegger appelle "l'intra-temporalité" et qu'elle l'ampute de son fondement existentiel. D'autre part, il est vrai aussi que Husserl a mené la métaphysique de la présence jusqu'à son éclatement. Ses textes sur le temps fourmillent de notions peu orthodoxes, telles "l'intentionnalité non-objectivante" ou 'le flux' qui précède toute "ontification". Il n'empêche que l'unité des différentes dimensions du temps est encore pensée à partir du présent de la conscience vivante qui se rapporte au présent, au futur, et au passé des objets temporels.

NOTES

1. M. Heidegger, *Prolegomena zur Geschichte des Zeitbegriffs.* Marburger Vorlesung Sommersemester 1925 herausgegeben von P. Jaeger, Klostermann, Frankfurt a. M., 1979 (*GA* 20). Dans la suite du texte, toutes les références n'indiquant que la page ou le paragraphe se rapportent aux *Prolegomena.* Pour les autres textes de la *Gesamtausgabe* (*GA*) de Martin Heidegger, ces références sont précédées du numéro du volume de la *GA* et de la date de sa rédaction.
2. *Cinquième Recherche logique,* § 17: "(...) il faut distinguer ceci: l'objet comme il est visé intentionnellement (*der Gegenstand, so wie er intendiert ist*), et l'objet purement et simplement qui est visé intentionnellement (*und schlechthin der Gegenstand, welcher intendiert ist*)".
3. Dans *Die Grundprobleme der Phänomenologie* (*GA* 24 (1927)), Heidegger reprend et approfondit cette analyse de la signification ontologique de l'intentum dans le cadre d'une discussion qui, cette fois-ci, n'est plus consacrée à Husserl mais à la notion de la position (*Setzung*) et de la perception chez Kant (*cf.* notamment § 9 b-c). Cette nouvelle analyse de "la perceptité du perçu" (*Wahrgenommenheit des Wahrgenommenen*) montre de profondes analogies avec celle du cours de 1925 (*GA* 20) que nous venons d'évoquer. Elle s'en distingue cependant par son insistance sur le fait que "la perceptité du perçu" ou "la subsistance de l'étant subsistant" (*Vorhandenheit des Vorhandenen*) ne se dévoilent qu'à partir d'une compréhension de l'être par le *Dasein.* Il est montré notamment que cette compréhension de "la subsistance de l'étant subsistant" est "une ouverture de l'être" (*Erschlossenheit des Seins*) pratiquée par la transcendance existentielle du *Dasein.*
4. *Cf.* le passage tout à fait parallèle dans *Die Grundprobleme der Phänomenologie* (*GA* 24 (1927)), p. 97.
5. Dans un cours légèrement antérieur aux *Idées...* Husserl désigne ce qu'il appelle alors la "distinctio phaenomenologica" comme un moment essentiel de la réduction phénoménologique: *cf. Zur Phänomenologie der Intersubjektivität. Erster Teil* (*Hua* XIII), p. 144 (1910/11).
6. *Cf.* la manière dont Heidegger présente la "mise-entre-parenthèses" (*Einklammerung*) phénoménologique dans le cours de 1925: "Cette mis-entre-parenthèses de l'étant (...), cette inversion (*Umschaltung*) du regard a justement le sens de rendre présent le caractère d'être de l'étant". (*GA* 20, p. 136).
7. Cette conviction remonte chez Heidegger au moins jusque dans les années 1919-21: *cf.* "Anmerkungen zu Karl Jaspers 'Psychologie der Weltanschauungen'" (*Wegmarken, GA* 9) où Heidegger met l'intentio ("*Bezugscharakter*") et l'intentum ("*Gehaltscharakter*") en rapport avec le caractère d'effectuation ("*Vollzugscharakter*"; souvent aussi: "*Vollzugssinn*") de l'intentionnalité (p. 22).
8. Cette terminologie scolastique évoque, plus précisément, la remarque faite par Kant dès l'entrée de la *Critique de la raison pratique:* "...je voudrais rappeler simplement que la

liberté est en effet la ratio essendi de la loi morale, mais que la loi morale est la ratio cognoscendi de la liberté" (A 6). Il ne s'agit là, au premier abord, que d'une association verbale; celle-ci n'est cependant ni tout à fait fortuite ni dénuée de signification: La transcendance n'est-elle pas une liberté qui, d'abord, s'impose au *Dasein* sous la forme d'une contrainte, et les contraintes du rapport intentionnel à l'étant ne découlent-elles pas d'un rapport librement choisi à l'être?

9. *Cf.* E. Husserl, *Phänomenologische Psychologie* (*Hua* IX), p. 274, note de Heidegger: "Ne faut-il pas dire en général qu'un monde appartient à l'essence de l'ego pur?". *Cf.* aussi p. 275, note et p. 601.

10. *Cf.* R. Bernet, "Origine du temps et temps originaire chez Husserl et Heidegger" in: *Revue philosophique de Louvain*, novembre 1987.

ROBERT BRISART

La métaphysique de Heidegger

Qu'il n'y ait plus aucune trace de métaphysique dans *Sein und Zeit*, c'est là ce que soutenait, de façon aussi péremptoire que laconique, Heidegger lui-même dans une note extraite des préparations à un séminaire sur Schelling du début des années quarante[1]. A dire vrai, nulle part dans la suite de son œuvre, on ne trouve d'éléments nous autorisant à dire qu'il ait été amené à nuancer ce jugement auto-interprétatif au point de devoir remettre radicalement en question les perspectives essentielles qui furent celles de son premier et maître ouvrage. Au contraire, même à l'époque où le projet d'une ontologie fondamentale aura fait place à une méditation sur le retrait de l'être, même donc à cette époque qu'il est convenu d'appeler le *tournant*, les rares passages où Heidegger acceptera de se livrer à une interprétation rétrospective de son propre chemin de pensée tendront tous à confirmer ce qu'il écrivait un jour à William Richardson: "La pensée du tournant provient de ce que je suis demeuré fidèle à la question qui était à penser dans *Sein und Zeit*"[2]. Certes, que ce livre, qui est un traité d'ontologie fondamentale, soit encore assujetti aux schèmes classiques de la *Grundlegung*[3], qu'il procède ainsi d'un langage encore fortement imprégné des structures onto-théologiques de la métaphysique traditionnelle et qu'il ait donc ses défauts, l'auteur lui-même reconnaîtra en savoir quelque chose[4]. Pourtant, à le lire, tout se passe comme si même cela ne suffisait à ternir l'éclaircie essentielle qui fait la décision ontologique dans *Sein und Zeit*. Car, s'il est indéniable que cette éclaircie soit encore ici l'apanage de l'homme et qu'elle ait donc pour topique fondamentale cet étant pour lequel, à travers la compréhension de son être propre, il y va de la compréhension du sens de l'être en général, ce n'est toutefois plus sur les voies d'un système anthropologique que s'engage la question de l'homme dans *Sein und Zeit*, pas plus donc que ce n'est au *subjectum*, c'est-à-dire à un fond subsistant en l'homme, que s'y trouve référée la question de l'être[5]. Dans une certaine continuation du projet kantien de fondation de la métaphysique, la question de l'homme

F. Volpi et al., Heidegger et l'idée de la phénoménologie. ISBN 90-247-3586-6.

reste bien la question insigne de l'ontologie heideggerienne, mais, poussée jusqu'au bout selon toute la radicalité dont se revendique l'entreprise de l'analytique existentiale du *Dasein* humain, cette question cesse précisément de trouver sa réponse dans l'illumination d'un fond qui en l'homme serait l'*ultima ratio* du sens en général. Tout au contraire, elle finit par faire apparaître l'abîme qui fondamentalement le transit et le condamne à être cet existant qui, en choisissant d'être authentiquement ce qu'il est, ne saurait se revendiquer d'aucune essence, d'aucune déterminité donc de *rien*, sinon justement de la dynamique propre de son existence: du pur mouvement extatique qui consiste à avoir été jeté dans une vie où il n'existe en propre qu'en se projetant vers sa mort et qui, dans *Sein und Zeit*, s'appelle, comme on le sait, la temporalité authentique du *Dasein*. A en croire donc Heidegger, avec l'affection compréhensive de soi comme temporalité, ce qui viendrait au centre de la *métaphysique du Dasein* ou de l'ontologie fondamentale comme telle[6], ce n'est plus un étant dont la présence à soi-même équivaudrait à assurer la maintenance de l'être, mais c'est une existence dont la négativité essentielle[7] ouvre l'horizon de la compréhension en un abîme où le sens de l'être ne traduit finalement qu'un néant indisponible, une *Nichtigkeit* en retrait de toutes les significations qui s'appliquent d'ordinaire à tout ce qui ressortit au champ de la présence, c'est-à-dire à l'étant en général. Et c'est en ce point précis que, de l'avis de Heidegger, la métaphysique du *Dasein* permettrait pour la première fois de cerner en un sens non métaphysique le sens de l'être[8]. En finissant par rendre caduque la prétention ontologique traditionnelle à ramener l'idée de l'être à celle de la présence sur le fondement même de l'étant qui, par excellence, se réalise comme présent, *Sein und Zeit* constituerait donc le premier pas qui, à la faveur d'un dépassement de la métaphysique, mènerait la pensée sur le chemin où elle devient enfin prête pour accueillir la vérité de l'être dans l'inapparence ou l'indisponibilité de son phénomène et pour s'éveiller ainsi au retrait par lequel cette vérité se refuse initialement à toute réduction à la vérité de l'étant ou du présent[9].

Bien loin de nous l'intention de nous inscrire ici en faux contre cette auto-interprétation de Heidegger et donc d'instruire le procès de *Sein und Zeit* dans le but de montrer que, par ses structures fondamentalistes, l'ouvrage du premier Heidegger s'inscrirait encore dans un horizon qui ne sera déconstruit que par le second. Prétendre décrypter l'élément métaphysique dans *Sein und Zeit* sur la seule base du fait que l'ontologie du *Dasein* n'aurait perdu du subjectivisme métaphysique que le nom, c'est là une approche d'autant plus superficielle qu'elle reste aveugle à l'essentiel de l'ouvrage pour ne savoir mesurer l'importance de l'*Abgrund* sur lequel débouche le tracé de la question du sens de l'être dans l'analytique existentiale. Mais s'il s'agit donc de plaider plutôt en faveur d'une certaine unité dans l'œuvre de Heidegger, tant s'en faut néanmoins que cela revienne à admettre, sans autre forme d'examen, qu'avec l'ouverture sur le sans-fond et la destitution du privilège traditionnel de la présence, la pensée heideggerienne se trouverait prémunie contre toute tendance métaphysique. Est-il bien sûr, en effet, que sur le chemin où la philosophie se donne les moyens d'articuler la *différence ontologique* et donc de penser l'être comme *rien* d'étant, elle soit de ce fait entièrement soustraite aux charmes ou aux illusions de la métaphysique et puisse donc se revendiquer de son pur et simple dépassement? Nous le pensons d'autant moins qu'il se pourrait justement qu'à l'endroit où la pensée se défait ainsi de tout fondement essentiel et qu'à l'appel du sens de l'être, c'est-à-dire à l'interpellation du *Dasein*, plus *rien*, ni la substance d'un je, ni celle d'un nous, ni celle d'un monde ne puisse encore pour elle répondre présent, cette pensée se trouve là dans une conjoncture métaphysique autrement plus puissante que celle dont elle veut se départir. Nous nous proposons ici de montrer que cette situation, dont Heidegger n'envisage jamais l'occurence quand il évoque la métaphysique, est pourtant bien celle dans laquelle il engage, dès le départ, l'édification de la *Seinsfrage*. En ajoutant que c'est une telle situation que recouvre la pensée du *rien* à partir de *Sein und Zeit*, nous aurons déjà annoncé que, dans le cas de Heidegger, c'est précisément là où l'on s'y attend le moins que l'élément métaphysique ressurgit avec une intensité peut-être jamais atteinte dans la métaphysique elle-même. Pour creuser ceci plus en avant, tournons-nous d'abord vers la question de l'être telle que l'introduit Heidegger dans le livre de 1927 aussi bien que dans les cours de Marbourg qui entourent sa parution.

FERVEUR COSMIQUE ET APOSTASIE DU QUOTIDIEN

On sait qu'à l'époque de *Sein und Zeit*, la question de l'être se trouve d'emblée retenue comme la plus originaire et la plus fondamentale de toutes les questions léguées par la tradition philosophique occidentale. Aussi Heidegger n'hésite-t-il pas à soutenir que, depuis ses débuts dans l'Antiquité jusqu'à son achèvement chez Hegel, la philosophie ne s'est jamais employée à autre chose qu'à une interprétation conceptuelle et théorique du sens du mot être et que c'est donc comme science de l'être ou comme ontologie qu'elle s'est de tout temps déterminée[10]. Ce qui toutefois ne veut pas dire que tous les efforts déployés par la tradition autour de la question ontologique aient été menés à bien. Et s'ils ne l'ont pas été, montre Heidegger, c'est qu'ils ne pouvaient l'être de la façon dont la philosophie a dès le départ préjugé de son propre objet. Pour Heidegger, ce préjugé ou ce parti pris qu'on peut retrouver à la source de chacune des notions ontologiques laissées par la tradition tient aisément en un mot : la *Vorhandenheit*. C'est donc tout d'abord à cet héritage conceptuel que se trouve principalement confrontée la reprise heideggerienne de la *Seinsfrage*. Aussi, dans son explicite ambition d'une réappropriation positive du thème même de la tradition ontologique, cette reprise ne se présente-t-elle pas autrement que comme une lutte contre la *Vorhandenheit* sur le terrain même d'où celle-ci tire traditionnellement sa force et son prestige.

Or il appert que pour Heidegger ce terrain est celui de la quotidienneté et c'est ce qu'il entreprend précisément de montrer à travers une analyse des origines grecques de la *Vorhandenheit*. Que les concepts essentiels de la philosophie antique aient tous, en effet, leur point d'ancrage dans le champ de la quotidienneté, pour Heidegger c'est ce dont témoigne, avant même leur propre conception de l'être, la simple conception des choses chez les Grecs. Ceux-ci, nous rappelle *Sein und Zeit*, avaient pour parler des choses un terme approprié : *pragmata*, c'est-à-dire ce à quoi l'on a affaire dans la *praxis* [11]. Ce qui indique assez clairement que les Grecs comprenaient avant tout les choses non pas tellement en référence au comportement qui consiste à simplement les appréhender comme de purs objets, mais plutôt en référence au comportement qui consiste à en faire usage au sens le plus familier et le plus quotidien des activités manufacturières de l'homme : celles à travers lesquelles il utilise les choses disponibles dans la nature environnante afin d'en mener d'autres à la disponibilité moyennant l'acte de production ou de fabrication. Suivant ce mode de compréhension le plus immédiat, pour lequel le paradigme essentiel était la *manufacture*, la découvrabilité des choses était donc avant tout une affaire de *main* : aux yeux des Grecs, les choses étaient tout d'abord ce qu'elles étaient en tant qu'elles se présentaient comme du disponible, de l'utilisable ou du manipulable, bref comme ce qui d'une manière ou d'une autre était toujours à portée de la main. Selon une expression tout à fait courante en allemand les choses étaient donc saisies comme du *vorhanden*, c'est-à-dire comme ce dont on peut disposer, ce que l'on peut avoir, et qui, à ce titre, est présent ou encore *main-tenant*. Ainsi, quand l'ontologie grecque se donnera une notion de l'étant au sens le plus large, c'est précisément à la manière dont, quotidiennement, les choses se mettent de prime abord en valeur comme disponibles qu'elle se référera. A preuve, souligne Heidegger, le recours privilégié au terme *ousia* pour définir philosophiquement l'étant dans son essence. Au sens originaire que garde encore vivant son usage théorique dans la philosophie, *ousia* veut dire, en effet, le bien dont on dispose, l'avoir, la propriété ou encore le bien-fonds [12]. La généalogie de cette notion, comme celle d'ailleurs de tous les autres concepts ontologiques qui font corps avec elle, montre donc que c'est principalement à la présence au sens de la disponibilité pour l'usage que les Grecs pensaient lorsque, dans leur philosophie, ils évoquaient le trait caractéristique qui fait d'un étant ce qu'il est. Partant, c'est également en fonction de ce mode d'être spécifique à tout ce qui est sous la main qu'ils interprétèrent le sens de l'être en général. Forgée ainsi sur le modèle exclusif de ce qui est *vorhanden* dans le champ le plus immédiat des comportements pratiques de l'homme, une conception de l'être s'est dès l'abord imposée qui en réduisait le sens général à la *Vorhandenheit*. Et Heidegger de soutenir que c'est cette conception qui se maintiendra dans la tradition même quand, par la suite, toute référence à la *praxis* quotidienne ne sera plus que lettre morte pour la *theoria* philosophique. Ainsi, que ce soit au sens de l'*existentia* médiévale ou au sens de la *Wirklichkeit* moderne, le mot être continuera de signifier être sous la main ou être présent, fût-ce sur ce mode affadi qui pour l'étant ne veut plus simplement dire que se trouver là-devant comme de l'effectif ou de l'actuel.

Telle apparaît donc la thèse centrale de la lecture heideggerienne des Grecs à l'époque de *Sein und Zeit*: en amont de toute la tradition philosophique, la pensée grecque témoigne, par ses propres assises, du sol à partir duquel a surgi la propension à comprendre l'être comme présence et à l'interpréter du même coup au sens de la *Vorhandenheit*. Ce sol est celui de la vie active quotidienne et c'est dans les arcanes de la quotidienneté que s'est toujours mue la *theoria* philosophique pour ne faire somme toute qu'en prolonger la façon de voir et l'attitude, et ce même si c'est sans en avoir eu pour autant une conscience explicite. Or quelle est précisément la façon de voir et l'attitude quotidiennes sous l'autorité de laquelle s'est toujours implicitement rangée la métaphysique de la présence ou de la *Vorhandenheit*? Ainsi que le décrit longuement Heidegger, cette attitude est celle qui, à tout moment de l'activité journalière de l'homme, tient son regard rivé sur les objets de sa préoccupation et le rend ainsi entièrement absorbé par tout ce à quoi il a constamment affaire: non seulement les réalités du monde, mais d'une façon plus large ce monde lui-même, l'*Umwelt*, c'est-à-dire la proximité au sein de laquelle, en relation les unes avec les autres, les réalités font immédiatement sens aux yeux de celui qui agit. Unis dans un même commencement, l'œil et la main définissent donc le comportement le plus courant de la vie quotidienne comme cette attitude eu égard à laquelle utiliser les choses et les manipuler pour en produire d'autres, ce n'est avoir d'yeux que pour ce monde dans la circonspection duquel s'articule chacun des moindres desseins de l'homme. Au fond, dans cette attitude que Heidegger cerne par ce qu'il nomme parfois la *praktische Umsicht*, tout porte le témoignage du plus vif attachement au monde: c'est avec ce monde comme avec tout ce qui le compose et qui le peuple que quotidiennement l'homme se sent en affinité; c'est à ce monde que d'emblée il accorde sa confiance parce c'est en lui que d'emblée il reconnaît son chez-soi naturel. Aussi est-ce dans cet esprit de *ferveur cosmique* que s'épanouit la compréhension la plus immédiate qu'il a indistinctement de lui-même comme de tout ce qu'il n'est pas. Les choses, les autres, d'emblée l'homme les comprend quotidiennement comme ce auprès de quoi il a son séjour dans le monde et, par là, il se comprend lui-même avec la conviction indéfectible d'être l'habitant d'un monde qui lui est familier et d'être donc celui que détermine au premier chef le souci de construire et de parfaire les multiples formes de son habitat parmi les choses et auprès des autres. Du monde, autant dire dès lors qu'il constitue ce *décret de présence* dans la compréhension duquel nous nous assurons immédiatement de nous-mêmes en même temps que de tout ce que nous ne sommes pas [13]. Aucun commerce possible avec les choses, aucune communication possible avec les autres et donc aucune communion possible avec soi-même qui ne présuppose à sa source l'adhésion originaire à cet horizon de présence qui, sous la forme d'un monde, distille uniment le sens de tout ce qui est et nous tient d'ores et déjà dans l'acquisition de son évidence. Ce que dès lors on nomme l'évidence naturelle, la *natürliche Selbstverständlichkeit*, n'est que cela: l'acquiescement fondamental au monde, la croyance foncière en cette *commune présence* où le là de notre être-là et le là des réalités intramondaines se trouvent d'emblée fixés dans la symbiose d'une spatialité unique et indifférenciable [14]. Ici apparaît également que ce monde, dont la prédonation tient lieu d'essentielle certitude, est essentiellement un monde commun. Dit autrement, c'est un monde dans le champ duquel nous ne faisons nous-mêmes que comparaître. Pour cet étant que nous sommes, et indifféremment d'ailleurs de ce qu'il n'est pas, être, exister cela veut dire essentiellement prendre part à la vie du tout, de telle sorte qu'il n'est aucune affirmation relative au *je suis* dont le sens n'ait sa source dans l'affirmation élémentaire du *on est*, c'est-à-dire dans la reconnaissance immédiate d'une prédonation à la fois synthétique et passive, anonyme et commune. Que le *on* passe donc bien souvent pour le véritable sujet des expressions quotidiennes, c'est là somme toute le signe que chacune des expériences de la quotidienneté ne se produit que dans la surimpression du sentiment viscéral de participer à la communauté de la vie du monde, en un partage qui d'emblée répond de l'ensemble des convictions de ce qu'on appelle le sens commun.

Or, pour Heidegger, c'est précisément de s'en tenir au sens commun et de n'avoir ainsi aucune dimension qui lui soit foncièrement propre, que l'homme de l'attitude et de la compréhension quotidiennes tend toujours à forclore le sens authentique de son existence comme être-au-monde. Tel qu'il se comprend de prime abord et le plus souvent, cet être-au-monde ne saurait traduire autre chose que l'*habitus* humain, c'est-à-dire la disposition naturelle que l'homme a pour tout ce qui appartient à l'entour du monde. Pour lui, être-au-monde veut donc dire l'habiter, séjourner constitutivement parmi la totalité du réel et s'en trouver ontologiquement solidaire. Quotidiennement parlant, se sentir soi-même, c'est ne sentir que dans son inhérence au monde [15]. Aussi bien, Heidegger nous invite-t-il à voir que parce que ce mode habituel de l'auto-affection et de l'auto-compréhension revient à ne faire aucune différence entre sa propre eccéité et l'eccéité de tout ce vers quoi nous sommes quotidiennement tournés [16], il consiste en fait à se dérober la plupart du temps à soi-même la spécificité de sa propre existence. Et c'est pourquoi l'inauthentique ou l'impropre est décidément la seule épithète qui puisse convenir à la compréhension quotidienne. Ce qui, dans l'esprit de Heidegger, ne signifie aucunement que la façon quotidienne de ne se rencontrer soi-même que dans les choses et dans les autres ne serait encore qu'illusoire et n'atteindrait pas notre existence comme telle. Mais elle est inauthentique, au contraire, en tant qu'elle ressortit au mode d'être de notre *Dasein* et qu'elle consiste à exister non pas sur le mode du projet qui nous est le plus propre, mais seulement sur ce mode où c'est pour ainsi dire la réalité du monde qui nous projette en conditionnant toute forme d'accès à nous-mêmes. Parce qu'elle est donc une dimension constitutive de l'existence de notre *Dasein* et qu'elle appartient à son histoire, cette déperdition du propre dans l'impropre est un existential. Plus précisément, elle est cet existential que Heidegger nomme le *Verfallen*, la déchéance. Par ce mot, nous voici enfin fixés sur le statut véritable de la quotidienneté dans *Sein und Zeit* : elle est le mode d'être qui pour l'être-là consiste à décliner ce qu'il a de plus propre et à se fuir soi-même dans un monde à l'empire duquel il commence toujours par abandonner le sens même de son existence. En cela, apparaît aussi qu'il n'est pas d'attirance naturelle pour le monde qui, pour Heidegger, ne s'accompagne d'une renonciation à la part du propre et donc d'un reniement de la condition même du soi. Et ce au point même que, tel qu'il se trouve traité par le concept de la *Verfallenheit*, il n'est pas exagéré de considérer l'élan quotidien vers le monde comme un véritable phénomène d'*apostasie* existentiale [17].

Les raisons pour lesquelles l'analytique existentiale de *Sein und Zeit* commence par emprunter les voies de la quotidienneté ne sauraient donc nous donner le change. Bien loin de faire écho au projet phénoménologique husserlien d'un retour à la *Lebenswelt*, les pages que Heidegger consacre à la compréhension existentielle ordinaire ne visent qu'à porter au jour la prégnance quotidienne d'une tendance contre laquelle il s'agit précisément de prémunir la méditation ontologique proprement dite. Cette tendance inhérente à la compréhension quotidienne est celle que condense le concept de déchéance : du fait même de la constante sollicitation des réalités mondaines dans la vie de tous les jours et de la fascination qu'y exerce en général le monde sur nous, elle consiste à nous comprendre nous-mêmes à partir de ce que nous ne sommes pas et à accorder la préséance ontologique à un mode d'être qui ne saurait nous appartenir en propre. Or cette tendance est si fortement ancrée dans les habitudes les plus immédiates de l'homme qu'elle a tôt fait, montre Heidegger, d'envahir la conceptualisation théorique de l'être et de s'y imposer. C'est là finalement ce qu'atteste, à ses yeux, le prestige de la *Vorhandenheit* dans toute la tradition philosophique qui remonte aux premiers essais des Grecs. Au fond, ce prestige montre à tous égards que la question de l'ontologie traditionnelle n'a jamais eu d'autre figure tutélaire que celle qui régit le mode inauthentique de la compréhension quotidienne. D'où, explique Heidegger, toute la gamme de ces concepts par lesquels a été d'emblée fixé ce qu'il y avait lieu d'entendre par le mot être et qui ne sont que les autres noms de la *Vorhandenheit* : le cosmos, la nature, la vie ou plus simplement la présence. Certes, comme il n'est pas de philosophie qui ne soit avant tout réflexive, c'est bien en référence au *Dasein* humain et tout d'abord en référence au *logos* et à la *psyche* que l'ontologie a cherché à appréhender l'être. Mais parce que cette nécessaire référence à l'homme n'a précisément jamais dépassé le niveau de son autocompréhension quotidienne, de même n'a-t-elle jamais fait que cautionner le sens de l'être qui là d'ores et déjà fait loi. Telle est pour Heidegger la *naïveté* dont s'est dès le départ rendue coupable l'interprétation ontologique grecque, en maintenant la réflexion philosophique dans les ornières de la vie active quotidienne et donc sous le joug du mode déchéant de la compréhension de soi [18]. Or, comme il le montre également, il serait vain de vouloir trouver du côté des Modernes quelque amendement valable à la naïveté des Anciens. Nonobstant son intention fermement marquée de fonder l'ontologie par retour à l'intimité de l'*ego*, le prétendu renouveau de la philosophie moderne trahit davantage la vétusté de ses propres perspectives quand, pour précisément nommer l'*ego, elle recourt à la notion de res cogitans* par opposition à la *res extensa*, à celle de chose (*Ding*) ayant sa fin en soi par opposition aux choses qui ne sont que simples moyens ou à celle de sujet par opposition à l'objet. Il est aisé de voir, en effet, que tous ces jeux d'oppositions à la faveur desquels la pensée moderne prétend cerner la spécificité de l'être-là humain sont articulés autour d'un concept indifférencié de l'être dont la trame sub-

stantialiste et choséiste montre à l'évidence qu'il n'a pas été gagné
eu égard au mode d'être authentique de l'homme, mais eu égard au contraire à un mode d'être qui lui est impropre, puisqu'il ressortit précisément à la réalité qu'il n'est pas. Ici aussi donc, parce qu'elle est visible-
ment déjà confisquée par l'idée de *Vorhandenheit*, la conception de l'être
relève d'un parti pris dont l'examen des plus lointaines origines désigne
la fascination quotidienne pour la réalité du monde.

On peut le dire, c'est contre cette fascination que se mobilise la reprise
heideggerienne du projet d'une ontologie fondamentale. Car si ce projet
requiert nécessairement la question de l'homme en tant qu'il est cet étant
qui seul existe sur le mode de la compréhension et donc abrite et son être
propre le sens de l'être en général, à son tour cette question requiert du
questionnant, c'est-à-dire de l'homme lui-même, la clairvoyance que précisément lui interdit l'éblouissement quotidien de la présence. Telle que
l'entend Heidegger, cette clairvoyance n'est autre que la capacité de faire
la part des choses entre le propre et l'impropre dans la compréhension
elle-même. Et il s'agit bien là du discernement essentiel qui chaque fois
fait défaut à notre être-là quotidien lorsque, subjugé par tout ce qui lui est
proche, il ne comprend sa propre existence qu'à travers son adhésion au
champ de la présence. Enfin, c'est aussi ce discernement auquel l'ontologie refuse droit de cité lorsque, dans le prolongement de la tendance
quotidienne, elle souscrit d'emblée à une acception indifférenciée de l'être
qui, pour tout étant, signifie être présent. Parce qu'à l'inverse d'une telle
indifférenciation il se veut entièrement régi par la différence du propre et
de l'impropre, le projet ontologique heideggerien commence par motiver
la conjuration du destin existentiel qui quotidiennement nous condamne
à être sur un mode inauthentique. Seule l'éviction de la déchéance quotidienne semble donc susceptible d'ouvrir la voie à la question de l'être-
propre de l'homme et, par là, à la *Seinsfrage* elle-même. Or, à s'en tenir
au propos explicite de Heidegger dans *Sein und Zeit*, il s'avère que c'est
au phénomène de l'angoisse que revient le privilège de cette éviction.
L'angoisse, écrit Heidegger, est ce sentiment de situation absolument
insigne dans la mesure où "elle enlève au *Dasein* toute possibilité de se
comprendre de manière déchéante à partir de son monde et de l'interprétation commune. Elle rejette le *Dasein* vers ce pourquoi il s'angoisse, vers
son pouvoir-être-au-monde le plus propre" [19]. Sur la lancée de ces lignes,
tâchons donc à présent de cerner au plus près la charge phénoménale de
l'angoisse avec laquelle s'annonce déjà le sens authentique de l'existence.

L'ÉRADICATION DE LA PRÉSENCE

Parmi tous les phénomènes qui nous sont quotidiennement les mieux connus, l'analytique existentiale de *Sein und Zeit* réserve, on le sait, une place de choix aux humeurs et aux affects, c'est-à-dire au domaine de la *Stimmung* en général. Comme l'explique Heidegger au § 29 de l'ouvrage, la raison en est que, bien loin de se réduire aux simples épisodes ontiques de la vie psychique d'un individu, les *Stimmungen* constituent surtout la façon la plus primitive dont l'homme éprouve le sentiment d'être accordé à un monde qui est son là. En d'autres mots, les humeurs ont aussi le pouvoir ontologique d'amener l'être-là face à sa propre facticité et de le révéler ainsi à lui-même en même temps que le monde où il se trouve. Pourtant ce pouvoir ne saurait donner l'illusion de son infaillibilité. Tel qu'il se produit quotidiennement, le sentiment de notre situation est, en effet, le plus souvent recouvert du fait de la médiation des choses et des autres qui précisément nous mettent en humeur. Davantage qu'à partir de nous-même, c'est à travers tout ce que nous ne sommes pas que se précise notre situation dans le monde. Ainsi, plutôt que de nous mani-fester notre condition la plus propre, ce sentiment de situation revient simplement à comprendre où l'on en est dans le chez-soi du monde. C'est pourquoi, la *Stimmung* ordinaire dissimule autant qu'elle découvre et si elle est la révélation primitive de la facticité de notre existence comme être-au-monde, il s'en faut pourtant de beaucoup qu'avec elle cet être-au-monde livre le secret de son authenticité.

Or tel n'est pas le cas de l'angoisse qui ne connaît ni la médiation des choses ni celle des autres. C'est la raison pour laquelle, montre Heidegger, l'angoisse n'est jamais simplement le fait d'un être-là pusillanime et craintif. Car, si la peur ne se produit qu'à l'approche d'un étant dont la menace est à ce point irradiante qu'elle nous découvre à nous-mêmes notre être-au-monde sous le visage de l'être-menacé, dans l'angoisse au contraire, il n'est absolument rien d'extérieur à nous-mêmes qui pourrait remplir le rôle de ce face à quoi notre être-là s'angoisse. A la différence de la peur, l'angoisse ne se produit pas à l'approche d'un étant déterminé. Cette indétermination ne provient pas d'une incapacité de décider de quel côté du monde viendrait la menace, mais elle montre plutôt qu'en règle générale l'intramondain n'est désormais plus d'aucun poids pour parler de l'angoisse. Si celle-ci nous laisse donc sans voix, c'est bien que plus aucune signification mondaine ordinaire ne peut encore servir à en exprimer la source. Se lève pour lors la question de savoir ce qui à pro-prement parler nous serre la gorge dans l'angoisse, si ce n'est rien de présent au sens que nous prêtons ordinairement à ce mot, s'il s'agit donc de quelque chose qui doit bien être là sans être nulle part. A cette question, la réponse de Heidegger ne prête à aucune équivoque : ce qui nous tient dans les tenailles de l'angoisse, c'est le monde comme tel, mais un monde précisément expurgé de toute sa signification habituelle : non pas donc le monde quotidien de la présence, mais le monde de notre situation originaire, le monde qui appartient ontologiquement et essentiellement à la condition d'être de notre être-là en tant qu'être-au-monde. A telle enseigne que "ce devant quoi s'angoisse l'angoisse, c'est, dit Heidegger, l'être-au-monde lui-même" [20]. Et c'est pourquoi l'angoisse vaut, à ses yeux, d'être nommée un sentiment *fondamental* de situation, une *Grundstimmung* : exclusivement orientée vers l'être-au-monde, elle tient son origine de la condition même de l'homme et la lui révèle comme ce *vide* où il est jeté par le fait même de son existence.

De ce bref aperçu de l'analyse heideggerienne de l'angoisse ne saurait nous échapper l'importance du fait suivant : le monde familier n'est désormais plus d'aucun secours pour la compréhension de notre condition d'existant. L'*Umwelt* quotidienne sombre pour ainsi dire dans la plus totale insignifiance et cette insignifiance va de pair avec une soudaine nullité de l'étant. Or en même temps qu'elle retire aux choses toute forme de consistance et qu'elle annihile ainsi le champ de la familiarité quotidienne, l'angoisse barre la voie à toutes les possibilités que nous avons ordinairement de comprendre notre existence en fonction de ce qui nous préoccupe. Toutes ces possibilités déterminées sombrent à présent dans l'inanité et, Heidegger le soutient, c'est précisément à la faveur de cet effondrement que l'être-là peut désormais faire face à lui-même comme pur pouvoir-être, c'est-à-dire comme un projet dont la prise en charge ne dépend que de lui-même. Ainsi faut-il dire que l'angoisse isole l'être-là dans son être-au-monde inaliénable ; elle le singularise en le manifestant à lui-même comme ce qu'il ne peut être qu'à partir de lui-même, seul et en propre. Si l'angoisse compte ainsi parmi les événements qui font l'histoire de notre être-là, tout laisse donc à penser qu'elle y occupe une place cardinale, puisqu'en rompant tous les liens qui habituellement nous rattachent au monde de la présence, elle ne fait rien de moins que nous défaire de la tendance quotidienne à nous comprendre à partir du présent. C'est dire que l'angoisse appartient à l'histoire de l'être-là comme l'événement qui toujours fait pièce à son destin.

Aussi est-ce ce destin, c'est-à-dire la déchéance elle-même, qui s'éclaire d'un jour nouveau à la lumière du phénomène de l'angoisse. Car si, comme nous l'avons dit, la déchéance n'est jamais au fond que la fuite de soi-même vers le monde des choses et des autres, n'est-ce pas que ce monde s'offre toujours à notre être-là comme le refuge apaisant d'une intimité naturelle ? Et c'est en adhérant le plus souvent à celle-ci que nous croyons parvenir à déjouer les signes inquiétants qui se prodiguent dans l'angoisse et espérons nous donner du répit par l'esquive de notre propre condition. Or lorsqu'elle nous retranche dans l'isolement, l'angoisse nous révèle justement que cette condition d'être-au-monde est de n'avoir pas de chez-soi dans le monde. Toujours elle nous oblige à faire face à l'extranéité ou à l'*Unheimlichkeit* qui seule constitue le véritable statut d'une existence vouée malgré elle à un monde auprès duquel elle ne saurait s'attarder sans perdre ce qui lui est propre. Pour Heidegger, voilà donc l'inquiétante révélation qui nous est faite à travers l'angoisse et qui atteste inexorablement du dépaysement inhérent à notre être-là. Mais voilà aussi la révélation que fuit délibérément l'être-là quotidien dans la distraction d'un monde où il s'acharne à reconnaître la présence réconfortante du chez-soi. Autant que l'angoisse qui en révèle l'extranéité, c'est donc sa condition originelle d'être-au-monde que l'être-là cherche à fuir lorsque, fusionnant avec l'intramondain et se comprenant à partir de lui, il adhère sans retenue au domaine serein de la présence. C'est donc dire qu'il n'y a d'adhésion à la *Vorhandenheit* que sur fond d'une angoisse toujours refoulée et d'une extranéité toujours occultée. Tel est bien tout ce que semble vouloir dire Heidegger quand il écrit : "La fuite déchéante vers le chez-soi du commun est une fuite devant le sans-chez-soi, c'est-à-dire devant l'extranéité qui se trouve au cœur même de l'être-là en tant qu'être-au monde jeté et remis à lui-même en son être[21].

Nous venons de le voir, à la phénoménalité de l'angoisse n'appartient pas seulement de révéler l'existence dans sa factité originaire. Parce que cette révélation renvoie l'être-là à sa plus radicale extranéité, parce qu'elle l'isole ainsi dans l'indéclinable condition de son être-au-monde, elle lui exhibe du même coup le pouvoir-être-au-monde propre auquel il a le choix de se résoudre dans l'authenticité ou de se dérober dans la déchéance. A la puissance révélatrice de l'angoisse appartient donc aussi d'avérer la possibilité d'exister en propre. Et c'est pourquoi, dit Heidegger, l'angoisse est tout uniment angoisse *devant* le fait même de l'existence et angoisse *pour* le projet le plus propre de cette même existence. Mais qu'en est-il à présent de cette possibilité la plus propre de l'existence dont, toujours, la révélation se nimbe d'angoisse? Il est clair désormais que cette question exige un tout autre éclairage que celui sous lequel l'existant comprend d'ordinaire ses possibilités d'être en se projetant quotidiennement sur elles. A dire vrai, c'est précisément dans le contre-jour de la quotidienneté que doit être cherchée la clarté qui fait le sens authentique du possible. Or, à suivre les analyses de *Sein und Zeit*, deux traits intimement liés paraissent devoir s'imposer à la caractérisation de ce que signifient quotidiennement les possibles de l'homme. Le premier de ces deux traits tient à la réalisation : en effet, dans l'ordre de nos préoccupations quotidiennes, toutes les possibilités sur lesquelles nous

nous projetons sont toujours liées à l'étant que nous ne sommes pas en tant qu'il nous procure quelque chose à réaliser. De cette relativité à l'intramondain provient donc que chacune de nos ouvertures à un possible consiste soit à le réaliser, soit à guetter le moment de sa réalisation. Dans un cas comme dans l'autre, cette ouverture revient à faire en sorte que le possible perde son caractère de possible pour passer dans le disponible ou le présent de notre situation. Mais ce premier trait en appelle aussitôt un second. Il est par trop évident, en effet, que les possibilités qui tiennent quotidiennement notre existence en haleine s'ouvrent en un champ infini. Grande consommatrice de possibles, l'existence quotidienne ne se repaît d'aucune de leurs réalisations. Cette insatiabilité qui quotidiennement maintient l'être-là sur le mode du projet fait en sorte qu'il est un être qui n'en a jamais fini ou plutôt qui n'est jamais fini. Or ce perpétuel inachèvement du projet existentiel a pour corollaire qu'à aucun moment de l'expérience quotidienne une possibilité ne pourrait se présenter qui coïncide avec la *dé-finition* même de l'existence comme possibilité d'être. Disséminé dans la multitude des possibilités de la vie quotidienne, l'homme n'en maîtrise aucune dans laquelle se ramasserait pour ainsi dire le sens authentique et univoque de son pouvoir-être-au-monde. S'il doit donc y avoir une possibilité d'être eu égard à laquelle l'être-là se comprend dans son unité la plus propre, ne faut-il pas qu'elle soit une possibilité indépassable de son existence, c'est-à-dire une possibilité dont le projet le mène à se comprendre soi-même dans son propre achèvement, dans sa propre fin, dans sa propre dé-finition? En outre, parce qu'elle doit être indépassable, cette possibilité ne saurait être de l'ordre de toutes celles qui quotidiennement se prêtent à la réalisation. Au contraire, il doit s'agir d'une possibilité qui, ne donnant précisément *rien* à réaliser, se préserve dans sa possibilité même. Cette pure possibilité, dont l'actualisation est toujours en retrait et dont le projet dévoile pourtant l'existence à elle-même dans sa propre dé-finition, ne porte qu'un seul nom dans l'ontologie de Heidegger: c'est la mort. Non pas toutefois la mort anonyme qui, sous la forme du décès appartient elle-même au champ quotidien de la réalité et de la présence, mais cette mort irrelative indéclinable et exclusivement propre dont l'imminence nous est à ce point certaine qu'elle constitue depuis toujours déjà une vérité autrement plus radicale que toutes les affirmations habituelles concernant notre être. Telle est, en définitive, l'unique certitude que nous sommes appelés à reconnaître dans la solitude de l'angoisse, tant il est vrai que la compréhension de notre existence comme être voué à la mort est essentiellement angoisse et que fondamentalement celle-ci ne peut donc être qu'angoisse face à la menace de mort qui irrémédiablement promet notre possibilité d'être la plus propre à l'impossibilité pure et simple. "Comme sentiment fondamental de l'être-là, écrit Heidegger, l'angoisse est la découverte de ce que l'être-là, en tant qu'être jeté, existe en vue de sa fin"[22].

En dernière analyse, tout laisse donc à penser que ce doit être en regard de la mortalité inhérente à notre propre existence que la manière quotidienne de se tenir sous la protection de la présence revêt le caractère fuyant et déchéant qui est le sien. Certes, parce que la mort est elle-même présente à l'intérieur du monde habituel, l'être-là quotidien en sait forcément quelque chose. Toutefois, montre Heidegger, ce savoir n'emploie toutes ses ressources qu'à se dissimuler le sens authentique de la mort. Telle est la dissimulation qui d'ordinaire consiste à percevoir la mort comme un événement parmi d'autres qui nous touche d'autant moins en propre que même l'effroi où il nous plonge ne résiste pas longtemps à la conscience rassurante qu'après tout la vie ne saurait tarder à reprendre le dessus. Cette minimisation de la mort qu'accompagne une confiance éperdue dans la vie n'est autre que le voile quotidiennement jeté sur ce qui nous est le plus propre, mais aussi le plus redoutable : la vocation de mort qui rend illusoire notre demeure en ce monde. Pourtant cette esquive ne laisse pas d'attester que, serait-ce par son empressement vers la vie, la quotidienneté est toujours déjà déterminée par la mort. Ainsi, même jusque dans la fuite qui consiste à s'en divertir au gré des affairements de la vie quotidienne, la mort domine le tableau de notre existence. Elle se profile comme l'unique souci de l'être-là et s'éclaire même comme ce qu'il cherche à décliner dans l'insouciance des préoccupations quotidiennes. De ce que nous dit ainsi Heidegger de la mort devient lumineuse du même coup la raison pour laquelle c'est de notre attitude à l'égard de la mort que doit dépendre en dernier recours la différence du propre et de l'impropre, donc la raison pour laquelle cette différence n'est mesurable qu'à l'aune de notre courage face à l'angoisse de la mort. Dès lors, si l'inauthenticité caractérise l'attirance quotidienne pour le monde comme pur et simple renoncement au courage de faire face à la menace proférée dans l'angoisse, en revanche l'authenticité ne saurait consister qu'en sa prise en charge. L'être-là n'existe donc authentiquement que dans l'acceptation de sa mortalité par laquelle il fait enfin droit à la condition la plus propre de son existence comme être-au-monde.

Or quelle place l'authenticité heideggerienne laisse-t-elle au monde et à la présence ? Telle doit être à présent notre question. Nous venons de le voir, cette authenticité ne relève finalement que de notre entière disponibilité à l'angoisse ; elle ressortit à notre capacité de prêter une écoute à l'appel et à la convocation dont l'intonation est propre à l'angoisse. Cet appel que, dans *Sein und Zeit*, Heidegger identifie à la voix de la conscience[23], ne provient que de ce qui nous est absolument fondamental :

c'est donc du fond même de son existence que l'être-là se lance à lui-même un appel et c'est à la mémoire de sa condition existentiale la plus propre que le convie l'appel surgissant de lui-même. Le parcours effectué jusqu'ici autorise à le dire, la condition que nous nous intimons de reconnaître en affrontant cet appel, c'est d'avoir été jeté dans un monde auprès duquel nous ne saurions nous attarder parce que nous nous pressons vers la mort. D'où le sentiment d'angoisse et de solitude dont forcément se nimbe cette révélation. Car en assumant cette condition la plus propre de notre existence, nous nous découvrons dans le monde comme en terre étrangère; une terre où nous ne pourrions donc trouver la quiétude d'un chez-soi sans précisément y perdre notre qualité d'existant. Dans ce monde, faut-il le dire, l'existence authentique est *Un-zuhause*[24], sa vraie condition est d'être-au-monde sans avoir à l'habiter. Pour qui ose donc l'épreuve de soi dans l'isolement de l'angoisse, pour qui se résout ainsi à une compréhension authentique de soi-même, plus aucune lumière n'émane du monde qui pourrait encore tant soit peu éclairer le sens de l'existence. Eu égard à l'extranéité qui fondamentalement s'avère constitutive de celle-ci, tous les signes à partir desquels nous nous comprenons d'ordinaire comme les habitants et les cohabitants du monde tombent en désuétude. En fait, par cette dévalorisation de la texture même du sens commun, c'est tout simplement le monde qui sombre dans la plus totale nullité. A l'être-là seul reste dès lors d'être confronté à la nudité de sa propre existence dans l'inanité du monde[25]. Pour Heidegger, au fond, il n'est de dévoilement de soi en son être propre qu'au sens d'un tel dénuement; ce dévoilement est donc toujours essentiellement celui d'une existence que plus rien ne saurait voiler, car plus rien ne la détermine en dehors de sa dynamique propre. Exprimée dans les termes de *Sein und Zeit*, cette dynamique consiste à avoir été jetés dans un monde où nous nous projetons vers notre mort et ce qui nous la rend compréhensible comme telle, ce qui en constitue donc le schème, c'est le temps. Non pas, bien sûr, le temps que la compréhension quotidienne ramène à la succession des maintenants et dont, depuis la *Physique* d'Aristote, la conception fait loi en philosophie, parce que cette définition du temps concerne d'autant moins le propre mouvement de l'existence qu'elle concerne seulement le mouvement du monde et l'ordre naturel. Mais à l'inverse de cette conception déchue, il s'agit du temps existential et authentique selon lequel nous n'existons que tendus vers l'avenir de notre fin à partir du passé de notre déréliction dans le monde. Or il apparaît très nettement qu'entre ce futur et ce passé authentiques, il ne pourrait y avoir de place pour le présent chez Heidegger. Le présent n'a tout simplement pas de consistance dans l'existence authentique; seul au contraire lui correspond la déchéance, c'est-à-dire le mode inauthentique de notre être. Certes,

Heidegger nous parle bien d'un présent authentique qu'il nomme l'*Augenblick*, mais ce présent ne définit que la relation que nous avons à notre existence dans ce qu'elle a de plus propre, c'est-à-dire la relation à notre futur et à notre passé authentiques[26]. Plutôt qu'un véritable présent, il s'agit donc de l'instant critique où saisissant d'un *clin d'œil* notre propre situation d'être-au-monde, nous sommes amenés à trancher entre le propre et l'impropre. Or cette décision est à ce point tranchante que l'on voit décidément mal comment pourrait justement y trouver place une présence auprès de laquelle nous trouverions encore le temps de nous attarder. A l'instant de la résolution pour soi-même ne saurait donc appartenir aucun monde, car la clairvoyance existentiale n'advient qu'à la condition précise que la présence s'efface en entraînant dans sa dissipation toutes les illusions de la vie quotidienne déchéante. Cela est si vrai qu'il n'est sans doute pas exagéré de dire de la pensée qui s'exerce dans *Sein und Zeit* et qui, comme telle, vise à édifier la question du sens de l'être à partir de l'existence authentique du *Dasein*, qu'elle est une pensée sans présent. Or, si prévenu qu'on soit, par Heidegger lui-même, contre la fascination du présent et contre la métaphysique de la *Vorhandenheit*, il reste toutefois à se demander dans quelle mesure une pensée sans présent ne cède pas à son tour à une illusion typiquement métaphysique. C'est à cette question qu'il nous faut en venir pour terminer.

LA GNOSE

Le sens ne se trouve pas, l'être est un néant indisponible: ainsi pourrait s'exprimer la leçon finale de l'ontologie fondamentale de *Sein und Zeit*. Pour le voir, il suffit de se reporter aux thèses directrices de Heidegger. Selon elles, l'homme qui abrite le sens de l'être au plus intime de son être est un étant qui ne peut se définir authentiquement qu'à partir du projet le plus propre de son existence. En dehors de cette définition, toutes celles qu'il se propose ordinairement à lui-même en se comprenant à partir de son monde relèvent de l'existential de déchéance. Comme telles elles sont donc frappées de nullité et d'inanité. Ainsi l'homme est celui que plus rien au monde ne pourrait déterminer, celui qui par conséquent ne peut être ce qu'il est que dans le *solipsisme existential*. Par là même, il se découvre comme abandonné dans un monde où l'insignifiance a raison de tout. Aussi est-ce la dimension traditionnelle du fondement qui s'abîme, lorsqu'à l'appel de lui-même, l'homme comprend dans la "sobriété de l'angoisse"[27] que plus aucune de ses déterminités essentielles, plus aucun de ses titres mondains ne saurait encore se porter garant de son être: ni l'humanité qui le définissait dans la communauté des hommes, ni l'animalité qui le définissait comme appartenant au monde de la vie. Et pourtant, c'est précisément à la faveur de cette annihilation de l'essence que l'homme prend aussi conscience que son essence est d'exister[28] et qu'à ce titre il ne peut donc se réclamer que de son projet le plus propre, ce qui veut dire: se réclamer lui-même du néant dont il est issu de par sa jection dans le monde et auquel il est promis de par sa projection vers la mort. Ainsi voit-on que l'être dont l'homme abrite le sens au plus profond de son être n'a d'autre sens que le néant du monde, c'est-à-dire le néant des choses et des autres, mais aussi et surtout le néant de lui-même.

Or quel arrière-fond métaphysique présuppose donc cette totale éradication de la présence à laquelle enfin s'avère corrélative la mise en *Abgrund* du sens chez Heidegger? Tant elle ressort clairement des structures profondes de l'analytique existentiale, la réponse ne saurait se faire attendre: cet arrière-fond métaphysique ressortit au déchirement entre l'homme et le monde qui finit par les rendre totalement étrangers l'un à l'autre. En somme, ce qu'ainsi Heidegger conduit au paroxysme, c'est la dualité de l'esprit et de la nature qui, à des degrés divers, n'a jamais cessé de hanter la tradition métaphysique. Tel est tout d'abord ce que met en évidence la très nette dévalorisation du monde et de la nature dans l'ontologie fondamentale de Heidegger: le monde environnant, le complexe habituel des significations, voilà ce dont il faut exorciser l'existence authentique. Car tout ce qui relève de l'habitation et qui tient donc au registre quotidien de nos préoccupations auprès des choses et des autres ne saurait traduire que la perte de l'authenticité dans la promiscuité de l'altérité. Toutes les différentes façons d'habiter le monde sont de l'ordre de la déchéance. Entre l'authenticité d'une existence délivrée de son monde et l'inauthenticité d'une existence perdue en lui, la coupure devient donc à ce point profonde qu'on est en droit de dire qu'elle a très certainement quelque chose en commun avec le dualisme gnostique[29]. Or, dans toute pensée gnostique, ce dualisme a pour source le mépris du monde: si l'on accorde si peu de prix aux faits et aux gestes de l'homme, c'est parce qu'on dénie toute valeur ontologique à l'être du monde, à la présence. Aussi l'essence même de la pensée gnostique ne peut-elle vraiment s'éclairer que par contraste avec ce qu'il y a de plus grec dans la pensée grecque. Et pourquoi donc précisément celle-ci? Parce que, comme le reconnaît Heidegger lui-même, en inscrivant ses concepts essentiels dans l'horizon de la vie quotidienne, la pensée grecque en a hérité du goût pour le monde. Si, pour elle, le cosmos vaut d'être élevé à la dignité ontologique, c'est que, se questionnant lui-même, l'homme se sent d'emblée lié à l'œuvre vivifiante du monde qui constitue le témoignage patent de sa sacralité. Dit autrement, il comprend qu'il n'est là que pour imiter le monde, le reproduire en lui-même et participer ainsi à la vie que partout le monde entretient et régénère. C'est aussi pourquoi toute idée d'excellence ou d'authenticité s'accorde ici à l'idée de cosmos : dans toutes les sphères de l'activité humaine, la vertu se trouve dans l'intimité avec la nature et n'a donc d'autre sens que le plein accomplissement de la vie. D'où enfin la conviction générale que l'homme est du monde, qu'il est partie intégrante de la vie du tout et que c'est précisément là ce qui valorise la partie qu'il est. Certes, on dira que, chez les philosophes grecs, le souci de soi invite déjà à l'ascèse du monde. A quoi il faut ajouter toutefois que cette ascèse ne vise qu'à mieux réinvestir le présent du cosmos et qu'elle ne se produit donc qu'en vue d'un *retour dans la caverne*. Et c'est précisément ce qui fait que, même chez Platon, le sens grec du souci de l'âme [30] ne saurait avoir quelque chose en commun avec la *Sorge* heideggerienne. Car ce qui, à travers celle-ci, concerne désormais l'homme, ce n'est justement plus la vie mais c'est au contraire le *sum moribundus* [31]. Face à la seule certitude de notre propre mort, la vivacité du monde s'enrobe d'insignifiance. Ainsi, non seulement le monde perd sa respectabilité, mais son insistance devient elle-même outrageante : elle n'apparaît plus à l'homme que comme cette puissance contraignante qui toujours cherche à le divertir de lui-même. Ainsi, découvrant la parfaite altérité de son être par rapport à celui du monde, il éprouve l'angoisse de la solitude, de l'abandon et de la perdition dans un monde qui n'est qu'un lieu d'exil. Mais comprenant tout cela, il comprend aussi que le seul choix est pour lui soit de se laisser aller à ce monde où il ne s'appartient pas, soit au contraire de se délivrer de cette servitude. Entre le cosmos et la résolution pour soi-même, il ne peut donc y avoir que crise et cette crise est le fond même de toute attitude gnostique. Or quelle en est l'issue pour tout homme résolu? Cette issue ne se trouve pas ailleurs que dans la connaissance de la propre dynamique de son existence. Cette connaissance est la *gnose* comme telle : elle est la purgation de la déchéance par laquelle apparaît négativement que le sens ne peut être décidément de ce monde, que donc l'être n'est pas le présent.

A cette interprétation on objectera sans doute que le congé donné au monde dans l'ontologie fondamentale de Heidegger n'a rien de définitif. Peut-être est-ce même là le détour nécessaire pour une entreprise dont la tâche essentielle est de retrouver les conditions d'un habitat sensé dans le monde. Et, à l'appui de cette objection, on citera les nombreux textes de l'après-guerre dans lesquels Heidegger fait du séjour, de l'habiter et de la patrie de l'homme quelques uns des thèmes essentiels de sa pensée. De tous ces textes, le plus connu est sans doute celui dont le titre est emprunté à un poème tardif de Hölderlin: "L'homme habite en poète". Puissance fondamentale de l'habitation humaine, la poésie serait-elle donc, pour Heidegger, le lieu suprême de la réconciliation du sens et du monde? Afin d'en juger, reportons-nous brièvement aux premières approches de la poésie à l'époque de *Sein und Zeit*. Ainsi, introduisant le thème de l'existence comme être-au-monde dans les *Grundprobleme* de 1927, Heidegger reconnaît que la poésie n'en est finalement qu'une première venue à la parole. Et c'est sous cet éclairage qu'il relit quelques pages des *Cahiers de M. L. Brigge* de Rilke [32]. Pourtant, dans ses très brèves conclusions, cette lecture ne manque pas de laisser planer une certaine indécision quant à la valeur ontologique du témoignage poétique. A bien y regarder, tout se passe au fond comme si ne parvenant à se départir de l'emprise du monde des choses et de la vie, la poésie de Rilke n'était encore pour Heidegger qu'un mode impropre de l'explication de l'être-au-monde. En somme on pourrait même dire que la très courte attention prêtée ici au langage poétique joue d'une certaine façon négativement: elle tend à montrer, en effet, que l'explicitation ontologique de l'être-au-monde doit se revendiquer d'une vue plus originaire que celle qui maintient sous la dépendance du monde la compréhension que nous avons de l'existence. Dans la mesure où cette allégeance au monde des choses et des autres prévaut encore dans la vision existentielle que la poésie élève à la puissance de l'expression, on devine aisément pourquoi cette puissance ne saurait être celle susceptible de conférer un statut ontologique radical à l'être-au-monde. Pré-ontologique, la poésie l'est assurément, si elle-même procède encore d'une visualisation de l'existence qui, de manière à peine différente de la compréhension quotidienne, est entièrement soumise au monde. Comme en témoigne par ailleurs un texte de 1946 [33], pour des raisons somme toute assez proches de celles qu'on pressent en 1927, Heidegger continuera de souligner toutes les limites poétiques de l'auteur des *Elégies de Duino*. Là aussi, ces limites semblent tenir à l'étroitesse de la conception rilkéenne d'un monde soumis à la notion d'*omnitudo realitatis* et d'une existence seulement perçue comme ravissement par le monde. Or que nous montre cette approche? Essentiellement ceci: que la poésie elle-même n'est pas à l'abri de la distinction du propre et de l'impropre et que ce n'est donc pas inconditionnellement qu'elle constitue la puissance fondamentale d'une habitation authentique dans le monde. Le péril demeure donc que, portant le sens même de l'habiter de l'homme, la poésie le confonde avec l'habituel. Et l'habituel, c'est bien ce que détermine invariablement pour Heidegger l'ivresse, la narcose, l'oubli et l'abandon de l'homme à l'ici-bas. C'est pourquoi "l'habituel possède en propre cet effrayant pouvoir de nous déshabituer d'habiter dans l'essentiel" [34]. A cette ivresse s'oppose radicalement la sobriété du dire poétique authentique, lequel ne saurait être rien d'autre que l'écoute prêtée à l'appel de l'inhabituel. Peu nous importe finalement ici de savoir ce que recouvre exactement cet inhabituel où se confine le sensé. L'important est de voir qu'avec lui l'habitation poétique de l'homme ne se signifie que dans le tranchant de son opposition à l'habituel. Reste toutefois la question de savoir à quel avenir est promis le sensé quand il se coupe radicalement du sens commun qui, depuis toujours déjà, nous situe dans l'assurance des choses et des autres, dans la conviction d'une vie partagée et partageable. Et si telle devait être l'unique question qui précisément diffère la phénoménologie de la voie métaphysique?

NOTES

1. *Schellings Abhandlung über das Wesen der menschlichen Freiheit*, p. 227; trad. française de J.F. Courtine, p. 322.
2. *Cf.* W. Richardson, *Heidegger. Through Phenomenology to Thought*, The Hague 1974, p. XVII; trad. fr. de C. Roëls in *Questions IV*, p. 185. Pour une approche générale de l'auto-interprétation heideggerienne, on se référera à l'ouvrage désormais classique de F. W. von Herrmann, *Die Selbstinterpretation Martin Heideggers*, Meisenheim am Glam 1964.
3. Ce que montre, on ne peut plus clairement, la lecture et la reprise heideggerienne du projet de Kant à l'époque de Marbourg. *Cf.*, par exemple, l'introduction du cours de 1927-1928 intitulé *Phänomenologische Interpretation von Kants Kritik der reinen Vernunft*, GA 25, ainsi que les §§ 1-3; 36-38 du *Kantbuch* de 1929.
4. Outre le *Schelling* (p. 229; trad. fr., p. 325), *cf.* principalement la *Brief über den Humanismus* in *Wegmarken* (2ᵉ éd. Klostermann), p. 325, trad. fr. de R. Munier in *Questions III*, p. 97; le *Séminaire du Thor* (1969) in *Questions IV*, p. 285 ainsi que l'*Introduction* de 1949 à *Was ist Metaphysik?* in *Wegmarken*, p. 375; trad. fr. de R. Munier in *Questions I*, p. 42.
5. Concernant cette rupture décisive d'avec la métaphysique du *subjectum* et le caractère non anthropologique de la question de l'homme dans l'ontologie fondamentale de *Sein und Zeit*, *cf.* les brèves indications de Heidegger dans les entretiens de Davos (mars 1929): E. Cassirer — M. Heidegger, *Débat sur le kantisme et la philosophie*, trad. fr. de P. Aubenque, Paris 1972, p. 43; ainsi que les remarques sur "l'idée d'une anthropologie philosophique" dans *Kant und das Problem der Metaphysik* (4ᵉ éd. Klostermann), principalement p. 207; trad. fr. de A. De Waelhens et W. Biemel, p. 270. Mais surtout on se référera très utilement à l'article de J. F. Courtine, *Anthropologie et anthropocentrisme (Heidegger lecteur de Schelling)* in *Nachdenken über Heidegger. Eine Bestandsaufnahme*, hrsg. von U. Guzzoni, Hildesheim 1980, pp. 9-35.
6. Concernant la caractérisation de l'ontologie fondamentale comme métaphysique du *Dasein*, *cf. Kant und das Problem der Metaphysik*, p. 224; trad. fr. p. 287.
7. *Cf. Vom Wesen des Grundes* in *Wegmarken*, p. 160, note 59, trad. fr. de H. Corbin in *Questions I*, pp. 140-141.
8. *Cf.* en particulier le *Séminaire du Thor* (1969) in *Questions IV*, p. 273.
9. Sur le *dépassement de la métaphysique* opéré par *Sein und Zeit*, on peut se reporter, par exemple, aux indications de Heidegger dans l'*Introduction* de 1949 à *Was ist Metaphysik?* in *Wegmarken*, p. 364; trad fr. in *Questions I*, p. 27 ainsi que dans le *Protocole de Zeit und Sein* in *Zur Sache des Denkens*, pp. 31-32; trad. fr. de J. Lauxerois et C. Roëls

in *Questions IV*, pp. 58-59. Parmi l'importante littérature déjà consacrée à cette question, on se référera à la très bonne synthèse qu'offre l'ouvrage de P. Jäger, *Heideggers Ansatz zur Verwindung der Metaphysik in der Epoche von 'Sein und Zeit'*, Frankfurt, Bern 1976.

10. *Cf.* Die *Grundprobleme der Phänomenologie, GA* 24, p. 15; trad. fr. de J. F. Courtine, p. 28.

11. *Cf. Sein und Zeit*, p. 68.

12. *Die grundprobleme der Phänomenologie*, p. 153; trad. fr., p. 138.

13. Pour une approche phénoménologique de cette axiomatique de la présence dans le vécu quotidien, on se référera à l'*Axiome des Alltagswelt* chez E. Straus, *Psychologie der menschlichen Welt*, Berlin, Göttingen, Heidelberg 1960, pp. 236-239.

14. Cette modalité doxique fondamentale est très nettement repérée par Husserl sous le nom de *Urdoxa* ou de *Urglaube*. Elle intervient déjà dans les *Ideen zu einer reinen Phänomenologie* de 1913 (éd. Niemeyer), pp. 216-218; trad. fr. de P. Ricœur, pp. 357-360, mais n'est vraiment saisie dans sa portée originaire que dans des textes plus tardifs tels que *Erfahrung und Urteil*, § 7; trad. fr. de D. Souche-Dagues, pp. 32 et *sqq.* "*La conscience du monde*, écrit Husserl, *est une conscience qui a pour mode la certitude et la croyance*: elle n'est pas obtenue par un acte exprès qui s'insérerait dans la continuité du vécu, comme l'acte de position de l'être, de saisie de l'étant, ou même comme l'acte du jugement prédicatif d'existence. Car tous ces actes présupposent déjà la conscience du monde dans la certitude de la croyance... *Le monde étant est la pré-donnée universelle passive préalable à toute activité de jugement*".

15. C'est bien là l'ambiguïté que Merleau-Ponty reconnaissait à toute conscience de soi dans la *Phénoménologie de la perception*, p. 397. A ceci près toutefois, que contrairement à la *Zweideutigkeit* de Heidegger (*Sein und Zeit*, § 37), cette ambiguïté est ici recueillie dans toute sa positivité phénoménologique et ne se trouve nullement taxée de méprise.

16. Concernant l'analyse heideggerienne de l'indifférence ontologique du quotidien, on se référera, en marge de *Sein und Zeit*, aux propos relatifs à la compréhension existentielle dans *Die Grundprobleme der Phänomenologie*, p. 396; trad. fr., p. 336, ainsi que dans *Phänomenologische Interpretation von Kants Kritik der reinen Vernunft*, pp. 23-24; trad. fr., pp. 43-44.

17. Ainsi, lorsqu'il introduit le concept de déchéance dans un cours qui précède de deux ans la parution de *Sein und Zeit*, Heidegger met en apposition les termes de *Verfall*, de *Zerfall* (ruine) et surtout d'*Abfall*. Or, on le sait, dans la langue théologique allemande, ce dernier terme sert à désigner l'apostasie. Ce sens connote donc bien celui de déchéance, à condition que, comme le veut Heidegger, toutes ces notions soient extirpées du contexte théologique pour être restituées dans leur signification existentiale originaire. *Cf. Prolegomena zur Geschichte des Zeitbegriffs, GA* 20, pp. 390-391.

18. *Cf. Die Grundprobleme der Phänomenologie*, pp. 155-156; trad. fr., pp. 140-141.

19. *Sein und Zeit*, p. 187.

20. *Sein und Zeit*, p. 187.

21. *Sein und Zeit*, p. 189.

22. *Sein und Zeit*, p. 251.

23. *Cf. Sein und Zeit*, pp. 268 et *sqq.*

24. *Sein und Zeit*, pp. 189 et 276.

25. *Cf. Sein und Zeit*, pp. 276-277.

26. *Cf. Sein und Zeit*, essentiellement p. 338 ainsi que *Die Grundprobleme der Phänomenologie*, pp. 407-408; trad. fr. pp. 345-346.

27. *Sein und Zeit*, p. 310.

28. *Cf. Sein und Zeit*, pp. 12, 42 et 318.

29. C'est ce qu'a montré de façon tout à fait convaincante Hans Jonas dans un article qui, à n'en pas douter, constitue l'une des meilleures voies de déconstruction de la pensée heideggerienne jusqu'à ce jour : *Gnosticism, Existentialism and Nihilism* in *The Phenomenon of Life. Toward a Philosophical Biology*, Chicago, London 1982, pp. 211-234. Notons également que ce rapprochement avec le gnosticisme transparaît fréquemment dans la lecture soignée de l'œuvre heideggerienne que poursuivit, durant près de quarante ans, Karl Jaspers. *Cf.* K. Jaspers, *Notizen zu Martin Heidegger*, hrsg von H. Saner, München 1978. (On se reportera au terme *Gnosis* dans le *Sachregister* à la fin de l'ouvrage, p. 377.)

30. *Cf. Apologie de Socrate*, 29 e.

31. *Cf. Prolegomena zur Geschichte des Zeitbegriffs*, pp. 437-438.

32. *Die grundprobleme der Phänomenologie*, pp. 244-247; trad. fr., pp. 211-213.

33. Il s'agit du texte *Wozu Dichter?* publié dans les *Holzwege*.

34. *Was heisst Denken?*, Ed. Niemeyer, p. 88; trad. fr. de G. Granel, p. 141.

KLAUS HELD

Heidegger et le principe de la phénoménologie

Selon la déclaration-programme husserlienne (*Ideen I*)[1], la phénoménologie repose sur le principe de l'intuition donatrice ou de l'évidence. "Evidence" a ici le sens large de donation originaire. Dans ses écrits tardifs, Heidegger a souligné à maintes reprises avoir su préserver le principe de la phénoménologie plus fidèlement et plus originellement que son fondateur.[2] Nous aimerions prendre cette revendication comme le fil conducteur de notre conférence et examiner dans quelle mesure et jusqu'à quel point Heidegger, au cours de son évolution, a effectivement pensé de façon conséquente en phénoménologue.

Dans *Logique formelle et transcendantale*, Husserl a exposé le plus clairement la portée phénoménologique du principe de l'évidence[3]. Le thème fondamental de sa phénoménologie, c'est l'intentionnalité de la conscience. Or l'intentionnalité repose sur l'évidence : la conscience se rapporte intentionnellement aux objets pour autant qu'elle dispose de facultés à même de faire redécouvrir chaque objet dans sa donation originaire. Intentionnalité signifie alors fondamentalement rapport à l'évidence[4].

La recherche phénoménologique de l'intentionnalité est elle-même un produit de la conscience intentionnelle et se trouve tenue de légitimer ses connaissances comme provenant d'une intuition donatrice. Aussi l'évidence détermine-t-elle tant l'objet que la méthode de la phénoménologie. Une question se pose à cet égard : y-a-t-il un trait fondamental qui tienne ensemble ces deux visées de l'évidence? Les cours *Prolegomena à l'histoire de la notion de temps* (1925), qui comprennent — pourrait-on dire — la prise de position la plus ingénue et la plus circonstanciée sur la phénoménologie husserlienne, prouvent que Heidegger s'est implicitement posé cette question et qu'il a retrouvé ce trait fondamental dans la notion d'intuition catégorielle[5].

Le principe husserlien de l'évidence présuppose la possibilité de l'intuition donatrice, et l'accomplissement individuel et concret de celle-ci

F. Volpi et al., Heidegger et l'idée de la phénoménologie. ISBN 90-247-3586-6.
© 1988, Kluwer Academic Publishers.

n'est, à son tour, possible que s'il y a au départ l'intuitionnable comme tel. Cette condition préalable est remplie par les déterminations universelles formelles et eidétiques, à la lumière desquelles — c'est ainsi que Heidegger entend Husserl — les objets de la perception peuvent apparaître avec évidence dans la conscience. Husserl désigne dans la sixième *Recherche logique* ces déterminations par sa notion large de catégoriel[6]. Celui-ci se soustrait au regard philosophiquement profane, mais — comme ce qui rend possible l'apparaître — il est bien (au moins dans l'interprétation heideggérienne de Husserl) ce qui apparaît à proprement parler dans cet apparaître[7]. Heidegger estime comme essentiel le fait que chez Husserl l'universel catégoriel n'est rien de subjectif: introuvable dans la structure intérieure de la conscience, il n'est pas non plus le résultat dérivé de nos actes subjectifs de pensée[8]. Le principe de l'évidence nous enjoint de nous en tenir à la manière dont le catégoriel s'offre dans sa saisie originelle. Cette saisie se confond avec l'intuition catégoriale et c'est bien en celle-ci que l'universel catégoriel (la notion d'intuition le dit déjà) nous apparaît comme quelque chose de donné.

Dans ses *Prolegomena*, Heidegger considère cette découverte — le catégoriel n'est point subjectif, mais a le caractère d'une donnée transsubjective — comme la vision husserlienne qui fait littéralement époque. Il y voit en même temps le point crucial de la phénoménologie husserlienne[9], dans la mesure où l'intuition catégoriale rend possible non seulement l'apparaître intentionnel des objets de la perception[10], mais encore l'analyse phénoménologique de cet apparaître, car cette analyse repose sur l'idéation ou l'intuition des essences dont l'objet est justement l'universel catégoriel[11]. Cette image de la phénoménologie husserlienne, que Heidegger a pu se former dans les années vingt, est restée inchangée pendant des décennies, comme le montrent ses écrits des années soixante.

La découverte de l'intuition catégoriale a, au-delà de Husserl, une portée historique: Heidegger affirme, dans un passage mémorable des *Prolegomena*, que la conception de la donation transsubjective du catégoriel marque le dépassement de la position nominaliste dans la dispute des universaux[12]. A cet endroit, l'interprétation heideggérienne acquiert une dimension bien actuelle. La polémique autour des fondements de la philosophie analytique porte, en dernière instance, de nos jours sur les avantages et les inconvénients du nominalisme, tel que, par exemple, Ernst Tugendhat — ancien élève de Heidegger — entend le représenter.[13]

L'interprétation antinominaliste que Heidegger donne dans les *Prolegomena* à l'intuition catégoriale se trouve attestée sans l'ombre d'un doute par ses écrits des années soixante: Pour autant que l'universel catégoriel — selon la lecture heideggérienne — rend possible l'apparaître évident des objets de la perception et, par cela, l'apparaître intentionnel comme tel, il forme la dimension d'ouverture à la lumière de laquelle l'étant est d'abord reconnaissable et intelligible. [14] La dimension d'ouverture du catégoriel remplit donc la fonction de *ratio cognoscendi*; mais également celle de *ratio essendi*, car elle se porte garante de l'objectivité des objets [15] — dans la phénoménologie husserlienne les objets n'ont pas d'autre "en-soi" en dehors de leur apparaître intentionnel. Dans la mesure où le catégoriel dans son double rôle de *ratio essendi* et *ratio cognoscendi* représente le pont entre connaître et être, il accomplit la même œuvre que les idées platoniciennes ou les formes de la scolastique prénominaliste. On ne saurait s'étonner alors, si Heidegger dans le dernier des *Quatre séminaires* situe l'intuition catégorielle dans la lignée de la vision platonicienne des idées. [16] L'intuition catégorielle ouvre au connaître l'accès à la réalité de l'étant. C'est pourquoi Heidegger peut affirmer déjà dans les *Prolegomena* que, grâce à cette découverte, il a été enfin possible de "redonner un sens compréhensible" [17] à la notion scolastique prénominaliste de vérité comme *adaequatio* — qui renvoie plus loin à la conception grecque de la vérité.

Il faut certainement éviter à ce sujet un malentendu: tout ceci ne signifie point que Heidegger aurait tenu le retour naïf à une pensée prénominaliste des *eidé* pour la conquête déterminante de la phénoménologie [18]. Il voit ailleurs l'acquis durable de la découverte de l'intuition catégorielle: celle-ci laisse transparaître la donation originaire et transsubjective d'une dimension d'ouverture [19] qui réunit a priori connaître et être pour autant qu'elle constitue le fondement de leur possibilité. [20] Le principe phénoménologique de l'évidence fait ainsi sortir la philosophie de l'impasse où le nominalisme médiéval tardif l'a fait entrer, et lui révèle — comme il est dit dans *Contribution à la question de l'être* [21] — un accès nouveau à la disponibilité grecque — foncièrement prénominaliste — pour l'état de non-retrait, pour l'*alétheia* de l'étant apparaissant.[22] Mais Heidegger ne considère ni le catégoriel husserlien ni les *eidé* ou les formes de la tradition prénominaliste comme le dernier mot au sujet de la détermination concrète de la dimension d'ouverture originairement donnée.

Pour ce qui est de la comparaison du catégoriel avec les *eidé*, il importe de faire remarquer dès le départ une différenciation que Heidegger ne mentionne pas dans *Le séminaire de Zähringen*, mais que l'on ne peut pas négliger, si l'on s'en tient à son interprétation de Husserl dans les *Prolegomena* [23]. L'universel catégoriel des *Recherches logiques* se répartit en deux classes fondamentalement différentes: l'universel synthétique-formel, qui — selon la distinction ultérieure des *Idées I* — se présente à la conscience au cours du processus universalisant de "formalisation", et l'universel eidétique, donné dans l'idéation, qui apparaît au cours du processus universalisant de "généralisation" [24]. Il ne peut naturellement pas y avoir de ressemblance avec les *eidé* et les formes de la tradition prénominaliste que pour le catégoriel pris dans cette seconde acception. C'est pourquoi Heidegger souligne dans le *Séminaire de Zähringen* que le catégoriel proprement husserlien est "plus que forme"[25]. En déterminant à partir de *L'Etre et le Temps* — à sa façon — la dimension d'ouverture originairement donnée, Heidegger abandonne la voie de la généralisation — sans mention méthodologique expresse — pour entamer la voie de la formalisation, comme nous essaierons de le montrer plus loin.

Je pense avec Heidegger que la pensée de la dimension d'ouverture transsubjective et originairement donnée peut faire abstraction de la concrétisation de celle-ci dans les philosophies des *eidé* et des formes. La seule abstraction a pourtant du mal à faire accepter cette dimension par la pensée moderne postnominaliste qui puise dans la conception cartésienne de la conscience. Consciente de la pleine mesure de l'insécurité où elle en est venue par le volontarisme médiéval tardif, la philosophie ne trouve d'autre remède que le scepticisme nominaliste radical qui parvient à son expression dans l'argument du dieu trompeur de la *Première méditation* cartésienne. Si les déterminations universelles qui confèrent à l'étant sa *realitas* dépendent du bon vouloir d'un *deus absconditus*, principalement inaccessible à l'entendement humain, alors il n'est apparemment pas permis d'admettre une dimension d'ouverture originairement donnée à la lumière de laquelle la *realitas* de l'étant nous soit disponible.

C'est ainsi que la philosophie ne peut trouver d'appui, pour le moment, que dans l'immanence d'une conscience séparée du monde et que prend naissance le problème classique de la théorie de la connaissance: comment une conscience privée de monde peut-elle transcender vers le monde? Il est entendu, tout d'abord, que l'on a à chercher en soi-même les conditions de la transcendance et, donc, de la vraie connaissance et non pas dans une dimension d'ouverture qui tient originairement ensemble être et connaître.

Husserl était plus que conscient de cette condition sceptique de la philosophie moderne[26]. C'est pour cette raison qu'il lui faut accepter l'immanence cartésienne de la conscience. Il tente cependant de mettre d'accord celle-ci avec la découverte phénoménologique ou la redécouverte d'une dimension d'ouverture originairement donnée. Ceci devait aboutir grâce au concept d'intentionnalité. Si être conscient *de quelque chose* constitue l'essence de la conscience, alors celle-ci est dès le départ audelà d'elle-même, c'est-a-dire "dehors", auprès du monde. Le problème traditionnel de la théorie de la connaissance — le monde extérieur — n'en est donc plus un. Husserl ne renonce pas pour autant à l'immanentisme. La transcendance vers le monde est retenue dans l'immanence de la conscience: elle est — selon une formulation husserlienne paradoxale qui connaît de nombreuses variantes — "transcendance immanente".[27] Par cette transcendance intentionnelle, la conscience doit constituer elle-même la dimension d'ouverture — l'endroit de l'apparaître de l'étant.

Dans les années soixante Heidegger a réitéré sa juste observation: Husserl a rendu fragile par l'immanence de la conscience sa propre découverte de la dimension d'ouverture.[28] Mais Husserl avait lui aussi une bonne justification pour son cartésianisme: ce n'était apparemment que celui-ci qui pouvait armer la phénoménologie contre le scepticisme nominaliste.

C'est ainsi que la condition de départ profondément équivoque de la phénoménologie fait surface dans la critique heideggérienne de Husserl. D'une part, Husserl — en suivant le principe de l'évidence — découvre la donation originaire d'une dimension transsubjective d'ouverture et offre au vingtième siècle la chance historique de surmonter la perte de monde qui caractérise la philosophie moderne, de souche cartésienne. D'autre part, il est obligé d'assurer sa découverte contre le scepticisme nominaliste par l'immanence cartésienne de la conscience et manque ainsi cette même chance.

Même s'il n'y a pas de commentaire chez Heidegger sur cette constellation initiale de la phénoménologie, nous avons l'impression que l'effort d'échapper au dilemme ci-dessus détermine essentiellement, à partir des années vingt, son chemin de pensée. Eu égard à ce fait, on peut raisonnablement affirmer que la pensée heideggérienne est restée phénoménologique dans les décennies suivant le "tournant" (encore que pendant ce temps les références à Husserl fassent presque défaut). Au moins peut-on interpréter quelques idées centrales de cette époque comme naissant de la tentative de penser le principe de l'évidence dans ces dernières conséquences. Nous aimerions maintenant développer les étapes fondamentales de cette tentative.

Heidegger devait se demander en premier lieu: comment déterminer la dimension d'ouverture originairement donnée s'il n'était plus question de la concevoir selon la pensée naïve, prénominaliste comme la lumière des *eidé* et des formes. C'est la structure de l'intentionnalité comme rapport à l'évidence qui apporta la réponse. Comme la conscience intentionnelle est renvoyée des manières non originaires aux manières originaires de donation, le vécu de cette conscience se réalise dans les perspectives des manières de donation. Si un étant quelconque doit nous apparaître, ceci ne peut arriver que dans certaines manières de donation. Nous ne pouvons pas, pour ainsi dire, nous en passer et viser directement les objets. Cet "a priori universel de corrélation" constitue la base de travail de toute phénoménologie. C'est pourquoi Husserl l'a désigné rétrospectivement comme le thème fondamental de l'ensemble de ses recherches.[29]

Si Husserl situe les manières de donation dans l'immanence cartésienne de la conscience, comme faisant partie de l'intentionnalité, ceci se comprend dans la mesure où elles sont la forme dans laquelle s'accomplit l'apparaître intentionnel des objets. Mais cette détermination n'envisage qu'un seul aspect des manières de donation, car celles-ci sont en égale mesure la forme dans laquelle l'étant s'offre de lui-même. Il n'y a pas de raison réelle pour favoriser le côté conscience de l'apparaître par rapport au côté étant — révélateur de lui-même. On ne saurait attribuer les manières de donation exclusivement ni à l'étant apparaissant ni au vécu de la conscience orientée vers l'étant. Ces manières constituent une dimension d'indifférence vis-à-vis du sujet et de l'objet, ou encore mieux : une dimension de l'entre-deux [30] rendant d'abord possible la distinction entre le sujet qui accomplit l'apparaître et l'objet qui se présente dans cet apparaître. Ceci veut dire : il nous faut chercher la dimension d'ouverture dans le domaine des manières de donation.

Les manières de donation ne surgissent pas seules. Chacune est un renvoi dans un ensemble de renvois des manières de donation. Les ensembles de renvois sont des champs de visibilité, des horizons pour notre vécu intentionnel et, conjointement, des espaces de jeu où les objets peuvent d'abord nous apparaître. Les horizons ont de ce fait le même caractère de l'entre-deux que les manières de donation : comme champs de visibilité, ils sont du côté de la conscience, comme espaces de jeu de l'apparaître, du côté de l'étant. Tous les ensembles de renvois et leurs horizons se renvoient mutuellement les uns aux autres et donnent sur un horizon de tous les horizons : le monde. C'est ainsi que le monde, compris comme horizon universel, se révèle comme l'entre-deux originaire, autrement dit, comme la dimension d'ouverture recherchée. Grâce à l'intentionnalité — qui se fonde chez Husserl dans le caractère d'entre-deux de cette dimension d'ouverture —, il a été possible de renvoyer aux archives le problème de la théorie moderne de la connaissance, le problème du monde extérieur.

On peut conclure : l'observation conséquente du principe de l'évidence révèle nécessairement le seul thème fondamental et propre de la phénoménologie : l'horizon universel "monde". Ce n'est donc pas l'universel catégoriel qui forme la dimension d'ouverture, mais le monde. Une reprise du thème phénoménologique de l'intuition catégorielle — sa contestation par la philosophie analytique-nominaliste rend cette reprise souhaitable [31] — doit se donner pour tâche d'élucider l'universel catégoriel comme manifestation de l'horizon universel "monde". A la différence des *eidé* de la tradition prénominaliste et du catégoriel husserlien eidétique, l'horizon "monde" comme totalité des rapports de renvoi a un caractère formel [32]. Dès lors il y a bon espoir d'élucider dans cette perspective le catégoriel formel. Mais déjà le procédé husserlien tardif de la variation eidétique[33] — qui met en évidence les contenus eidétiques matériels de ce que Husserl appelait auparavant "intuition des essences" — présuppose apparemment la conscience de l'horizon : seules les règles structurales de cette conscience peuvent fixer d'avance des limites aux variations de la conscience imaginaire qui "simule" librement des contenus noétiques ou noématiques[34].

Dans ses commentaires sur la phénoménologie husserlienne, Heidegger a utilisé plus d'une fois au singulier[35] la maxime "aux choses elles-mêmes" — formulation impérative du principe de l'évidence. Cette utilisation ("à la chose elle-même") nous paraît légitime, car il est essentiellement question dans la phénoménologie — comme Eugen Fink l'a le plus clairement vu — d'*une seule* et *même* chose : la dimension d'ouverture "monde". L'analyse phénoménologique des objets dans le comment de leur apparaître conduit nécessairement au comment de l'apparaître lui-même[36], c'est-à-dire, en dernière instance, à la dimension de l'apparaître, le monde.

Depuis que l'élaboration de la phénoménologie génétique a porté, à partir des années vingt, au centre de son attention la notion d'horizon, Husserl s'est toujours davantage rapproché de cette perspective. Il autorisa en 1933 la publication d'un article de Fink[37], comme présentation authentique de son propre point de vue : le monde y était envisagé comme thème fondamental de la phénoménologie. La pensée du monde de la vie dans son étude *Krisis* continue cette orientation. Husserl voit maintenant la tâche historique de la phénoménologie avec une clarté nouvelle : la perte de monde de la pensée moderne provient du fait que la science objectiviste fait radicalement abstraction des entours situationnels et des perspectives de l'apparaître de l'étant, autrement dit, de son enveloppement dans des manières de donation et dans des horizons. La totalité du monde est ainsi perçue seulement comme somme des objets et non pas comme horizon universel, horizon que Husserl appelle maintenant monde de la vie[38].

Mais, d'autre part, c'est par le rapport à l'évidence, comme trait fondamental de la conscience intentionnelle, qu'un appauvrissement de l'expérience du monde devient possible. La conscience intentionnelle n'est pas statique, mais dynamique. Le vouloir domine l'aspiration intentionnelle vers l'évidence qui attache la conscience aux objets, tout en essayant de se saisir de ceux-ci dans des manières de donation originaire. Cet attachement aux objets empêche la conscience de découvrir le comment des horizons de l'apparaître, c'est-à-dire les manières de donation et le monde de la vie.

Le caractère volontaire de l'intentionnalité, pas toujours clairement

explicité par Husserl lui-même [39], laisse apparaître — sans qu'il s'en aper-
çoive — quelque chose du volontarisme en tant que l'origine de la perte
de monde. La volonté humaine insécurisée par les surenchères volonta-
ristes à l'égard de la volonté divine ne parvient à s'affirmer elle-même
que par le retrait cartésien dans l'immanence de la conscience : à partir de
ce "point d'Archimède", elle se lance avec décision à la poursuite des
objets. On comprend alors pourquoi c'est toujours un acte de volonté qui
libère chez Husserl la conscience de sa captivité objective. L'*époché* qui
rend d'abord possible l'analyse phénoménologique des manières de donation représente un changement volontaire d'attitude [40] (l'origine stoïcien-
ne de ce vocable en dit assez). La conscience parvient ainsi à un état
ingénu de sérénité — Husserl parle de "désintéressement" — qui se prête
au thème du monde comme horizon universel.

Bien que dans les textes husserliens tardifs tout tourne autour de l'horizon universel "monde" ou autour du "monde de la vie", c'est un autre
thème qui prend officiellement le dessus : la conscience en tant que subjectivité transcendentale. Husserl déplace la dimension d'ouverture originairement donnée dans l'immanence de la conscience, en la désignant
comme un produit de constitution de cette conscience. Il méconnaît le
fait que le monde comme espace de jeu — où toutes les manières de
donation se renvoient — constitue "en quelque sorte l'élément" [41] d'une
unité originaire de la conscience et de l'être. Leur séparation est, par la
suite, possible seulement en vertu de cette unité initiale. La conscience
transcendentale qui s'oppose au monde par ses performances constituti-
ves présuppose en fait la dimension d'ouverture "monde". Husserl ren-
verse les termes de cette argumentation.

Heidegger s'est aperçu dès le commencement de cette déficience. Cependant, au lieu de faire remplacer la conscience constituant le monde
par le monde lui-même comme dimension d'ouverture, il la fait remplacer par l'être. Dans la critique — que Heidegger prétend dans les *Prolegomena* strictement immanente — de la position husserlienne, l'être est
désigné comme la "chose de la phénoménologie". Cette critique affirme :
Husserl qui considère la conscience intentionnelle comme la "chose de la
phénoménologie" se doit de déterminer l'être de cette conscience. Il
répond très peu ou pas du tout à cette tâche.

Pour décider du caractère phénoménologique ou non phénoménologique de la problématique heideggérienne de l'être et pour juger convena-
blement son interprétation de la phénoménologie comme méthode de
l'ontologie, il nous paraît particulièrement important de savoir si cette
critique a réellement le caractère immanent que Heidegger revendique [42].
Il faut se demander alors : Heidegger peut-il vraiment prouver que Husserl — en vue de mener à bon terme le projet phénoménologique —

aurait dû se poser la question de l'être de la conscience et y trouver une réponse (question qu'il a très peu ou pas du tout considérée)? Nous allons nous arrêter sur quelques aspects significatifs de la critique heideggérienne portant sur l'être de la conscience intentionnelle.

Le premier reproche d'envergure affirme que Husserl n'a pas déterminé l'être de la conscience intentionnelle — comme conscience absolue — par rapport à elle-même, mais en procédant à un quadruple aperçu des rapports entretenus par cette conscience à autre chose [43]. On a du mal à voir une autre détermination positive de l'être de la conscience intentionnelle audelà des quatre déterminations husserliennes — que Heidegger reconstruit par ailleurs pertinemment —, car l'être d'une chose ne se laisse déterminer que par rapport à une telle autre (*determinatio est negatio*). Si Heidegger remplace dans *L'Etre et le Temps* la conscience intentionnelle absolue par l'être-là et délimite sa manière d'être par rapport à l'étant disponible et à l'étant subsistant, il procède alors formellement de la même façon.

Particulièrement frappante apparaît dans ce contexte la contestation heideggérienne de la première détermination husserlienne: la conscience est être immanent [44]. "Immanence" a ici une signification spécifique. Si la conscience accomplit un acte de réflexion sur son propre vécu, alors le vécu comme objet d'un tel acte — à la différence des objets de la perception extérieure — est "réellement contenu" dans l'acte lui-même. Heidegger estime que l'immanence entendue de la sorte détermine seulement un rapport à l'intérieur de la région "conscience" et non pas l'être, c'est-à-dire la manière d'être de cette région même.

Cette critique viserait juste, à la seule condition qu'il soit phénoménologiquement raisonnable de parler de l'être de la conscience sans tenir compte de la façon dont l'être est donné lui-même. Selon le principe phénoménologique de corrélation, évoqué plus haut, l'être de tout objet — y compris l'être de la conscience comme étant son propre objet — ne se montre que dans le comment de son apparaître originaire. Si, par conséquent, la conscience se présente à elle-même originairement dans les actes de réflexion (a) et si le comment de cette présentation a le caractère de l'immanence en question (b), alors on peut conclure validement (c) que l'immanence est une détermination de l'être de la conscience. Heidegger aurait pu avec raison mettre en question les prémisses a et b: le souci des mortels se souciant de leur être est un "rapport à soi" plus originaire que la réflexion "objectivant" ses vécus (a). Si les vécus auxquels se rapporte l'acte de réflexion sont simplement immanents ou plutôt déjà transcendants, voici la question que Husserl se pose lui-même dans ses analyses tardives de la notion de temps. Or la critique heideggérienne, de façon significative, ne vise pas les prémisses, mais s'arrête à la conclusion (c) pour affirmer que Husserl n'aurait pas répondu à la question de l'être de la conscience — et c'est justement cette affirmation qui ne tient pas.

La critique des *Prolegomena* culmine dans l'argumentation suivante : pour distinguer entre l'être absolu de la conscience constituant le monde et l'être relatif (à la conscience) du monde, Husserl a besoin de l'être comme critère de comparaison et il omet de s'interroger sur le sens de cet être[45]. Selon cette argumentation l'être serait le genre à l'intérieur duquel Husserl devrait spécifier l'"être absolu" et l'"être relatif". Or il est clair depuis Aristote — d'ailleurs personne ne le sait mieux que Heidegger — que l'être n'est pas du tout un genre. En introduisant la notion de l'être dans sa critique *immanente* de la phénoménologie husserlienne, Heidegger fait un usage indéfendable de cette notion. C'est ainsi que cette critique, qui parvient maintenant à son point décisif, perd définitivement sa force de conviction.

Ceci n'exclut pas que l'invocation heideggérienne de la notion d'être saurait se légitimer par des arguments transphénoménologiques. Ce qui nous intéresse en ce moment, c'est que l'introduction de la notion d'être n'aboutit pas par la voie d'une critique immanente de la phénoménologie. Tout donne à penser que ce sont des raisons extérieures à la phénoménologie, notamment le dialogue renoué avec Aristote, qui donnent naissance à la problématique heideggérienne de l'être. Si Husserl a recours à la conscience pour répondre à une situation *post*nominaliste et revient ainsi à la conception cartésienne de la philosophie, Heidegger, inspiré par l'expérience *pré*nominaliste d'un espace d'ouverture originairement donné, reprend la conception déterminante précartésienne de la philosophie : la problématique aristotélicienne de l'être de l'étant[46].

Dans les deux cas, la phénoménologie se voit retenue par une autre "chose" que celle qui découle sans contrainte du principe de l'évidence : le monde[47]. Le thème du monde nous permet lui aussi de renouer avec une conception "traditionnelle" de la philosophie. En dépit de l'affirmation d'Aristote qui fait autorité chez Heidegger — on s'est depuis toujours interrogé sur l'*on*[48] —, ce n'est pas l'être qui fait problème à l'aube de la pensée grecque — ceci vaut à partir de Parménide — mais la totalité comme telle, l'ensemble des *panta*, le *cosmos*[49]. Le monde est ainsi la "chose originaire de la philosophie" et c'est dans ces limites que la phénoménologie peut être considérée comme le renouvellement de la plus ancienne conception de la philosophie.

Même si Heidegger n'avait pas accepté cette thèse telle quelle, le monde comme thème propre de la phénoménologie s'impose toujours davantage dans son œuvre : de l'être-au-monde dans *L'Etre et le Temps* jusqu'à la problématique tardive du "quadriparti" et de l'"arraisonnement"[50].

Nous nous en tiendrons dans ce qui suit à ces aspects-ci de la pensée heideggérienne, car la thèse de l'être comme "chose de la phénoménologie" ne nous paraît pas en tout point démontrée[51].

Husserl pense la constitution du monde ainsi : la conscience forme des horizons appropriés au vécu intentionnel des objets et, à partir de ces horizons, elle construit l'horizon universel. Ceci veut dire : Husserl part du rapport conscience-objet et n'aboutit que par ce moyen à l'ouverture de la conscience à l'horizon du monde. Par cette conception, la phénoménologie husserlienne est passible elle aussi de l'oubli du monde de la vie, car le monde est nécessairement compris ici à peu près comme un objet englobant tous les objets. Or il ne peut pas en être ainsi : le monde rend d'abord possible l'apparaître des objets. C'est pour cette raison que la phénoménologie heideggérienne de *L'Etre et le Temps* commence par la thèse : le rapport au monde devrait être la détermination originaire de la conscience. Or comme la conscience se définit comme rapport à l'objet, il faut renoncer à cette notion. L'ouverture fondamentale au monde comme dimension d'ouverture caractérise la réinterprétation radicale du "sujet" dans *L'Etre et le Temps*. Celui-ci n'est rien d'autre que le "là" de l'apparaître de la dimension d'ouverture[52], autrement dit, il est "être-là" comme "être-au-monde". Le rapport de l'être-là au monde n'est plus captif de l'immanence de la conscience, comme ce fut le cas de l'intentionnalité husserlienne, car le dépassement vers le "dehors" transsubjectif du monde constitue l'être-là. La relation intentionnelle aux objets se fonde désormais dans la transcendance vers le monde[53].

Cette transcendance apparaît de façon toujours plus décisive comme le trait fondamental de l'être-là[54]. Parallèlement, il devient aussi évident que cette conception de la transcendance peut toujours jouer de manière volontariste contre l'esprit du principe de l'évidence. Dans le mouvement initial de la transcendance vers le monde, l'être-là arrache à l'étant, originairement replié sur lui et obscur[55], la dimension claire de l'apparaître, l'horizon du monde, dans la lumière de laquelle l'étant peut se faire voir. Si la volonté d'évidence était à l'œuvre dans la conscience intentionnelle attachée aux objets de la phénoménologie husserlienne, l'être-là est, dans la liberté de son existence, dominé par une volonté combattante qui s'offre — comme son propre "à l'intention de"[56] — le monde en tant qu'espace universel de jeu de sa liberté.

Par ce trait de sa pensée, Heidegger mène, dans un premier temps, la domination du principe de volonté et le rapport volontariste au monde à leur apogée, surpassant en cela la théorie husserlienne de la constitution du monde, fondée dans l'immanence de la conscience. Le pouvoir de la volonté dispose maintenant entièrement du monde.

Si la dimension d'ouverture est pensée conséquemment, à l'opposé de la position volontariste, comme quelque chose d'originairement donné comme un vrai "dehors" transsubjectif, alors la volonté ne saurait point en disposer. Cette dimension doit rencontrer l'être-là non pas comme se pliant à la liberté de ce dernier, mais comme ce à partir de quoi l'être-là reçoit d'abord sa liberté. La réceptivité de l'être-là pour la dimension d'ouverture présuppose que cette dimension se soustrait à sa volonté. C'est ainsi que la médiation toujours plus approfondie des implications antinominalistes et antivolontaristes du principe de l'évidence conduit Heidegger au "tournant": dans l'apparaître de la dimension d'ouverture "monde" le voilement rejoint le dévoilement, autrement dit, le retrait fait partie de l'apparaître. En ce moment le phénoménologue Heidegger a fait — selon sa propre et juste estimation de l'époque tardive — le pas décisif audelà de Husserl⁵⁷.

On peut certes entendre déjà la pensée du retrait dans la maxime "aux choses elles-mêmes", formulation impérative du principe d'évidence. Appeler à la découverte des choses, des phénomènes, à leur mise en évidence a du sens à la seule condition que ces choses soient normalement voilées⁵⁸. Husserl attribue cependant ce voilement à la conscience qui, du fait de son attitude naturelle, demeure captive des objets. Heidegger lui aussi situe au début, dans *L'Etre et le Temps*, ce même voilement dans une manière d'être de l'être-là (celui-ci remplace la conscience), à savoir dans son être-déchu⁵⁹. C'est à partir du "tournant" que Heidegger s'aperçoit que le voilement appartient à "la chose elle-même": dorénavant le voilement déterminera aussi la dimension d'ouverture que le principe de l'évidence présuppose comme originairement donné.

Même si la phénoménologie prend maintenant une route radicalement nouvelle, il y a dans l'œuvre tardive de Husserl (*Krisis*) des textes montrant sans aucun doute que la tendance originaire de la phénoménologie husserlienne trouve elle aussi son accomplissement dans la pensée du voilement. Le monde comme ensemble de renvois des horizons et des manières de donation demeure nécessairement voilé à l'attitude naturelle de la conscience; car celle-ci fait de ce qui lui apparaît un objet, c'est-à-dire un thème de son attention. Mais le monde comme milieu d'une telle objectivation se soustrait à la thématisation. C'est avec la naissance de la philosophie et de la science, autrement dit, avec le passage historique de l'attitude naturelle à l'attitude philosophique, que le monde — appelé *cosmos* ou *ta panta* — surgit de son état non thématisé. Mais par sa thématisation le monde devient inévitablement objet de la pensée philosophique et scientifique et ceci signifie: il perd justement le caractère d'horizon qui le rendait différent des objets de l'attitude naturelle. La pensée philosophique-scientifique retombe ainsi dès le début dans l'attitude naturelle à laquelle elle voulait échapper par la thématisation du monde. En "objectivant" le monde, cette pensée se méprend sur elle-même et tombe en proie à l'"objectivisme" qui atteint son comble dans la science moderne, mathématisée, de la nature [60]. Comment saura-t-on penser le dépassement de l'objectivisme? Apparemment, d'une seule manière — encore que cette idée ne se laisse pas facilement saisir chez Husserl en son plein épanouissement — : la philosophie doit thématiser le monde justement dans son non-thématicité, par laquelle celui-ci se soustrait à la tendance d'objectivation de l'attitude naturelle et demeure ainsi voilé. Si l'on suit donc les conséquences de la critique husserlienne de l'objectivisme, il ne reste formellement qu'une tâche, précisément celle qui se trouve accomplie chez Heidegger: penser le voilement de la dimension d'ouverture "monde" [61].

Pour appuyer sa thèse que la pensée philosophique et scientifique avait dès le commencement une certaine idée du voilement — idée voilée à son tour et presque pas saisie comme telle — Heidegger apporte comme preuve fameuse la notion grecque d'*alétheia*. La structure même du vocable "non-voilement" fournit — selon lui — la première indication que le retrait et la réserve entourent le déploiement de l'horizon du monde [62]. L'éclosion du monde, révélation de la dimension d'ouverture, a elle-même le caractère d'un mouvement de retour vers un retrait originaire. A l'époque de *L'Etre et le Temps*, Heidegger pensait encore que ce mouvement de retour se fonde dans la libre volonté de l'être-là qui livre des combats durs, à la manière volontariste moderne, en vue de sa propre affirmation. Environ à partir de 1930, il se rend compte de la conséquence la plus radicale du principe de l'évidence: le déploiement du monde a lieu à partir d'un retrait originaire qui dans sa liberté non fondable ne refuse pas aux humains la lumière du monde, mais par contre la rend libre pour l'être-là [63].

La donation originaire d'une dimension d'ouverture transsubjective se trouve ainsi enfin préservée — et de telle façon qu'elle demeura cachée à la philosophie prénominaliste qui avait pourtant une conscience de cette dimension. La lumière des *eidé* et des formes n'était pas en effet perçue comme un don à partir de l'obscurité originaire. L'obscur ne se joignait pas à l'apparaître de cette lumière. Pour marquer la différence par rapport à la métaphore traditionnelle de la lumière, Heidegger désigne la libre donation de l'éclosion du monde à partir du retrait comme "éclaircie" [64]. En considérant le "sans-fond" du voilement (d'une façon autre que théologique), il sauvegarde du même coup le moment de vérité du volontarisme, sans s'y rapporter directement dans ses textes.

Si Heidegger remet en valeur la conscience prévolontariste et prénominaliste de la dimension d'ouverture, il n'entend pas par là restaurer une figure dépassée de la métaphysique, mais demeure sur le terrain moderne de la pensée postvolontariste et postnominaliste. Heidegger n'est point un néothomiste déguisé. Il ne renonce pas non plus — et c'est là un fait éloquant — à un aspect décisif de la position moderne de la subjectivité[65]. Assurément, le "sujet" n'est plus pensé comme conscience, mais à partir du rapport au monde comme être-là; certes, la liberté moderne de volonté, par laquelle le sujet se défend contre l'insécurité de provenance volontariste et nominaliste, devient d'abord possible dans la libre donation de l'horizon du monde à partir du retrait, mais le don qui se révèle dans l'éclaircie — ceci est essentiel — est assigné à la réceptivité des humains[66]. Autrement dit, l'éclaircie "a besoin" de l'être-là comme seul endroit où l'éclosion du monde peut avoir lieu[67]. Mais cela ne signifie nullement que l'éclaircie serait un produit de constitution de l'être-là[68].

Heidegger se propose ainsi tout comme Hegel — encore que dans un but tout à fait différent — d'accueillir sur le terrain du subjectivisme moderne les conceptions fondamentales de la tradition prévolontariste et prénominaliste, sans pour autant retomber dans les naïvetés et les préjugés — censés d'être dépassés — de cette tradition.

La prise en compte décisive de la donation originaire du monde comme dimension d'ouverture accroît la chance du dépassement de la perte moderne de monde[69], à laquelle Husserl réagissait déjà par sa critique de l'oubli du monde de la vie. Heidegger donne une description tout à fait nouvelle au caractère de renvoi du monde — que Husserl a marqué par la notion d'horizon — au moyen de sa phénoménologie radicalisée du voilement éclaircissant. En vertu de la donation originaire du monde dont il reçoit son être-là, l'homme appartient d'abord — avec les choses — au monde. Mais il existe, en même temps, dans le monde comme un être dans le "là" duquel le monde apparaît comme monde, c'est-à-dire dans son éclosion à partir d'un retrait "sans fond". Le même retrait originaire transit l'existence humaine dans l'énigme insoluble de la mort. C'est pourquoi les humains sont les mortels, c'est-à-dire les seuls êtres qui peuvent "mourir". Mais l'expérience fondamentale de la mort n'est possible que pour autant qu'il y a des divins immortels comme répondant aux mortels[70]. Les divins sont des êtres ouverts en égale mesure à l'éclaircie et qui, vivant dans le monde, en font l'expérience comme monde[71]. La différence entre être-mortel et être-divin recoupe une seconde différence. Le monde rencontre originairement les êtres (qui font l'expérience du monde comme monde) comme le site accueillant où ces êtres séjournent, c'est-à-dire comme contrée. La différence entre le dévoilement éclaircissant et le voilement obscurcissant détermine le monde-contrée en sorte qu'il y a deux contrées (:ciel et terre) pour les divins et pour les humains — selon la prédominance du dévoilement ou du voilement.

L'ensemble de renvois du "monde de la vie", c'est-à-dire le monde tel qu'il est vécu originairement par les vivants se trouve donc redéfini chez Heidegger comme "quardriparti" des divins et des mortels, du ciel et de la terre[72]. Quand Husserl enveloppe la chose individuelle de la perception dans l'ensemble des renvois et des horizons du monde de la vie, on devine déjà l'intention de sauver cette chose individuelle du nivellement objectiviste qui la réduit à une partie quelconque, remplaçable de ce "monde". Le "monde" comme somme de tous les objets est en fait une sorte de récipient géant où tout devient finalement déchet. Heidegger s'est le premier aperçu de cette situation dramatique dont le monde non philosophique n'a pris connaissance que lors de la crise écologique mondiale. La chose individuelle, réduite par l'"arraisonnement" à l'état d'objet remplaçable de la recherche scientifique, de matériel à la disposition de la technique et d'article de consommation d'une société de dissipation, regagne sa dignité chez Heidegger pour autant qu'elle se "rassemble" dans le "quadriparti", comme ensemble de renvois.

Indépendamment du jugement que l'on puisse porter sur la solidité de cette analyse, il nous semble significatif que la pensée heideggérienne, dès qu'elle devient (après le "tournant") phénoménologiquement concrète se donne une fois de plus pour thème "la chose même de la phénoménologie": le monde comme ensemble de renvois et l'enveloppement de la chose individuelle dans cet ensemble. Déjà chez Husserl, la chose individuelle de la perception n'était plus à proprement parler substance, mais — comme pôle noématique de synthèse des rapports de renvoi et des horizons — elle était plutôt "rassemblement" de ces rapports. C'est pourtant Heidegger qui met en évidence en toute rigueur que la chose originairement saisie *est* "rassemblement" des rapports *mondains*: il fait remplacer la polarité initiale husserlienne de l'objet de la perception et de l'horizon par celle de la chose et du "quadriparti".

La continuité secrète de la pensée phénoménologique du monde de la vie est également montrée par le fait suivant: Heidegger entend préserver le primat husserlien de la chose individuelle par rapport à ce que Husserl et les précurseurs du *linguistic turn* désignent par "état de choses". Dans ses analyses, Husserl prend comme point de référence l'objet individuel de la perception et non pas la proposition en tant qu'elle se rapporte à des états de choses. C'est pourquoi ces analyses apparaissent comme dépassées au moins aux yeux des philosophes analytiques, de tendance nominaliste[73]. Autant que nous sachions, on n'a pourtant pas — du côté de la philosophie analytique — remarqué et pris en considération le fait que le primat de la chose individuelle par rapport à l'état de choses se trouve encore mieux défendu par la phénoménologie heideggérienne de la chose que par la phénoménologie husserlienne de la perception. Heidegger accordera à la philosophie analytique que le langage prévaut sur la perception. Il ne manquera pourtant pas d'y ajouter que "la vraie unité du langage n'est pas la proposition, mais le mot"[74]. L'acte originaire de parler, ce n'est pas la liaison propositionnelle, la forme sémantique "ti kata tinos" de la proposition prédicative, mais le pur acte poétique de nommer, l'*onomazein*[75]. Tout ce que l'homme peut jamais rencontrer est appelé ainsi du retrait dans l'ensemble de renvois du "quadriparti". S'il n'y avait pas de chose individuelle surgissant dans cette unique "action de parler", qui mérite bien d'être dénommée ainsi, le langage n'aurait rien à relier dans ses propositions[76].

Le "tournant" heideggérien — la prise en compte du mouvement de dévoilement-voilement qui tient ensemble la dimension d'ouverture et l'être-là — se heurte dans la philosophie contemporaine à une attitude soupçonneuse qui se laisserait traduire par les questions suivantes: Le voilement se portant garant de l'imprévisibilité de l'horizon du monde n'est-il pas une simple invention? La prise en compte d'un fondement de vérité audelà de la conscience ne continue-t-elle pas le style périmé de la pensée métaphysique et ne tombe-t-elle pas, pour cette raison même, sous le coup de rasoir d'Occam? Qu'est ce qui peut bien nous prouver que dans l'apparaître du monde règne le retrait?

Dans l'esprit de l'interprétation que nous proposons ici, la pensée du "tournant" reçoit sa validité de la tendance antinominaliste du principe de l'évidence. L'important, comme Heidegger le souligne lui-même, c'est que le tournant représente seulement en apparence un mouvement subjectif de retour sur le chemin de sa pensée[77]. Ce mouvement de retour doit être plutôt compris comme le précurseur d'un tournant historial marquant l'abandon du principe moderne de volonté. La conséquence de ce principe a été la perte de monde culminant par l'oubli du monde de la vie. C'est bien cette perte de monde qui constitue la preuve requise plus haut: nous ne sommes pas maîtres de la dimension d'ouverture "monde" et, par conséquent, nous sommes dépendants dans notre liberté du retrait qui règne dans cette dimension. Le scepticisme nominaliste, considéré par rapport à cette donation originaire de la dimension d'ouverture, est lui-même l'expression philosophique de la perte de monde. Dans la mesure où le scepticisme conteste que nous recevons la dimension d'ouverture et que nous ne la construisons pas nous-mêmes, il se fait le porte-parole d'un oubli qui, à son tour, n'est pas l'œuvre de l'homme; il est destination de l'éclaircie, dispensée par-dessus l'homme, à partir d'un retrait originaire. En niant la révélation en provenance d'une dimension voilée qui dépasse les disponibilités humaines, le scepticisme nominaliste ne fait que confirmer par contrecoup ce qu'il se proposait de contester.

Il est connu comment le tournant peut prendre la forme d'une remise en question historiale. Avec l'accroissement du danger, c'est-à-dire de la perte de monde dans l'"arraisonnement", s'accroît la chance de reconnaître cette perte comme perte et de faire l'expérience du retrait (à partir duquel cette perte nous est historialement destinée) comme appartenant à l'éclaircie elle-même. Il reste tout de même une dernière question : comment se saisir de cette chance ? Comment le principe de volonté, raison de la perte de monde, se laisse-t-il dépasser ?

Husserl a proposé la voie de l'*épochè*, c'est-à-dire d'une suspension du caractère volontaire de l'intentionnalité. Mais cette suspension implique une décision et, donc, un autre acte de volonté. Le phénoménologue accomplit cet acte, car la formulation impérative du principe de l'évidence "aux choses elles-mêmes" est aussi un appel à la responsabilité de l'homme de science. Dans le principe de l'évidence réside l'exhortation de rendre compte de manière responsable de l'apparaître du monde. Husserl a à bon droit toujours souligné la responsabilité du philosophe[78]. La phénoménologie — à son plus haut niveau — était pour lui la capacité d'assumer clairement d'une responsabilité ultime.

En ce domaine, Heidegger confond le son et la farine. Il pense que l'oubli moderne du monde pour autant qu'il est dévoilé et destiné à l'homme à partir du voilement, représente une sorte d'aveuglement tragique auquel même le philosophe ne saurait échapper[79]. Quand Husserl croit pouvoir dépasser le principe moderne de volonté par une décision volontaire du philosophe — Heidegger aurait pu dire ceci —, il retombe alors par sa confiance en la volonté des philosophes dans la domination du principe de volonté[80]. L'espoir de venir à bout de l'oubli du monde requiert, selon Heidegger, une attitude dans laquelle la volonté de prendre cette attitude disparaît elle aussi.

La disposition essentiellement non volontaire de l'être humain est appelée par Heidegger "sérénité". La sérénité n'est plus une attitude éthique, au sens traditionnel du mot, car ces attitudes sont volontairement acquises et reposent sur des décisions dont les humains doivent rendre des comptes. Par contre, dans le domaine de la sérénité, comme Heidegger l'affirme mot à mot dans le "Feldweggespräch" *Zur Erörterung der Gelassenheit*, "il n'y a pas de compte à rendre"[81]. Il radicalise donc à tel point la pensée de la donation originaire transsubjective de la dimension d'ouverture que le moment de responsabilité, qui s'impose dans la formulation impérative du principe de l'évidence, fait maintenant défaut[82].

Il nous semble que la pensée de la sérénité est exagérée. Nous n'aimerions pas faire appel à un argument *ad hominem* : l'aspiration heideggérienne à la pensée fait largement état d'une volonté, à savoir la volonté très énergique de rendre compte de manière responsable de son époque et de ce qui peut encore advenir. La renonciation à la volonté se trouve en effet démentie par cette volonté. Nous avons avant tout l'impression que Heidegger a confondu la volonté d'être responsable qui continuera de se manifester tant qu'il y aura une philosophie digne de ce nom avec la volonté excessivement volontariste qui parvient à son apogée à une certaine période historique et qui, pour cela même, peut ensuite disparaître. Heidegger a traduit le mot *logos*, que l'on entend aussi dans le vocable "phénoménologie", et qui a préoccupé longuement sa pensée, par toutes les expressions possibles, mais jamais par "Rechenschaft" (compte) — le mot allemand toujours le plus convenable à cet effet. Il a formellement refusé la traduction pourtant juste de la formule socratique (fondamentale pour la philosophie) "logon didonai" par "rendre des comptes"[83]. Il est permis de conclure que, par ce refus, il a voulu tenir loin de sa phénoménologie l'écho de la responsabilité volontaire qui résonne dans cette traduction.

On aurait pu passer outre au peu de compréhension heideggérienne pour la dimension éthique de l'acte de rendre des comptes de manière responsable, si cette déficience n'avait pas eu des suites fort inquiétantes. De la volonté de rendre réciproquement des comptes naît chez les Grecs une nouvelle forme historique de vie en commun qui rassemble des citoyens égaux dans la liberté de leur responsabilité. La philosophie comme forme radicale de "rendre des comptes" n'apparaît pas accidentellement à la même époque que la communauté citoyenne — politique dans le sens propre du mot[84]. Aristote, vénéré d'ailleurs par Heidegger, ne pense pas qu'il est inessentiel de rechercher la meilleure forme de cité dans laquelle les habitants vivent ensemble et se rendent réciproquement des comptes.

Heidegger s'est certainement inspiré de la notion de *praxis* de *l'Ethique à Nicomaque*, mais faute de considérer à sa juste valeur le moment de responsabilité, il ne s'est pas intéressé par la suite à la tradition politique inaugurée par cet ouvrage. Il a pu de ce fait tenir — même si ce fut pour très peu de temps — l'attaque hitlérienne nihiliste contre la vie publique et contre ses institutions pour l'aube espéré d'une époque nouvelle et prendre parti dans une fonction officielle pour le national-socialisme. A ce sujet, rien ne doit être enjolivé. Mais la stupéfaction durable ressentie devant la défaillance politique de Heidegger ne peut pas faire oublier qu'il a pensé le principe de l'évidence dans ses dernières conséquences et a ouvert ainsi la porte vers le dépassement de la perte moderne du monde. Selon notre impression, les déclarations heideggériennes tardives au sujet de la phénoménologie montrent qu'il a rétrospectivement vu avec clarté ce qui a rendu sa pensée déterminante pour l'avenir même de la philosophie: non pas la contribution marquante à la philosophie de l'existence [85]; ni non plus la reprise et la transformation — difficilement discernable comme argumentation — de la question aristotélicienne de l'être; mais l'approfondissement de l'idée originaire de la phénoménologie.

(traduit de l'allemand par Richard Regvald)

TABLE DES SIGLES

Husserl:

Erf. u. Urteil	E. Husserl, Erfahrung und Urteil. Untersuchungen zur Genealogie der Logik, rédigé et édité par L. Landgrebe. Hamburg, 5e éd. 1976.
F. u. tr. Logik	E. Husserl, Formale und transzendentale Logik, édité par P. Janssen. Husserliana XVII. La Haye 1974.
Ideen I	E. Husserl, Ideen zu einer reinen Phänomenologie und phänomenologischen Philosophie I, édition nouvelle de K. Schuhmann. Husserliana III 1. La Haye 1974.
Krisis	E. Husserl, Die Krisis der europäischen Wissenschaften und die transzendentale Phänomenologie, édité par W. Biemel. Husserliana VI. La Haye 1954.
LU	E. Husserl, Logische Untersuchungen II, édité par U. Panzer. Husserliana XIX. La Haye 1984.
1. Philosophie II	E. Husserl, Erste Philosophie, deuxième partie, édité par R. Boehm. Husserliana VIII. La Haye 1959.

Heidegger:

Anfangsgründe d. L.	M. Heidegger, Metaphysische Anfangsgründe der Logik im Ausgang von Leibniz, édité par K. Held. *GA* 26. Frankfurt a. M. 1978.
Aristoteles	M. Heidegger, Phänomenologische Interpretationen zu Aristoteles, édité par W. Bröcker et K. Bröcker-Oltmanns. *GA* 61. Frankfurt a. M. 1985.

Gelassenheit	M. Heidegger, Zur Erörterung der Gelassenheit. Aus einem Feldweggespräch über das Denken, dans: Aus der Erfahrung des Denkens (1910-1976), édité par H. Heidegger. *GA* 13, pp. 37-74. Frankfurt a. M. 1983.
Hegel u. d. Gr.	M. Heidegger, Hegel und die Griechen, appartient au recueil: Wegmarken, édité par Fr.-W. von Herrmann, *GA* 9, pp. 427-444. Frankfurt a. M. 1976.
Humanismusbrief	M. Heidegger, Brief über den Humanismus, appartient au receuil: Wegmarken, édité par Fr.-W. von Herrmann. *GA 9,* pp. 313-364. Frankfurt a. M. 1976.
Prolegomena	M. Heidegger, Prolegomena zur Geschichte des Zeitbegriffs, édité par P. Jaeger. *GA* 20, Frankfurt a. M. 1979.
Richardsonbrief	M. Heidegger, Brief an W. J. Richardson, dans: W. J. Richardson, Through Phenomenology to Thought. Phaenomenologica 13. La Haye 1974.
Sache d. Denkens	M. Heidegger, Zur Sache des Denkens. Tübingen, 2ᵉ éd. 1976.
Satz v. Gr.	M. Heidegger, Der Satz vom Grund. Pfullingen, 6ᵉ éd. 1986.
SZ	M. Heidegger, Sein und Zeit. Tübingen, 15ᵉ éd. 1979.
4 Seminare	M. Heidegger, Vier Seminare. Frankfurt a. M. 1977.
Technik u. Kehre	M. Heidegger, Die Technik und die Kehre. Pfullingen, 6ᵉ éd. 1985.
Unterwegs z. Spr.	M. Heidegger, Unterwegs zur Sprache. Pfullingen, 8ᵉ éd. 1986.
Wesen d. Gr.	M. Heidegger, Vom Wesen des Grundes, appartient au recueil: Wegmarken, édité par Fr.-W. von Herrmann. *GA* 9, pp. 123-175. Frankfurt a. M.
Wesen d. W.	M. Heidegger, Vom Wesen der Wahrheit, appartient au recueil: Wegmarken, édité par Fr.-W. von Herrmann, *GA* 9, pp. 177-202. Frankfurt a. M. 1976.
Vortr. u. Aufs.	M. Heidegger, Vorträge und Aufsätze. Pfullingen, 5ᵉ éd. 1985.

Einl. W. i. Metaph.   M. Heidegger, Einleitung zu: "Was ist Metaphysik?", appartient au recueil: Wegmarken,
édité par Fr.-W. von Herrmann, *GA* 9,
pp. 365-383. Frankfurt a. M. 1976.

NOTES

1. *Ideen I*, p. 51.
2. *Cf. Richardsonbrief*, p. XV.
3. *F. u. tr. Logik*, pp. 176 *sqq.*
4. Heidegger remarque pertinemment dans *Prolegomena* (p. 68) que l'évidence a pour l'intentionnalité une "fonction universelle".
5. *Prolegomena*, p. 130. La notion de l'intuition catégorielle est développée dans la continuation de Husserl, *ibid.*, pp. 63-99.
6. *LU*, pp. 657-733. Voir aussi E. Tugendhat *Der Wahrheitsbegriff bei Husserl und Heidegger*, Berlin, 2ᵉ éd. 1970, pp. 107 *sqq.*
7. *Vier Seminare*, p. 115.
8. *Cf. Prolegomena*, pp. 78-79, 97, 101 et *Vier Seminare*, pp. 113-114, 116.
9. *Vier Seminare*, p. 111.
10. *Prolegomena*, p. 64; *Vier Seminare*, pp. 112 *sqq.*
11. *Cf. Prolegomena*, pp. 90-99, 109, 130.
12. *Prolegomena*, p. 98.
13. E. Tugendhat *Einführung in die sprachanalytische Philosophie*, Frankfurt a. M. 1976, pp. 184 *sqq.*
14. *Vier Seminare*, pp. 112 *sqq.*
15. *Ibid.*, pp. 112 *sqq.*
16. *Ibid.*, pp. 114-115.
17. *Prolegomena*, p. 73.
18. Heidegger déclare notamment dans le passage mentionné plus haut des *Prolegomena* (note 12) que la dispute des universaux a été "*provisoirement* solutionnée" par la découverte de l'intuition catégorielle (nous avons souligné "provisoirement").
19. La notion de "dimension" est associée à celle d'"ouverture" par Heidegger lui-même dans *Einl. W. i. Metaph.*, p. 375 et dans *Zur Sache des Denkens*, p. 15.
20. *Prolegomena*, pp. 99-103.
21. *Zur Sache des Denkens*, p. 87.
22. Dans notre article *Zur Vorgeschichte des ontologischen Gottesbeweises. Anselm und Parmenides* (*Perspektiven der Philosophie* t. 9, 1983, pp. 217 *sqq.*) nous avons tenté de mettre en évidence la différence entre la situation originaire (prénominaliste) du rapport au monde à l'aube de la pensée grecque et la situation qui caractérise le rapport au monde au début de l'époque scolastique.
23. *Prolegomena*, pp. 85 *sqq.* Fidèle à Husserl, Heidegger y fait la différence (importante pour nos considérations ultérieures) entre "actes de synthèse" (§ 6 c) et "actes d'idéation" (§ 6 d).
24. *Cf. LU.* Les §§ 48 et 50-51 de la *Sixième recherche* ont comme thème l'intuition du catégoriel formel et le § 52 traite de l'intuition du catégoriel eidétique. "Formalisation" et "généralisation" (*Ideen I*, § 13) recoupent la distinction ci-dessus.
25. *Vier Seminare*, p. 113.
26. A. Aguirre a fait remarquer avec beaucoup de pénétration la signification non négligea-

ble du scepticisme pour la pensée husserlienne. (*Genetische Phänomenologie und Reduktion. Zur Letztbegründung der Wissenschaft aus der radikalen Skepsis im Denken E. Husserls*, Phaenomenologica 38, La Haye 1970, pp. 65 *sqq.*).

27. Voir notre critique phénoménologique de ce paradoxe dans *Husserls Rückgang auf das Phainomenon und die geschichtliche Stellung der Phänomenologie* dans *Dialektik und Genesis in der Phänomenologie* (Phänomenologische Forschungen 10), ouvrage collectif édité par W. Orth, Freiburg 1980, pp. 89 *sqq.*

28. *Sache d. Denkens*, pp. 47, 69 *sqq.*; *Vier Seminare*, pp. 119-123.

29. *Krisis*, p. 48.

30. *Cf.* E. Tugendhat, *op. cit.* (note 6) pp. 172, 184. Au sujet de l'"entre-deux" voir aussi notre étude cit. plus haut (note 27) p. 90 et notre étude *Phänomenologie der Zeit nach Husserl* dans *Perspektiven der Philosophie* t. 7, 1981, pp. 185 *sqq.*

31. *Cf.* E. Tugendhat, *op. cit.* (note 13) pp. 150 *sqq., 164 sqq. Le même auteur a auparavant considéré de façon positive l'intuition catégorielle, cf. op. cit.* (note 6), p. 126.

32. Le contexte confirme la thèse de E. Tugendhat: c'est par la formalisation et non pas par la généralisation que l'on peut déterminer le thème fondamental de la philosophie, *op. cit.* (note 13), pp. 39 *sqq.* Seulement, en suivant voie, il apparaît que le thème fondamental de la philosophie n'est pas la forme sémantique des rapports de compréhension au niveau du langage, mais le monde comme horizon universel.

33. *Erf. u. Urteil*, p. 410.

34. Nous devons ce raisonnement à U. Claesges, *Edmund Husserls Theorie der Raumkonstitution*, Phaenomenologica 19, La Haye 1964, pp. 29 *sqq.*

35. Déjà dans *Prolegomena*, pp. 104 *sqq.*, ensuite dans *Richardsonbrief*, pp. XIII *sqq.* et dans *Sache des Denkens*, pp. 69 *sqq.*; au sujet de la notion de "chose" dans ce contexte voir *Sache des Denkens*, pp. 41, 67.

36. Voir E. Tugendhat, *op. cit.* (note 6), p. 270.

37. E. Fink, *Die phänomenologische Philosophie Husserls in der gegenwärtigen Kritik. Mit einem Vorwort von E. Husserl* dans *Kantstudien* t. 38, 1933, pp. 319 *sqq.*, réimprimé dans *Studien zur Phänomenologie (1930-1939)*, Phaenolmenologica 21, La Haye 1966, pp. 79 *sqq.* Voir à ce sujet les observations instructives de S. Strasser dans *Der Begriff der Welt in der phänomenologischen Philosophie* dans Phänomenologische Forschungen t. 3, édité par W. Orth, Freiburg 1976, pp. 174 *sqq.*

38. Au sujet de la différence entre le monde comme somme des objets et le monde comme horizon voir U. Claesges *Zweideutigkeiten in Husserls Lebensweltbegriff* dans *Perspektiven phänomenologischer Forschung. Für L. Landgrebe zum 70. Geburtstag*, ouvrage collectif édité par U. Claesges et K. Held, Phaenomenologica 47, La Haye 1972, pp. 85 *sqq.* Nous avons développé cette idée dans notre étude *Husserls neue Einführung in die Philosophie: Der Begriff der Lebenswelt* dans *Lebenswelt und konstruktivistische Wissenschaftstheorie*, ouvrage collectif édité par C. F. Gethmann, Bonn 1987, (à paraître).

39. Voir *Erf. u. Urteil*, pp. 81-92, 231 et *I. Philosophie II*, pp. 38 *sqq.* et 152 *sqq.*

40. Voir à ce sujet notre étude citée (note 27), pp. 100 *sqq.*

41. Heidegger désigne par cette expression le non-retrait et, respectivement, l'éclaircie (*Sache des Denkens*, pp. 76, 78).

42. *Prolegomena*, pp. 124, 158, 178.

43. *Ibid.*, pp. 145-148.

44. *Ibid.*, p. 142.

45. *Ibid.*, pp. 158, 178.

46. Aristote, *Métaphysique,* 1003 a 21 *sqq.*

47. Le reproche que Heidegger faisait à Husserl dans les *Prolegomena* (p. 147) se retourne

maintenant contre lui-même : il (Husserl) a gagné "le champs thématique de la phénoménologie non pas phénoménologiquement à partir des choses elles-mêmes, mais à
partir d'une idée traditionnelle de philosophie".

48. Aristote, *Métaphysique*, 1028 b 2 *sqq.*
49. Nous avons étayé cette thèse dans notre livre *Heraklit, Parmenides und der Anfang von
Philosophie und Wissenschaft. Eine phänomenologische Besinnung*, Berlin 1980,
pp. 122, 576 *sqq.*
50. Pour les références essentielles de cette problématique, nous renvoyons au livre de W.
Marx, *Heidegger und die Tradition*, Stuttgart 1961, pp. 183 *sqq.* Il est à noter l'utilisation spécifique de la notion de monde déjà dans les cours de Fribourg sur Aristote
(pp. 85 *sqq.*). Au sujet de la signification centrale de la notion de monde comme dimension d'ouverture, voir E. Tugendhat, *op. cit.* (note 6), pp. 272 *sqq.*
51. Nous pourrions accepter l'"être" comme "la chose de la phénoménologie", si cette
notion avait chez Heidegger — autant que possible — l'usage déterminant et univoque
que Fr.-W. von Herrmann rend par ces mots : "l'éclosion et l'ouverture sont la simple
essence de l'être". (*Subjekt und Dasein. Interpretationen zu "Sein und Zeit"*, Frankfurt
a. M. 1974, p. 80). Nous partageons en outre l'opinion suivante de ce même auteur :
"Nous devons penser avant tout l'essence de l'éclosion et de l'ouverture, l'éclore de
l'éclosion et le déploiement de l'ouverture, voici la plus propre et la plus profonde
pensée heideggérienne, sa pensée fondamentale qui entraîne toutes ses autres pensées."
Ibid. C'est par cette pensée fondamentale que Heidegger est, selon nous, le phénoménologue qui a pensé le principe de l'évidence jusqu'à sa fin.
52. *SZ*, p. 132; voir aussi le commentaire remarquable de Fr.-W. von Herrmann, *op. cit*
plus haut, pp. 30 *sqq.*
53. *Cf. in sp. Anfangsgründe der Logik.* (pp. 212 *sqq.*) et ensuite les passages respectifs de
Wesen d. Grundes, pp. 157 *sqq.*
54. *Ibid.*
55. *Anfangsgründe d. L.*, p. 281.
56. *Ibid.*, pp. 246 *sqq.* et, en parallèle, *Wesen d. Gr.*, pp. 157 *sqq.*
57. *Cf. Sache des Denkens*, pp. 70 *sqq.* et *Vier Seminare*, pp. 123 *sqq.*
58. *Cf. Prolegomena*, p. 119.
59. Heidegger réinterprète plus tard à partir du "tournant" cette première détermination du
voilement *cf. Humanismusbrief*, pp. 332 *sqq.*
60. Nous avons analysé de façon détaillée la problématique historique systématique de l'objectivisme comme "attitude naturelle de second degré" dans notre étude citée plus haut
(note 38).
61. Nous avons exposé en parallèle le croisement thématicité-non-thématicité du monde de
la vie chez Husserl et le croisement dévoilement-voilement de l'être chez Heidegger dans
notre article *La diagnosi fenomenologica dell'epoca presente in Husserl e Heidegger* dans
E. Husserl. La crisi delle scienze europee e la responsabilità storica dell'Europa, ouvrage
collectif édité par M. Signore, Milano 1985, pp. 125 *sqq.*
62. Pour les références en la matière (jusqu'en 1961) nous renvoyons toujours à l'ouvrage
cité de Werner Marx (note 50), pp. 148 *sqq.*
63. Le document le plus significatif de ce changement demeure naturellement la conférence
Vom Wesen der Wahrheit (*Wesen d. W.*, pp. 187 *sqq.*).
64. Voir surtout *Sache des Denkens*, pp. 72 *sqq.*
65. *Cf.* E. Tugendhat, *op. cit.* (note 6), p. 276 : "Si l'on comprend bien la nouvelle position,
la philosophie de la subjectivité n'est pas rendue caduque, mais continuée de façon
conséquente". L'ouvrage remarquablement conçu de C. F. Gethmann suit la même
perspective d'interprétation, *Verstehen und Auslegung. Das Methodenproblem in der*

Philosophie Martin Heideggers, Bonn 1974. Gethmann voit dans la nouvelle approche de la théorie du sujet le moment-clé de l'évolution de la pensée heideggérienne: "Le rapport à soi pensé par la notion traditionelle de subjectivité est conditionné par un rapport (ontologique) ayant le caractère du retraît", *op. cit.*, p. 334.

66. *Cf.* Werner Marx, *op. cit.* (note 50), p. 224.

67. *Vier Seminare*, p. 108.

68. *Cf. Einl. W. i. Metaph.*, p. 375; *Humanismusbrief*, pp. 336 *sqq.*; *Hegel u. d. Gr.*, p. 442; *Vier Seminare*, pp. 124 *sqq.*

69. Heidegger affirme lui-même au sujet de la nouvelle situation dans *Technik u. Kehre*, p. 42: "le monde s'approprie".

70. Dans notre ouvrage cité plus haut (note 49), pp. 434 *sqq.*, nous avons essayé de faire voir comment — à l'aube de la philosophie — la pensée héraclitéenne du logos découvre tout naturellement et sans détour mystique (on a coutume de reprocher injustement ceci au *quadriparti* heideggérien) le rapport complémentaire des divins et des mortels. La polarité grecque ciel-terre se laisse elle aussi éclairer de façon rationnelle, comme nous avons tenté de le prouver dans une "interprétation de la cosmologie héraclitéenne dans la perspective du monde de la vie", *op. cit.*, pp. 342 *sqq.*

71. *Vortr. u. Aufs.*, pp. 278-279.

72. *Cf.* les articles de Heidegger dans la deuxième partie de *Vortr. u. Aufs.* (pp. 145 *sqq.*).

73. *Cf.* E. Tugendhat, *op. cit.* (note 13), p. 105. Voir aussi l'étape préparatoire de cette prise de position, E. Tugendhat, *op. cit.* (note 6), pp. 399 *sqq.*

74. E. Tugendhat, *op. cit.* (note 6), p. 402.

75. *Cf. Unterwegs z. Spr.*, pp. 18 *sqq.*; *Vier Seminare*, pp. 66 *sqq.*

76. Une question qui va certainement loin — les textes heideggériens publiés jusqu'à présent fournissent peu d'indications là-dessus — serait la suivante: si l'éclosion originaire de la "totalité" du monde comme "totalité" (Heidegger l'affirme déjà au cours de l'analyse du sentiment de la situation dans *L'Etre et le Temps*) se révèle dans l'affectivité originelle, ne faudrait-il pas alors que l'acte originaire de parler se confonde avec l'"articulation" du sentiment de la situation? On peut toujours entendre cette déclaration du sentiment de la situation (où il n'y a pas de séparation sujet-objet ni non plus de différenciation déictique des choses individuelles) dans les propositions impersonnelles ou "sans sujet": il fait clair, c'est étrange. Si l'homme (comme être-là) est homme pour pouvoir être ouvert au monde et si cette ouverture s'"articule" dans de telles expressions impersonnelles, il est alors à supposer que l'*onomazein* qui appelle les choses en présence tout comme le déploiement propositionnel qui ensuit se fondent dans un acte originaire de parler dont l'expression se retrouve toujours dans les propositions impersonnelles. L'unité propre du langage serait donc plutôt la proposition par excellence brève impersonnelle où s'annonce — à travers l'affectivité originelle — l'éclosion du monde comme "totalité". Cette unité-ci serait alors un *onomazein* du monde avant qu'elle ne soit *onomazein* des choses. Voir le développement de cette thèse dans mon ouvrage cité plus haut (note 49), pp. 82, 216, 352 *sqq.*, 371 *sqq.*, 415 *sqq.*, 513.

77. *Cf. Richardsonbrief*, pp. XIX *sqq.*

78. La dernière fois dans *Krisis*, pp. 15 *sqq.*, 272 *sqq.*

79. Nous avons examiné les implications de cet aspect tragique de la pensée heideggérienne dans notre article *Heideggers These vom Ende der Philosophie*, dans *Zeitschrift für philosophische Forschung* 34, 1980, pp. 535 *sqq.*

80. *Gelassenheit*, pp. 38 *sqq.*

81. *Ibid.*, p. 53.

82. Voir E. Tugendhat, *op. cit.* (note 6), pp. 372 *sqq.*

83. *Cf. Satz v. Gr.*, p. 181. Voir à ce sujet la remarque pertinente de E. Tugendhat, *op. cit.*

(note 6), p. 368.

84. Le λόγον διδόναι philosophique entretient, par l'intermédiaire de la δόξα (δοχεῖ μοι — "il m'apparaît ainsi") un rapport intime à la *polis*, comme nous avons tenté de le reconstruire dans notre article *Die Zweideutigkeit der Doxa und die Verwirklichung des modernen Rechtsstaats*, dans *Meinungsfreiheit — Grundgedanken und Geschichte in Europa und U.S.A.*, ouvrage collectif édité par J. Schwartländer et D. Willoweit, Tübinger Forschungsprojekt Menschenrechte, t. 6. Kehl a. Rh., Straßburg 1986, pp. 9 *sqq*.

85. W. Janke offre une présentation condensée de l'évolution suivie de ce thème à partir de *L'Etre et le Temps* jusqu'aux derniers écrits heideggériens dans *Existenzphilosophie*, Berlin, New York 1982, pp. 172 *sqq*.

MICHEL HAAR

Stimmung et pensée

Depuis les célèbres descriptions de la "situation affective" (*Befindlich-keit*)[1] jusqu'à la reconnaissance de la portée historiale[2] des dispositions, il semble que le pouvoir imparti à la *Stimmung* de découvrir le plus initialement le monde n'ait cessé d'être confirmé et élargi. Après l'angoisse et l'ennui, d'autres tonalités également désignées comme "fondamentales" (*Grundstimmungen*) vont être découvertes et analysées au fil des cours des années 1930. Leur trait le plus général et le plus nouveau, surtout quand il s'agira de la tonalité hölderlinienne du "deuil sacré"[3] ou des dispositions de l'étonnement et de l'effroi[4], sera de fournir l'assise et le sol à des époques entières de l'Histoire de l'être. Mais dès les premières analyses de *Sein und Zeit* la *Stimmung* déploie — ou plutôt a toujours déjà déployé — l'être-au monde en sa totalité : l'ensemble formé par le projet, la facticité, l'être avec les autres, ainsi que les références à toutes les voies d'actions possibles dans le monde à partir d'une situation donnée. "Elle (la *Stimmung*) est un mode existential et fondamental de l'*ouverture* où apparaissent *de façon également originelle* (*gleichursprüng-lichen*) le monde, l'être-avec et l'existence..."[5] Nos dispositions affectives révèlent la co-présence de toutes choses de façon plus compréhensive que toute compréhension, plus immédiate que toute perception. En tant que voie d'accès à une totalité préconceptuelle qui, comme le montre *Was ist Metaphysik?*, précède et rend possible tout dépassement métaphysique de l'étant dans son ensemble, la *Stimmung* non seulement expose pour la première fois un fond secret, et donc déjà un impensé, de toute métaphysique, mais préfigure cette mutation du regard grâce à laquelle se développera le thème d'une disposition de l'homme *par* l'être. Que l'être, compris comme destination, envoi, Histoire, "dispose" l'homme signifiera alors entre autres que toute *Stimmung* est *Be-stim-mung*, détermination d'un climat époqual. Or déjà dans *De l'essence de la vérité*, texte de transition s'il en est[6], l'on peut lire cette phrase : "Tout comportement de l'*homme historial* est, qu'il le sente expressément ou

F. Volpi et al., Heidegger et l'idée de la phénoménologie. ISBN 90-247-3586-6.

non, qu'il le conçoive ou non, disposé selon une *Stimmung* et porté par cette disposition dans l'étant en totalité."⁷ Je souligne l'expression: *l'homme historial*. Que la *Stimmung* soit relative à l'Histoire ou à l'épo- qualité de l'être (selon une relation d'ailleurs ambiguë et difficile à clari- fier, puisque les *Stimmungen*, surtout si elles sont fondamentales, sont à la fois déterminées par l'époque et déterminantes pour celle-ci), cette position marque un *tournant* par rapport à celle de *Sein und Zeit*. Toute action et toute pensée, toute œuvre, se trouvent à la fois portées ekstati- quement (*hineingehoben*) et insérées par telle ou telle disposition dans la totalité d'une époque. Toute disposition, même particulière, échappe à la réduction au sentiment subjectif comme à l'assimilation à une simple toile de fond ou ambiance générale. Elle ne se réduit pas à une donnée historique, mais elle est le style même selon lequel un ensemble historial se donne, se présente, est de fond en comble déployé et ressenti.

Dans *SZ*, de même que tout projet est "jeté", toute compréhension est certes "disposée" (*gestimmt*). Et la "situation affective" est sans aucun doute la façon dont l'antériorité irrattrapable ou le déjà-là, notamment "naturel", de l'être-au-monde se découvre ou se ressent comme totalité. Mais la disposition affective ne se trouve pas explicitement rapportée à un horizon époqual. Avant les cours sur Hölderlin, le concept de "mon- de" est quasiment anhistorial. Après le Tournant, le *Gestimmtsein* va être interprété comme le premier écho en l'homme de l'*Anspruch* (de l'adresse-exigeante) de l'être, la première entente de son envoi. La *Stim- mung* va être comprise comme *Entsprechung*, c'est-à-dire réponse et "correspondance"⁸ à la *Stimme* de l'être: une "voix" à ne pas hyposta- sier car elle indique seulement la contre-partie de la *Stimmung*, son autre face, son origine non-humaine. Que la *Stimmung* soit "appelée" par la Voix signifie seulement en effet que son origine n'est pas la subjectivité humaine, mais le monde ou plutôt l'être même comme temps et histoi- re.

Mais s'il est vrai que la *Stimmung* est entente de l'être, en quoi se distingue-t-elle de la pensée qui est également définie comme *Entspre- chung*? Précisément en ce que la *Stimmung* est par elle-même *sprachlos*, dépourvue de parole: silencieuse tonalité dont le silence même appelle et exige d'autant plus fortement des mots. La pensée est l'accomplissement dans le langage d'une donation de l'être à l'homme qui s'accorde d'abord dans le silence de la *Stimmung*. Dans *Was ist Metaphysik?*, on s'en sou- vient, la disposition fondamentale de l'angoisse, en produisant un recul de l'étant dans son ensemble, en suspendant l'implication signifiante du *Dasein* dans le monde, rend l'angoisse provisoirement muet, incapable de tenir le moindre discours sur l'être, incapable donc de penser! "L'angois- se nous coupe la parole.(...) Toute proposition que dirait le mot "est" se tait en sa présence. "[9] Les *Beiträge zur Philosophie* étendent à toute *Stimmung* cette capacité de priver de la parole: "*Die Stimmung verschlägt das Wort.*" N'est-il pas paradoxal que la *Stimmung* qui a par ailleurs le pouvoir de faire surgir la différence ontologique elle-même, comme de rappeler le *Dasein* de la dispersion dans le On à l'unité du propre, soit par elle-même étrangère à la pensée articulée en propositions? Pourtant Heidegger souligne dans la conférence *Qu'est ce que la philosophie?* que si la philosophie est la "correspondance" à l'être par la parole (*Ent-sprechung* signifie étymologiquement "parole en réponse"), cette parole ne trouve son articulation *précise* que sur le fond d'une *disposition*: "... toute précision du dire se fonde sur une disposition du correspondre" (*jede Präzision des Sagens in eine Disposition des Entsprechens gründet*).[10] Tout en substituant au mot *Stimmung* le mot *disposition*[11], peut-être pour mieux se faire entendre de l'auditoire français de cette conférence, Heidegger réaffirme par deux fois, en jouant sur la racine *stimmen*, que toute détermination conceptuelle dépend d'une certaine disposition. C'est seulement de la *Gestimmtheit* (de l'être-disposé, de la disposition) que le dire philosophique reçoit (*empfängt*) sa *Bestimmtheit*, c'est-à-dire son caractère déterminé, précis, daté, situé. Pas de *Bestimmtheit*, de détermination du dire philosophique sans une disposition ouvrant à l'être de l'étant dans son ensemble. Une telle disposition ne saurait être un vague sentiment ou une simple ambiance, mais toujours une *Grundstimmung*, une disposition de fond, à la fois déterminée et déterminante *pour l'époque*.

Et Heidegger d'évoquer rapidement trois de ces *Grundstimmungen* époquales qui régissent la pensée et lui donnent son élan originel: l'*étonnement*[12] chez les Grecs (*thaumazein, Erstaunen*); le doute et corrélativement la certitude dans les Temps modernes (dispositions propres à la *Richtigkeit*, c'est-à-dire à l'exactitude de la rationalité); enfin une *Stimmung* de l'époque de la métaphysique achevée, difficile à cerner sous un nom unique, pour autant qu'aujourd'hui "la peur et l'angoisse se mêlent à l'espoir et à la confiance". Cette disposition contemporaine ambiguë, qui ne touche pas la pensée calculante — toujours encore marquée par le doute et la certitude — se trouve principalement définie, comme on verra, par l'*effroi*. Cet effroi ou horreur (*Schrecken*) saisit la pensée face à l'"abîme" de l'être dont l'Histoire est en voie de s'achever et qui est en attente d'un nouveau commencement. La pensée préparatoire à une "autre histoire" se développe dans un climat fondamental qui tout en étant bien précis n'est pas clair et univoque, car elle n'a pas trouvé "son chemin dépourvu d'ambiguïté" (*seinen eindeutigen Weg*)[13]. Il n'y a donc semble-t-il qu'un très petit nombre de *Grundstimmungen*, une seule apparemment à chaque grande époque de l'être.

Face à ces *Stimmungen* historiales majeures, dont relève également le "deuil sacré" que célèbre Hölderlin ou, plus tard, l'"absence de détresse" (qui marque, avec l'effroi, le double visage de l'époque de la Technique, soit extrême assurance et pressentiment du désastre), quel statut faut-il désormais accorder aux *Stimmungen* non-historiales, principalement l'angoisse et l'ennui, qui avaient été analysées dans le contexte de *Sein und Zeit*? Doivent-elles simplement être *subsumées* sous les dispositions historiales contemporaines que sont l'effroi et l'absence de détresse? Gardent-elles inchangée leur vérité spécifique de *Stimmungen* qui ne font accéder ni de près ni de loin à la "pensée", c'est-à-dire à des énoncés sur l'être, mais opèrent plutôt une modification ontologique silencieuse du *Dasein*, en rendant possible la "résolution", c'est-à-dire ce qu'on pourrait appeler une "vue pratique" de l'existence, ou plutôt de la temporalité, sur elle-même? L'angoisse et l'ennui débouchent en effet l'une et l'autre sur un resserrement du temps, sur un instant décisif de vision, où le *Dasein*, en se plaçant face au caractère répétable de son passé et en anticipant son avenir jusqu'à sa limite extrême, se trouve capable d'assumer sa temporalité propre. Or le silence de l'angoisse — qui rend possible le silence de la résolution par laquelle l'être-là se projette authentiquement dans le temps — se situe, semble-t-il hors de toute continuité époquale, hors de l'Histoire "universelle" de l'être. Y a-t-il une place dans le dernier Heidegger pour des tonalités non-historiales? Qu'en est-il de l'angoisse individuelle?

I. LA *STIMMUNG* DE FOND ET L'ESSENCE DE LA MÉTAPHYSIQUE

Pour revenir à la question précédemment formulée, quelle parenté structurale, phénoménologique — à première vue improbable et pourtant nécessaire — peut-on découvrir entre l'affectivité originelle et le langage conceptuel, entre *Stimmung* et philosophie? Encore une fois, il semble y avoir chez le premier Heidegger une hétérogénéité irréconciliable, un hiatus entre d'un côté la disposition affective qui révèle silencieusement l'être-jeté (la facticité individuelle autant que le fond facticiel obscur du monde), et de l'autre la philosophie qui nomme l'être de l'étant ou la pensée qui tente d'approcher le découvrement ou l'*alètheia*.

Or le lien entre les deux s'établit explicitement dès *Was ist Metaphysik?* Jamais la logique d'entendement, jamais la rationalité métaphysique traditionnelle sous ses diverses formes, ne pourront *concevoir* une totalité dans laquelle le questionnement se trouve effectivement impliqué et situé, ou plus exactement: ce n'est pas la totalité en soi, mais *la situation dans la totalité* qui échappe à la conceptualisation rationnelle même dialectique. "Il demeure à la fin une différence essentielle entre *saisir* conceptuellement (*Erfassen*) la totalité de l'étant en soi et se trouver (*sich befinden*) au milieu de l'étant en totalité. Le premier est fondamentalement impossible. Le second advient constamment à notre *Dasein*." [14] C'est par l'intermédiaire de deux aspects : l'accès à la totalité et la notion d'un événement qui s'empare du *Dasein* et qui peut être aussi bien pensée que *Stimmung*, que s'opère une première relation entre *Stimmung* et pensée. Notons en effet qu'il y a dans *WiM.* une différence essentielle entre la pensée métaphysique traditionnelle, celle pour laquelle le rien ne fait pas problème (même quand l'étant est créé *ex nihilo*) et cette "métaphysique" proche déjà de l'essence de la métaphysique qui est définie comme "l'advenir fondamental de l'être-là" ou "l'interrogation qui se porte au-delà de l'étant afin de reprendre celui-ci comme tel et dans son ensemble, dans la saisie conceptuelle." [15] Entre la métaphysique qui pose dogmatiquement ou construit la totalité et celle qui se fonde sur la transcendance du *Dasein* vers la totalité, il y a la différence d'un "*advenir*" (*geschehen*) [16] d'un "événement" qui touche la pensée à travers l'angoisse, et qui est l'advenir du Rien ou de l'être. "Dans la question portant sur le Rien *advient* un tel passage au-delà de l'étant comme étant dans son ensemble". [17]

Mais revenons à la notion de totalité facticielle ou de totalité donnée d'avance dans la *Stimmung*. "Il faut, écrit en effet Heidegger, que la totalité de l'étant soit *d'abord* donnée pour pouvoir tomber sous le coup de la négation." La métaphysique traditionnelle en prétendant déduire cette totalité (par exemple à partir du principe de raison) comme objective, oublie la donnée préalable de l'ouverture. Or cette ouverture en tant que totale ressort à la fois de la facticité et de la transcendance. D'une part le *Dasein* "se trouve" dans la *Stimmung* face au *déjà-là* de lui-même, des autres et du monde. Ce déjà là veut dire en particulier que des possibilités de l'être-jeté sont *déterminées*. Heidegger répète par trois fois le mot *déterminé* dans la définition même de la *Geworfenheit*. Elle dévoile, dit-il, "que le *Dasein* est toujours déjà en tant que mien et que tel, dans un monde *déterminé* et auprès d'une sphère *déterminée* d'étants intra-mondains *déterminés*." [18] Mais d'autre part cette détermination facticielle concerne des *possibilités*. Le *Dasein* "voit" son projet à travers telle et telle *Stimmung*. [19] Il y a là un cercle : le projet est jeté, mais inversément l'être-jeté est possibilisé, projeté dans le possible, et ce par la *Stimmung* elle-même. La *Stimmung* est l'implication réciproque du fait d'être et de l'être en projet. C'est pourquoi elle manifeste une sorte d'universalité et d'objectivité apparente. Elle émane phénoménologiquement du monde ou des choses prises dans leur ensemble comme ce qui nous touche, nous frappe, nous surprend. Toute *Stimmung* est phénoménologiquement, préconceptuellement, universelle et totale. C'est l'être-au-monde tout entier qui se révèle sous telle ou telle coloration, climat, de joie ou de tristesse, et jamais telle chose prise isolément. Il y a totalité aussi pour autant que le sujet et l'objet y sont indissociables. Nous sommes impliqués dans une situation d'emblée parcourue sans que nous ayons besoin de recourir à l'intériorité fermée sur elle-même d'un sentiment ou d'un jugement. Cette totalité non objectivable, non totalisable est à la fois une totalité donnée et une totalité possible à l'intérieur de laquelle les projets d'action ou de pensée peuvent se développer. "Les *Stimmungen*, écrit Heidegger dans le cours de 1929/30, sont la présupposition et le milieu de la pensée et de l'action." [20] Ceci était déjà clair dans *SZ*. Si nous n'éprouvions pas les *Stimmungen* de sécurité et de crainte, nous ne serions pas portés à connaître l'étant. La pure vision de l'étant subsistant, et même si elle pénétrait jusqu'au cœur de l'être, nous laisserait éternellement à distance; pour que le *Dasein* désire savoir, il faut qu'il ait été sinon menacé, du moins impliqué, "concerné" en quelque façon.[21]

D'où la critique, du point de vue de la *Stimmung*, de la pensée théorique ou de la représentation. "La pensée théorique a toujours déjà terni le monde en le réduisant à l'uniformité de l'étant purement subsistant".[22] Toutefois tandis que dans *SZ* Heidegger montre que la connaissance, la *theoria*, constitue une ouverture plus limitée que l'ouverture originelle de la *Stimmung* (dérivée toutefois non pas de cette dernière mais de la relation pratique, ustensilaire, en quelque sorte suspendue), il ira jusqu'à définir quelques années plus tard, dans le cours sur Hölderlin de 1934/35, la représentation en général comme issue d'un certain refoulement ou "étouffement" de la *Stimmung* et produite pour faire en quelque sorte écran à ce refoulement même. Cette notion de refoulement de la *Stimmung* était déjà présente dans *SZ*: "la *Stimmung* est ordinairement refoulée (*abgedrängt*)" [23] Voici le texte de ce Cours sur Hölderlin :

"C'est seulement sur la base d'un certain abaissement et étouffement de la *Stimmung*, sur la base d'une tentative illusoire de l'oublier que l'on en vient à ce que nous nommons la simple représentation de choses et d'objets. Car la représentation n'est pas première, comme si c'était pour ainsi dire par un entassement ou un attroupement d'objets représentés que quelque chose comme un monde se construisait par couches. Un monde ne se laisse jamais ouvrir et puis recoller (*zusammenleimen*) à partir d'une multiplicité de choses perçues rassemblées après coup, mais il est par avance ce qu'il y a de plus originellement et de plus proprement manifeste (*offenbare*), à l'intérieur de quoi seulement telle ou telle chose peut venir à notre rencontre. Le mouvement d'ouverture du monde *advient* dans la disposition fondamentale (*Die Welteröffnung geschieht in der Grund-*

stimmung). Le pouvoir de transporter (*entrükende*), d'intégrer (*ein-rückende*) et ainsi d'ouvrir, que possède la *Grundstimmung* est du même coup un pouvoir de fonder car elle place le *Dasein* sur ses bases et face à ses abîmes (*in seine Gründe und vor seine Abgründe*). La disposition fondamentale détermine (*bestimmt*) pour notre *Dasein* le lieu et le temps qui sont ouverts en propre à son être (le lieu n'étant pas compris spatialement ni le temps temporellement en son sens habituel)".[24]

La *Stimmung* ne *pense* pas la totalité, mais fait que celle-ci *advient*, surgit plus originellement que ne peut le penser après coup la représentation qui procède par construction, par assemblage. La *Stimmung* rend possible la pensée comme événement de l'être. Lorsque l'angoisse produit la négation de l'étant dans son ensemble, cette négation n'est pas une pensée au sens d'une représentation, mais une expérience. La *Stimmung* initie au principe même de la pensée comme expérience de l'être, expérience qui est celle d'une dépossession ou d'un décentrement du *Dasein*. La pensée est par elle-même incapable de produire la négation en son essence, c'est-à-dire le principe de toute négation, le Rien. La *Stimmung* prélude à la pensée en tant que mise en marche et en condition par l'être. Elle permet d'éprouver, dans l'angoisse, que l'essence de la pensée n'est pas de poser l'être, mais d'être posée par lui. La *Stimmung* introduit à la pensée comme sur-prise par l'être.

La seconde relation qui s'établit entre *Stimmung* et pensée s'engendre à partir de leur commune correspondance avec le Rien, ce Rien "appartenant originellement à l'être" et sans lequel il n'y aurait pas de manifestation de l'étant comme tel.[25] Toute *Stimmung* dit Heidegger renvoie à une situation de *détresse-et-contrainte* (*Not*). Ou inversément: *die Not nötigt in der Weise der Stimmung*. "La détresse contraint sur le mode de la *Stimmung*"[26]. Nouvelle figure de la *Geworfenheit*, la détresse ne renvoie à aucune misère matérielle, à aucune situation qui serait alarmante du fait d'un manque "objectif", mais à une impuissance radicale, à une fondamentale absence, négation ou plutôt *négativité (ein Nichtiges, eine Nichtheit)*. Toute détresse implique: d'abord un ne pas pouvoir "s'en sortir" pratiquement, mais aussi une impuissance à *penser* cette négation même, une ignorance, un non-savoir. Toute détresse — et Heidegger use plusieurs fois de cette formule dans la dernière partie du cours de 1937/38 (Vol. 45) — est un *Nicht-aus-und-nicht-ein-Wissen*: "[27] ne savoir ni l'issue ni l'accès". En d'autres termes être hors de prise vis-à-vis de l'étant comme tel, être démuni, privé de ressources: être "hors de proportion", aurait dit Pascal, et ce désarroi ressemble à l'effroi pascalien. La détresse est l'inverse de la *Technè* et de l'assurance. Ne pas savoir s'y prendre, s'y retrouver, se tirer d'affaire : non pas face à ceci ou cela, mais *face à tout*. La véritable détresse de la pensée n'est pas une aporie localisée, passagère, mais l'effondrement des repères établis, l'indétermination s'emparant de l'étant dans son ensemble. Or cette indétermination, dit Heidegger, si elle est *soutenue* (*ausgehalten*) comme *stimmende Not*, si elle parvient de la *Stimmung* à la pensée, est alors plus riche que tout savoir possédé et que toute certitude. Elle est "le contraire d'un manque", un "surplus", une "surabondance" (*Überfluss*) [38]. Car le non-savoir et le désarroi s'étendent alors jusqu'aux limites de l'étant. Il n'y a pas d'issue ni d'accès parce que la totalité redevient problématique. Dans l'étonnement, peut-on dire, tout est en question. Tout est en question dans le doute. Tout est encore plus en question dans l'effroi face à l'abîme du sans-fond. La *Stimmung* traduit à chaque fois le degré de négativité de la *Grundstimmung*, degré qui varie selon sa modalité historiale. Car le ne-pas savoir et le ne-pas pouvoir de la détresse doit être compris selon l'Histoire de l'être et non pas comme une dimension psychologique de l'homme. S'étonner, c'est une façon très précise de ne pas pouvoir expliquer. (Nous y reviendrons un peu plus loin). L'étonnement ne sait encore pas le pourquoi, mais s'achemine vers lui presque aussitôt. Il n'y entre aucune crainte du vide, aucune menace de l'absence de *Grund*. D'où la question tardive : "pourquoi y a-t-il de l'étant et non pas plutôt Rien ?" où le rien est présent de façon quasi rhétorique. La question contient "la réponse laissée en blanc". En fait il n'y a déjà plus d'étonnement mais la *Stimmung* est déjà celle de la certitude. Il entre peu de négativité dans l'émerveillement des Grecs ; la négativité est expulsée et fixée sur la "voie inviable" du *Poème* de Parménide. Au contraire, la *Stimmung* du doute, toute volontaire et calculée, ne laisse presque aucune part au néant. L'effroi, quant à lui, comme l'angoisse, laisse paraître, en toute sa puissance, le Rien.

Une troisième corrélation possible entre *Stimmung* et pensée s'engage à partir d'une commune *Versetzung*, transport, transposition ou "exposition" (*Ausgesetztheit*). [29] La *Versetzung* dit Heidegger est "le trait essentiel de ce que nous connaissons sous le nom de *Stimmung* ou de sentiment". [30] La *Versetzung* est encore une *Entrückung*, un mouvement ekstatique de transcendance vers la totalité du monde. Ce mouvement ekstatique transporte dans une implication avec le monde, précise Heidegger dans le Cours de 1934/35 [31] : elle rattache le *Dasein* simultanément à l'Histoire (au *Geschick*), au Sacré, mais aussi à l'assise nocturne du monde, à la Terre. Cependant la *Stimmung* si elle est transportante ne découvre pas ces relations comme des rapports *déjà existants*. Sans doute fonde-t-elle l'espace-temps d'une relation complète au monde, mais avec une *indétermination* quant à l'essence de cette relation et par suite des étants rencontrés. Penser c'est d'abord se laisser porter par ce mouvement ekstatique, accéder par la *Stimmung* à cette ouverture traversante de l'être, mais saisir aussitôt fermement dans le langage la détermination de la relation ainsi découverte. La *Stimmung* autant que la pensée est transport, exposition dans l'être; elle laisse être l'être, mais seule la pensée *nomme* l'être. "La pensée, écrit Heidegger dans le Cours de 1937/38, signifie ici laisser surgir l'étant dans son être... le saisir comme tel et de ce fait le nommer initialement dans son étantité." [32]

La pensée *accomplit* dans la nomination la *Versetzung*. Cette détermination par la pensée de l'indétermination de la *Stimmung* n'est pas une rupture avec elle. Pourtant la *Stimmung* est davantage qu'une simple *inclination*, ou un penchant qui se continuerait harmonieusement dans la pensée. Il y a un *saut*. La *Stimmung* en révélant tel ou tel découvrement et/ou recouvrement du monde "contraint" c'est-à-dire pousse fortement la pensée dans la voie d'une "*décision*" quant aux limites radicales de l'étant. *Die Versetzung setzt den Menschen ertsmals in die Entscheidung der entschiedensten Bezüge zum Seienden und Unseienden.* "Cette transposition met l'homme originellement en position de décider des relations les plus décisives avec l'étant et le non-étant". [33]

II. LE DOUBLE TOURNANT HISTORIAL DE LA *GRUNDSTIMMUNG*

Avec l'*effroi* (*Schrecken, Erschrecken*) se découvre la dimension *historiale* de l'angoisse. Le mot *Schrecken* apparaît pour la première fois (dans un texte publié) en 1943 dans la *Postface* à *Was ist Metaphysik?,* mais il est présent à la fois dans le Cours du semestre d'hiver 1937/38, *Grundfragen der Philosophie* (*GA* 45) et dans les *Beiträge* (ce large manuscrit encore inédit qui date des mêmes années). Or c'est dans la *Postface* que la métaphysique reçoit sa première définition historiale. La métaphysique n'est pas seulement la vérité de l'étant comme tel, la conceptualisation de l'étantité de l'étant; la métaphysique est l'*histoire* de cette vérité, de cette conceptualisation. La *Postface*, on le sait, défend la conférence contre certaines accusations (nihilisme, mépris de la logique, philosophie du sentiment), mais surtout elle précise la signification de l'angoisse relativement à cette époque de l'Histoire où la volonté de volonté, l'universelle calculabilité marquent l'être. L'effroi est l'angoisse face à l'inquiétant abîme qui échappe à la pensée calculante. L'abîme caché sur lequel se projette l'assurance de la technique est plus effrayant qu'angoissant. L'effroi est si l'on peut dire *l'angoisse pour l'être,* "l'angoisse essentielle" (*wesenhafte Angst*). Or cette angoisse vient de l'être lui-même en tant qu'abîme, c'est-à-dire en tant que non fondé, incalculable, soustrait à tout but. L'"essence dévorante du calcul" repose sur le Rien, sur le tout autre que l'étant. "L'angoisse accorde une épreuve de l'être comme l'autre de tout étant (...) à supposer que nous ne nous dérobions pas devant la voix silencieuse qui nous dispose à l'effroi de l'abîme" (*Die uns in den Schrecken des Abgrundes stimmt*).[34] L'effroi lui-même s'apparente à un sentiment que Heidegger nomme *Scheu*, c'est à dire une crainte mêlée de respect, de *pudeur*, que l'on peut bien comprendre comme "horreur", ainsi que le fait Roger Munier, à condition de l'entendre quasiment comme horreur sacrée. L'évocation de l'horreur voisine en effet avec celle de l'émerveillement devant l'être. "L'"horreur" semble liée à l'extrême détresse de la pensée face à l'achèvement de la métaphysique et à la prodigieuse errance qu'il annonce. Sous le climat de l'horreur apparaît brutalement l'étrangeté de l'être, toujours encore impensé, horriblement oublié: le terrible désert d'une longue transition.

L'angoisse relative à l'être, l'effroi, exige d'être soutenue, voire avivée, et non pas ressentie de façon seulement passive. D'où la nécessité d'une autre *Stimmung*: la vaillance, *die Tapferkeit*. "La vaillance reconnaît dans l'abîme de l'effroi l'espace à peine foulé de l'être".[35] Cette vaillance n'est pas un héroisme de l'action, mais une disposition de la pensée à l'égard de l'Histoire de l'être. Elle est le courage de reconnaître et d'affronter l'événement historial du défaut de la métaphysique, de son effondrement, qui laisse sans autre point d'appui que l'angoisse. L'angoisse est appelé "le point d'appui permanent" de la vaillance en tant que capacité à soutenir le Rien. Un autre nom de la vaillance est la *Verhaltenheit*, la "retenue": être capable de ne pas se hâter de d'effacer l'expérience du Rien, se retenir de donner aussitôt un nouveau nom à l'être. La "retenue" est précisément, dit le Cours de 1937/38,[36] le mélange d'effroi et de pudeur (*Scheu*) qui correspond à la tonalité de la pensée à venir. La tonalité dominante de la philosophie antérieure serait plutôt la mélancolie: la tristesse de la scission du sensible et de l'intelligible; ou à la fin, chez Nietzsche, la joie d'annuler cette scission!

Selon ces diverses tonalités, la pensée est toujours ce qui est disposé (*gestimmt*) et déterminé (*bestimmt*) par l'être, et qui hors de tout calcul et de toute logique, répond à l'immaîtrisable énigme. Cette réponse, Heidegger l'avait d'abord définie dans la première version de la *Postface* (1943), comme *réponse silencieuse* (*die sprachlose Antwort des Dankens im Opfer*) à la parole silencieuse de l'être, impliquant "remerciement" (*Danken*) et offrande (*Opfer*), c'est-à-dire sacrifice, (le mot a une résonance de piété) et don en retour. Cet élan d'accueil reconnaissant, profondément libre, serait l'"origine" de toute parole humaine (*Ursprung des menschlichen Wortes*), et ainsi le silence d'une *Stimmung* faite de calme remerciement et de courage angoissé serait à l'origine de la pensée.

Dans la *Postface* la pensée la plus initiale reste proche du silence de l'être. L'effroi est la disposition qui garde le plus longtemps possible le bienfait, si l'on peut dire, du mutisme propre à l'angoisse. Dans l'effroi, la relation à l'abîme se trouve maintenue, sans mutisme total, sous la forme du "souci pour l'usage de la langue", "du soin donné à la parole", d'une "pauvreté" et d'un dépouillement du dire. C'est seulement cette obéissance au silence pré-verbal qui garantit que la pensée pense dans la proximité de l'être.

On peut se demander toutefois si cette tonalité d'effroi et de vaillance n'est pas plus nietzschéenne que heideggérienne, rappelant l'évocation par Nietzsche de la chute terrifiante dans le vide, dans l'*Ab-grund*. Car l'épouvante qui saisit l'*insensé* au § 125 du *Gai Savoir* ne concerne pas uniquement le meurtre de Dieu, mais l'effondrement du sol, la perte de la terre. "Malheur à toi si le mal du pays te saisit... alors qu'il n'est plus de "terre"!", disait la fin du § 124. "Qu'avons nous fait, à désenchaîner cette terre de son soleil? Vers où roule-t-elle à présent? ... Ne sommes-nous pas précipités dans une chute continue? ... N'errons-nous pas comme à travers un néant infini? Ne sentons-nous pas le souffle du vide?"... L'effroi et la détresse face à l'absence de sol, face au retrait non seulement du fondement métaphysique mais de l'assise terrienne, ne renvoient pas chez Heidegger à un crime, à une culpabilité de l'homme, mais à un destin époqual. L'âge de la "nuit du monde" est celui où le fond du monde s'est écroulé dans l'abîme. Cet abîme est bien plus redoutable que le fond d'un précipice ouvert qui nous guetterait ou la menace du gouffre béant, dit Heidegger, mais est à comprendre plus radicalement comme "l'absence totale du fondement". Le fondement n'est pas seulement le principe, l'*archè*, la base logique et métaphysique, mais *la Terre*. "Le fondement est le sol pour un enracinement et une stature. L'âge auquel le fond fait défaut est suspendu dans l'abîme. A supposer qu'à ce temps de détresse un revirement soit encore réservé, ce revirement ne pourra survenir que si le monde vire de fond en comble et cela signifie clairement: s'il vire à partir de l'abîme. Dans l'âge de la nuit du monde, l'abîme du monde doit être éprouvé et enduré."[37] Toujours cette tonalité d'effroi et de courage. L'effroi donne le courage.

En définitive ce n'est pas l'abîme qui est le plus à craindre, mais la possibilité que l'abîme lui-même soit recouvert, que la détresse se change en une absence de détresse indéfiniment durable et de laquelle aucune mutation essentielle ne pourrait plus sortir. "Long est le temps de détresse de la nuit du monde... Alors l'époque indigente ne ressent même plus son indigence."[38] L'abîme et l'effroi sont encore réconfortants, encourageants par rapport au danger le plus grand: une *Stimmung* d'insensibilité complète, d'oubli de la détresse, un monde où la nuit serait cachée pour toujours par le jour technologique et son éclairage artificiel allumé en permanence. Le Tournant qui demeure inaccompli faute d'une mutation dans l'essence de la technique, la coexistence du distancement calculé et de la proximité incalculable des choses, la simultanéité du *Gestell* dévastateur et de l'*Ereignis* salvateur, tous les traits de la pensée du dernier Heidegger s'accordent mal cependant avec une tonalité *unique* d'effroi. Il semble que l'attente d'une "autre histoire", même si sa venue est incertaine, implique d'autres dispositions que l'effroi, qui est principalement tourné vers ce qui dans le présent est effondré, obstruant l'avenir.

Ce sont bien en effet l'attente et plus précisément le "pressentiment" (*Ahnung*) qui sont désignés dans les textes tardifs comme appartenant aux *diverses Grundstimmungen* de la pensée présente et à venir. Cette pluralité est essentielle pour caractériser le climat d'une époque de transition. Dans *Qu'est-ce-que la philosophie?*, Heidegger le souligne: "Ce que nous rencontrons (aujourd'hui) c'est uniquement ceci: différents types de *Stimmungen* de la pensée"[39]. Il range parmi les formes de *Stimmungen* contemporaines non seulement l'espoir et le désespoir, mais l'aveugle confiance en des principes périmés, la froideur du raisonnement planificateur. Quant à la *Gelassenheit*, la fameuse "sérénité", elle n'est pas à comprendre comme une *Stimmung*, mais comme *l'essence même de la pensée*: laisser être l'être.

Comment la pensée peut-elle venir à elle-même, se détacher de la raison calculatrice, se libérer de l'emprise de la volonté de volonté? C'est encore sous la poussée et sur le fond d'une autre *Grundstimmung*, elle-même à plusieurs faces. La transmutation de la volonté en un repos vis-à-vis du vouloir n'advient que par l'attente et la patience, mais plus précisément grâce à "la patiente noblesse de cœur" (*die langmütige Edelmut*). La pensée est noble quand elle sait remercier, c'est-à-dire remettre à l'être ce qu'il lui donne, patiente quand elle sait attendre le changement dans l'être, l'accompagner. Il y a dans le mot *Mut* à la fois cœur, patience et courage. Les *Stimmungen* de la pensée sont courageuses, au sens d'un courage non héroïque, mais patient, "reconnaissant", plein de générosité. Dans un poème intitulé *Instance* (*Inständigkeit*) — publié d'abord dans le dialogue qui fait suite à *Gelassenheit* et dans le recueil *Winke* — Heidegger lie la pensée au "cœur" (*das denkende Herz*) et soumet à nouveau la possibilité même de la pensée à ces deux dispositions conjointes que sont la "patience" et la "noblesse" (*Langmut* et *Edelmut*) en ajoutant une troisième la "générosité" (*Großmut*): "*Assigne à ton cœur pensant la simple patience/de l'unique générosité (Großmut)/d'une noble mémoire*"[40]. La plus énigmatique de ces *Stimmungen* est la "noblesse". Noble est sans aucun doute la capacité de reconnaître la provenance, l'ascendance, la place dans le destin de l'être. *Edel ist was Herkunft hat*, dit le même texte. Mais ce qui est vraiment noble, comme le dit Nietzsche, est ce qui se distingue en s'affirmant par soi-même, qui n'a pas besoin ni de se comparer ni de s'appuyer sur des titres de noblesse. La vraie noblesse de la pensée se situe par delà l'effroi, car elle a su "laisser la métaphysique à elle-même". Ne peut-on discerner là un retour très net de cette *Stimmung* purement historiale qu'est l'effroi à une ou plusieurs *Stimmungen* non-historiales, car la *langmütige Edelmut* est le climat d'une pensée de la *contrée*, d'un espace-temps limité, rassemblé autour de la chose ou de l'œuvre en leur particularité. "Tout l'historial, dit Heidegger, repose dans la contrée"... (*Das Geschichtliche beruht in der Gegnet...*)[41]

III. L'HISTOIRE S'OUVRE SUR L'ÉTONNEMENT ET SE CLÔT SUR L'EFFROI

C'est pourtant aux *Stimmungen* historiales de fond, à savoir celle du commencement de la pensée, l'étonnement et celle de l'époque actuelle, ou de la transition vers "l'autre commencement" éventuel, l'effroi, que Heidegger accorde le plus d'attention dans ses derniers écrits. De l'angoisse, qui dans *SZ* semblait une condition nécessaire d'accès à l'authenticité pour tout *Dasein* à toute époque, il n'est plus question dans un texte tel que *Qu'est-ce que la philosophie?* Est-ce à dire qu'il n'y a plus d'angoisse individuelle à la fin de l'Histoire de l'Etre? Est-elle entièrement résorbée dans l'effroi? Mais, dans ce cas, elle ne peut plus semble-t-il remplir le rôle de puissance d'individuation qu'elle remplissait dans *SZ*. Est-elle, à l'époque de la Technique, une sorte de survivance de l'époque précédente, celle de la métaphysique de la subjectivité? Et donc destinée peut-être à disparaître, dans la mesure où dans le *Gestell* il n'y a plus ni sujet ni objet. En d'autres termes, l'angoisse appartient-elle seulement à une époque, qui s'ouvrirait avec l'effroi pascalien et irait en passant par Kierkegaard jusqu'à *SZ* et ses retombées sartriennes? Les Grecs n'éprouvaient certainement pas d'angoisse, mais seulement la crainte (*phobos*), le premier affect du tragique, car ils ne pensaient pas en termes de réflexivité et de conscience de soi. Or le *Dasein* n'est précisément pas une conscience de soi. L'analyse de l'angoisse poursuivie depuis celle du *Dasein* jusqu'à "l'angoisse pour l'être" permet donc de se demander s'il n'y a pas finalement des *Stimmungen non-historiales* et une *non-historialité en général*. "Dans le règne de l'essentiel le non-advenu est même plus essentiel que ce qui est advenu"[42], écrit Heidegger, à propos de ce que le commencement grec a gardé en soi, n'a pas relâché, mais n'en est pas moins essentiel. Telle est la question sur laquelle je souhaiterais déboucher pour finir.

Mais revenons aux dispositions historiales de fond. Dans le Cours de

1937/38, on trouve sur ces dernières d'assez longs développements sans qu'il soit fait allusion à l'angoisse. Un passage résume ces développements: "Dans l'étonnement (*Er-staunen*), la disposition fondamentale du premier commencement l'étant vient pour la première fois se dresser dans sa forme. Dans l'effroi (*Erschrecken*), la tonalité fondamentale de l'autre commencement, se dévoile derrière tout progressisme et toute domination sur l'étant le sombre vide de l'absence de but et la fuite devant les décisions premières et ultimes."[43]

Emerveillés par le découvrement de l'être, tenus en suspens, en arrêt visuel (*staunen*) par l'*eidos*, la *Gestalt*, la stature ou le visage de l'étant, les Grecs ont nommé pour la première fois le comme tel de tout étant. Que l'étant *soit*, dans la constance et la non-dissimulation de la forme, échappant sans cesse à l'engloutissement dans le non-être, les a saisis, éblouis. Dans le volume 45, Heidegger analyse longuement les aspects multiples et complexes de cette *Stimmung* apparemment simple (il en discerne 13!) et montre comment l'*Erstaunen*, le maintien du regard étonné, contient en germe le passage à la métaphysique. Je me contenterai de retenir trois points essentiels de cette description de l'étonnement:

1. l'étonnement est un balancement intenable entre l'habituel et l'inhabituel;
2. l'étonnement trouve son accomplissement dans la précision du questionnement sur l'étant comme tel;
3. correspondre à une telle *Grundstimmung* est une "souffrance" (*Leiden*).

1. Dans l'étonnement, le plus familier devient le plus étrange. Cette étrangeté laisse désarmé. Il n'y a pas d'explication. L'étonnement fait *éprouver* une aporie, une absence d'issue sans qu'il y ait d'aporie formulée. Ne pouvant ni séjourner dans le plus familier, ni venir à bout du plus étrange, l'étonnement se tient dans un *Zwischen*, un balancement "entre deux". Ce balancement n'est pas un flottement heureux, mais décèle une détresse ainsi qu'une exigence d'arrêt, de stabilité. L'écart même de l'entre deux dessine l'espace total de l'ouverture. La pensée émerge de la *Stimmung* quand celle-ci révèle le *comme tel*: et d'abord, que c'est l'étant en son entier comme tel qui se trouve pris dans le balancement.

2. A partir de l'exigence que s'arrête le balancement et la confusion entre l'habituel et l'inhabituel, la pensée va être portée à une *décision*. Elle doit demander ce qu'est le plus habituel pour qu'il puisse apparaître comme étranger. Elle doit saisir, fixer ce qui dans l'ouvert est accessible ou inaccessible, manifeste ou non. La pensée est *forcée* de questionner (l'homme ne s'étonne que parce qu'il est étonné par l'étant dans son être).

La décision sur les limites de l'être et le questionnement en général sont des événements de la pensée *déterminés* par la *Stimmung*. La précision de la question est, dit Heidegger, l'accomplissement (*Vollzug*) de l'étonnement. La philosophie accomplit cette détresse du ne-pas-avoir-d'issue *en la supprimant.* Cela ressemble à l'*Aufhebung* hégélienne.

3. L'"accomplissement de la détresse" signifie que la réponse à l'étonnement n'est pas elle-même une sorte de flottement indécis ou de fusion affective avec l'être, mais une position ferme et décidée quant à l'étant comme tel. D'où la souffrance, car il faut pouvoir *soutenir* toute *Grundstimmung* et lui répondre par un questionnement approprié. *Jedes fragende Erdenken des Seienden als solches ist wesentlich ein Leiden.*[44] Le pâtir de cette souffrance se situe "au delà" de l'activité et de la passivité. Il consiste à prendre sur soi cette totalité en surcroît dans laquelle le questionnement est pris. Il consiste à pouvoir être transformé par les questions. Souffrir c'est avoir le courage de saisir ce qui se donne tout en étant saisi par lui. Souffrir c'est aussi être capable d'attendre que vienne le temps opportun pour cette saisie. Et de citer Hölderlin :

Car il faut que toute chose soit saisie,
Par un demi-dieu ou par
Un homme, selon la souffrance...[45]

Car il hait,
Le dieu qui médite,
Une croissance prématurée[46].

Sous le nom de l'étonnement, Heidegger ne décrit-il pas sa propre *Stimmung* de l'attente? Car les Grecs, dit-il, n'ont guère su "souffrir". Ils ont vite remplacé l'étonnement par la curiosité, l'avidité de connaître. Quand la philosophie est conçue comme un règne (les philosophes-rois), c'est le signe que la détresse originelle de l'étonnement est perdue, que le commencement s'est mis à déchoir. L'étonnement initial nous est devenu étranger. Heidegger ne semble plus croire comme il l'écrivait à la fin de *Was ist Metaphysik?*[47] que l'étonnement et la métaphysique elle-même soient dérivés de l'angoisse et fondés sur la révélation du Rien dans l'angoisse. Sans doute l'étonnement grec continue de nous déterminer à travers la métaphysique, puis la science. Mais celles-ci en développant une connaissance de l'étant dans son être nous ont habituées à l'exactitude et à la certitude des formes et des essences. La *Grundstimmung* a changé : la surprise et l'étonnement des Grecs s'est renversée en l'évidence et l'assurance cartésiennes. La permanence des formes est devenue pour nous l'habituel. La Technique va au-delà même de la certitude. Non seulement la volonté de volonté maîtrise trop bien l'essence d'un monde totalement *produit* pour en éprouver le surgissement énigmatique. Comment pourrait-elle se surprendre elle-même? Mais il y a plus: le nivellement des différences, notamment entre le proche et le lointain, introduit une nouvelle tonalité, qui est une nouvelle forme d'indifférence ou d'insensibilité, (l'équivalent contemporain de l'ennui, dit Heidegger dans *Les 700 ans de Messkirch*): le refus de la détresse, la sécurisation technicienne, dont la limite postulée est l'*absence de toute Stimmung*.

Ainsi l'effroi serait-il, plutôt que l'horreur de l'abîme, l'épouvante suprême qui saisit la pensée face à l'insensibilité grandissante de notre époque? Pourtant l'effroi — et moins encore l'épouvante de la pensée — n'en est pas la tonalité dominante. Il est aussi rare que l'angoisse, mais aussi crucial. *L'effroi sommeille.* Aussi faut-il sans cesse revenir à l'analogie profonde entre effroi et angoisse. L'effroi est l'angoisse quant à l'effrondrement ou à l'éclipse des principes époquaux. De même que l'angoisse survient non comme une métamorphose du sujet, mais comme l'éloignement soudain du monde, l'irréalité des relations intramondaines jusque là disponibles, de même l'effroi survient comme l'éclipse de la vérité métaphysique jusqu'ici régnante, la vérité onto-théologique. L'effroi surgit du retour au caractère insondable et indéterminable de l'être. L'être, privé à nouveau d'un nom essentiel qui s'imposerait, redevient entièrement énigmatique. L'étant paraît richissime, mais il est "abandonné de l'être", livré au vide des fabrications sans but au néant de la puissance, de la *Machenschaft*, de la "machinerie" technologique dont la structure absurde possède la circularité d'un éternel retour.

Ainsi l'effroi et la détresse, celle d'un "autre commencement" possible, sont loin d'être universellement ressentis par l'époque elle-même. La détresse où nous nous trouvons est le plus souvent impuissante à se faire entendre comme une disposition *fondamentale*. Certes il y a toujours une vague tonalité quelconque, mais de cette *Stimmung*-là aucune pensée ne peut émerger. Elle n'est en effet que cet effroi neutralisé qui règne sous le masque de la sécurisation: c'est la "détresse de l'absence de détresse", la fausse certitude qu'on a le réel "bien en mains" qu'il n'y a pas au total d'inquiétude exagérée à se faire.

Il apparaît ainsi qu'une *Grundstimmung* comme l'étonnement ou l'effroi signifie à la fois une *Stimmung* qui appelle à penser, qui non seulement "fait époque", mais qui fonde une époque et l'Histoire elle-même. Loin que cette *Stimmung* ne fasse que répondre à une situation époquale elle permet qu'il y ait époque; elle est la source même de l'époqualité. "Elle se nomme disposition de fond parce qu'elle transporte l'homme qu'elle dispose en un domaine sur lequel et dans lequel parole, œuvre, action peuvent se fonder comme choses qui adviennent et que de l'Histoire peut commencer", écrit Heidegger à propos de l'étonnement. [48] Une telle *Stimmung* est temporalisation du temps, source de pensée autant que source d'Histoire. La *Stimmung* n'est pas radicalement captée dans l'Histoire ou flottant au-dessus d'elle comme un "esprit du temps" mais elle est la matrice dans laquelle l'être se fait époque. En tant que telle, ne se situe-t-elle pas à la fois dans et hors de l'Histoire?

N'y-a-t-il pas, de ce fait, un privilège "trans-époqual" de l'angoisse, et cela à plusieurs égards? Si en tant qu'effroi (devant l'abîme de l'être) elle reste, même si elle ne perce pas, la tonalité de fond de notre époque et de la pensée du passage, elle est la seule *Stimmung* qui, bien qu'elle puisse être éprouvée de façon toute subjective par sa capacité de révéler le "propre" et de manifester la différence ontologique, ne réinstalle pas l'auto-assurance de la subjectivité. Elle n'est plus simplement saisie de soi réflexive de la conscience; elle ne dilue pas la subjectivité dans le monde. "Dans l'angoisse, "nous sommes en suspens"... C'est pourquoi ce n'est au fond, ni "toi" ni "moi" qu'un malaise gagne, mais un "nous". Seul est encore là dans l'ébranlement de ce suspens où l'on ne peut se tenir à rien, le pur être "là""[49] Le "nous" traduit l'allemand *einem*: "quel-qu'un". L'angoisse fait que le sujet ne sait plus qu'il est. Il assiste à sa propre déconstruction "sauvage", si l'on peut dire. Ce n'est plus un sujet, mais un étant indéterminé qui se sent envahi du sentiment d'inquiétante étrangeté. L'angoisse manifeste le désaisissement des facultés transcen-dentales de l'homme; marque le temps d'arrêt de la course métaphysique vers le renforcement incessant des pouvoirs du sujet humain. Cette expé-rience de fragilité radicale et d'impuissance laisse à jamais la présence humaine exposée au souffle de l'abîme. Aucune assurance de la logique et de la science ne peut nous prémunir contre cette dépossession qui fait que "la finitude la plus profonde se refuse à notre liberté". [50] La pensée de la *Stimmung* marque la fin de la philosophie de la volonté et ouvre l'ère de l'attente. Attente d'évènements non mesurables, non situables chronolo-giquement et même époqualement et peut-être déjà hors de l'Histoire de l'Etre: "L'angoisse originelle peut à tout instant se réveiller dans l'être-là. Elle n'a nul besoin, pour cela, qu'un événement insolite lui donne l'éveil. A la profondeur de son règne correspond l'insignifiance de son possible prétexte".[51] Toute angoisse est hors mémoire, hors série, hors tradition, et pourtant elle est *transition*.

La *Stimmung* donne naissance à la pensée parce qu'elle est la première expérience de l'être, la première entente de la Voix. Toute pensée com-mence par l'épreuve d'une mise en situation, répond à une vocation silencieuse. Or l'angoisse est par excellence cette épreuve du retrait de la

parole. Ce retrait de la parole ne met-il pas non seulement l'oubli quotidien, mais aussi l'Histoire elle-même entre parenthèses? L'angoisse ne
nous fait-elle pas prendre pied en-deçà ou au-delà de l'Histoire, en même
temps qu'elle nous fait perdre pied dans le monde époqual? Cette mise
entre parenthèses de l'Histoire fait voir le Soi aussi bien que la totalité de
l'époque — mais aussi *des* époques et des situations — comme des possibles en suspens. "L'angoisse ne souffre pas qu'on l'oppose à la joie, où à
l'heureux agrément d'une activité paisible. Elle se tient, en deçà de telles
oppositions, dans une alliance secrète avec la sérénité et la douceur de
l'aspiration créatrice"[52]. Loin d'être contraire à la sérénité, loin donc
d'être liée au volontarisme subjectiviste, l'angoisse entretient une profonde affinité avec le laisser-être. Révélant ce que la métaphysique a oublié,
le Rien, elle met sur le chemin d'une relation post-métaphysique, donc
post-historiale, avec l'être, où la pensée renaît pour ainsi dire de son
degré zéro.

NOTES

1. Aux §§ 29 et 40 de *Sein und Zeit* (titre cité plus bas sous le sigle *SZ*).
2. Notamment dans la conférence de Cerisy *Qu'est-ce que la philosophie?* (1955).
3. *Cf. GA* 39, cours de 1934-35, *Hölderlins Hymnen "Germanien" und "der Rhein"*.
4. *Cf. GA* 45, cours de 1937-38, *Grundfragen der Philosophie*.
5. *SZ*, p. 137.
6. Son élaboration se situe de 1930 à 1943.
7. *Vom Wesen der Wahrheit,* Chapitre V, *Wegmarken* 2, p. 189, *Questions I*, p. 181. (Plus
   bas *Wegmarken* = *W*.)
8. L'*Entsprechung* est différente d'une *adéquation*, ou *homoïôsis*, car bien qu'elle implique
   accord, elle n'implique nulle *mimésis*. *Ent-sprechen* signifie parler à partir de. De quoi?
   D'un silence dans le langage, d'une sollicitation qui porte à dire ce qui jusque là était
   resté à dire.
9. *W*, p. 111/ *Qu I*, p. 59.
10. *Was ist das die Philosophie?*, p. 37/*Qu II*, p. 31.
11. En allemand; mais Heidegger donne par ailleurs le conseil de traduire *Stimmung* par le
    mot français "disposition".
12. L'étonnement lui aussi subsiste à notre époque, mais non plus comme disposition de
    fond, d'origine.
13. *W. Phil.*, pp. 42-43.
14. *Qu I*, pp. 55-56 (je souligne)/ *W*, p. 109 (nous soulignons).
15. *W i M*, trad. R. Munier, *Cahier de l'Herne* Heidegger, p. 54.
16. *Die Stimmung als Stimmung lässt die Offenbarkeit des Seienden geschehen* (Bd. 39,
    p. 82).
17. *Ibid.*, p. 54.
18. *SZ*, p. 221.
19. *SZ*, p. 248.

20. *GA* 29/30, p. 102.
21. Voir *SZ*, p. 138.
22. *SZ*, p. 138.
23. *SZ*, p. 135.
24. *GA* 39, pp. 140-141 (nous soulignons *advient*).
25. *W i M*, *L'Herne*, p. 53.
26. *GA* 45, p. 159.
27. *GA* 45, pp. 152-154.
28. *Ibid.*, p. 160, *cf.* aussi p. 153:... "l'excès d'un don plus difficile sans doute à porter que toute perte."
29. *GA* 39, p. 141.
30. *GA* 45, p. 161.
31. *Cf. GA* 39, p. 223.
32. *GA* 45, p. 153.
33. *GA* 45, p. 160.
34. *Qu I*, p. 77 / *Wegmarken*, pp. 306-307.
35. *Qu I*, p. 79. *W.*, p. 305.
36. *GA* 45, p. 2.
37. Ch., p. 324; *Hw*, pp. 248-249.
38. *Ibid.*, p. 325.
39. *W i Ph*, p. 43.
40. *GA* 13, p. 65.
41. *Cf. Qu III*, p. 211 / *GA* 13, p. 62.
42. *GA* 45, p. 123.
43. *GA* 45, p. 197.
44. *GA* 45, p. 175.
45. Hölderlin, *Aus dem Motivkreis der Titanen*, *SW* IV, p. 215.
46. *Ibid.*, p. 218.
47. *Op. cit. L'Herne*, p. 56: "Ce n'est que si l'étrangeté de l'étant nous presse que celui-ci éveille et appelle à soi l'étonnement".
48. *GA* 45, p. 170.
49. *GA* 9, p. 111; *Qu'est ce que la métaphysique?*, *Cahier de l'Herne* Heidegger, p. 51.
50. *Ibid*, p. 54.
51. *Ibid.*
52. *Ibid.*, p. 54.

SAMUEL IJSSELING

Das Ende der Philosophie als Anfang des Denkens

In der Mitte der sechziger Jahre hat Heidegger einige Texte geschrieben, die das Ende der Philosophie zum ausdrücklichen Thema haben[1]. Sie können als Fortsetzung früheren Texte gelesen werden, welche die Überwindung der Metaphysik behandeln, und in einem größeren Zusammenhang können sie als eine Forsetzung und Radikalisierung dessen verstanden werden, was in *Sein und Zeit* und in den "Marburger Vorlesungen" noch als Destruktion der bisherigen Ontologie bezeichnet wurde. Es handelt sich bei dieser Erörterung des Endes der Philosophie nämlich, so sagt Heidegger, um "den seit 1930 immer wieder unternommenen Versuch, die Fragestellung von *Sein und Zeit* anfänglicher zu gestalten"[2]. Zu dieser Fragestellung gehört wesentlich die Durchführung der Destruktion der ontologischen Überlieferung, in welcher, so *Sein und Zeit*, "die Seinsfrage erst ihre wahrhafte Konkretion gewinnt"[3].

Den Rahmen, in welchen Heidegger das Problem vom Ende der Philosophie einpaßt, bilden einerseits ein denkendes Gespräch oder eine Auseinandersetzung mit Hegel und bis zu einem gewissen Grade auch mit Husserl und Nietzsche, und andererseits eine Besinnung auf oder eine Einkehr in das Wesen der Technik und der modernen Wissenschaften, und zwar vor allem der Informatik. Zum Rahmen gehört außerdem auch der von Heidegger aufgestellte Gegensatz zwischen Philosophie und Denken. Und schließlich gehört zu diesem Rahmen der Versuch, "eine Bestimmung der Sache des Denkens" zu erreichen und — wie wir darlegen möchten —, ist für Heidegger mindestens *ein* Aspekt dieser Sache des Denkens dasjenige, was sich im Ende der Philosophie verbirgt, d.h. was eigentlich geschieht, wenn die Philosophie zu Ende geht. Zur Sache des Denkens gehört es, das Eigentümliche des Endes zu bedenken. Wir wollen versuchen, diese drei Punkte etwas zu verdeutlichen.

In den Rahmen, in welchen Heidegger das Problem des Endes der Philosophie stellt, gehört erstens das denkende Gespräch oder die Auseinandersetzung mit Hegel. Erstaunlich ist das nicht, da mit Hegel, wie

F. Volpi et al., Heidegger et l'idée de la phénoménologie. ISBN 90-247-3586-6.
© 1988, Kluwer Academic Publishers.

Heidegger in *Die Grundprobleme der Phänomenologie* bemerkt, die Philosophie "in gewissem Sinne zu Ende gedacht ist"[4] und weil bei ihm das Thema des Endes der Philosophie ausdrücklich angeschnitten wird. In der *Vorrede* zur *Phänomenologie des Geistes* setzt sich Hegel zum Ziel, "daß die Philosophie der Form der Wissenschaft näherkomme — dem Ziele, ihren Namen der Liebe zum Wissen ablegen zu können und wirkliches Wissen zu sein"[5]. Im wirklichen oder absoluten Wissen ist die Philosophie zu ihrer Vollendung gekommen. Nach Heidegger ist diese Vollendung die Radikalisierung und Verwirklichung des gesamten ursprünglichen Entwurfs der Philosophie seit den Griechen, und insbesondere des Cartesianischen. Thema und Methode sind identisch geworden, und das Sein des Seienden als Anwesenheit in der Gestalt der Substanzialität und Subjektivität ist im absoluten Wissen zur vollständig entfalteten Gewissheit des sich wissenden Wissens geworden. Laut Heidegger besteht die Neigung zu der Annahme, daß die Philosophie hier mit ihrem Ende die höchste Vollkommenheit erreicht. Heidegger meint jedoch, dass von Vollkommenheit keine Rede sein kann. Er schreibt: "Uns fehlt nicht nur jeder Maßstab, der es erlaubte, die Vollkommenheit einer Epoche der Metaphysik gegen eine andere abzuschätzen. Es besteht überhaupt kein Recht, in dieser Weise zu schätzen. Platons Denken ist nicht vollkommener als das des Parmenides, Hegels Philosophie ist nicht vollkommener als diejenige Kants. Jede Epoche der Philosophie hat ihre eigene Notwendigkeit. Daß eine Philosophie ist, wie sie ist, müssen wir einfach anerkennen."[6] Für Heidegger bedeutet Vollendung der Philosophie nicht Vollkommenheit, sondern "die Versammlung in den äußersten Möglichkeiten"[7]. Hierzu kann angemerkt werden, daß in *Sein und Zeit* "die äußerste Möglichkeit" des Daseins der Tod ist, und daß sie die Endlichkeit des Daseins zur Sprache bringt. Wenn Heidegger von der Vollendung der Philosophie als "der Versammlung in den äußersten Möglichkeiten" spricht, so wird damit auch die Endlichkeit der Philosophie angegeben.

Im denkenden Gespräch mit Hegel, das darauf gerichtet ist, das Eigentümliche des Endes der Philosophie zu bedenken, geht es nicht darum, Hegel zu kritisieren oder gar zu widerlegen. Im Aufsatz *Wer ist Nietzsches Zarathustra?* sagt Heidegger: "Die Geschäftigkeit des Widerlegenwollens gelangt nie auf den Weg eines Denkens. Sie gehört in jene Kleingeisterei, deren Auslassungen die Öffentlichkeit zu ihrer Unterhaltung bedarf."[8] Und einige Seiten früher heißt es: "Das Einzige, was jeweils ein Denken zu sagen vermag, läßt sich logisch oder empirisch weder beweisen noch widerlegen."[9] Es handelt sich nicht um ein Widerlegenwollen, sondern um eine "Auseinandersetzung", wie Heidegger es im Anhang zum Nietzsche-Band in der Gesamtausgabe nennt[10]. Diese Auseinandersetzung, heißt es dort, ist nicht Bemängelung, Anstreichen von Fehlern. Sie ist die Feststellung der Grenzen, nicht um diese als das Mangelhafte zu verneinen oder um es besser zu wissen und das sogar zu zeigen. Die Grenzen gehören zur Größe. Die Grenzen alles Großen sind der Rand des Anderen und Geschaffenen oder der Augenblick ihrer Geburt. Diese Grenzen sind konstitutiv für die Philosophie und gehören zur Endlichkeit des philosophischen Denkens. Diese Endlichkeit — selbst wieder ein Aspekt des Endes der Philosophie — beruht nicht allein und nicht zuerst in der Begrenztheit menschlichen Vermögens, sondern in der Endlichkeit der Sache des Denkens oder in der Endlichkeit des Seins selbst[11].

In diesem Zusammenhang spricht Heidegger vom Ungedachten, vom Ungedachten *im* Denken. Auch hier ist "der Hinweis auf das Ungedachte in der Philosophie keine Kritik der Philosophie"[12]. Das Ungedachte ist kein Mangel, sondern gehört wesentlich zur Philosophie. In *Was heißt Denken?* schreibt Heidegger: "Je ursprünglicher ein Denken ist, um so reicher wird sein Ungedachtes. Das Ungedachte ist sein höchstes Geschenk, das ein Denken zu vergeben hat"[13], und in *Der Satz vom Grund*: "Je größer das Denkwerk eines Denkers ist, um so reicher ist das in diesem Denkwerk Ungedachte, d.h. jenes, was erst und allein durch dieses Denkwerk als Noch-nicht-Gedachtes heraufkommt. Dieses Ungedachte betrifft freilich nicht etwas, was ein Denker übersehen oder nicht bewältigt hat und was dann die besserwissenden Nachkommen nachholen müßten."[14] Das Ungedachte nimmt sozusagen in dem Maße zu, als mehr gedacht wird. Darum ist laut Heidegger bei Hegel, der alles gedacht hat, was nur zu denken ist, das Ungedachte am größten. Meines Erachtens ist eine Lektüre von Heidegger möglich, bei der dieses Ungedachte in keinerlei Weise einen positiven Inhalt hat. Es ist wahr, daß das Ungedachte bei Heidegger manchmal zweideutig ist, und es gibt Texte, die den Eindruck erwecken, als sei es doch etwas Positives; jedenfalls ist es aber nie dasjenige, was in der metaphysischen Überlieferung das *Ineffabile* genannt wird, oder dasjenige, was unser Denken übersteigt. Es ist eher das, was sich in der Angst, in der tiefen Langeweile oder am und im Ende der Philosophie offenbart. Dies wird noch anschaulicher in Heideggers Besinnung auf das Wesen der Technik und der modernen Wissenschaften.

Das Ende der Philosophie zeigt sich am deutlichsten in der modernen Technik oder, wie Heidegger es ausdrückt, "als der Triumph der steuerbaren Einrichtung einer wissenschaftlich-technischen Welt und der dieser Welt gemäßen Gesellschaftsordnung. Ende der Philosophie heißt: Beginn der im abendländisch-europäischen Denken begründeten Weltzivilisation"[15]. Ende der Philosophie wird hier nun verstanden als *Auflösung* der Philosophie in die technisierten Wissenschaften. Ein in gewissem Sin-

ne erster Schritt dieser Auflösung ist die *Loslösung* der Wissenschaften
von der Philosophie und die Einrichtung ihrer Eigenständlichkeit[16]. Damit ist eine technisch-wissenschaftliche Interpretation des Denkens verbunden. Das Denken wird zur Philosophie, und diese wird wissenschaft-
lich-technisch aufgefaßt und ausgebildet. Das kommt schon im Zeitalter
der Griechen als entscheidender *Zug* zum Vorschein, als Weisung. Ver-
schiedene andere Schritte sind in dieser Entwicklung wichtig, so zum
Beispiel die Übersetzung des griechischen Denkens ins Römische, das
imperialisch ist und schon den Charakter des Herrschaftswissens hat —
Wahrheit wird, was standhält und Macht besitzt —, und weiterhin die
Übersetzung des Römischen in das Römisch-Christliche, in dem das Sein
des Seienden als Hergestellt-sein im Sinne von Geschaffensein verstanden wird. Ein entscheidender Schritt ist die Formulierung von "Der Satz
vom Grund" bei Leibniz, welche einer langen "Inkubationszeit" bedurf-
te, wie Heidegger sagt, die aber schon im Zuge der ganzen metaphysischen Tradition angekündigt wurde. Alles wird fortan prinzipiell bere-
chenbar und kontrollierbar, planbar und beherrschbar. *Am Ende* bedeutet
das, daß das Sein nicht mehr als Subjekt oder Objekt verstanden wird,
wie es noch bei Descartes, Hegel und Husserl der Fall war, sondern als
bestellbarer Bestand. Das sogenannte Subjekt-Objekt-Schema als Erklä-
rungsgrund für alle Erscheinungen hat seine Bedeutung verloren. Die
Industriegesellschaft ist, wie Heidegger sagt, weder Subjekt noch Objekt[17], und was Gestell heißt, gehört nicht mehr zum Gesichtskreis des
Vorstellens, und deshalb bleibt es für das traditionelle Denken befremd-
lich. Die heutige Welt wird durch die technisierten Wissenschaften geleitet, in denen die Wahrheit mit Effizienz gleichgestellt wird und in denen
durch die kybernetischen Leitvorstellungen wie Information, Steuerung
und Rückmeldung die bisher in der Wissenschaft maßgeblichen Haupt-
begriffe wie Grund und Folge, Ursache und Wirkung, Subjekt und Objekt, Theorie und Praxis auf eine, fast wäre zu sagen, unheimliche Weise
verändert werden. Es entsteht eine neue Grundhaltung, ein neues Verhältnis, und das Leitwort für diese Grundhaltung ist *Information*, wozu
Heidegger etwas zynisch bemerkt, daß wir das Wort in der amerikanisch-
englischen Aussprache hören müssen[18]. Diese Information, wie zum Beispiel die in der DNS gespeicherten Daten, welche die Weise der Entwicklung des Organismus bedeuten, kann weder als Subjekt oder Bewußtsein
noch als Objekt oder Materie verstanden werden. Sie ist weder das Gleiche wie das Platonische εἶδος noch wie die Aristotelische μορφή oder
forma. Alle philosophischen Kategorien haben hier ihren Sinn verloren.
Es ist eine ungeheure, unheimliche Möglichkeit, eine "äußerste Möglichkeit", daß alle philosophischen Begriffe sinnlos werden. Diese Möglichkeit gehört zum Wesen des Endes der Philosophie.

Ebensowenig wie Heidegger Hegel zu widerlegen oder zu kritisieren versucht, liegt es in seiner Absicht, die Technik und die gesamte Entwicklung, die dazu geführt hat, zu verurteilen, obwohl Heidegger manchmal das Opfer seiner eigenen Rhetorik wird. Er schreibt in *Identität und Differenz*: "Zwar können wir die heutige technische Welt weder als Teufelswerk verwerfen, noch dürfen wir sie vernichten, falls sie dies nicht selber besorgt"[19]. Es gibt keine Dämonie der Technik, wohl dagegen das Geheimnis ihres Wesens. Dieses Wesen ist das Sein selbst[20] und in einem hohen Sinne zweideutig. Es ist sozusagen das, welches dasjenige ermöglicht und erscheinen läßt, was wir die heutige Wirklichkeit nennen, aber es birgt auch die äußerste Gefahr in sich. *Wir* können die Technik nicht vernichten, nicht überwinden und nicht einmal rückgängig machen, aber sie kann sich selbst vernichten, entweder durch einen Nuklearkrieg oder durch die totale Zerstörung der Umwelt, wie Heidegger schon um 1950 schrieb. Sie kann auch die Notlosigkeit der totalen Gedankenlosigkeit mit sich bringen, was Heidegger für viel gefährlicher hält. Technik und Wissenschaften würden dann ihren Sinn verlieren. Hier stoßen wir auf eine äußerste Grenze, die sich nicht mehr denken läßt.

In den technisierten Wissenschaften löst sich die Philosophie auf und das ist nach Heidegger ein *legitimer Vorgang*[21]. Im Ende der Philosophie, so sagt er, erfüllt sich die Weisung, der das philosophische Denken seit seinem Beginn auf dem Weg seiner Geschichte folgt[22]. Diese Geschichte ist die Geschichte des Seins selbst, und in gewissem Sinne sind es die Techniker, welche dieser Geschichte die größte Treue beweisen und ihrer Weisung am besten folgen, obwohl Heidegger das niemals so ausdrücklich formuliert hat. In dieser Geschichte oder in dem In-ihr-Ende-gehen der Philosophie verbirgt sich aber etwas: eine Aufgabe des Denkens. Diese Aufgabe besteht an erster Stelle darin, das zu *bedenken*, was in diesem Ende wirklich vorgeht. Dies zu bedenken, gehört zur Sache des Denkens.

Im Zusammenhang mit dieser gesamten Problematik spielt der Gegensatz, den Heidegger zwischen Philosophie und Denken macht, eine große Rolle. Hierzu muß bemerkt werden, dass Heidegger das Wort Denken oft für Philosophie gebraucht und das Wort Philosophie für dasjenige, was er unter Denken versteht. Es handelt sich übrigens nicht um einen absoluten Gegensatz. Einerseits bleibt in der Philosophie *immer* noch etwas vom Denken erhalten und andererseits kann das Denken vermutlich niemals völlig ohne die Philosophie auskommen.

Philosophie ist für Heidegger Metaphysik oder eventuell Ontologie, und diese hat dann eine onto-theologische Verfassung. Das metaphysische Denken ist ein erklärendes und begründendes Denken. Es sucht nach Ursachen, Gründen, nach Beweggründen, Möglichkeitsbedingungen und es bleibt niemals bei der Sache selbst stehen, weil es hinter der Sache immer eine andere Sache, eine Ur-sache sucht. Es ist — vor allem seit Descartes — ein vorstellendes Denken, das ebensowenig bei der Sache stehen bleibt, weil es diese stets im voraus als vorstellendes Subjekt oder als vorgestelltes Objekt versteht. Es ist möglicherweise ein Räsonieren, ein logisches Fortschreiten, das ebenfalls stets an der Sache vorbeigeht. Das metaphysische Denken kann außerdem auch die Form des Begreifens haben, welches versucht, alles in einem größeren Zusammenhang oder in einer Ganzheit zu sehen, und welches durch ein Sich-eigen-Machen, eine Aneignung oder eine Verinnerlichung gekennzeichnet wird. Dieses Begreifen — ein Wort, das Heidegger übrigens selten verwendet — ist darauf gerichtet, alles von seiner Fremdheit, seiner Unheimlichkeit zu befreien, es im Bei-sich-Sein des eigenen Hauses aufzunehmen. Es ist Domestizierung. Die Philosophie ist, vor allem nach Descartes, ein Suchen nach Sicherheit, nach Gewißheit, ein Sicher-stellen. Wahrheit wird dann die vollständige Gewißheit des sich wissenden Wissens. Dieses Wahrheitsverständnis ist kennzeichnend für die moderne Zeit, und so ist es auch kein Zufall, daß die Philosophie der Neuzeit mit dem Zweifel beginnt und nicht mehr mit dem Erstaunen, und zwar, um diesen Zweifel so bald wie möglich in Sicherheit umzuwandeln. Eine Form des metaphysischen Denkens ist am Ende das rechnende Denken, das vor allem seit Leibniz triumphiert und das über alles Rechenschaft ablegt, alles errechnet und berücksichtigt. Dieses Denken kann nach Heidegger viel schneller und besser durch die Denkmaschine, den Komputer, geschehen, der in einer Sekunde und fehlerlos Tausende von Beziehungen errechnet. Bei einem derartigen Denken ist der Mensch nur noch ein Störfaktor. Am Ende oder mit der Vollendung der Philosophie wird dieses Denken nur noch Datenspeicherung und Datenverarbeitung. Dann haben die überlieferten metaphysischen Begriffe ihren Sinn verloren.

Dieses metaphysische Denken mit seiner — nach Heidegger geheimnisvollen — Geschichte und Entwicklung ermöglicht es dem modernen Menschen, alles zu beherrschen und zu kontrollieren. Jedoch wird dieser Mensch durch dieses Denken beherrscht, behext, und gerade das entzieht sich auf fast unheimliche Weise seiner Beherrschung und Kontrolle. Das bedeutet, daß sich *in* diesem Denken noch immer etwas verbirgt, das dem Denken fremd bleibt, etwas, zu dem das Denken keinen Zugang hat und das sich ihm entzieht. Mit anderen Worten: Das metaphysische Denken ist von einer Grenze, einem Rand umgeben, der dieses Denken ermöglicht, es begrenzt, es bestimmt und es gleichzeitig auch ständig bedroht.

Dem metaphysischen Denken stellt Heidegger ein anderes Denken gegenüber, er nennt es auch das andenkende Denken. Unter Hölderlins

Einfluß wird es auch verbunden mit Feiern, Grüßen, Gedenken, Danken. Es ist ein Still-Stehen-bei, ein Verwundert-Verweilen-bei, Aushalten, Warten-Können — sogar ein Leben lang —, ein Zurücktreten, Aufenthalt. Es erinnert uns vielleicht an die fern-östliche Weisheit, welche Heidegger nicht fremd war, oder an das Abtasten des Wirklichen, wie man es bei Paul Klee findet, den Heidegger sehr bewunderte und dessen theoretische und pädagogische Schriften er gründlich gelesen hat. Meines Erachtens kann es auch als die Realisierung und Radikalisierung der ursprünglichen Idee der Phänomenologie verstanden werden. Denken als Aushalten des Seins, als Still-Stehen beim Seienden in seinem Sein, beim Denken und gerade bei der Tatsache, daß wir tatsächlich so denken, wie wir denken, und bei demjenigen, was unser Denken bestimmt, was uns zu denken heißt, uns im Denken befiehlt, den Weg weist.

Eine Frage, die sich dabei unwiderruflich erhebt, lautet: Ist ein derartiges Denken (noch) möglich? Ist es nicht notwendigerweise wiederum ein metaphysisch-technisches Denken? Wenn wir vom metaphysisch-technischen Denken beherrscht und am Ende nur noch von den Leitbegriffen der Informatik geleitet werden ist ein anderes Denken dann noch möglich? Man sollte diese Schwierigkeit nicht unterschätzen, und Heidegger ist sich des Ernstes des Problems voll bewußt. Er wird behaupten, daß dieses andere Denken *nur* vorbereitet werden kann, daß es wesentlich unzeitgemäß ist und bleibt und *immer* nur Aufgabe sein kann. Es bedarf ganz spezifischer Strategien, um es zu behüten und zu schützen gegen die Gefahr, welche in einem sich ständig steigernden Maß vonseiten der Wissenschaften und ihren kybernetischen Organisationen innerhalb der sich einrichtenden Weltzivilisation droht. Heidegger weiß, daß dieses andere Denken niemals eine rein universitäre oder akademische Angelegenheit sein kann, weil diese Organisationen mit ihren eigenwüchsigen Forschungsbetrieben, Tagungen und mit ihrer Schriftumführung selbst vom metaphysisch-technischen Denken getragen werden und selbst zur Weltzivilisation gehören. Ebensowenig kann es jedoch außerhalb eines bestimmten historischen, technisch-ökonomischen, politisch-wissenschaftlichen, institutionellen und linguistischen Rahmens bestehen. Daher muß es mit größtmöglicher Vorsicht verbunden sein, um nicht Opfer der Versuche zu werden, es in bestehenden Rahmen zu interpretieren und zu integrieren. Vieles von Heideggers Rhetorik muß in diesem Licht betrachtet werden.

Bei Heideggers Strategie — wenn man dieses Wort für seinen Denkweg gebrauchen darf — handelt es sich um eine Grenzübertretung, die im allgemeinen sofort durch das herrschende Denken abgekanzelt oder neutralisiert wird. Eine Grenzübertretung, bei der zunächst eine Grenze, ein Ende, festgelegt werden muß und bei der anschließend nach der Bestim-

mung dieser Grenze, dieses Endes, gefragt werden muß. Eine Grenze ist
für Heidegger niemals dasjenige, wo etwas aufhört, sondern im Gegenteil
dasjenige, wo etwas anfängt. Eine Grenze ist konstitutiv für das, was ist.
Das Feststellen einer Grenze, ihrer Übertretung und die Frage nach der
Bestimmung der Grenze gehören zur Problematik des Endes der Philosophie. Die Frage nach dem Wesen der Grenze des Denkens oder nach der
Endlichkeit alles Denkens ist die Frage nach der Bestimmung der Sache
des Denkens, welche — nach Heidegger — selbst endlich ist und deren
Endlichkeit zu erfahren um vieles schwerer ist als die vorzeitige Anset-
zung eines Absoluten [23].

Die Sache des Denkens wird von Heidegger mit vielen und verschiedenen Namen bezeichnet, wie zum Beispiel das Sein selbst, Ereignis,
ἀλήθεια, Unterschied, Lichtung, Differenz als Differenz, Austrag und
noch viele, viele andere. All diese Namen und ihre Vielheit haben wiederum eine strategische Bedeutung, d.h. sie deuten nicht auf irgendeinen
positiven Inhalt hin, sondern sie weisen lediglich in eine bestimmte Richtung. Sie lenken den Blick. Es sind *Winke* oder auch *Wege*.

Vielleicht stößt man hier auf eine Übertragung in eine andere Sprache
und in einen anderen Rahmen desjenigen, was Heidegger in den Marburger Vorlesungen noch die "phänomenologische Reduktion" nannte. Er
unterscheidet sie dort deutlich von derjenigen Husserls. War für Husserl
die phänomenologische Reduktion die Methode der Rückführung des
phänomenologischen Blickes von der natürlichen Einstellung des in die
Welt der Dinge und Personen hineinlebenden Menschen auf das transzendentale Bewußtseinsleben und dessen noetisch-noematische Erlebnis-
se, in denen sich die Objekte als Bewußtseinskorrelate konstituieren, so
ist die phänomenologische Reduktion für Heidegger die Rückführung des
phänomenologischen Blickes von der wie immer *bestimmten* Erfassung
des Seienden auf das Verstehen des Seins dieses Seienden [24]. Mit anderen
Worten: War für Husserl das Wunder aller Wunder die transzendentale
Subjektivität, "hinter die zurückfragen zu wollen ein Unsinn ist" und die
sich als "das einzig absolute Seiende" erweist [25], so ist für Heidegger das
Wunder aller Wunder, wie man im Nachwort zu *Was ist Metaphysik?*
lesen kann, "daß Seiendes *ist*".

Die Reduktion oder Rückführung wird beim späten Heidegger *Weg*,
oder besser *Wege*, in der Mehrzahl, und der Charakter dieses Weges ist
der *Schritt zurück*. Weg und Schritt zurück dürfen hier nicht als Methode
verstanden werden, weil Methode gerade zum Gebiet des metaphysisch-
technischen Denkens gehört. Das Zur-Methode-Werden des Weges — ein
Prozeß, welcher in der Epoche der Vollendung des Denkens, im Schluß-
teil zu Hegels *Wissenschaft der Logik*, in gewissem Sinn abgeschlossen
wird — ist konstitutiv für die Metaphysik und für das Ende der Philoso-

phie[26]. Weg und Schritt zurück meinen hier nicht einen vereinzelten Denkschritt, sondern die Art der Bewegung des Denkens und einen langen Weg, der eine Dauer und Ausdauer erfordert, deren Maß wir nicht kennen[27].

Der Schritt zurück bewegt sich aus der Metaphysik in das Wesen der Metaphysik und ist, von der Gegenwart her gesehen und aus dem Einblick in sie übernommen, der Schritt aus der Technologie in das erst zu denkende *Wesen* der modernen Technik[28]. Die Metaphysik und an ihrem Ende die Technik sind eine bestimmte Erfassung des Seienden oder eine bestimmte Weise des Umgehens mit den Dingen und den Menschen. Das *Wesen* der Metaphysik oder der Technik — Heidegger nennt es das "zu denkende" — ist das Sein selbst und weist in die Richtung der ἀλήθεια, der Lichtung, Differenz usw. Es ist ἀρχή oder ἀρχειν, d.h. das Herrschen der Metaphysik oder Technik, das, was die Metaphysik und Technik ermöglicht, bestimmt, begrenzt. Es ist, wie es noch in *Was ist Metaphysik?* hieß, der *Grund* der Metaphysik und Technik. Schritt zurück hieß damals noch "Rückgang in den Grund der Metaphysik", wie der Titel der nachträglich hinzugefügten *Einleitung* lautet. Später wird das Wort *Grund* problematisiert, weil es noch zum metaphysischen Denken gehört, ebenso wie das Wort Sein.

Das *Wesen* der Metaphysik ist vermutlich auch das *Ende* der Metaphysik als das zu denkende, und Ende hier raum-zeitlich verstanden. In *Identität und Differenz*, wo die Problematik "Schritt zurück" ausführlich behandelt wird, sagt Heidegger, daß es sich beim Schritt zurück um einen Schritt handelt aus dem schon Gedachten in ein Ungedachtes, von dem her das Gedachte seinen *Wesensraum* empfängt[29]. Heidegger denkt das Wesen und das Ende der Metaphysik öfter in den Kategorien Raum, Räumlichkeit, Ort, Grenze. Auch die Lichtung, das freie Offene, ist vermutlich dasjenige, in dem der reine Raum und alles in ihm An- und Abwesende erst den alles versammelnden bergenden Ort haben[30]. Raum, Ort und Ende gehören zusammen.

Heidegger schreibt: "Mit dem Schritt zurück wird die Philosophie weder preisgegeben noch gar für das Gedächtnis des denkenden Menschen zum Verschwinden gebracht"[31]. Schritt zurück aus der Metaphysik in ihr Wesen meint nicht das Wegdrängen einer Disziplin aus dem Gesichtskreis der philosophischen "Bildung". Es handelt sich vielmehr um den Versuch, die Philosophie sozusagen als ein "Gegenüber" vor sich zu bekommen, als ein Faktum, ein Werk, ein Sprachwerk — ich möchte hier sagen: als Text, und Text wird hier dann als eine Stätte beschaut, als ein Ort oder ein *Da*, wo das Sein als Entbergen und Verbergen, als Entdecken und Verdecken (notwendigerweise *und* zufälligerweise) stattfindet. Der Schritt zurück aus der Metaphysik kann daher nur als Analyse der Metaphysik, als Analyse der Technik vollzogen werden, und diese Analyse kann nur eine unendliche sein, weil sie sich richtet nach einem Ungedachten und auf ein Ungedachtes, welches wesentlich ungedacht bleibt und welches reicher wird in dem Maße, als mehr und ursprünglicher gedacht wird. Die meisten Schriften Heideggers nach *Sein und Zeit* sind dann auch eine unendliche Analyse der großen Texte aus der Geschichte der Philosophie, deren Ziel es nicht ist, besser zu sagen, was dort gesagt wurde, diese Texte zu kritisieren und noch viel weniger, sie zu widerlegen, sondern vielmehr demjenigen, was in diesen Texten *geschieht*, auf die Spur zu kommen.

Wenn man mit Heidegger versucht, sich der Philosophie als Werk, als Sprachwerk zu nähern, muß man mindestens drei Dinge vermeiden. Erstens darf und kann dieses Werk nicht rein als Produkt des Menschen betrachtet werden. Das wäre eine Form von Subjektivismus, während der Philosoph doch zumindest versucht, das zu sagen, was ihm zu sagen gegeben wird, und versucht, das zu zeigen, was sich von sich aus zeigt. Zweitens darf und kann das Werk, das die Philosophie ist, nicht als eine mehr oder weniger adäquate Wiedergabe oder Darstellung einer außerhalb der Philosophie gegebenen Wirklichkeit betrachtet werden. Die Wahrheit als Adäquatio aufzufassen mag zwar rechtens sein, gehört aber selbst noch zum endlichen Raum der Metaphysik und gelangt niemals auf den Weg, das zu sehen, was sich in der Philosophie als Werk vollzieht. Drittens können und dürfen die Wörter und Sätze, aus denen das Werk aufgebaut ist, nicht beschaut werden als Zeichen oder Geflecht von Zeichen, das eine außerhalb des Werkes gegebene Wirklichkeit bezeichnen würde. "Das Wesen des Sagens bestimmt sich nicht aus dem Zeichencharakter der Wörter, schreibt Heidegger in *Was heißt Denken?*[32]. *Sagen ist Zeigen*. Heidegger behauptet sogar, daß der Augenblick, in welchem das Wort *Zeigendes* zu einem *Zeichen* geworden ist, einer der bedeutendsten Augenblicke in der Geschichte der Wahrheit, des Verstehens der Wahrheit als Adäquatio und des Verstehens des Seins als Vorhandenheit oder "ständige Anwesenheit" gewesen ist. In *Der Ursprung des Kunstwerks* lesen wir: "Wo keine Sprache west..., da ist auch keine Offenheit des Seienden und demzufolge auch keine solche des Nichtseienden und des Leeren. Indem die Sprache erstmals das Seiende nennt, bringt solches Nennen das Seiende erst zum Wort und zum Erscheinen. Dieses Nennen ernennt das Seiende erst zu seinem Sein aus diesem."[33] Und an anderer Stelle: "Im Wort, in der Sprache, werden und sind erst die Dinge"[34]. "Die Sprache gewährt überhaupt erst die Möglichkeit, inmitten der Offenheit von Seienden zu stehen"[35] und "stände unser Wesen nicht in der Macht der Sprache, dann bliebe uns alles Seiende verschlossen, das Seiende, das wir selbst sind, nicht minder als das Seiende, das wir selbst nicht sind"[36]. Was hier über die Sprache gesagt wird, gilt ganz besonders für die Sprache der Denker und für das Sprachwerk, das die Philosophie ist.

Die Philosophie als Werk kann weder als Produkt des Menschen verstanden werden, noch als mehr oder weniger adäquate Wiedergabe der vorhandenen Wirklichkeit, noch als Zusammenfügung von Zeichen. Positiver ausgedrückt kann gesagt werden, daß jede große Philosophie ein Bauwerk, eine Konstruktion ist. Als Konstruktion ist sie kein Abbild oder keine Vorstellung der Welt, vielmehr stiftet oder gründet sie eine Welt. Das Bauwerk der Philosophie steht sozusagen da, wie der Tempel in Paestum dasteht, und in diesem Dastehen öffnet sie eine Welt, verleiht sie Menschen und Göttern ein Gesicht und macht Dinge sichtbar. Die Philosophie ist ein endlicher und begrenzter Ort, an dem die Wirklichkeit enthüllt, aber gleichzeitig auch verhüllt wird. Aufgrund dieses Enthüllens und Verhüllens gibt es so etwas, was wir Welt nennen. Das Bauwerk, das die Philosophie ist, besteht nicht ohne den Menschen, findet aber auch nicht ohne weiteres seinen Ursprung im Menschen. Das Aufbauen einer Philosophie ist vor allem eine Sache des Empfangens und Offen-Stehens, des Vernehmens und Zuhörens. In gewisser Weise konstituiert die Philosophie sich selbst. Sie ist auch keine *creatio ex nihilo*, sondern sie ist notwendigerweise aus vorgegebenen Material aufgebaut. Dieses Material sind nicht wie in der Baukunst und in der Malerei die Steine oder die Farbe, sondern es sind wie in der Poesie *die Worte*. Zum Material, aus dem eine Philosophie aufgebaut wird, gehören auch die Fragmente und Textstücke, die aus bereits bestehenden philosophischen Texten übernommen werden und übernommen werden müssen. Kein einziges Werk, kein einziger Text beruht nämlich vollkommen auf sich selbst, vielmehr verweist er stets auf andere Texte, auf welche er angewiesen ist. Ein Text ist immer in einen Bedeutungszusammenhang oder in eine Verweisungsganzheit aufgenommen. Das Geflecht von Verweisungen auf andere Werke ist eine Möglichkeitsbedingung für das Entstehen und das Verstehen eines Werkes. Gleichzeitig bildet es auch das größte Hindernis für dieses Entstehen und Verstehen und es macht seine Begrenzung aus. So schreibt Heidegger: "Das neuzeitliche Denken in seinen Grundzügen ist weit schwerer zugänglich als das Denken des Griechentums, denn die Schriften und Werke der neuzeitlichen Denker sind anders gebaut, vielschichtiger, mit Überlieferung durchsetzt und überall in die Auseinandersetzung mit dem Christentum eingelassen."[37] Aufgrund dieser "verwickelten Sachlage" läuft die Philosophie die Gefahr, in "bodenloses Gerede" zu entarten und völlig unverständlich zu werden, und das bedeutet, sie wird statt *entdeckend* nur noch *verdeckend*. Diese Gefahr, so sagt Heidegger, ist der Sprache, auf die die Philosophie angewiesen ist, inhärent. Die

Sprache ist — nach einem berühmten und von Heidegger gern zitierten
Text von Hölderlin — "der Güter gefährlichstes, dem Menschen gegeben"[38]. Laut Heidegger ist sie die Gefahr der Gefahren, und zwar aus
verschiedenen Gründen. Erstens, weil "die höchste Beglückung des ersten
stiftenden Sagens zugleich der tiefste Schmerz des Verlustes ist". Zweitens, weil Jegliches, auch das Reinste, Ursprünglichste, Tiefste, abgefan-
gen werden kann in einer gangbaren Redensart. Alle Wörter werden ver-
braucht, im Gebrauch abgenutzt, und zwar notwendigerweise. Und drittens: Im Wiedersagen, in der Wiederholung, ist niemals sichergestellt, ob
die ursprünglichen Worte noch dasjenige ins Werk setzen, was sie zuvor
zu bewirken vermochten. Dies gehört zu dem, was Heidegger "das Unwesen der Sprache" nennt, und es kann, wie er ausdrücklich bemerkt,
niemals beseitigt werden[39].

Weil die Philosophie eine Konstruktion ist, kann sie auch einer *Destruktion*, oder vielleicht besser einer De-Konstruktion, unterworfen werden. Das führt uns zu der Frage nach dem Verhältnis zwischen dem Ende
der Philosophie und demjenigen, was in der Marburger Periode Destruktion der bisherigen Ontologie hieß. Immer wieder hat Heidegger wieder-
holt, daß die Destruktion die Vergangenheit nicht in Nichtigkeit begra-
ben will und daß sie keine Negation und Verurteilung der Tradition zur
Nichtigkeit ist. Sie ist ein kritischer Abbau der überkommenen und
zunächst notwendig zu verwendenden Begriffe, und zugleich eine Rückführung auf die Quellen, aus denen sie geschöpft sind[40]. In *Sein und Zeit*
spricht Heidegger über eine untersuchende Ausstellung des "Geburtsbrie-
fes" der ontologischen Begriffe, und er sagt: "Die Destruktion hat ebensowenig den *negativen* Sinn einer Abschüttelung der ontologischen Tradition. Sie soll umgekehrt diesen in ihren positiven Möglichkeiten, und
das besagt immer, in ihren *Grenzen* abstecken."[41] Es ist klar, daß diese
Destruktion nur als Analyse der faktisch vorhandenen Ontologie durch-
geführt werden kann. Sie läuft parallel mit der Analytik des Daseins, die
zusammen mit der Destruktion zur Doppelaufgabe von *Sein und Zeit*
gehört. Daseinsanalyse und Destruktion sind zwei Seiten der Fundamen-
talontologie oder der Seinsfrage.

Das Wichtigste, aber oft übersehene, in der Destruktion ist, daß sie von
der Frage geleitet wird: Was geschieht genau in der Geschichte der Philosophie? Was geschieht, wenn eine Philosophie sich als *diese* Philosophie konstituiert? Die Antwort auf diese Frage lautet: Das Sein selbst
geschieht, die ἀλήθεια als Entdeckung und Verdeckung, die Lichtung
usw., aber das sind an erster Stelle und immer neue Fragen. Konkreter:
Am Ende seines *Kantbuches* schreibt Heidegger mit Bezug auf seine
Interpretation von Kant: "Nicht dem nachfragen, was Kant sagt, sondern dem, was in seiner Grundlegung (der Metaphysik) *geschieht.* Einzig

auf die Freilegung dieses *Geschehens* zielt die oben durchgeführte Auslegung der *Kritik der reinen Vernunft.*" [42] Ungefähr das Gleiche sagt er mit Bezug auf seine Interpretation von Schelling und Hegel, von Leibniz und Descartes. Allgemeiner ausgedrückt: Heidegger stellt Fragen wie *Was ist Metaphysik?* und *Was ist das — die Philosophie?* Dabei muß das *ist* transitiv verstanden werden, wie er selbst bemerkt [43]. Das heißt: Was läßt die oder eine Philosophie sein, was sie ist, und so sein, wie sie ist? Oder *Was heißt Denken?*, wobei das "heißen" so etwas bedeutet wie befehlen, hervorrufen, zum Bestehen erwecken, Richtung geben usw. Oder auch: "Rückgang in den Grund der Metaphysik" und Rückkehr in die Quelle. Diese Fragen fragen nach der *Sache des Denkens.* Und eben dieselbe Problematik, nun jedoch anfänglicher gedacht, kehrt in der Frage nach dem Ende der Philosophie wieder. Was geschieht, wenn die Philosophie zu Ende geht, sich in ihren äußersten Möglichkeiten versammelt? Die Antwort auf diese Frage lautet wiederum: das Sein selbst, hier auch als Entzug, Enteignis gedacht. In diesem Sinn ist die Problematik des Endes der Philosophie die gleiche wie diejenige der Destruktion der Ontologie. Aber es gibt Unterschiede. Vielleicht ist man geneigt, den Unterschied in der Tatsache zu sehen, daß die Destruktion für den Philosophen noch eine Aufgabe war, und daß sich die Philosophie an ihrem Ende selbst destruiert. Es ist wahr, daß die Rolle und die Verantwortlichkeit des Denkers in *Sein und Zeit* größer sind als beim späteren Heidegger; wenn man das Problem jedoch auf diese Weise formuliert, so setzt man jedoch allzu sehr voraus, daß die Destruktion und das Ende der Philosophie eine Vernichtung seien. Wichtiger ist vielleicht, daß die Destruktion noch auf das Erreichen eines *ursprünglichen Niveaus* ausgerichtet ist, auf einen Grund, in dem die philosophischen Begriffe gewurzelt und begründet sind, oder auf eine Quelle, aus der sie geschöpft werden, während das beim Ende der Philosophie nicht der Fall sein kann. Jedoch muß man — jedenfalls meiner Meinung nach, aber das ist vielleicht eine anfechtbare Interpretation — vorsichtig mit Wörtern wie Ursprung, Grund, Quelle in bezug auf *Sein und Zeit* umgehen. Der Ursprung ist nämlich stets schon verloren und weist lediglich auf eine Vergangenheit hin, die niemals Heute gewesen ist. Mit anderen Worten: Der Ursprung, der Grund oder die Quelle ist nach *Sein und Zeit* das Dasein selbt, das wesentlich endlich ist, niemals im Besitz seiner selbst und niemals wirklich bei sich selbst. Außerdem ist *die* Frage von *Sein und Zeit*, wie so etwas wie Dasein möglich ist. Dasein ist das Sein, das *da* ist. Andererseits ist die Frage nach dem Ende der Philosophie auch auf etwas Ursprünglicheres gerichtet, auf dasjenige, was dieses Ende ermöglicht. Auch hier lautet *die* Frage: Was *ist* das Ende der Philosophie?

Zum Schluß möchte ich im Zusammenhang mit der Problematik des

Endes der Philosophie noch einmal auf das Verhältnis Heidegger-Hegel
zurückkommen. Man kann sich die Frage stellen, ob Heideggers Denken
letztlich doch ein umgekehrter Hegelianismus ist. Das ist ein schwerer
Vorwurf, umso mehr als Heidegger etwas zynisch bemerkt, daß "seit
Hegels Tod alles nur Gegenbewegung ist"[44] und er dieser Bewegung ausdrücklich entkommen will. Heidegger: ein umgekehrter Hegelianismus?
So vermutete es vor Jahren auch Derrida, als er sich die Frage stellte, ob
Heideggers Denken eigentlich nicht die tiefste und mächtigste Verteidi-
gung dessen sei, was er unter dem Titel "Philosophie der Anwesenheit"
zur Diskussion zu stellen versuchte[45]. Derrida würde das heute nicht
mehr so sagen, aber das Problem bleibt bestehen. Heideggers Denken —
ein Hegelianismus, weil er nach Hegel sogar noch zu denken versucht,
was Hegels Denken eigentlich möglich macht, was es bedeutet, daß die
Philosophie dort und in der Technik vollendet wird, und was sich in
diesem Ende verbirgt. Ein umgekehrter Hegelianismus, weil Heidegger
ständig von der Geschichte ausgeht, in der — im Gegensatz zu Hegel —
der Anfang das Unheimlichste und Gewaltigste ist, und was nachkommt
nicht Entwicklung, sondern Verflachung als bloße Verbreitung ist, ein
Nichtinnehaltenkönnen des Anfangs ist, und in welcher die Philosophie
nicht auf das absolute Wissen hinausläuft, sondern vielmehr auf die
Technik, die weder sich selbst versteht und beherrscht, noch sich selbst in
Frage stellt und in Frage stellen kann. Es ist nicht schwierig, viele Texte
von Heidegger zu zitieren, die derartiges sagen. Alles hängt jedoch von
der Frage ab, was bei Heidegger *Ende* und *Anfang* bedeuten.

Anfang wird von Heidegger deutlich von Beginn unterschieden. Man
kann sagen, daß die Philosophie bei den Griechen beginnt, und daß das
rechnende Denken bei Leibniz beginnt. Dieser Beginn liegt hinter uns.
Der Anfang liegt jedoch *vor* uns, und zwar als das Zu-denkende und das
Ungedachte. Es handelt sich aber nicht um ein Ungedachtes, welches je
gedacht werden kann. Es ist eher eine *Grenze*, und in diesem Sinn sogar
ein *Ende*; eine Grenze, die begrenzend das Denken ermöglicht. Diese
Grenze kann selbst nicht im Sinn von Aneignung gedacht werden, aber
wenn man demjenigen Aufmerksamkeit widmet, was genau geschieht,
wenn gedacht wird, wenn bei demjenigen still gestanden wird, was in der
Philosophie geschieht, wenn beim Denken verweilt wird, so stößt man
auf die Grenze, auf das Andere des Denkens. Sogar der Ausdruck "das
Andere des Denkens", den Heidegger absichtlich vermeidet, kann leicht
mißverstanden werden, wenn man das Andere im Licht der Dialektik
betrachtet oder wenn man es mit der Beschränktheit des menschlichen
Denkvermögens verbindet. Es ist vielmehr die Endlichkeit des Seins
selbst. So, wie es einen Unterschied zwischen Beginn und Anfang gibt,
besteht auch ein Unterschied zwischen Ende und Ende. Ende der Philo-

sophie kann bedeuten, daß die Philosophie entweder im 19. Jahrhundert mit dem absoluten Wissen Hegels oder im 20. Jahrhundert in der Technik aufhört. Das ist jedoch nicht das Ende der Philosophie, nach dem Heidegger fragt. Das Ende, nach dem Heidegger fragt, gibt es bereits bei den Griechen, in dem Augenblick, als die Philosophie sich konstituiert. Es ist in unserer Zeit zu seiner Vollendung gekommen oder in seinen äußersten Möglichkeiten versammelt, aber es begleitet jedes Denken.

Das *Fragwürdigste* bei Heidegger bleibt vielleicht, daß er Anfang und Ende immer im Licht der Geschichte und der Geschichtlichkeit denkt. Der Begriff "Geschichte" ist meines Erachtens das Fragwürdigste in Heideggers Denken und ein Begriff, der sich phänomenologisch nur schwer ausweisen läßt. Vielleicht hat Heidegger das wohl gesehen und spricht deshalb von "Geschick". Das Geschick wird nach Heidegger nicht von einem Geschehen her gedacht, welches durch einen Verlauf und einen Prozeß gekennzeichnet wird. Schicken ist bereiten, ordnen, jegliches dorthin bringen, wohin es gehört, einräumen und einweisen. Geschick ist dasjenige, was den Zeit-Spiel-Raum einräumt, in dem Seiendes erscheinen kann und in dem Philosophie überhaupt erst möglich wird. Dieses Einräumen ist ein Sichzuschicken und Sichentziehen, und deshalb auch wesentlich verbunden mit Anfang und Ende. Das Wort vom Geschick des Seins ist aber keine Antwort, sondern eine Frage, unter anderen die Frage nach dem *Wesen* der Geschichte, nach dem *Wesen* von Anfang und Ende[46]. Dies zu denken gehört am Ende der Philosophie zur Aufgabe des Denkens.

ANMERKUNGEN

1. Die wichtigsten sind: "Das Ende der Philosophie und die Aufgabe des Denkens", in *Zur Sache des Denkens*, Niemeyer, Tübingen 1969, S. 61-90, und *Zur Frage nach der Bestimmung der Sache des Denkens*, Erker Verlag, St. Gallen 1984.
2. *Das Ende der Philosophie...*, S. 61.
3. *Sein und Zeit*, S. 26.
4. *Grundprobleme der Phänomenologie*, GA 24, S. 400.
5. Hegel, *Phänomenologie des Geistes*, Meiner, Hamburg 1952, S. 12.
6. *Das Ende der Philosophie...*, S. 62.
7. *Das Ende der Philosophie...*, S. 63.
8. *Vorträge und Aufsätze*, S. 121.
9. *Vorträge und Aufsätze*, S. 119.
10. *Der Wille zur Macht als Kunst*, GA 43, S. 277.
11. *Zur Frage nach der Bestimmung...*, S. 20.
12. *Das Ende der Philosophie...*, S. 76.
13. *Was heißt Denken?*, S. 72.
14. *Der Satz vom Grund*, S. 123-124.

15. *Das Ende der Philosophie...*, S. 65.
16. *Das Ende der Philosophie...*, S. 63.
17. *Zur Frage nach der Bestimmung...*, S. 12.
18. *Der Satz vom Grund*, S. 202.
19. *Identität und Differenz*, S. 33.
20. *Die Technik und die Kehre*, S. 38.
21. *Die Frage nach der Bestimmung...*, S. 13.
22. *Die Frage nach der Bestimmung...*, S. 7.
23. *Die Frage nach der Bestimmung...*, S. 20.
24. *Grundprobleme der Phänomenologie, GA* 24, S. 29.
25. Husserl, E., *Formale und transzendentale Logik*, Husserliana XVII, S. 278.
26. *Aus der Erfahrung des Denkens, GA* 13, S. 233.
27. *Identität und Differenz*, S. 46-47.
28. *Identität und Differenz*, S. 48.
29. *Identität und Differenz*, S. 49.
30. *Das Ende der Philosophie...*, S. 73.
31. *Die Frage nach der Bestimmung...*, S. 20.
32. *Was heißt Denken?*, S. 123.
33. *Holzwege*, S. 60-61.
34. *Einführung in die Metaphysik*, S. 11.
35. *Erläuterungen zu Hölderlins Dichtung*, S. 35.
36. *Einführung in die Metaphysik*, S. 63.
37. *Der Satz vom Grund*, S. 123.
38. *Hölderlings Hymnen "Germanien" und "Der Rhein", GA* 39, S 60.
39. *Hölderlins Hymnen "Germanien" und "Der Rhein"*, S. 63-64.
40. *Vgl.* Samuel IJsseling, "Heidegger and the Destruction of Ontology", in *Man and World* 15 (1982), S. 3-16. Ebenfalls aufgenommen in J.J. Kockelmans, *A Companion to Martin Heidegger's "Being and Time"*, Washington, DC, 1986, S. 127-144.
41. *Sein und Zeit*, S. 22.
42. *Kant und das Problem der Metaphysik*, S. 193.
43. *Was ist das — die Philosophie?*, S. 22.
44. *Vorträge und Aufsätze*, S. 76.
45. J. Derrida, *Positions*, Minuit, Paris 1972, S. 75.
46. *Der Satz vom Grund*, S. 108-109.